KB261414

한중 감각형용사 대조 연구

이 연구는 中國敎育部人文社會科學硏究靑年基金項目(14YJC740027)의 지원에 의해 이루어졌음.

此專著爲中國敎育部人文社會科學硏究靑年基金項目(14YJC740027)的最終硏究成果。

저자 소개

곽일성(郭一誠)

중국 상하이 출생
조선 김일성종합대학 조선어문학부 졸업
중국 푸단대학교(復旦大學校) 대학원 문학석사, 박사
현재 중국 푸단대학교(復旦大學校) 외문대학 한국어학과 조교수

주요논저
· 결과를 나타낸 관용형태 '-(으)ㄴ 결과/끝에/나머지'의 문법화 정도와 통사·화용적 의미(2017)
· 韓中 感覺形容詞의 程度性 意味와 그 實現 方式(2016)
· 한중 감각형용사 의미전이의 인지기제와 영상도식(2016)
· 의존명사 '것'의 문법 기능 및 교육 방안 모색(2015)
· 한국어 감각형용사의 낱말 형성 과정 및 제약(2015)
· 중한 감각형용사 파생법 연구(2012)
· 한국어 미각형용사의 음운대립과 의미분화(2011)
· 신편 한중사전(共著, 2010)

전자우편 guoyicheng@fudan.edu.cn

한중 감각형용사 대조 연구

초판 발행 2017년 10월 20일

지은이 곽일성(郭一誠)
펴낸이 박민우
기획팀 송인성, 김선명, 박종인
편집팀 박우진, 김영주, 김정아, 최미라, 전혜련
관리팀 임선희, 정철호, 김성언, 권주련, 이지율
펴낸곳 (주)도서출판 하우

주소 서울시 중랑구 망우로68길 48
전화 (02)922-7090
팩스 (02)922-7092
홈페이지 http://www.hawoo.co.kr
e-mail hawoo@hawoo.co.kr
등록번호 제475호

값 22,000원

ISBN 979-11-88568-05-5   93710

한중 感覺形容詞 대조 연구

곽일성(郭一誠) 저

도서출판 夏雨 株式會社

어느덧 한국어와 인연을 맺은 지 23년이란 세월이 흘렀다. 처음에는 단순히 의사소통의 목적으로 외국어로서 한국말을 배우기 시작했을 뿐, 장차 한국어를 학문으로 연구하리라는 것은 감히 엄두도 못 냈다. 또 그렇게 하고 싶은 마음도 별로 없었다. 그러나 몇 년간의 회사 생활을 접고, 2002년에 중국 푸단대학교(復旦大學) 대학원에 입학하고 나서부터 한국어를 탐구하고 가르치는 일은 내 생업의 일상이 되었다. 그러다가 석,박사 과정 10년 동안 줄곧 진행해 온 한중 감각형용사 연구를 책으로 내게 된 것은 참으로 감개무량한 일이 아닐 수 없다.

여느 학문처럼 언어의 규칙과 질서를 밝히는 일은 험난한 산길을 오르듯이 고달프고 힘들다. 이 길을 여태까지 버텨온 것은 여러 선생님들의 관심과 사랑이 있기에 가능했다. 은사 강은국 선생님과 강보유 선생님, 김종태 선생님의 가르침으로 언어학의 세계에 들어서게 되고, 무엇보다 중요한 것은 선생님들의 박식과 탁견 덕분에 언어 세계의 무한한 가능성에 눈을 뜨게 되었고 한국어 연구에 재미를 붙이게 되었다.

이 책은 어휘 체계 중의 한 부류인 형용사, 또 거기서 신체의 오관감각과 공간감각을 나타내는 감각형용사를 연구대상으로 삼고 그들의 형태와 의미를 고찰하였다. 감각형용사를 연구하게 된 주요 원인은 감각형용사가 한중 두 언어의 고유한 특징을 고스란히 보여주고 있어서 두 언어의 조어법과 의미 특징, 더 나아가 두 민족의 사고방식과 민족성을 들여다볼 수 있는 좋은 접근 경로라고 판단했기 때문이다. 한국어는 일찍부터 한자어를 많이 차용해 왔음에도 일상생활에서 매일 신체감각으로 느끼는 감각형용사는 여전히 고유어가 제자리를 단단히 지키고 한자어와의 경쟁에서 절대적 우세를 차지하고 있다. 감각형용사에 대한 형태, 의미 분석을 통해서 한국어는 주로 접사파생과 음운교체에 의해 낱말을 생성하고 정도의 강약이나 선호 여부 등 의미성분에 의해 체계가 정연한 의미장 구조가 이루어짐을 알 수 있다. 이에 비해, 중국어는 어근합성 특히 단어 일부나 전체를 반복하는 중첩법이 가장 생산적이고 하나의 형태소에 의해 여러 의미를 복합적으로 드러내는 특징이 있다. 한중 감각형용사의 이런 형태, 의미적 차이는 결국 두 언어의 유형론적 특징, 즉 고립어와 교착어, 표의문자와 표음문자의 차이에서 그 원인을 찾을 수 있다.

이 책은 크게 세 부분으로 나누었다. 제1부 총론에서는 연구의 목적, 대상 및 방법을 제시하고 선행연구의 성과와 문제점을 검토하였다. 그리고 감각유형을 어떻게 설정하고 개별 형용사를 어떤 기준으로 분류해야 하는가를 검토한 기초에서 감각형용사의 낱말밭을 제시하였다. 제2부 형태 연구에서는 형태소 복합법과 음운교체법에 따라 한중 감각형용사의 형태구조 및 조어방식을 살펴보고 접사의 분포와 의미기능, 어근의 결합방식, 음운교체의 분포양상 및 의미기능을 고찰하였다. 아울러 낱말 형성의 입장에서 감각형용사의 생성 과정, 또 그 과정에서 받는 음운적, 형태적, 의미적 제약을 고찰하였다. 제3부 의미 연구에서는 성분분석법으로 감각형용사의 기본의미에 접근하여 커다란 그물 안에 얽혀져 있는 감각형용사의 공통 의미요소와 변별 의미요소를 분석하여 각 감각유형의 의미장 구축을 시도하였다. 또한 느낌을 나타내는 감각형용사가 본래의 감각영역으로부터 다른 감각영역으로 혹은 더 추상적인 개념으로 의미가 전이되는 현상, 즉 '공감각 전이'와 '개념 전이'의 인지기제와 영상도식, 그리고 은유의 민족성과 개인성에 대해서도 살펴보았다.

언어는 음성인 형식면과 의미인 내용면이 동전의 양면처럼 불가분의 관계로 연결되어 있다. 주관적인 의미를 좀더 정확히 밝히기 위해서는 먼저 형태분석을 선행하여 각 형태소의 분포양상과 의미기능을 밝혀야 하며, 반면에 접사 등 형태소를 분석해 내기 위해서는 의미의 도움을 떠나서는 안된다. 그러나 한중 감각형용사의 형태와 의미를 정확히 분석하는 것은 그리 쉬운 일이 아니었다. 우선 형태소를 분석할 때 한국어의 낱말들은 통시적 변화를 겪으면서 형태소 간의 경계가 허물어지고 서로 융합되는 어휘화 현상이 많다. 한편 중국어는 글자, 단어와 통사구의 경계가 매우 모호하여 일부 형태소의 성격을 판단하기가 어렵다. 감각형용사의 모호하고 주관적인 의미를 분석할 때는 주로 단어의 형태구조, 사전 뜻풀이와 말뭉치 용례에 근거하여 의미성분분석의 방법으로 유의어들의 의미 차이를 객관적으로 밝히려고 했지만 그 목표를 실현하는 데는 언제나 한계가 있고 때로는 언어직관의 도움을 완전히 배제하지 못하는 아쉬움이 있다.

이 연구는 주로 구조주의 기술언어학의 이론과 방법으로 한중 감각형용사의 단어구조와 어휘의미를 상세하게 기술하려고 했다. 그외에 낱말 생성의 입장에서 감각형용사의 낱말 형성과정 및 제약, 그리고 빈자리와 준말의 형성에 대해 고찰하였다. 또한 인지언어학의 이론에 입각하여 인간이 가장 기본적인 신체감각으로 다른 감각이나 개념을 이해하는 인지기제를 고찰하였다. 사물을 관찰하는 시각이 바뀌면 보이는 것도 당연히 달라지듯이 한중 감각형용사의 특징을 밝히기 위해서는 더 다양한 이론과 접근법이 필요하다고 믿는다. 가령 통계조사의 방법을 사용하면 각 형용사가 문장에서 주로 어떤 대상과 공기하는가, 파생의미로 쓰이는가 등 여러 문제를 밝혀낼 수 있다. 또한 '개념적 은유 이론'의 한계를 벗어난 '개념적 혼성 이론'을 도입하면 감각형용사의 의미구성 방식을 다르게 규명할 수 있지 않을까 생각한다.

이 책은 저자의 석사학위논문「한국어 미각형용사의 유의구조와 다의구조 연구」와 박사학위논문「중한 감각형용사 형태·의미 구조 연구」를 기반으로 나온 결과물이다. 이번 출판을 위해 박사학위논문의 상당한 부분을 다시 다듬고 중국어의 일부 형태소의 성격과 의미, 그리고 한국어의 일부 접미사의 의미를 다시 검토하면서 원래의 견해를 일부 수정하기도 하였다. 또한 최근에 발표한

논문 「한중 감각형용사의 정도성 의미와 실현방식」과 「한중 감각형용사 의미
전이의 인지기제와 영상도식」의 내용을 더 추가하여 박사학위논문에서 미진했
던 부분을 조금이라도 보완해 보려고 나름대로 노력했다.

　이 책의 출간에 즈음하여 많은 분들께 감사를 드리고 싶다. 언제나 진정한
학자로의 모범을 보여주신 지도교수 강은국 선생님께서 이 연구의 구상부터
세부 내용에 이르기까지 함께 고민해주시고 많은 애정과 관심을 기울여 주셨
다. 강보유 선생님께서는 원고를 읽어주고 미비점과 보완책을 많이 지적해 주
셨다. 그리고 상해외대의 金基石, 金忠實 선생님과 서울대의 송철의, 이현희, 김
성규 선생님과 전남대의 윤평현, 임칠성 선생님께서도 많은 조언을 해주셨다.
또한 전남대의 노철, 나경수 선생님과 중국 호남사범대의 閻超 선생님께서 필
요한 자료를 찾아주거나 원고를 더 매끄럽게 다듬어 주셨다. 묵묵히 지켜보며
지원과 인고를 감내해주신 부모님에게 감사의 인사 올리며 오늘 이날까지 아끼
고 믿어준 사랑하는 아내와 예쁘게 커가는 딸애에게도 고맙다는 말 전하고 싶
다. 이렇게 많은 도움을 받았으니 훨씬 더 나은 모습으로 보답을 해야 하는데
그렇지 못한 점을 부끄럽게 생각하며, 이 책의 모든 하자와 결함은 전적으로
부족한 저자의 탓이라 자책한다.

　10년 동안 한 우물을 파 왔지만 그만큼 만족스러운 성과라고는 보기 어렵다.
그런데도 이 책의 출판을 흔쾌히 맡아주신 하우출판사의 박민우 사장님과 편
집에 애쓰신 송인성 과장님께 진심으로 감사를 드린다. 그리고 이 연구와 책 출
판에 지원을 해준 中國敎育部와 復旦大學外文學院에 심심한 사의를 표하고 싶
다. 이 책의 출간을 계기로 다음 10년 동안 좀더 알차고 보람있는 성과를 낼 것
을 마음속으로 다짐하고 기약한다.

2017년10월1일
저자　중국 상하이에서

목차

머리말 ·· 4

제1부 총론

제1장 서론 ·· 15

1.1 연구 목적 ·· 16

1.2 선행연구 검토 ·· 21

1.3 연구 대상 및 방법 ·· 29

제2장 감각형용사의 개념 및 분류 ······························ 35

2.1 감각과 감각형용사의 개념 ·································· 36

2.2 감각형용사 분류의 선행연구 검토 ···························· 39

2.3 감각형용사의 분류 기준 ···································· 43

제3장 감각형용사 낱말밭 ······································ 47

3.1 공간감각 ·· 48

3.2 시각 ·· 51

3.3 촉각 ·· 55

3.3.1 촉감각 ·· 55

3.3.2 통각 ·· 57

3.3.3 온도각 ·· 58

3.4 미각 ·· 60

3.5 후각 · 64

3.6 청각 · 67

3.7 한중 감각형용사의 낱말밭 · 69

제2부 형태 연구

제4장 형태소 복합법 · 75

4.1 형태소 유형 및 개념 · 76

4.2 단일어 · 84

4.3 파생어 · 88

   4.3.1 접두사에 의한 파생 · 88

   4.3.2 접미사에 의한 파생 · 91

4.4 합성어 · 123

   4.4.1 같은 어근의 합성 · 124

   4.4.2 다른 어근의 합성 · 131

제 5장 음운교체법 · 139

5.1 자음교체 · 143

5.2 모음교체 · 149

제6장 감각형용사의 낱말 형성 과정 및 제약 · · · · · · · · · · · · · · · · 163

6.1 낱말 형성 과정 · 165

6.2 낱말 형성 제약 및 빈자리 ……………………………………… 170

    6.2.1 빈자리 …………………………………………………………… 171

    6.2.2 낱말 형성의 제약 ……………………………………………… 173

6.3 준말의 형성 …………………………………………………………… 177

제3부 의미 연구

제7장 감각형용사의 의미 특징 …………………………………… 183

7.1 주관성 ………………………………………………………………… 185

7.2 정도성 ………………………………………………………………… 187

    7.2.1 잠재적 정도성과 명시적 정도성 …………………………… 189

    7.2.2 정도성 의미의 실현방식 ……………………………………… 194

7.3 의미장 이론 및 성분분석법 ……………………………………… 197

제8장 시각, 청각, 공간감각형용사 의미장 …………………… 201

8.1 시각형용사 의미장 ………………………………………………… 202

8.2 공간감각형용사 의미장 …………………………………………… 222

8.3 청각형용사 의미장 ………………………………………………… 238

제9장 촉각, 미각, 후각형용사 의미장 ………………………… 247

9.1 촉각형용사 의미장 ………………………………………………… 248

    9.1.1 온도각형용사 의미장 ………………………………………… 248

    9.1.2 통각형용사 의미장 …………………………………………… 267

    9.1.3 촉감각형용사 의미장 ………………………………………… 274

9.2 미각형용사 의미장 ………………………………………………… 285

9.3 후각형용사 의미장 ·· 293

제10장 감각형용사의 의미전이 ·· 299

10.1 의미전이의 유형과 개념 ·· 301

10.2 공감각 전이와 개념 전이의 인지기제 및 영상도식 ·············· 307

10.2.1 인지언어학에서 본 의미전이 ···························· 307

10.2.2 공감각 전이와 개념 전이의 인지기제 ···················· 309

10.2.3 공감각 전이와 개념 전이의 영상도식 ···················· 312

10.3 은유의 민족성과 개인성 ··· 316

제4부 결론

제11장 결론 ··· 323

11.1 주요 내용 요약 ··· 324

11.2 남는 과제 ·· 333

부록

색인 ··· 334

참고 문헌 ··· 345

제1부
총론

제1장

서론

1.1 연구 목적

감각(sense)은 외부 또는 내부의 자극으로 일어나는 의식현상이며 인간 자체와 외계를 연결해 주는 중요한 신체 기능이다. 인간이 자신의 감각을 언어로 표현하기 위하여 사용하는 낱말(word)을 감각어라고 하며, 그중 대부분은 형용사로서 이들을 '감각형용사'라고 부른다.

인간은 감각을 수동적으로 받아들이는 것에 그치지 않고, 언어라는 중간세계[1]를 통하여 감지된 객관적 감각을 능동적, 주관적으로 표현하려고 한다[2]. 즉 인간이 감각을 표현할 때 그 감각의 객관적 속성 뿐만 아니라 정도가 어떠한지, 선호하는지 등 주관적인 의미를 가미(加味)하여 표현하려는 욕구가 있다. 이런 욕구를 충족시키기 위하여 통사적 방법은 물론이고 어휘적 방법까지 활용하게 된다. 즉 파생이나 합성, 음운교체 등 조어법(word formation)에 의하여 수많은 비슷하면서도 미세한 뉘앙스로 서로 구별되는 유의어 어군을 형성하여 경우와 상황에 따라 알맞게 사용하는 것이다.

인간의 오감(시각, 청각, 후각, 미각, 촉각)을 표현하는 말은 인간의 생물학적 존재로서의 공통성이 반영되기 때문에 언어 간의 유사표현이 많다는 것이 사실이다. 그러나 각 민족어들이 저마다의 언어 구조와 특징을 지니기 때문에 낱말의 발달 양상과 의미구조 등 여러 면에서 많은 차이를 보이게 마련이다. 이런 언어적 차이는 결국 각 민족의 고유한 세계관과 민족성을 형성하는 데까지 중

---

1 Trier에 의하면, 외부의 세계는 인간에게 언어를 매개로 해서, 보다 정확하게는 '언어적 중간세계'를 경유해서 부여되는 것이다. 허발(1976:31) 참조. 임지룡(1993:79~80)은 아래와 같이 우리 자신은 외부대상 세계의 사물을 직접적으로 수용하는 것이 아니라, 모국어라는 중간세계를 거쳐 인식한다고 한다.
언어공동체 – 중간세계 – 외부 대상세계의 사물

2 인간은 이 세상의 모든 존재 가운데 하나의 물리적 대상에 지나지 않는다. 그러나, 우리에게 지각되고 언어로 기술되는 세계에서는 인간이 모든 존재의 표준이 된다. 그래서, 언어라는 구조는 인간중심적으로 짜여져 있다. 박경현(1987:11)

요한 역할을 하고 있다[3]. 그러므로 대조언어학(contrastive linguistics)의 방법으로 둘 이상의 언어 사이의 공통점과 차이점을 밝히는 것이 언어를 인식하는 데뿐만 아니라 그 언어를 사용하는 민족의 심리와 특성을 파악하는 데도 매우 큰 의미를 지니고 있다.

사물의 속성이나 상태가 어떠함을 나타내는 말 가운데 가장 중심되는 자리를 차지하고 있는 감각형용사는 일반적인 다른 단어에 비해 상당히 복잡한 형태구조와 의미구조를 가지고 있다. 그리고 일상 언어생활과 가장 긴밀히 연결되어 있는 감각형용사는 외래적 간섭이나 영향을 덜 받기 때문에 그 민족어의 고유한 언어 특징을 고스란히 잘 반영하고 있다. 그러므로 감각형용사를 분석, 연구함으로써 그 민족어의 언어적 특징을 엿볼 수 있고, 더 나아가 이들 어휘를 구사하는 사람들의 생각하는 방식, 인식의 세계에 접근하는 실마리를 제공할 수 있다.

본 연구는 한중 감각형용사의 형태와 의미를 분석, 비교하는 데에 주요 목적을 두고 있다. 형태 분석은 크게 두 가지 방향으로 진행하였다. 하나는 낱말을 쪼개어서 소리와 뜻의 최소 결합체인 형태소(形態素, morphene)를 찾아내어 그 분포양상과 의미 기능을 밝히는 것이고, 다른 하나는 형태소들이 어떻게 결합하며 낱말 형성 과정에서 어떤 규칙과 제약을 받는가를 고찰하는 것이다. 전자는 형태구조 분석이라 큰 단위에서 작은 단위로, 후자는 조어법 분석이라 작은 단위에서 큰 단위로 낱말의 형태에 접근한다. 낱말의 형태구조를 분석하면서 그 형성 규칙도 동시에 습득하는 경우가 많지만[4] 두 접근법의 착안점이 서

---

3 모든 언어는 일정한 세계관을 가지고 있기 때문에 언어의 다름은 곧 세계관의 다름을 의미한다. 임지룡 (1993:79)

4 "… 생성적인 능력보다도 더 기본적인 능력은 언어요소들을 분석할 수 있는 능력인 것으로 생각된다. 언어 를 배우는 과정에 있는 어린이는 어떤 언어자료가 주어지면 그것을 나름대로 분석하고 그 분석을 통해서 주 어진 자료들에 내재되어 있는 질서, 즉 규칙을 유추해 내는 어떤 선험적인 능력이 있다고 우리는 믿는다." 송철의(1992:90)

로 다른 만큼 관심 가지는 문제와 연구 결과가 서로 다를 수 있다. 감각형용사에 대한 의미분석은 공통 의미를 바탕으로 한 무리로 묶이게 된 낱말들이 어떻게 서로 연결되고 구별되는가를 고찰하는 것이다. 즉 전체 의미장 구조 속에서 개별 낱말들의 위치가치를 밝혀내는 작업이다.

언어는 음성인 형식면과 의미인 내용면이 불가분의 관계로 구성되어 있으므로 어휘에 대한 형태 연구와 의미 연구는 서로 긴밀히 연결되어 있다. 복잡한 관계 그물로 맺어져 있는 감각형용사 유의어들의 의미와 어감적 시차성(示差性)을 밝혀내기 위해서는 필연코 형태적 분석을 선행해야 한다. 어근, 접사 등 형태소가 각각 음운, 형태, 통사와 의미적 정보를 가지고 있는데, 이러한 정보의 결합을 통하여 한 단어의 의미가 구성되므로 형태론적 분석이 의미 연구에 도움을 줄 것이다(신순자, 1997:28). 또한 어근, 접사 등 형태소를 추출하고 확인하는 작업은 의미를 떠나서는 결코 이루어낼 수 없는 일이다. 그리하여 파생, 합성, 음운교체 등 형태 변화와 어휘의미의 연관성을 명확히 밝혀내는 것도 본 연구의 취지가 된다.

감각형용사에 대한 형태, 의미 분석은 우선 형태, 의미적으로 유기적인 관계를 맺고 있는 유의어들을 보다 체계적으로 이해하는 데에 의의가 클 것이다. 모국어 화자라고 해도 감각을 표현하는 풍부한 형용사들을 모두 알고 적절하게 사용하는 것은 아니다. 예스페르슨은 아무리 풍부한 어휘를 구사하는 사람이라도 모국어의 10% 이상을 알고 있는 사람은 드물다고 한다(천시권·김종택, 1971:89). 이러한 통계를 제쳐두더라도 자신의 감각을 섬세하게 표현하려고 할 때 어떤 낱말을 골라 써야 할지를 고민해 보지 않은 사람은 아마 없을 것이다. 언어직관으로 비슷한 유의어들을 적절하게 구별하여 사용할지라도 막상 그들의 의미 차이를 명시적으로 구별해 보라고 하면 쉽게 설명하지 못하는 경우가 많다. 그리하여 모국어 어휘력과 표현력을 향상시키려면 어떤 낱말밭에 있는 낱말들의 형태적, 의미적 구조를 체계적으로 살펴보는 작업이 필요하다.

그리고 한중 감각형용사를 비교하는 작업은 두 언어가 어휘체계, 조어방식 및 의미구조 등 여러 면에서 어떤 공통점과 차이점을 가지고 있는가를 밝히는 데에도 의의가 크다고 생각한다. 가령 두 언어에서 모두 접사 파생과 어근 합성에 의해 낱말을 형성할 수 있으나 중국어는 고립어로서 그리고 단음절어(單音節語)로서 의존형태소인 접사가 그리 발달하지 않아 주로 어근 합성에 의해 새 낱말을 만들어낸다. 한국어의 접사들이 주로 높고 낮은 정도성(程度性) 의미와 연결되어 있는 것과 달리, 중국어 접사의 대부분은 아직 의미의 추상화 과정을 걷고 있으며 정도나 선호도(善好度) 등 여러 의미를 나타내고 있다. 또 주지하는 바와 같이 한국어의 감각형용사와 상징어는 자음교체, 모음교체에 의해 풍부한 어휘를 생성하여 섬세한 의미 차이를 나타낼 수 있는데 중국어는 표의문자(表意文字)로서 음운교체에 의한 낱말 분화는 거의 보이지 않는다. 그리고 한중 두 언어 감각형용사의 발달 양상을 비교해 보면 한국어는 감정이 풍부한 감성적 언어이고 중국어는 좀 더 객관적인 언어임을 어느 정도 짐작할 수 있으며, 이런 언어적 특징은 두 나라의 민족성과도 관련이 있을 듯하다[5].

또 본 연구는 외국어 어휘 교육에도 도움이 될 것이라 믿는다. 모든 단맛을 구별 없이 무조건 '달다'나 '甛'이라고 표현하는 어휘력의 부족 문제를 해결하기 위해서는 그 언어의 어휘 체계와 의미구조를 명시하는 것이 바람직하다. 형태와 의미의 연관성을 잘 알아야 외국어 어휘를 쉽게 외우고 익히며 유의어들 사이의 묘미를 느낄 수 있다. 가령 한국어 접미사 '-스름-'이 정도가 약하다는 뜻을 나타냄을 안다면 '누르스름하다, 불그스름하다, 푸르스름하다, 거무스름하다, 하야스름하다'의 의미를 쉽게 유추할 수 있을 것이며, 경음이 평음보

---

5 Sapir는 언어는 그 사회의 관심도의 표시라고 말하고 있듯이 언어를 통해서 그 민족이나 집단의 관심의 집중 경향을 짐작하는 일은 어렵지 않다고 했다. 그러므로 우리의 생활에는 논리성과 객관성이 결여되어 있다는 것을 뜻하나, 감각어와 상징어의 발달은 의미와 감정표현의 다양성을 보이고 있다. … 감각어의 발달 원인은 민족성과 관련이 있을 것이다. 李錫奉(1987:4~5)

다 정도가 더 강하다는 것을 안다면 '불그스름하다:뻘그스름하다', '거무스름
하다:꺼무스름하다'와 같은 자음대립짝의 의미 차이를 쉽게 구분할 것이다. 그
리고 한중 감각형용사에 대한 의미성분 분석을 통해 두 언어 낱말 사이의 대
응 및 구별 양상을 더 쉽게 습득할 수 있다. 가령 우리가 흔히 한국어의 '굵다'
와 중국어의 '粗'를 대응시키는데 두 단어가 [+3 차원][+굵기]라는 의미에서 비
슷하나 전자는 [+막대기 모양][+공 모양]의 굵기를 두루 나타낼 수 있으나 후자
는 [+막대기 모양]만을 나태낼 수 있다. 한국어에서는 '굵은 사과'라고 하지만
중국어에서는 '大苹果'라고 하여 '粗' 대신 '大(크다)'를 쓴다. 또 중국어의 '高'
와 한국어의 '높다'가 건축물이나 나무의 높이를 말할 때는 서로 대응될 수 있
으나 전자는 사람의 키도 표현할 수 있는데 후자는 그렇지 못하고 다른 낱말
'크다'를 사용해야 한다. 그리고 한국어의 '춥다'와 중국어의 '冷'은 모두 [+냉
각][-쾌감]의 의미소를 지니고 있으나 [±전체]의 의미소에서 서로 구별된다. 즉
'춥다'는 '날씨가 춥다/*물이 춥다'처럼 주로 신체 전체에서 느낀 온도 감각을
말하는데 '冷'은 '天氣很冷/水很冷'처럼 신체 전체나 부분에서 느낀 냉각을 두
루 표현할 수 있다.

1.2 선행연구 검토

감각형용사에 대해 한중 언어학계에서 꾸준히 연구해 오면서 많은 성과를 축적해 왔다. 감각형용사에 대한 연구는 크게 범주·분류 연구, 형태 연구, 의미(기본의미와 파생의미) 연구 및 통사 연구의 4개 분야로 나눌 수 있는데, 그중 의미, 특히 파생의미에 대한 연구가 활발히 진행되어 왔다. 연구대상 및 범위로 보면 시각, 공간감각, 미각, 촉각, 후각, 청각을 두루 다루는 포괄적 연구에 비해 어느 영역에 집중하여 고찰하는 연구가 대부분이다. 그중 체계가 정연한 색채형용사, 공간감각형용사, 미각형용사와 온도각형용사에 많은 관심이 쏠리는 반면에 후각형용사나 청각형용사에 대한 연구는 아직 미진한 상태에 머물러 있다.

한국어 감각형용사의 분류에 대한 선행연구로는 주로 최현배(1937/75), 박문섭(1986), 정재윤(1989a) 및 손용주(1992) 등이 있다. '시각, 청각, 촉각, 미각, 후각'의 오감을 감각범주로 설정하는 데에는 일치하나, 이 외에 최현배(1937/75)는 '평형감각, 유기감각, 시간·공간감각'을 더 추가한 8영역을, 박문섭(1986)은 '온각, 통각, 기관감각, 근육감각'을 더 추가한 9영역을, 정재윤(1989a)은 '온각, 냉각, 통각, 유기감각'을 더 추가한 9영역을, 손용주(1992)는 '평형감각, 유기감각'을 더 추가한 7영역을 설정하였다. 그외에 배해수(1982)와 이승명(1988)은 미각형용사, 김창섭(1985)은 시각형용사, 이승명(1992)과 강보유(1992)는 색채형용사, 임지룡(1984)과 양태식(1985), 노대규(1988)는 공간형용사, 천시권(1980)과 양태식(1988)은 온도각형용사, 임두학(1997)은 후각형용사에 대해 하위유형을 분류한 바가 있다.

중국어 감각형용사에 대한 포괄적 분류 연구는 눈에 띄지 않고 개별 감각영역에 대한 하위유형 분류만 발견할 수 있다. 劉鈞杰(1985)과 劉丹靑(1990)은 중국어 색채형용사의 기본범주에 대해 검토하였는데 전자는 '白(흰색), 黑(검은

색), 紅(붉은색), 黃(누른색), 綠(녹색), 藍(남색), 靑(청색), 紫(보라색), 灰(회색), 褐(갈
색)'의 10색 분류를 주장하고, 후자는 10색에서 '靑'과 '褐'을 제외한 8색을 주
장하고 있다. 伍鐵平(1989)은 언어유형론의 입장에서 중국어와 인구어, 알타이
어 등 여러 언어의 미각어와 온도각어의 분류를 비교하였다. 李金蘭(2005), 王
銀平(2008) 등은 중국어 미각형용사의 하위유형을 '甛(단맛), 酸(신맛), 苦(쓴맛),
鹹(짠맛), 辣(매운맛)' 5범주로 설정하고 張靖華(2005)는 이외에 '澀(떫은맛), 鮮
(좋은 맛)' 등 복합미각에 대해서도 검토하였다.

한국어 감각형용사의 형태구조와 형성 과정을 체계적으로 고찰한 연구는
송정근(2007)을 들 수 있다. 이 연구에서 합성, 파생, 내적변화(자음, 모음교체)
및 중첩을 감각형용사 단어 형성의 4가지 조어 수단으로 보고 그 분포양상과
의미특징을 고찰하였다. 이 외에 강보유(1990), 이승애(1997), 박선우(1985), 이
지희(2007) 등 많은 연구들은 개별 감각영역에 대한 종합적 고찰의 일환으로
형태론적 분석을 진행하였다. 중국어에서는 감각형용사를 대상으로 진행한 형
태 분석은 눈에 띄지 않고 任學良(1981), 陳光磊(2001), 潘文國 외(2004), 蔣宗許
(2009)처럼 중국어 전체 어휘의 형태구조와 조어법에 대한 연구들이 있다. 그
외에 元傳軍(2002), 崔建新(1995) 등은 중국어 중첩형(重疊形) 형용사, 王倩倩
(2010)은 중국어 색채형용사의 조어방식에 대해 고찰한 바가 있다.

한국어 감각형용사에 대한 통사론적 연구로는 주로 유현경(1998), 김정남
(1998)과 김찬구(1986) 등이 있다. 유현경(1998)은 통사적 방법으로 형용사에
접근하여 주어에 경험주의 의미역을 할당하고 'NP1-가 (NP2-가) Adj'의 격틀
을 가지는 형용사 부류를 '감각형용사'로 파악하고 있다. 김정남(1998)은 결합
가(結合價)에 따라 형용사를 1가 형용사와 2가 형용사로 나누고 형용사 구문
의 보족어(補足語)와 상황어(狀況語)를 통해 한국어 형용사의 통사적 특징을
고찰하였다. 김찬구(1986:37~42)는 주어와 정도 부사와의 통합관계로 미각형

용사의 통사적 특징을 간략히 고찰한 바가 있다.

중국어에서 감각형용사의 통사 특징을 고찰한 연구로는 鄭貴友(1999)와 丁慧(2010) 등이 있다. 鄭貴友(1999)는 감각형용사가 문장에서 부사어로 쓰일 때의 'S_{GI}:NP+A+VP+O' 구문의 각 성분 간의 의미관계와 'A_{狀}→A_{定}'나 'A_{定}→A_{狀}'의 성분 교체 양상을 고찰하였다. 丁慧(2010)은 중국어 미각형용사가 문장에서 서술어, 목적어, 관형어, 상황어, 보어 등 문장성분으로 쓰일 때의 문형 구조와 통사의미를 고찰하였다.

앞에서 언급했듯이 한중 감각형용사 연구는 주로 의미 연구에 집중되어 있는데 각 감각영역별로 기존의 의미 연구를 살펴보겠다.

한국어 시각형용사 연구는 주로 색채형용사에 집중되어 있는데 박선우(1985), 정재윤(1989a), 강보유(1994), 이승애(1997) 등 선행연구들이 있다. 그중 정재윤(1989a:26~30)은 개관적인 고찰에 그치고 색조의 다양성과 색상의 정도(낮은 정도, 조금 높은 정도, 높은 정도)에 따라 색채형용사의 어휘분화를 살펴보았다. 강보유(1994)는 색상(色相), 채도(彩度), 명도(明度)의 3가지 기본 의미소 외에 투명도(透明度)라는 의미소를 더 설정하여 빛깔형용사의 색채학적 의미의 내면구조와 그들의 층차성과 계열성을 명확히 제시하였다. 박선우(1985)는 색채의 의미특성을 '①색채의 속성-명도, 순도(채도) ②언어표현-농도, 광택, 선명, 산뜻함, 모음(자음) 대립 ③대상에 제한되어 쓰임'으로 크게 3가지로 나눠 많은 의미소를 설정하였다. 이승애(1997)는 언어적 직관과 사전 뜻풀이를 토대로 하여 색채어의 의미특성을 '①색채어의 명도, 채도([明][暗]/[淸][濁]) ②색채 상태의 표현([고르게 나타남/고르지 못함][산뜻함/산뜻하지 않음][매우 어울리지 않음/어울리지 않음][곱게 보임/곱지 않음/매우 곱지 않음][선명함/흐릿함][깨끗함/칙칙함][광택][보기 좋음][군데군데 나타남][은은함][다른 빛깔과 섞임] 등) ③색채어의 지칭대상 ('-숭-'=[대상-털이나 풀])' 크게 3가지로 구분하여 대체로 박선우(1985)와 비슷하다.

한국어 공간감각형용사의 의미에 대한 선행연구로는 임지룡(1984), 양태식(1985), 노대규(1988) 등이 있다. 임지룡(1984)은 공간감각어의 전체적인 의미특성을 고찰하고 반의관계를 이루는 '크다/작다'와 같은 공간감각어는 '크지도 작지도 않은' 중간단계를 중심으로 (+)방향과 (-)방향으로 대칭되어 있는 '극대칭 체계(極對稱 體係)'로 이루어져 있으며, '크다'와 같은 (+)방향의 적극어는 무표항이며 '작다'와 같은 (-)방향의 소극어는 유표항이 되며 무표항이 공간감각어의 바탕이 되어 의미구조에 '편향성(偏向性)'을 띠고 있음을 지적하였다. 양태식(1985)과 노대규(1988)는 공간감각형용사를 1, 2, 3차원으로 나누어 의미분석을 하였는데 양태식(1985)은 철저한 성분분석법에 의해 차원 낱말의 의미소를 밝히고 의미소들의 관계 그물을 그려 내었다.

한국어 촉각형용사에 대한 의미분석은 주로 대립관계가 정연한 온도각 영역에 집중되어 있는데 천시권(1980), 양태식(1988), 정재윤(1989a:63~79), 임지룡(1993:115~7) 등 선행연구들을 들 수 있다. 온도각형용사에 비해 촉감각형용사나 통각형용사에 대한 의미분석은 많이 뒤쳐진 상태에 머물러 있으며 정재윤(1989a)과 이지희(2007)에서만 촉각의 3유형을 두루 다루었다. 김준기(2001)는 3유형의 일부 형용사 '따갑다/따끔하다/뜨끔하다, 가렵다/간지럽다/근지럽다, 시리다/차다/춥다, 결리다, 화끈하다, 쓰리다, 시큰하다'에 대해 개별적으로 의미분석을 진행하였다.

한국어 미각형용사에 대한 의미 분석으로는 주로 前田綱紀(1978), 김찬구(1986), 이동길(1988), 정재윤(1989b), 황혜진(2002), 곽일성(2005) 등 선행연구들을 들 수 있다. 김찬구(1986), 정재윤(1989b)은 [농도]란 의미소를 통해 미각형용사의 의미장 구조를 구축하였고, 前田綱紀(1978), 이동길(1988)과 황혜진(2002)은 [농도] 외에 각각 [기타 맛의 混入 여부][맛에 대한 평가], [±기호 적웅][±순수성][기분의 변화], [미각에 대한 感覺主의 評價]와 같은 의미소를 더 설정하여 미각형용사의 분절구조를 구축하였다. 곽일성(2005)은 [맛유형][농도]와 [±쾌감]의 의미소에 의해 한국어 미각형용사의 의미장 구조를 구축하고 접사 첨가와 자음대립은 농도 의미를, 모음대립은 일차적으로 선호 여부, 즉 쾌감 의미를 나타낸 것으로 파악하고 있다.

한국어 후각과 청각 형용사에 대한 연구는 다른 감각영역에 비해 많이 뒤쳐져 있다. 정인수(1999)에서 청각형용사 '시끄럽다, 요란하다, 떠들썩하다'와 '조용하다, 고요하다'는 기준보다 소리가 크냐 작으냐에 따라 구별되고, '떠들석하다'는 복수의 인간이 내는 소리에만 사용되고, '시끄럽다, 조용하다'는 정도를 매길 수 있는데 반해 '요란하다, 고요하다'는 정도매기기에 제한을 받으며, '걸걸하다, 짜랑짜랑하다'는 '목소리'와만 결합할 수 있다고 지적하였다. 김성화 (2001)는 '시끄러움이 없어 잠잠함'이라는 공통 바탕에 묶인 '조용하다/고요하다'는 내적인 기본의미와 상황의 유형에서 차이난다고 하면서, 전자 '조용하다'는 '시끄러움이 사라져 잠잠함'이고 '소리, 동작, 장소, 태도, 사건, 생활, 마음' 등 상황에 쓰이는데 후자 '고요하다'는 '시끄러움이 일어나지 않아 잠잠함'이고 '빛, 밤, 장소, 죽음, 마음' 등 상황에 쓰인다고 하였다. 임두학(1997)은 후각, 미각 형용사의 낱말밭을 유형별로 정리하고 후각, 미각 형용사가 극히 다양하고 종류가 많다는 사실이 한민족의 발달된 식생활 문화와 직결된 국어생활을 반영한다는 결론을 내린 데에 그치고 의미분석은 시도하지 않았다.

중국어 감각형용사에 대한 의미연구는 주로 기본어의 의미, 특히 전이 의미에 집중되어 있고 낱말밭을 구축하고 유의어의 의미장을 규명하는 연구는 그리 많지 않다. 緱瑞隆(2003)은 중국어 감각개념의 은유 체계를 다루었고, 兪紅秀(2008), 朴寶蘭(2009)은 중국어 색채어의 의미전이 현상, 張靖華(2005), 李金蘭(2005), 張軍(2008), 楊洋 외(2006)는 중국어 미각어의 의미전이 현상을 다루었다. 그 외에 중국어 감각형용사의 의미전이 양상을 다른 언어와 비교하는 대조연구가 활발히 진행되어 왔는데, 田皓(2006)는 중·영·일 삼국 미각어의 의미전이, 王永美(2007), 王銀平(2008), 胡婷(2009)은 중·영 미각어의 의미전이 양상을 비교하였다. 이처럼 중국어 감각형용사의 의미연구는 1)파생어, 합성어를 제외한 단일어(기본어), 2)기본의미보다는 전이의미, 3)다른 감각영역보다는 미각어, 색채어에 더 치우친 연구 양상을 보인다.

王新玲(2010)은 중국어 기본 촉각어 '冷, 熱, 硬, 軟'의 의미특성을 '개괄성(槪括性)', '다의성(多義性)'과 '모호성(模糊性)' 3가지로 파악하고 '冷: ①溫度低;感覺低。([+溫度][+感覺][+生理][+客觀][+事物][+程度][-高][-褒義]); ②〈方〉使冷(多物)。([+動作][+施事][+結果][+感覺][+生理][+溫度][-高][+方言]); ③不熱情;不溫([+感覺][+人類][-生理][-客觀][+態度][+感情][-多][-褒義]);…'처럼 촉각형용사의 사전 해석을 의미 성분으로 전환하여 각 의미항 사이의 연관성을 적극적으로 고찰하였으나 성질형용사 '冷'의 첫째 의미항 즉 기본의미에 대한 [+程度][-高][-褒義]의 의미성분 설정은 재고할 필요가 있으며, 여느 연구와 같이 기본어 '冷'만 다루고 '冰冷, 寒冷, 冷絲絲, 冷颼颼' 등 계열어군 사이의 의미 차이를 밝히지 못한 한계가 있다.

한중 감각형용사를 비교한 선행연구로는 김찬화(2005), 진애려(2007), 鄭鳳然(2000), 馬會霞 외(2000), 徐銀春(2005), 黃貞姬(2008), 金容勛(2009), 韓玲(2011) 등을 들 수 있다. 김찬화(2005)는 한중 감각형용사의 의미연구에 주력하여 일대일 대응, 일대다 대응 및 다대일 대응, 어휘적 빈칸 등 기본의미의 대응양상, 그리고 공감각적(共感覺的) 전이, 비유적·추상적 전이 등 의미전이 양상에 대해 고찰하였다. 진애려(2007)는 중국어권 학습자를 위한 한국어 감각형용사 습득을 목적으로 한국어 감각형용사의 모음, 자음 대립과 접사 첨가에 따른 의미변화를 검토하고, 한국어 감각형용사에 대한 한중사전 편찬을 시도했다.

한중 감각형용사의 대조연구는 색채형용사에 많이 치우친 양상을 보인다. 徐銀春(2005)과 金容勛(2009)은 한중 색채형용사의 범주, 형태, 의미를 두루 다루었고, 王倩倩(2010)과 韓玲(2011)은 한중 색채형용사의 형태구조와 조어방식을, 鄭鳳然(2000), 馬會霞 외(2000)와 黃貞姬(2008)는 색채형용사의 전이의미를 고찰하였다.

이상과 같이 범주 분류, 형태, 의미, 통사별로 한중 두 언어의 감각형용사 연구 양상을 살펴보고 두 언어를 비교한 대조 연구가 어디까지 왔는가를 살펴보았다. 전체적으로 보면 기존 연구들이 수량적으로는 적지 않으나 보편적으로 아래와 같은 미흡한 점들이 있다.

첫째, 감각유형과 감각형용사를 분류하는 데에 적절한 기준을 세우지 못한다. 가령 시간과 공간감각을 감각유형으로 볼 수 있는지, 미각의 기본범주가 5味인지 6味인지, 테두리가 명확하지 않은 시각과 촉각의 하위유형을 어떻게 설정해야 하는지 등 감각유형의 분류 문제, 그리고 '높다/낮다'는 공간과 청각, '맵다, 시다'는 미각과 후각, '뾰족하다'는 공간과 촉각, '시리다'는 온도각과 통각의 어느 한 쪽에 아니면 두 영역에 모두 속하는지 등 개별 감각형용사의 분류 문제가 많이 존재하고 있다.

둘째, 감각형용사에 대한 음운, 형태적 분석은 접사 분포, 어근 결합방식, 자음.모음대립에 있어 많은 성과를 이루었으나 형태소 복합과 음운교체가 의미와 어떻게 연결되어 있는지, 특히 한국어의 모음대립이 감각영역별로 각각 어떤 의미변화를 가져왔는지를 명확히 대답하지 못한 문제점이 있다. 또 중국어는 글자, 낱말, 구의 경계가 명확하지 않으므로 낱말의 형태구조를 단일어, 복합어로 구분하지 않고 그저 A형, AA형, AB형, BA형, ABB형, BBA형, AABB형으로 기술하는 문제점들이 있다.

셋째, 감각형용사의 의미 분석에 있어서 한국어는 주로 색채, 미각, 온도각 형용사에 집중되어 있고 중국어는 거의 대부분이 미각 형용사에 집중되어 있는 편향성이 있다. 그리고 감각형용사의 기본의미보다 추상적 의미로 전이된 은유 현상에 더 많이 치우치는 경향을 보이고 있다. 기본의미 분석은 주로 계열어군의 기본어에만 한하여 진행하므로 전체 의미장 구조를 밝히지 못한 한계가 있다. 성분분석법으로 의미장 구조에 접근한 선행연구라 해도 변별 의미소의 설정이 과연 경제적이고 합리적이냐는 문제들이 적지 않게 남아 있다.

넷째, 한중 감각형용사를 비교하는 기존 연구들은 대부분이 색채형용사의 의미, 특히 전이의미에 집중되어 있다. 형태구조, 조어법, 의미구조에 관한 연구가 턱없이 부족하므로 한중 두 언어의 어휘체계와 의미체계가 어떤 특징을 지니고 있는지가 아직 잘 밝혀지지 못했다.

1.3 연구 대상 및 방법

　본 연구는 신체 외부기관인 눈, 귀, 코, 혀, 살갗에 의해 느껴진 시각, 청각, 후각, 미각, 촉각의 오관감각(五官感覺) 및 공간감각(空間感覺)을 가장 전형적인 감각유형으로 보고 이들 감각을 나타내는 형용사를 연구대상으로 삼고자 한다. 신체 내부기관인 호흡기관, 소화기관, 배설기관, 근육기관에 의해 느껴진 내부감각도 감각의 일종에 속하나 감각유발대상이 그리 명확하지 않고 낱말밭이 별로 발달하지 않으므로 이들을 표현하는 '답답하다, 마렵다, 어지럽다, 고프다, 부르다' 등 낱말들을 논외로 한다. 그리하여 본 연구의 연구 범위는 아래와 같은 6가지 감각영역에 한정하기로 한다.

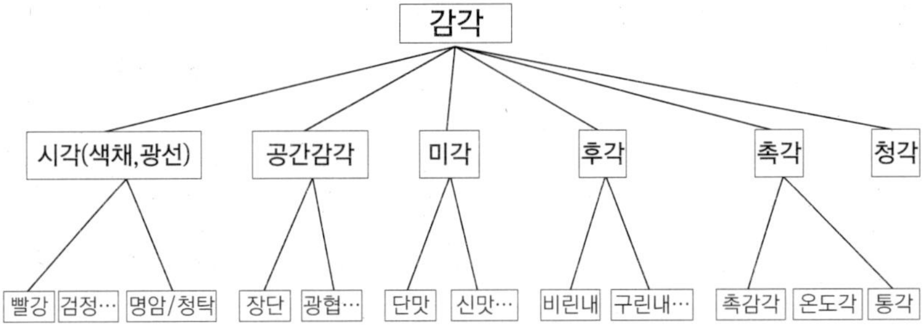

　그러나 이 6가지 감각을 표현할 수 있는 모든 형용사들이 다 본 연구의 연구대상은 아니다. 우선 한중 감각형용사의 원활한 비교를 위하여 외국어의 영향을 받지 않는 순수한 고유어를 대상으로 하고자 한다. 한국어는 일찍부터 한자어를 차용해 왔으나 감각형용사에는 고유어가 제자리를 단단히 지키고 있으며 한자어와의 경쟁에서 절대적 우세를 차지하고 있다[6]. 그러므로 아래 (1ㄱ)과 같

6　권주예(1982:11)에서 "한국어에서 감각을 나타내는 語는 거의 고유어의 獨舞臺로 한자어가 대단히 열세에 몰려 있다"고 지적했다. 김찬구(1986:18)에서 모두 226개의 미각 표시어휘를 품사별, 어원별 통계한 결과, 미각을 나타낸 고유어 형용사와 한자어 형용사의 수량이 167:13으로 고유어가 절대적 우세를 차지한다고 지적했다. 임두학(1997)은 후각형용사 87개와 미각형용사 188개 중에서 고유어가 73개와 166개나 되어 각각 83.9%와 88.3%를 차지하고 있음을 밝혔다.

이 형태·의미적으로 이질적인 한자어들을 연구대상에서 제외시킨다. 다만 (1ㄴ)의 '감미롭다, 향기롭다' 등 낱말은 어근이 한자어이지만 한국어의 요소인 접사 '-롭'이 단어 형성에 참여하기 때문에 이들을 형태, 의미 분석의 연구대상에 포함시키로 한다.

> (1) ㄱ. 감미(甘美)하다, 감렬(甘洌)하다, 감렬(甘烈)하다, 고삽(苦澁)하다,
>   방감(芳甘)하다, 신랄(辛辣)하다, 청담(淸淡)하다, 삽삽(澁澁)하다,
>   담(淡)하다, 창백(蒼白)하다, 냉랭(冷冷)하다, 온화(溫和)하다,
>   정밀(靜謐)하다, …
>   ㄴ. 감미(甘美)롭다, 향기(香氣)롭다, …

둘째, 아래 (2)의 형용사들이 모두 맛을 나타내는 표현이지만 그들의 첫째 의미항은 미각과 별로 상관없다. (2ㄱ)은 맛에 대한 긍정적인 표현이고, (2ㄴ)은 부정적인 표현이며 (2ㄷ)은 맛의 강하고 약함을 나타내는 표현인데 맛의 속성이나 상태를 묘사한다기보다는 맛에 대한 가치평가의 성격이 강하므로 '평가성 형용사'[7]로 보아야 한다. '좋다, 나쁘다, 괜찮다'등은 단독으로 볼 때 미각어로 간주하기 어렵고 '좋은(나쁜) 맛/색상/품질/성격'에서처럼 감각뿐만 아니라 다른 사물이나 현상의 좋고 나쁨을 두루 평가할 수 있는 표현이다.

> (2) ㄱ. 좋은 맛, 탁월한 맛, 조화로운 맛, 신비로운 맛, 괜찮은 맛,…
>   맛스럽다, 맛깔스럽다, 먹음직하다, 먹음직스럽다, 바따라지다,
>   후미하다, 훈감하다…
>   好吃的味道, 美味, 誘人的美味…
>   ㄴ. 나쁜 맛, 고약한 맛…
>   텁텁하다, 터분하다,…
>   難吃的味道, 討厭的味道, …

---

7 민현식(1992:229) 참조. 孫京鎬(2007)에서도 "한국어에서 '맛있다, 맛없다'와 같이 음식을 입에 넣었을 때 느끼는 종합적인 판단 또는 평가를 나타내는 말도 일반적으로 미각어로 다루지만, 혀의 특정 부위를 자극하여 느끼는 기본 미각과는 성질이 다르다"고 지적하며 이들을 '평가적 미각표현'이라고 부른다.

ㄷ. 독한 맛, 맹렬한 맛, <u>강한/약한</u> 맛, <u>진한</u> 맛…

　　<u>濃烈</u>的味道, 很<u>重</u>的味道, <u>清淡</u>的味道, …

셋째, 통사구를 줄여서 만들어진 낱말들을 연구대상에서 제외한다. 아래 (3
ㄱ)의 '꿀같다, 엿같다, 소태같다'는 구 형태 'N(와/과)+같다'를, (3ㄴ)의 '맛있다,
맛없다'는 통사구조 'N(가/이)+있다/없다'를, (3ㄷ)의 '깨고소하다'는 문장 '깨처
럼 고소하다/깨가 쏟아지듯이 매우 고소하다'를 줄인 말이므로 하나의 낱말로
보기 어렵다.

(3)　ㄱ. 꿀같다, 엿같다, 소태같다, …
　　　ㄴ. 맛있다, 맛없다, …
　　　ㄷ. 깨고소하다, …

넷째, 아래 (4ㄱ)의 '쓰겁다, 뽉다, 시겁다' 등 방언 낱말과 (4ㄴ)의 '덜큼하다,
새지근하다' 등 북한어를 연구대상에서 제외한다. 또 (4ㄷ)의 '알찌근하다/얼찌
근하다', '해반들하다/희번들하다'처럼 본말(원형식) '알짝지근하다/얼쩍지근하
다', '해반드르르하다/희번드르르하다'의 일부 음운을 축약하거나 탈락시켜 형
성된 준말은 본말과 같은 의미로 공존하므로 연구대상에서 제외해도 무방하겠
다.

(4)　ㄱ. 쓰겁다, 뽉다, 시겁다, …
　　　ㄴ. 덜큼하다, 새지근하다, …
　　　ㄷ. 알찌근하다, 얼찌근하다, 해반들하다, 희번들하다, …

다섯째, 일부 작가의 작품에서 사용된 예가 있으나 사전에 수록되지 않은 낱
말들을 연구대상에서 제외한다. 아래 (5)의 '희긋희긋하다'와 '파스구러하다'는
김소월의 한역시에서 사용되었으나 사전 표제어로 수록되지 않으므로 연구대
상에서 제외한다. (6)의 '暖蒸蒸, 暖烫烫'도 마찬가지로 현대 중국 작가 郭沫若과
柳青의 작품에서 쓰였지만 여러 사전에 수록되지 않으므로 연구대상에서 제외

하는 것이 낫겠다.

(5) 이 <u>희긋희긋한</u> 머리칼뿐 (김소월 한역시『봄(春望)』)
　　<u>파스구러한</u> 비단 창 (김소월 한역시『밤 까마귀(烏夜啼)』)

(6) ㄱ. 他們都在戰慄, 在感着熱的交流, 在<u>暖蒸蒸</u>地發些微汗。(郭沫若
　　　『塔·葉羅提之墓』)
　　ㄴ. 湯河流域的一個好天氣, 日頭<u>暖燙燙</u>的。(柳靑『創業史』)

　여섯째, 본고는 주로 공시적인 연구를 하고자 하므로 고대어에서 쓰이다가 현대어에서 더이상 사용되지 않는 낱말들을 연구대상에서 제외하기로 한다. 가령 아래 (7)의 '溫燠, 溫然'은 고대 중국어에서 '따뜻하다'의 의미로 쓰였지만 (7ㄱ)의 '溫燠'는 현대중국어 말뭉치에 전혀 용례가 없고 (7ㄴ)의 '溫然'은 용례는 있지만 '長逝/長辞(별세하다)'와 결합하여 '사람이 세상을 평안히 떠난다'는 의미로 쓰이고 있다.

(7) ㄱ. 溫燠：敍<u>溫燠</u>則寒谷成暄, 論嚴枯則春叢零叶。(『漢書·任昉傳』)
　　　　潯陽十月天, 天气仍<u>溫燠</u>。(唐 白居易『潙浦竹』)
　　ㄴ. 溫然：日出窮巷喜, <u>溫然</u>勝重衣。(唐 姚合『街西居』)
　　　　天明時, 紫夫人竟<u>溫然</u>長逝了。(CLL 말뭉치)

　본 연구에서 다룰 한국어 감각형용사는 주로 국립국어연구원 편『표준국어대사전』과 신기철·신용철 편『새 우리말 큰 사전』에서 수집하고, 중국어 감각형용사는 주로 中國社會科學院語言研究所 편『現代漢語詞典(第五版)』에서 수집했다. 그러나『표준국어대사전』과『새 우리말 큰 사전』에 수록된 어휘수가 각각 50여만 개와 30여만 개에 이르는 데에 비해『現代漢語詞典(第五版)』에 수록된 어휘수는 고작 6만 5천 개에 불과하며 '眊滋滋, 紅扑扑, 黃澄澄'과 같이 널리 쓰이는 낱말조차 수록되지 않았다. 이를 보완하기 위해 東方瀛 편『中華現代漢語雙序大辭典』, 呂叔湘 편『現代漢語八百詞』, 張拱貴·王聚元 편『漢語疊

音詞辭典』등 여러 사전을 함께 참조하기로 한다.

위에서 든 사전 외에 본고는 또한 21세기 세종계획 말뭉치와 北京大學中國語言學硏究中心의 현대중국어 말뭉치(CCL)[8]를 통해 감각형용사들이 문장에서 쓰이는 구체적인 용례를 수집하였다.

본고는 크게 감각형용사의 개념 및 분류, 낱말의 형태구조 및 조어법, 그리고 각 감각유형의 의미장 구조 등 세 개 부분으로 구성된다.

제1부 총론에서는 감각유형과 개별 형용사의 분류 문제를 검토하고 본고의 연구 범위와 대상을 좀더 명확하게 규정할 것이다. 감각유형을 분류하는 데는 생리학적 분류를 참고할 뿐만 아니라 감각의 개념형성 근원점이나 언어 사용자들의 공동 인식도 함께 고려하면서 가급적으로 명확하고 전형적인 유형을 설정하기로 한다. 개별 형용사의 분류는 주로 사전의 기본 의미항에 따라 진행하며 한 낱말을 가급적으로 한 감각유형에만 분류하기로 한다.

제2부 형태 연구에서는 형태소 복합법(파생법 및 합성법)과 음운교체법(자음교체 및 모음교체)에 따라 한중 감각형용사의 형태구조 및 조어방식을 살펴보면서 접사의 분포양상 및 의미기능, 어근의 결합방식, 음운교체의 종류 및 분포양상 등을 고찰할 것이다. 아울러 감각형용사의 낱말 형성 과정 및 절차, 그리고 낱말 형성에서 받는 각종 제약을 고찰하기도 한다. 단어구조 분석은 낱말을 작은 형태소로 쪼개어서 관찰, 분석하고 단어 형성 규칙은 작은 단위에서 큰 단위로 즉 입력부에서 출력부까지의 형성 과정을 고찰하는 방법을 취한다.

제3부 의미연구는 성분분석법(componential analysis)으로 감각형용사들의 기본의미에 접근하여 커다란 그물같은 조직으로 얽혀져 있는 감각형용사들의 공통된 의미특성과 변별적 의미성분을 밝혀낼 것이다. 의미장(semantic field) 이론은 개개의 감각형용사들을 개별적으로 다루지 않고 전체적인 구조 안에

---

8 CCL 말뭉치(http://ccl.pku.edu.cn:8080/ccl_corpus/index.jsp?dir=xiandai)는 현대중국어 문학작품, 신문기사 등 각종 장르 모두 307,317,060자의 자료로 구성되어 있다.

서 그 위치가치를 파악하며 의미 성분분석은 어떤 공통요소(common feature)를 공유하고 있는 의미영역 내에서 한 단어와 다른 단어를 구별할 수 있는 변별자질(distinctive feature)을 찾아내는 방법이다. 이러한 의미 분석 방법은 낱말의 의미, 특히 유의관계에 있는 낱말들의 의미 관계를 밝히는 데에 아주 유용하고 사전처럼 다른 낱말로 교체하여 순환적으로 설명하는 방법보다 더 명확하고 효율적이다.

제3부 10장에서는 느낌이 어떠함을 나타내는 감각형용사가 본래의 감각영역으로부터 다른 감각영역으로 혹은 더 추상적인 개념으로 의미가 전이되는 현상, 즉 '공감각 전이(共感覺轉移, Synaesthetic Transfer)'와 '개념 전이(概念轉移, Conceptual Transfer)'의 인지기제와 영상도식, 그리고 은유의 민족성과 개인성에 대해 고찰할 것이다.

마지막 제11장은 본고의 주요 내용을 요약하고 연구의 한계와 남는 과제를 지적하며 본 연구의 결론으로 삼겠다.

제2장

감각형용사의 개념 및 분류

앞선 1.3에서 본고의 연구대상을 밝힌 바가 있지만 한중 감각형용사의 형태, 의미를 분석·비교하기 전에 감각형용사의 개념과 분류 기준을 좀더 명확히 규정할 필요가 있다. 감각유형 설정 및 개별 형용사의 분류 기준에 따라 낱말밭 구성이 크게 달라질 뿐더러, 이에 따른 형태·의미 분석 결과도 크게 차이 날 수밖에 없기 때문이다. 가령 미각의 하위유형을 '단맛, 짠맛, 쓴맛, 신맛'의 4味로 나누는가 아니면 '매운맛, 떫은맛'을 더 추가한 6味로 나누는가에 따라 미각형용사의 낱말밭 구조와 형태·의미적 특징이 달라질 수 있다.

2.1 감각과 감각형용사의 개념

감각형용사의 개념을 명확히 정의하기 위하여 우선 감각이란 무엇인가를 살펴볼 필요가 있다. 감각의 개념에 대해 아래 여러 사전의 뜻풀이를 참고해 보자.

(1) 국립국어연구원,『표준국어대사전』
    ① 눈, 코, 귀, 혀, 살갗을 통하여 바깥의 어떤 자극을 알아차림.
    ② 사물에서 받는 인상이나 느낌.

(2) 신기철·신용철(1980),『새 우리말 큰 사전』
    ① 눈·귀·코·혀 등으로 포착된 외부(外部)의 자극이 뇌(腦)의
        중추(中樞)에 도달하여 일어나는 의식 현상.
    ② 사물에 느껴 받아들이는 마음[정신]의 작용.
    ③ 육체적 욕망 또는 흥분을 돋우는 따위의 직접적인 자극.

(3) 이희승(1998),『국어대사전』
    ① 감촉되어 깨달음, 느낌.
    ② 외부 또는 내부의 자극에 의해서 일어나는 느낌.
    ③ 사물을 느껴서 받아들이는 힘.

④ 감각기관에서 출발하여 대뇌에 이르는 구심신경의 작용과정, 시각, 청각, 후각, 미각, 압각, 통압각, 온각, 냉각, 유기감각 등의 종류가 있는데, 그중 앞의 두 개를 고등감각, 나머지를 하등감각이라 한다.

⑤ 신경계통의 외부에서 발생하여 얻어진 경험의식의 지적 방면에 있어서의 가장 간단하고 요소적인 것으로 내관에 의해서 그 이상 분석할 수 없는 경험내용, 감각자극.

이상 감각에 대한 『표준국어대사전』, 『새 우리말 큰 사전』의 제①항과 『국어대사전』의 제②, ④항 뜻풀이를 비교해 보면, 앞 두 사전은 모두 '눈, 코, 귀, 혀, 살갗'을 통하여 느낀 '바깥(외부)의 자극'이 뇌의 중추에 도달하여 일어나는 의식 현상을 감각으로 정의하고 있는데, 『국어대사전』은 '시각, 청각, 후각, 미각, 압각' 등 외부 자극에 의해 일어난 느낌 외에 '유기감각(有機感覺)'[1] 등 내부의 자극에 의해 일어난 느낌도 감각으로 보고 있다.

신체 내부기관인 호흡기관, 소화기관, 배설기관에 의해 느껴진 유기감각이 감각에 속하는가에 대해 이견이 있으나, 신체 외부기관인 눈, 귀, 코, 혀, 살갗에 의해 느껴진 시각, 청각, 후각, 미각과 촉각은 모두 감각으로 인정한 것이 세 사전의 공통된 점이다. 이는 이 5가지의 오관감각(五官感覺)이 가장 전형적인 감각유형이고 감각에 대한 일반인들의 인식과 잘 맞는다는 사실을 말해준다. 그러므로 본고에서 말하는 '감각형용사'는 우선 오관감각을 나타내는 형용사들을 가리킨다.

보통 의미를 중심으로 감각형용사를 정의하는 것과 달리, 유현경(1998)은 통사적 방법으로 형용사에 접근하여 주어에 경험주의 의미역을 할당하고 'NP1-가 (NP2-가)Adj'의 격틀을 가지는 형용사 부류를 '감각형용사'로 파악하고 있

---

1 정재윤(1989a:57)에서 유기감각을 다시 몇개 분류로 나누고 아래와 같은 형용사를 제시했다.
[+호흡]: 답답하다, 가쁘다
[+소화]: 고프다, 부르다, 시장하다, 포만하다, 허기지다, 썰썰하다, 거북하다
[+배설]: 마렵다

다. 격틀 중심의 감각형용사와 의미 중심의 감각형용사는 그 개념과 범위가 많이 다를 수밖에 없다. 가령 유현경(1998)에서 '맵다, 짜다'를 '성상형용사'로, '밝다, 어둡다'를 '가능형용사'로 분류하는데 의미 중심의 시각에서는 이들을 모두 감각형용사로 볼 수 있다. 본고는 '감각형용사'라는 명칭 자체가 우선 의미를 중시한 이름이라고 판단하므로 '감각형용사'를 이름 그대로 '느껴진 감각을 나타내는 형용사'로 정의하기로 한다.

2.2 감각형용사 분류의 선행연구 검토

감각형용사의 전체적인 분류에 대한 선행연구로는 주로 최현배(1937/75), 박문섭(1986), 정재윤(1989a) 및 손용주(1992) 등이 있다. 그외에 김창섭(1985)은 시각형용사, 金容勛(2009)은 색채형용사, 임지룡(1984)은 공간형용사의 하위유형을 분류한 바가 있다.

감각형용사에 대한 주요 선행연구들의 분류 양상을 아래와 같이 정리한다.

[표1.] 감각형용사 분류에 대한 선행연구

선행 연구	감각유형	감각형용사
최현배 (1937/75)	시각적	빛(色): 검다, 희다, 푸르다, 누르다, 붉다
		볕(光): 밝다, 어둡다
	미각적	달다, 쓰다, 시다, 떫다, 짜다, 맵다
	청각적	소리(音): 시끄럽다, 고요하다
		가락(調): 높다, 낮다
	후각적	지리다, 비리다, 냅다
	촉각적	누름: 미끄럽다, 맨지럽다, 까끄럽다, 거칠다, 날카롭다, 둔하다, 무리다, 단단하다, 연하다, 굳다, 무르다, 무럽다
		따뜻하기(溫度): 차다, 덥다, 뜨겁다, 춥다, 시원하다, 따뜻하다, 신선하다, 미지근하다
		아픔(痛覺): 아프다, 따갑다, 쓰리다
		기타: 가렵다, 간지럽다
	평형감각	어지럽다
	유기감각	답답하다, 아니꼽다, 뻐근하다, 마렵다, 고프다, 부르다
	시간·공간감각	시간: 빠르다, 더디다, 지루하다, 급하다, 늦다, 이르다, 늦다
		공간-뜨기(거리): 멀다, 가깝다
		공간-물형(物形): 크다, 작다, 길다, 좁다, 둥글다, 모나다, 바르다, 삐뚤다, 비뚤하다, 곧다, 굽다
		공간-상하(上下): 높다, 낮다, 깊다, 얕다, 돌다, 뾰족하다

선행 연구	감각유형	감각형용사
박문섭 (1986)	시각	누르-29, 검-101, 희-50, 붉-73, 푸르-46, 보얗-8, (복합어)18, (날씨관련어)44 도합:369개
	미각	짜-9, 시-29, 달-18, 쓰-7, 떫-11, 맵-15, (복합어)6, 기타2 도합:102개
	온각	차-7, 시원하-3, 미지근하-9, 서늘하-22, 으스스하-7, 푸근하-6, 따뜻하-19, 후터분하-7, 기타2 도합:81개
	촉각	거칠-18, 미끄럽-8, 부드럽-13, 무르-22, 흐무지-15, 여리-13, 퍽퍽하-6, 우툴두툴하-9, 눅-26, 푹신하-8, 추지-6, 단단하-12, 헐렁하-8 도합:182개
	청각	시끄럽다, 번거하다, 조용하다, 으슥하다, 새워다, 수다스럽다… 도합:50개
	후각	비리-18, 구리-17, 누리-12, 지리-1, 매캐하-3, 물씬하-6, 구수하-3, 기타1 도합:61개
	통각	아리-5, 쓰리-3, 따갑-3, 기타1 도합:12개
	기관감각	頭部22, 귀1, 코2, 허파4, 가슴9, 목3, 배20, 비뇨기3, 살갗6 도합:70개
	근육감각	저리-11, 시-7, 나른하-8, 뻐근하-9, 후줄근하-3, 팔팔하-2, 거뜬하-6, 거뿐하-8, 기타5 도합:59개
정재윤 (1989a)	시각	광선의미- 밝다, 어둡다 색상의미- 푸르다, 검다, 붉다, 누르다, 희다 공간의미- 길다, 짧다, 멀다, 가깝다, 깊다, 얕다, 넓다, 좁다, 크다, 작다, 굵다, 가늘다, 높다,낮다
	청각	시끄럽다, 소란하다, 요란하다, 조용하다, 고요하다
	미각	달다, 쓰다, 시다, 짜다, 떫다, 맵다
	후각	향기롭다, 향긋하다, 지리다, 구리다, 노리다, 구수하다, 고소하다
	촉각	거칠다, 부드럽다, 미끄럽다, 단단하다, 무르다, 두껍다, 얇다
	통각	아프다, 쑤시다, 따갑다, 저리다
	온각	따뜻하다, 덥다, 뜨겁다
	냉각	차다, 시리다, 춥다, 시원하다, 서늘하다
	유기감각	답답하다, 고프다, 부르다, 마렵다

선행 연구	감각유형		감각형용사
손용주 (1992)	외부감각	시각	광선: 밝다, 어둡다
			색상: 희다, 검다, 붉다, 누르다, 푸르다
			공간: 길다/짧다, 멀다/가깝다, 크다/작다, 높다/낮다, 깊다/얕다, 넓다/좁다
		청각	소리: 시끄럽다, 고요하다
			가락: 높다/낮다
		후각	향기롭다, 지리다, 구리다, 노리다, 구수하다, 비리다, 냅다
		미각	기본미각: 달다, 쓰다, 시다, 떫다, 맵다
			융합미각: 달곰씁쓸하다, 알근달근하다, 달곰삼삼하다, 시금쌉쌀하다, 삽고하다, 맵짜다
			종합미각: 맛있다, 맛없다, 맛지다
		외피 감각	촉각: 거칠다, 단단하다, 굳다, 두껍다, 부드럽다, 무르다, 연하다, 얇다
			통각: 아프다, 쑤시다, 쓰리다, 따갑다, 아리다, 저리다

			온도각 – 온각: 뜨겁다, 따뜻하다, 덥다
			       – 냉각: 차다, 시리다, 춥다
			       – 중간감각: 시원하다, 서늘하다, 싸늘하다, 선선하다, 미지근하다

	내부감각	유기 감각	답답하다, 고프다, 부르다, 마렵다
		평형 감각	어지럽다

이상 네 연구를 살펴보면 감각유형의 설정과 개별 형용사의 분류에서 많은 차이를 보이고 있음을 알 수 있다.

우선 1차 감각유형의 설정을 보면 네 연구에서 모두 '시각, 청각, 촉각[2], 미각, 후각'의 오관감각을 설정한 것은 일치하나, 이 오감 외에 최현배(1937/75)는 '평형감각, 유기감각, 시간·공간감각'을 더 추가한 8영역을, 박문섭(1986)은 '온각, 통각, 기관감각, 근육감각'을 더 추가한 9영역을, 정재윤(1989a)은 '온각, 냉각,

---

2 손용주(1992)에서 '촉각'을 '외피감각'이라고 달리 부르고 있다.

통각, 유기감각'을 더 추가한 9영역을, 손용주(1992)는 '평형감각, 유기감각'을 더 추가한 7영역을 설정하였다.

1차 감각유형과 그 하위유형을 비교해 보면, 최현배(1937/75)에서 1차 유형으로 본 '공간감각'에 대해 정재윤(1989a)과 손용주(1992)는 모두 1차 유형 '시각'의 하위유형으로 보고 있으며 박문섭(1986)은 이를 감각유형으로 취급하지 않는다. 또 최현배(1937/75)와 손용주(1992)에서 '통각'과 '온도각'을 1차 유형 '촉각'의 하위유형으로 보고 있는데[3] 박문섭(1996)과 정재윤(1989a)에서는 이들을 '촉각'과 같은 층위의 1차 유형으로 보고 있다.

또한 선행연구에서 개별 감각형용사의 분류에 대해서도 여러 문제점들이 있다. 가령 최현배(1937/75)에서 '신선하다'를 온도각으로, '뾰족하다'를 공간감각으로, 정재윤(1989a)과 손용주(1992)에서 동사 '쑤시다'를 통각으로, 박문섭(1986:129)에서 '우툴두툴하다, 헐렁하다' 등을 촉각으로, '번거하다, 수다스럽다' 등을 청각으로 분류하고 있는데 모두 재고할 필요가 있다. 또한 '두껍다/얇다'에 대해 정재윤(1989a)은 이들을 촉각으로, 김창섭(1985)은 시각으로 달리 분류했다. 그리고, 하나의 낱말을 두 감각유형에 동시에 포함시키는 것도 문제이다. 가령 최현배(1937/75)와 손용주(1992)에서 '높다/낮다'를 공간과 청각에, 손용주(1992)에서 '맵다'를 미각과 후각에 모두 포함시켰다.

이상 선행연구들을 살펴보면 대체로 1)시간·공간감각을 어떻게 분류해야는지, 2)외연이 명확하지 않은 시각과 촉각을 어떻게 정의하고 그 하위유형을 어떻게 설정해야 하는지, 3)미각과 후각을 하나 아니면 두 개의 유형으로 봐야 하는지, 4)한 낱말이 둘 이상의 감각을 나타낼 경우 어떻게 분류해야 하는지 등 여러 문제들이 제기된다.

---

3 최현배(1937/75)와 손용주(1992)에서 사용하는 용어가 좀 다르지만 대체로 분류 체계가 비슷하다. 즉 1차 유형 '촉각(외피감각)' 아래 '누름(촉감각)', '따뜻하기(온도각)', '아픔(통각)'의 3개 하위유형을 설정했다.

2.3 감각형용사의 분류 기준

앞선 2.2에서 볼 수 있는 바와 같이 감각유형과 개별 형용사들을 적당히 분류하는 작업은 여간 어려운 일이 아니다. 그러므로 감각유형을 설정하고 개별 형용사를 분류할 때 일정한 기준과 원칙이 필요하다.

감각유형을 설정할 때 생리학적 분류를 참고해야 하나 언어 사실과 민족어 사용자들의 공동 인식도 못지않게 중요한 것이다. 왜냐하면 생리학의 감각유형과 언어로써 세계를 인식하는 인간의 인지가 서로 일치하지 않은 경우가 있기 때문이다[4]. 가령 미각의 하위유형에 대해 생리학에서는 보통 '단맛, 신맛, 짠맛, 쓴맛' 4가지로 분류하지만 중국어는 보통 '매운맛'을 더 추가한 5味, 한국어는 '매운맛, 떫은맛'을 더 추가한 6味로 인식하고 있다. '매운맛'과 '떫은맛'의 감각기관과 형성과정에 따라 이들을 통각과 온도각의 복합감각으로 정의하고 있는 생리학의 견해와 달리, 한중 두 언어에서는 '맵다, 떫다'가 미각의 대표 명사 '맛/味道'과 자연스럽게 결합할 수 있으며 '고추', '날감'과 같은 개념형성의 대상물이 명확하므로 이 두 가지 맛을 미각으로 보는 인식이 보편적이다.

감각유형을 설정할 때 가급적으로 가장 명확하고 전형적인 유형을 설정하는 것이 바람직하다. 가령 후각의 하위유형에 대해, '구린내, 누린내, 비린내' 등은 일반인들이 다 후각으로 인식하는 전형적인 후각 유형인데 비해, '매운내, 신내, 내운내, 매캐한내'는 후각인지 미각인지 또한 촉각인지를 명확히 분류하기가 어렵다.

개별 형용사를 분류할 때는 주로 사전의 첫째 의미항에 따라 한 낱말을 가급적으로 한 감각유형에만 분류하기로 한다. 이렇게 하면 감각어 선정 및 분류

---

4 임지룡(1993:78)에서 '분류의 유형은 민간에서 자연발생적으로 이루어진 민간분류(folk taxonomy)와 과학적 검증에 기초한 과학적 분류(scientific classification)로 나뉜다'며 양자의 분류가 혼동된 경우가 있다고 지적한 바가 있다.

의 혼란을 피할 수 있을 뿐더러 같은 낱말을 다른 감각영역에 동시에 포함시키는 문제를 피할 수 있다.

(4)　ㄱ. 달갑다: 거리낌이나 불만이 없어 마음이 흡족하다.
　　　　새근하다: 관절 따위가 조금 시다.
　　　ㄴ. 冷淸: 形容冷落、幽靜、凄涼、寂寞(썰렁하고 한산하며 적막하다)
　　　　冷淡: ①不熱鬧、不興盛(한산하고 불경기하다)
　　　　　　　②不熱情、不親熱、不關心(냉담하고 불친절하다)

(4ㄱ)의 '달갑다'는 어근 '달-'에 접미사 '-갑-'을 붙여 형성된 가능성이 높지만 그 뜻이 이미 미각에서 멀어져 '달다'의 4번째 의미항인 '마땅하여 기껍다'의 의미만 이어받았다. 또 '새근하다'는 '새금하다, 새곰하다' 등 '시다' 계열어와 형태적 연관성을 보이지만 그 의미를 보면 '관절 따위가 거북하게 저리다'는 통각에 가까운 느낌을 나타내므로 이를 미각형용사로 보기 어렵다[5]. 그리고 (4ㄴ)의 '冷淸'과 '冷淡'은 온도감각어 '冷'이 들어있지만 다른 형태소와 결합한 후에는 각각 '썰렁하고 적막하다'와 '냉담하고 불친절하다'의 뜻으로 전이되어 온도감각과 별로 무관하게 된다.

(5)　ㄱ. <u>깔끔한</u> 맛, <u>싱싱한</u> 맛, <u>깨끗한</u> 맛, <u>엷은</u> 맛, <u>짙은</u> 맛,…
　　　　<u>新鮮</u>的味道, <u>乾淨</u>的味道, …
　　　ㄴ. <u>비린</u> 맛, <u>누린</u> 맛, <u>향긋한</u> 맛, <u>구수한</u>(고소한) 맛, <u>엇구수한</u> 맛…
　　　　腥味, 羶味, 臊味, 臭味, …
　　　ㄷ. <u>쫄깃한</u> 맛, <u>부드러운</u>(보드라운) 맛, <u>매끄러운</u> 맛, <u>가벼운</u> 맛,
　　　　<u>무거운</u> 맛…
　　　　柔和的味道, 柔滑的味道, 順滑的味道, …
　　　ㄹ. <u>시원한</u> 맛, <u>상쾌한</u> 맛, <u>상큼한</u> 맛, <u>산뜻한</u> 맛, <u>화끈한</u> 맛, <u>뜨거운</u> 맛…
　　　　爽快的味道, 火辣辣的味道, 熱呼呼的味道, …
　　　ㅁ. <u>쨍하는</u> 맛, <u>바삭한</u>(바삭바삭한/푸석푸석한) 맛…

5　이승명(1988:345)에서 '새근/새큰-하다'를 '시다' 계열 미각형용사로 분류했지만 본 연구는 의미를 감안하여 이들을 미각으로 보지 않는다.

ㅂ. <u>깊은 맛</u>…

(5)의 형용사들은 모두 미각을 나타내고 있으나 그 첫째 의미항은 미각과 무관하고 명사 '맛'과 결합할 때만 미각을 나타내므로 이들을 미각형용사로 볼 수 없다. (5ㄱ)은 본디 시각어, (5ㄴ)은 후각어, (5ㄷ)은 촉각어, (5ㄹ)은 온도감각어, (5ㅁ)은 청각어, (5ㅂ)은 공간감각어인데, 이렇게 A 감각의 말로 B 감각을 나타내는 현상은 '공감각 전이'라고 부르고 제10장에서 상세히 고찰해 보겠다.

(6)　시리다: ①몸의 한 부분이 찬 기운으로 인해 <u>추위를 느낄 정도로 차다</u>.
　　　　　②찬 것 따위가 닿아 <u>통증이 있다</u>.

또 (6)의 '시리다'에 대한 『표준국어대사전』의 뜻풀이를 보면 첫째 의미항은 온도각에 관련되고 두번째 의미항은 통각에 관련되어 있다. 이지희(2007:35)에서는 이에 근거하여 '시리다'를 온도각과 통각에 모두 포함시켰는데, 첫째 의미항을 중심으로 한 본고의 기준에 따르면 온도감각에만 분류시키는 것이 타당하겠다.

(7)　비리다: ①날콩이나 물고기, 동물의 피 따위에서 나는 <u>맛이나 냄새</u>가 있다.
　　　고소하다: ①볶은 깨, 참기름 따위에서 나는 <u>맛이나 냄새</u>와 같다.

(8)　반드르르하다: <u>윤기가 있고</u> 매끄럽다.

낱말의 첫째 의미항으로 분류하는 기준은 한 낱말을 두 개의 감각유형에 포함시키는 문제를 거의 피할 수 있다. 그러나 위 예(7)과 (8)처럼 가끔 첫째 의미항으로 분류하기 어려운 경우도 있다. (7)의 '비리다, 고소하다'의 첫째 의미항은 모두 '어떤 맛이나 냄새가 있다' 혹은 '어떤 맛이나 냄새와 같다'로 풀이되고 있으므로 그들이 미각에 속하는지 후각에 속하는지를 구분하기 어렵다. 또 (9)의 '반드르르하다'처럼 시각과 촉각으로 모두 느낄 수 있는 감각을 어떻게 분류해야 하는지가 명확하지 않다. 이럴 경우에는 민족어 사용자의 보편적 인식에 따라 '비리다, 고소하다'는 후각에 더 가까운 형용사로, '반드르르하다'는 시각에 더 가까운 형용사로 판단한다.

그리고, 형태적으로 연관성을 보이는 낱말들을 가급적으로 같은 감각유형에 분류시키기로 한다.

(9)　아리다: ①혀끝을 찌를 듯이 알알한 느낌이 있다.

알알하다: ①맵거나 독하여 혀끝이 약간 아리고 쏘는 느낌이 있다.

뜨겁다: ①손이나 몸에 상당한 자극을 느낄 정도로 온도가 높다.

따갑다: [1] ①살갗이 따끔거릴 만큼 열이 썩 높다.

　　　　[2] ①살을 찌르는 듯이 아픈 느낌이 있다.

(10) 붉다: ①빛깔이 핏빛 또는 익은 고추의 빛과 같다.

밝다: ①불빛 따위가 환하다.

얇다: ①두께가 두껍지 아니하다.

엷다: ①빛깔이 진하지 아니하다.

(9)의 '아리다'와 '알알하다', '뜨겁다'와 '따갑다'는 형태.의미적 연관성이 보이므로 '아리다'를 통각으로 '알알하다'를 미각으로, '뜨겁다'를 온도각으로 '따갑다'를 통각으로[6] 각각 다른 감각유형에 분류시키는 것이 타당하지 않다고 생각한다. 그러나 (10)의 '붉다'와 '밝다', '엷다'와 '얇다'는 모음대립짝으로서 형태적 연관성을 보이나 의미가 너무 분화되었으므로 각각 다른 감각유형에 분류시키는 것이 타당하겠다[7].

6　최현배(1937/75), 정재윤(1989a)와 손용주(1992)에서 모두 '따갑다'를 통각으로 분류하였다.

7　모음대립은 보통 낱말의 기본의미를 바꾸지 않고 어감적 차이만 부여한다. 즉 양성 모음은 주로 작고 밝은 청각인상을 주고 음성 모음은 주로 크고 어두운 청각인상을 준다. 그런데 '붉다:밝다', '얇다:엷다'의 의미차이는 이미 어감적 차이에서 벗어나 다른 의미로 분화되었다.

 한중 감각형용사 대조 연구

제3장

감각형용사 낱말밭

앞선 1.3에서 본고의 연구대상을 시각, 청각, 후각, 미각, 촉각의 오관감각 및 공간감각 모두 6개의 감각영역에 한정했다. 그리고 2.2와 2.3에서 감각유형 및 감각형용사의 분류에 관한 선행연구의 문제점과 본고에서 취하는 분류 기준을 밝혔다. 아래는 이런 기준을 적용하여 각 감각유형별로 하위유형과 감각형용사의 분류를 좀 더 구체적으로 고찰해 보겠다.

3.1 공간감각

최현배(1937/75)는 시간·공간감각을 독자적인 감각유형으로 설정하였다[1]. 이와 달리 정재윤(1989a), 손용주(1992)와 김찬화(2005)는 공간감각만 인정하고 이를 시각의 하위유형으로 분류했는데[2] 박문섭(1986)은 '시간·공간감각'은 '감각'이 아니라 '개념'에 더 가깝다는 이유로 시간·공간을 모두 감각유형에서 제외시켰다. 본고는 시간과 공간감각을 구별하여 보는 것이 낫다고 생각한다. 시간감각은 신체 기관의 자극 반응으로 보기 어렵고 사물이나 사건의 변화를 인식하기 위한 인위적인 개념인데 비해, 공간감각은 신체 기관에 의해 지각할 수 있는 느낌이다. 다시 말하면 공간감각은 시각, 청각, 미각, 후각 등 다른 감각처럼 생리적 기초에 의존하는 데에 비해, 시간 감각은 신체기관에 의존하지 않는 추상적이고 인위적인 개념이다. 그러므로 본고는 공간감각을 감각유형으로 취급하고 시간 감각은 감각이 아닌 것으로 본다[3].

---

1 최현배(1937/75)에서 시간형용사로 든 '빠르다, 더디다'와 같은 낱말이 시간을 나타낸 것인가 아니면 속도 개념을 나타낸 것인가도 문제가 된다. 속도는 시간 요소 외에 위치의 변화에 의해 결정되므로 공간, 시간과 모두 연관되어 있다.

2 손용주(1992:133)에서 공간감각을 시각의 하위분류로 보는 이유를 "공간적인 요소들이 시각 이외의 감각에 의해서도 지각될 수 있는 내용의 표현이기도 하나 일반적으로 시각적 지각내용의 표현이고 배타적으로 적용받을 수 있는 형태론적 과정이 있기 때문이다"라고 설명하고 있다. 김창섭(1985:154)에서도 '공간형용사'를 시각형용사의 하위분류로 보고 있다.

3 공간감각은 시각과 촉각에 어느 정도씩 관련성이 있다는 점을 감안할 때, 인간의 감각 능력을 배제하고는 감지될 수 없는 밀접한 관계가 있다고 판단, 감각의 영역에 포함시키도록 한다. 김혜원(2006:120)

공간감각이 주로 눈에 의해 느껴지므로 정재윤(1989a)과 손용주(1992)처럼 시각의 하위유형으로 봐도 무방하겠으나 민현식(1992:229)은 '크다, 작다, 길다, 짧다…' 등은 시각만으로 되는 것이 아니고 촉각을 통해서도 파악된다며 유보적 입장을 취하고 있다[4]. 그리고 다른 감각에 비해서 공간감각은 개념형성 근원점이 명확하지 않다는 특징이 있다. 가령 색채감각 '노란색'과 후각 '고소한 냄새'는 자연히 오랜지의 색깔과 참기름의 냄새를 연상시키는데 '길다/짧다', '높다/낮다'는 쉽게 떠오르는 대상물이 없다. 나무가 높다고 하면 산에 비하면 턱없이 낮고, 산은 하늘보다 낮으며, 하늘은 또 별보다 낮은 것이다. 공간감각의 이런 특성을 감안하면 이를 시각의 하위유형으로 보기보다 독자적인 감각유형으로 보는 것이 더 타당하겠다. 또 감각형용사에 대한 영어나 다른 언어권의 선행연구들과 비교하기 위해서도 공간감각을 따로 설정하는 것이 좋을 듯하다[5].

공간감각형용사[6]의 하위유형에 대해 최현배(1937/75)는 '뜨기(멀다, 가깝다)', '물형(크다, 작다, 길다, 좁다, 둥글다, 모나다, 바르다, 삐뚤다, 비뚜룸하다, 곧다, 굽다)'과 '상하(높다, 낮다, 깊다, 얕다, 돌다, 뾰족하다)' 3가지로 구분하고, 임지룡

---

4 민현식(1992:229)에서 "이렇게 공간어를 시각어로 보는 이유는 공간어들이 주로 시각판단의 산물이라는 소박한 인식에 근거하나 모두 사물에 대한 인간판단의 1차통로가 눈이라는 점을 생각하면 시각어가 아닌 것이 없게 되는 문제점이 있어 공간어를 시각형용사로 보는 것은 재고를 요한다.그리고 〈크다,작다,길다,짧다…〉는 시각만으로 되는 것도 아니고 촉각을 더듬어서 파악되기 때문에 이들을 시각어로 본다면 같은 시각을 거쳐 판단되는 〈뚱뚱하다, 훌쭉하다, 아름답다, 훌륭하다, 화려하다, 예쁘다…〉 등도 시각형용사로 보아야 하는데 이들은 존재상태에 대한 묘사나 가치평가의 성격이 강하므로 존재성 형용사나 평가성 형용사로 보아야 하기 때문이다"라고 지적한 바가 있다.

5 William(1976)의 경우는 영어권의 감각 영역을 '촉각', '미각', '후각', '색채', '차원', '청각'의 6가지 부류로 나누었으며, 일본 학자 國廣哲彌(1989:28)는 감각 영역을 '촉각', '미각', '후각', '차원', '시각', '청각'의 6가지 부류로 나누었다. 중국 언어학자 徐蓮은 '촉각', '미각', '후각', '공간', '색채', '청각' 그리고 인간의 표정과 관련된 시각적 표현을 따로 모아 '제3시각'이라는 명칭으로 분류하였다. 김혜원(2006:120) 재인용. 이런 다른 언어권의 연구들을 보면 모두 '공간' 감각을 시각의 하위분류로 보지 않고 독자적인 감각유형으로 보고 있다.

6 임지룡(1984)은 이를 '공간감각어'로, 노대규(1988)는 '공간 표시어(spatial terms)'로, 양태식(1985)은 '차원낱말'로 각각 달리 부르고 있으나 모두 '길다/짧다'를 비롯한 형용사를 연구하고 있다. 박경현(1987)은 '공간개념어'라 부르며 명사 '앞, 뒤, 위, 아래' 등 낱말을 다루었다.

(1984:121~2)은 공간감각어 체계를 짝말(대립어)로 된 고유어에 한정하여 '길다/짧다, 높다/낮다, 깊다/얕다, 멀다/가깝다, 넓다/좁다, 두껍다/얇다, 굵다/가늘다, 크다/작다'와 같은 여덟 쌍의 대립어를 공간감각어로 규정하였다. 임지룡(1984)과 같은 체계를 보인 양태식(1985:29~35)은 기하학의 '차원(dimension)'[7]에 근거하여 '길다/짧다, 높다/낮다, 깊다/얕다, 멀다/가깝다'는 1차원 개념 '길이'를 나타내는 낱말, '넓다/좁다, 두껍다/얇다'는 2차원 개념 '넓이'를 나타내는 낱말, '굵다/가늘다, 크다/작다'는 3차원 개념 '부피'를 나타내는 낱말로 다시 세분하였다. 그런데 노대규(1988:6)는 1차원 낱말에서 '멀다/가깝다'를, 3차원 낱말에서 '크다/작다'를 제외한 여섯 쌍의 대립어를 공간표시어로 규정하고, 정재윤(1989a:31~8)은 공간어 체계를 장단, 원근, 고저, 심천, 광협, 대소로 하위분절하여 '두껍다/얇다'가 제외된 일곱 쌍의 대립어 체계를 세웠으며, 손용주(1992:149)는 대소를 나타낸 '굵다/잘다'를 더 제외한 여섯 쌍의 대립어 체계를 세웠다[8]. 이상 선행연구들의 공간 낱말밭 체계를 비교해 보면 우선 최현배(1937/75)처럼 '둥글다, 모나다, 바르다, 비뚤다' 등 물체 외형을 나타내는 낱말들을 하위분류로 다루어야 하느냐, 만약 다른 연구들처럼 이런 물형 낱말을 제외시키고 대립어만 다룬다면 몇 쌍의 짝말을 다루어야 하느냐가 문제된다. 본고는 대체로 임지룡(1984)과 양태식(1985)의 분류에 따라 물형 낱말을 다루지 않고 1, 2, 3차원을 나타내는 여덟 쌍의 대립어를 공간감각형용사의 기본어로 삼기로 한다.

---

7 차원은 '한 점'을 중심으로 몇 개의 '방향과 크기'를 가지느냐에 따라 보통 1차원, 2차원, 3차원으로 나누어진다. '한 점'을 중심으로 하나의 '방향'으로 일정한 '크기'로 퍼져(펼쳐져) 있는 것이 1차원인 '선'인데, 이러한 '선'(줄)에 대한 인식이 곧 '길이'라는 개념이고, '한 점'을 중심으로 서로 다른 '방향'으로 퍼져 있는 두 '선' 사이에 형성되는 공간은 2차원인 '면'인데 이에 대한 인식이 곧 '넓이'라는 개념이며, '면'을 기점으로 하여, 그 면을 일정한 방향으로 이동시키면 그 '흔적'으로 나타나는 공간은 3차원인 '체적'인데 이에 대한 인식이 곧 '부피'라는 개념이다. 양태식(1985:24~5) 참조

8 정재윤(1989a:38)에서 공간의 대소의미를 지닌 낱말로 '크다/작다'(대소)와 '굵다/잘다'(대소등금) 두 쌍의 대립어를 들었는데, 손용주(1992:149)는 '굵다/잘다'를 제외하고 '크다/작다'만 대소를 나타내는 낱말로 분류했다.

3.2 시각

시각은 눈을 통해 빛의 자극을 받아들이는 감각 작용을 말한다. 그러나 시각어의 범위를 규정짓기가 매우 어렵다. 인간의 눈에 비친 삼라만상의 모든 형태나 움직임, 상태, 색채 등은 다 인간의 시각을 자극하는 것이기 때문이다(권주예, 1982:2). 가령 '뚱뚱하다, 홀쭉하다, 아름답다, 훌륭하다, 화려하다, 예쁘다...' 등도 눈을 통해 판단하지만 화자의 주관적 가치평가의 성격이 강하므로 감각형용사가 아닌 평가성 형용사로 보아야 한다.

자연계에서 시각으로 지각되는 것은 대상의 빛, 모양, 크기, 위치, 속도이다(김찬화, 2005:26). 앞 2.3에서 분석했듯이 속도는 시간 요소가 관여하기 때문에 본고의 연구대상에서 제외한다. 그리고 '둥글다, 모나다, 바르다, 삐뚤다' 등 사물의 모양을 나타내는 낱말들은 그 범위를 규정하기 어렵기 때문에 역시 제외한다. 그리고 공간감각은 남다른 특성을 지니므로 시각의 하위유형이 아닌 별도의 감각유형으로 분류하기로 한다.

그러므로 시각의 범위를 가장 전형적인 것에 한정해 볼 필요가 있다. 최현배(1937/75), 정재윤(1989a)과 손용주(1992) 등 선행연구들은 모두 '색상(빛)'과 '광선(볕)'을 시각의 하위유형으로 설정하였다. 박문섭(1986)은 시각유형을 더 세분하지 않고 있으나 색채형용사에 해당한 '검다, 푸르다, 누르다, 붉다, 희다'와 광선형용사에 해당한 '밝다, 어둡다'를 모두 포함시키고 그 외에 청탁(淸濁) 형용사 '맑다, 흐리다'를 포함시켰다[9]. 본고는 대체로 최현배(1937/75)의 분류에 따르되 광선 의미를 다시 '명암(明暗)'과 '청탁(淸濁)'으로 나눠 각각 '밝다/어둡

---

9 박문섭(1986)에서 '밝다, 어둡다'와 '맑다, 흐리다'를 '날씨관련어'에 포함시켰다.

다'와 '맑다/흐리다'를 포함시키기로 한다[10].

색채형용사의 하위유형에 대해, 최현배(1937/75), 정재윤(1989a), 손용주(1992), 이승명(1992b)은 모두 '흰색(백색), 검은색(흑색), 붉은색(홍색), 누른색(황색), 푸른색(청색)'의 5색을 한국어의 기본 색채유형으로 파악하고 있다. 강보유(1992:62~3)에서도 이 5색을 가장 주요한 빛깔 범주로 보고 이들을 표현하는 다섯 개의 고유어 형용사 '희다, 검다, 붉다, 누르다, 푸르다'는 오래된 역사를 가진 가장 원시적인 빛깔어이며, 명사로만 사용되는 '녹색, 회색, 갈색, 자색, 남색'은 기본범주가 아닌 파생범주로 파악하고 있다[11]. 임지룡(1993:119~120)도 마찬가지로 한국어의 고유한 기본색채어는 '오색 무지개', '오색 영롱하다' 등에서 나타나는 바와 같이 '하양, 검정, 빨강, 파랑, 노랑'의 5색이라며 이러한 5색 개념은 성리학의 영향을 받은 동양의 전통적 사고방식과 불가분의 관계를 맺고 있을 뿐더러[12] B. Berlin & P.Kay(1969:4)의 기본색채어 가설과도 일치된

---

10 아래와 같은 시각형용사에 대한 김창섭(1985:154)의 분류를 보면, '공간형용사'를 제외한 '빛형용사' 분류는 대체로 본고의 '시각형용사'와 범위가 비슷하다.
   시각 ―빛 ―[+색깔]: 검다, 희다, 붉다, 누르다, 푸르다
         ―[-색깔] ―[+明暗]: 밝다, 어둡다
                  ―[+淸濁]: 맑다, 흐리다
      ―공간: 길다, 짧다, 넓다, 좁다, 굵다, 가늘다, 두껍다, 얇다, 둥글다, 바르다, 곧다…

11 색채학적으로 보면 흰색과 검은색은 무채색 계열에서의 기본색이며 붉은색, 푸른색, 누른색은 자연색의 기본으로 되는 삼원색이다. 그러므로 조선어에서 이 5색을 기본범주로 설정하는 것은 아주 과학적이다. 강보유(1992:62)

12 5색과 성리학 사고방식의 관계는 다음과 같다. 임지룡(1993:119)참조
   ㄱ. 五色: 靑 黃 赤 白 黑
   ㄴ. 五行: 木 土 火 金 水
   ㄷ. 五方: 東 中 南 西 北
   ㄹ. 五音: 角 宮 徵 商 羽
   ㅁ. 五季: 春季夏夏 秋 冬
   ㅂ. 五味: 酸 甘 苦 辛 鹹

다고 지적하였다[13]. 이상 선행연구에 따라 본고는 '희다, 검다, 붉다, 누르다, 푸르다'의 5색을 한국어의 기본 색채범주로 보고 이 5색을 표현하는 형용사를 색채형용사로 한정하기로 한다. 그러므로 본고에서는 기본 색채범주에 속하지 않는 '보얗다, 뽀얗다' 등 낱말들을 논외로 한다[14].

또 아래 '옅다'와 '짙다'는 첫째 의미항이 색채의 채도와 관련되나 구체적인 어떤 색상을 나타내지 않으므로 색채형용사로 분류하지 않는다[15].

---

13 버린&케이(1969:4)는 11개의 기본색채어-white, black, red, green, yellow, blue, purple, pink, orange, grey-를 설정하고 모든 언어는 이 중에 어느 하나를 포함한다는 의미 보편성을 내세우고 이 11개의 기본색채어를 7단계로 나누었는데 아래와 같이 풀어서 설명할 수 있다. 박선우(1985:11~3)참조
 Ⅰ. 모든 언어는 white, black을 포함.
 Ⅱ. 한 언어가 세개의 색채어를 갖고 있다면 그것은 red를 포함.
 Ⅲ. 한 언어가 네개의 색채어를 갖고 있다면 그것은 green이나 yellow를 포함(green, yellow를 포함하지 않을 수도 있음).
 Ⅳ. 한 언어가 다섯개의 색채어를 갖고 있다면 그것은 green과 yellow를 포함.
 Ⅴ. 한 언어가 여섯개의 색채어를 갖고 있다면 그것은 blue를 포함.
 Ⅵ. 한 언어가 일곱개의 색채어를 갖고 있다면 그것은 brown을 포함.
 Ⅶ. 한 언어가 열한개의 색채어를 갖고 있다면 그것은 purple, pink, orange, grey 또는 이들이 결합된 것을 포함.
 Leech(1981:234)에서 버린&케이의 가설에 따라 여러 언어가 지니고 있는 색채어의 모습을 아래와 같이 정리했다. 임지룡(1993:120) 참고

유형	색채어수	색채어	언어
1	2	white black	Jalé
2	3	white black red	Tiv
3	4	white black red green	HanunÓo
4	4	white black red yellow	Ibo
5	5	white black red green yellow	Tzeltal
6	6	white black red green yellow blue	Plains tamil
7	7	white black red green yellow blue brown	Nez perce
8	8-11	white black red green yellow blue brown purple/ pink/ orange/ grey	English

14 송철의(1992:110)에서 '뽀얗다'는 색채형용사라고 보기 어려운 일면이 있으나 이를 색채형용사에 포함시켜도 큰 무리는 없을 듯하다고 파악하고 있으나 본고에서 색채형용사를 5색 범주로 한정하므로 이를 논외로 한다.

15 김창섭(1985:152)은 '짙다, 옅다'는 '빛/색이 짙다/옅다'처럼 빛이나 색에 대한 서술이 될 수 있지만 '*하늘이 짙다/옅다'처럼 빛이나 색의 존재가 전제되지 않았을 때는 쓰일 수 없다며 '짙다, 옅다'는 어떤 전제된 상태의 정도를 표시하는 것이 본래의 의미이므로 빛형용사가 아니라고 판단하고 있다.

(1) 옅다: 빛깔이 진하지 아니하다.

    짙다: 빛깔을 나타내는 물질이 많이 들어 있어 보통 정도보다 빛깔이 강
       하다.

그러므로 본고에서 시각을 5색 감각과 광선감각으로 한정하여 이들을 나타
내는 형용사들을 시각형용사로 보고, '뚱뚱하다, 아름답다, 화려하다'와 '옅다,
짙다'와 '보얗다, 뽀얗다' 등 낱말들을 연구대상에서 제외하기로 한다.

3.3 촉각

　촉각이란 물건이 피부에 닿아서 느껴지는 감각을 말한다. 촉각에 대해 최현배(1937/75)는 '누름(壓覺)', '따뜻하기(溫覺)'와 '아픔(痛覺)' 3가지 하위유형을 분류하였다. 손용주(1992)와 이지희(2007)는 대체로 최현배의 분류에 따르되 용어를 달리 사용했다. 손용주(1992)는 상위 개념인 '촉각'을 '외피감각', 하위 개념인 '누름'을 '촉각'이라 부르고 있으며, 이지희(2007)는 '누름'을 '촉감각'으로, '따뜻하기'를 '온도각'으로, '아픔'을 '통각'으로 달리 부르고 있다. 또 손용주(1992)에서는 '온도각'에 대해 다시 세분했는데 '온각'과 '냉각' 외에 '중간감각'을 더 설정한 것이 특이하다. 이처럼 '온도각', '통각'을 '촉각'의 하위유형으로 분류한 것과 달리, 박문섭(1986)은 촉각, 통각과 온도각을 각각 따로 설정하고 정재윤(1989a)은 온도각을 '온각'과 '냉각'으로 더 나누어 촉각, 통각과 같은 층위의 감각유형으로 분류하였다. 본고는 누름, 따뜻하기와 아픔이 주로 피부에 의해 느껴진다는 점을 감안하여 최현배(1937/75)처럼 이들을 '촉각'의 하위유형으로 분류하기로 한다. 다만 용어 체계는 이지희(2007)에 따라 각각 '촉감각', '온도각'과 '통각'이라 부르기로 한다. 여기 주의해야 할 것은 '촉각'은 상위 개념이고 '촉감각'은 '거칠다, 부드럽다, 미끄럽다, 단단하다' 등 느낌을 가리키며 '온도각', '통각'과 함께 촉각의 하위유형에 속하는 것이다.

3.3.1 촉감각

　촉감각은 어떤 대상에 신체의 일부가 접촉함으로써 감각되는 느낌을 말한다 (정재윤, 1989:49). 미각이나 색채감각 등에 비해 촉감각은 그 유형과 범위가 극히 불명확하므로 낱말을 선정, 분류하기가 어렵다. 정재윤(1989a:49~52), 손용주(1992:147~8)는 촉감각 형용사를 [±거침][±단단함][±두꺼움]에 따른 '거칠다/부드럽다', '단단하다/무르다', '두껍다/얇다'에 한정하고 있는데, 박문섭(1986)과 이지희(2007)는 촉감각을 대립체계에만 한정하지 않고 '흐무지다, 여리다, 퍽퍽하다, 우툴두툴하다, 눅하다, 푹신하다, 추지다, 단단하다, 헐렁하다' 등 낱말도 촉감각형용사로 취급하여 각각 182개와 417개의 낱말를 포함시켰다.

'두껍다/얇다'에 대해 정재윤(1989a), 손용주(1992)와 이지희(2007)는 모두 촉각으로 분류하는데 김창섭(1985)은 이를 시각으로 분류하고 있다. 이런 차이는 물체의 두께를 느끼는 것이 눈으로 확인할 수도 있고 손으로 만져서 확인할 수도 있는 특징에서 기인된 것 같다. 본고는 앞선 3.1에서 지적했듯이 '두껍다/얇다'를 2차원 공간감각형용사로 분류하기로 한다.

'두껍다/얇다' 뿐만 아니라 '거칠다, 부드럽다, 미끄럽다, 무르다, 흐무러지다, 야드르르하다, 날카롭다, 뾰족하다, 우툴두툴하다' 등 많은 형용사들이 다 눈이나 피부로 동시에 느낄 수 있는 느낌이다. 이들을 어떻게 보느냐에 따라 촉각 아니면 다른 감각으로 분류할 수 있으므로 연구마다 다루는 촉감각형용사의 수량이 각각 다를 수밖에 없다.

'날카롭다'와 '뾰족하다'의 분류 문제도 마찬가지다. 최현배(1937/75)에서 '날카롭다'를 촉감각(누름)으로 '뾰족하다'를 공간감각으로 보는데, 박문섭(1986)은 '날카롭다'를 어떤 감각유형에도 포함시키지 않고 '뾰족하다'를 촉각으로 보고 있다.

본고는 2.3에서 지적했듯이 가장 명확하고 전형적인 감각에 한정하므로 [±거침]이란 의미바탕에 묶인 낱말만 다루기로 한다. '날카롭다, 뾰족하다, 무디다, 가렵다, 간지럽다, 질다, 보송보송하다, 추지다, 누지다, 촉촉하다' 등 쟁론의 여지가 있는 낱말들을 논외로 처리하기로 한다. 그러므로 본고에서 다루는 촉감각형용사는 대체로 정재윤(1989a:52)에서 제시한 낱말 외에 '숙부드럽다, 푹신하다, 야드르르하다, 함함하다' 등을 더 추가한 낱말들로 구성된다.

[+거침]: 거칠다, 거칠/가칠/꺼칠/까칠-하다, 깔깔/껄껄-하다, 껄/깔-끄럽다,
　　　　가슬가슬/거슬거슬/까슬까슬/꺼슬꺼슬-하다, 거칠거칠/가칠가칠/
　　　　까칠까칠-하다

[-거침]: 부드럽/보드랍-다, 숙부드럽다, 반드럽/번드럽/빤드럽-다, 미끈하
　　　　다, 부드레/번드레/보드레/반드레-하다, 미/매-끄럽다, 반/번-드르
　　　　르하다, 훌부/홀보-드르르하다, 팍/폭/퍽/푹-신하다, 팍신팍신/퍽신
　　　　퍽신/폭신폭신/푹신푹신-하다, 야/이-드르르하다, 야들야들/이들이
　　　　들/유들유들-하다, 함함하다

3.3.2 통각

　통각이란 피부의 자극이나 신체 내부의 자극에 의하여 일어난 고통스러운
감각을 말하며 좁은 의미로는 피부의 통각점의 자극에 의한 감각만을 이른다.
선행연구들은 보통 '아프다, 쓰리다, 아리다, 저리다, 따갑다, 따끔하다'를 통각
형용사에 분류시킨다.

　본고는 외부 자극에 의한 감각만을 고찰하므로 좁은 의미의 통각 개념을 채
택하기로 한다. 그러므로 뼈마디나 몸의 일부가 오래 눌려서 피가 잘 통하지 못
하여 감각이 둔하고 아리다는 '저리다'나 관절 따위가 시다는 '시근/새근/시큰/
새큰-하다'는 신체 내부에서 일어난 통증이기 때문에 본고의 연구대상에서 제
외한다.

　한편 많은 선행연구에서 '알알하다'를 매운맛을 나타낸 미각형용사로 보고
있다. '알알한 맛/맛이 알알하다'라는 표현이 자연스러운 것이 사실이지만 아
래 예 (2)처럼 '고추가 알알하다'와 '고추가 혀끝이 맵도록 알알하다'는 부자연
스러운 표현이다. 그리하여 '알알하다'와 '맵다'의 의미가 좀 다르고, 또 '알알
하다'와 통각형용사 '아리다'가 형태, 의미적 연관성을 보이므로 '알알하다'를

'아리다'와 같이 통각형용사로 보는 것이 타당하겠다[16].

    (2)   고추가 맵다/?알알하다
        고추가 혀끝이 알알하도록 맵다/ ?고추가 혀끝이 맵도록 알알하다

그러므로 본고는 '아프다, 쓰리다, 쓰라리다, 아리다'와 그들의 계열어군을 통각형용사에 포함시키기로 한다.

3.3.3 온도각

온도각이란 피부의 온도보다 높거나 낮은 온도 자극에 의해서 피부 및 점막(粘膜)에 있는 온점(溫點)이나 냉점(冷點)이 자극을 받아 온도가 상승하거나 떨어진 것을 느끼는 감각을 가리키며 다시 온각(溫覺)과 냉각(冷覺)으로 나눌 수 있다.

천시권(1980)은 상관 대립 관계를 이루는 8개 온도각형용사 '춥다(寒)/덥다(暑)', '차갑다(冷)/뜨겁다(熱)', '서늘하다(凉)/따뜻하다(暖)', '미지근하다(微溫)/뜨뜻하다(溫)'에 대해, 양태식(1988)은 6개의 온도각형용사 '덥다/춥다', '뜨겁다/차다'와 '따뜻하다/시원하다'에 대해 의미분석을 하였다. 이 외에 '홧홧하다, 화끈하다, 푹하다, 포근하다, 다사하다, 다습다, 맹근하다, 스산하다, 차끈하다, 시리다, 아슬하다, 선선하다' 등 낱말도 온도각 형용사로 포함시킬 수 있다.

그런데 '따갑다, 따끔하다'의 분류가 좀 어렵다. 최현배(1937/75), 정재윤(1989a)과 손용주(1992)에서는 이들을 모두 아픔을 나타내는 통각형용사로 보고 있는데 '따갑다(살갗이 따끔거릴 만큼 열이 썩 높다)'와 '따끔하다(따가울 정도로 매우 덥다)'가 온도각 형용사 '뜨겁다'와 형태,의미적 연관성을 보이므로 이들

---

16 김찬구(1986:20)에서는 '얼얼하다, 알근하다, 얼근하다, 알큰하다, 얼큰하다, 알짝지근하다, 얼쩍지근하다, 아리다, 아릿하다, 어릿하다, 아리아리하다, 아르르하다, 아리끼리하다'를 모두 '매운맛'을 나타낸 미각형용사로 분류하고 있다.

을 ‘뜨겁다’와 같이 온도각에 포함시키는 것이 더 타당하겠다.

3.4 미각

미각이란 침에 녹은 음식물이 혓바닥에 퍼져 있는 미뢰(味蕾, taste bud)를 자극시켜서 일어나는 감각이며[17] '혀의 기능', '수용성', '화학적 자극'[18] 등 특성을 지니고 있다(이승명,1988). 생리학에서 미각을 '단맛, 신맛, 짠맛, 쓴맛' 모두 4가지로 구분하고, 이들을 감각하는 혀 표면의 민감 구역은 각각 혀의 선단, 혀의 측면, 혀의 선단 및 측면, 혀의 설근부(舌根部)에 분포되어 있다[19].

생리학에서 규정한 미각유형은 '단맛, 신맛, 쓴맛, 짠맛' 4가지뿐이다. 그러나 개별 언어의 기본미각범주가 다 생리학의 규정과 일치하는 것은 아니다. 범주란 술어 자체가 주관적 개념화, 추상화를 뜻하니 매개 민족어가 그 민족의 특성에 따라 기본 미각범주를 서로 달리 설정할 수 있다. 영어권에서는 헤닝(Henning)의 사원미설(四原味說)이 지배적인데[20] 중국어와 일본어에서는 이에

---

17 강만식 외 (1993)에서 미각의 생리 과정에 대해 "혀의 표면에 유두(乳頭, papilla)라는 작은 돌기가 많고 그 옆구리에 미뢰가 있다. 미뢰 속에는 미세포(味細胞, gustatory cell)가 있고 그 상단에 돋아 있는 미소 융모(microvillus)가 혀 표면의 점액층으로 뚫려 있는 미공(味孔, taste pore)을 향하고 있다. 음식물의 분자가 우선 물에 용해되어 미공속으로 들어가야 미신경이 흥분되어 이것이 대뇌에 전달되고 미각을 느끼게 된다"라고 설명하고 있다.

18 헤닝(Henning)은 '단맛'을 내는 대표적인 원료로 '자당'(sucrose)을 들고 그 화학적 성분은 '아세톤'이라 하였으며, '소금'으로 대표되는 '짠맛'의 화학적 성분은 '알칼리', '염산'으로 대표되는 '신맛'의 화학적 성분은 '초산', '키니네'로 대표되는 '쓴맛'의 화학적 성분으로는 '황화칼륨'을 들었다. 임지룡 (1993:117~8)

19 동아출판사(1982), 『동아세계대백과사전』 참조.

20 헤닝(Henning)의 미각 사면체(四面體). 임지룡(1993:117) 참조

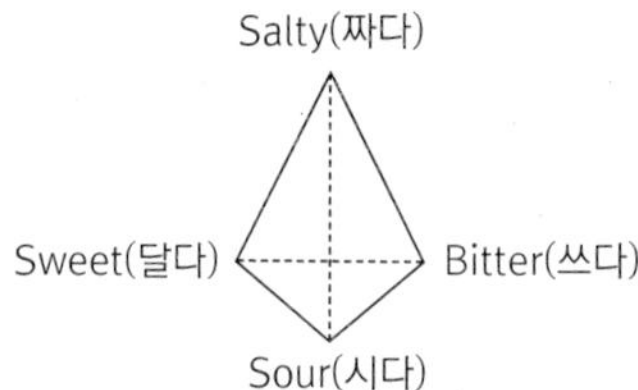

'신미(辛味)' 즉 '매운맛'을 더하여 '5味'로 하는 것이 일반적이다[21].

한국어의 기본 미각범주에 대해서는 주로 5味說과 6味說이 있는데 이승명(1988)은 '단맛, 신맛, 쓴맛, 짠맛, 매운맛'과 같은 5味를 주장하고 있는데 최현배(1937/75), 양호연(1978), 천시권(1980), 박문섭(1986), 이동길(1988), 정재윤(1989a), 손용주(1992), 靑木浩之(2001)와 황혜진(2002)은 모두 '단맛, 신맛, 쓴맛, 짠맛, 매운맛'에 '떫은맛'을 더 추가한 6味說을 주장하고 있으며 주류를 이루고 있다[22].

생리학에서는 '매운맛'을 구강점막(口腔粘膜)을 자극할 때 느끼는 타는 듯한 또는 아픈 듯한 통각과 온도감각이 복합된 피부감각으로 정의하고[23] '떫은맛'을 구강면(口腔面)의 수렴(收斂)에 의해서 일어나는 일종의 복합된 감각으로 정의하고 있다[24]. 그러나 한국인의 식생활과 맛에 대한 인식을 고려하면 매운맛과 떫은맛을 기본 미각범주에 넣어야 한다. '매운맛' 하면 쉽게 고추, 파, 마늘 등 향신료(香辛料), '떫은맛' 하면 쉽게 '덜 익은 감'을 연상하게 된다[25]. 이렇게

---

21 張韶岩(1999), 李金蘭(2005), 田皓(2006), 王永美(2007), 張軍(2008), 王明(2009) 등 중국어 미각어에 대한 선행연구들은 모두 '酸, 甛, 苦, 辣, 鹹'의 5味를 중국어의 기본 미각범주로 보고 있다.

22 정재윤(1989a)에서는 '달다, 쓰다, 시다, 짜다'를 '미뢰의 자극'으로 보고, '떫다'를 '미뢰간의 상호자극', '맵다'를 '혀의 통점 자극'으로 본다.

23 『동아세계대백과사전』, p483 참조.

24 위의 책, p179면 참조.

25 김찬구(1986)에서 아래와 같이 고등학교 학생 100명을 대상으로 6유형의 미각을 나타내는 가장 대표적인 사물을 1개씩 들도록 하는 설문조사를 했다. 결과를 보면 6가지 맛의 대표 음식물이 한두 가지에 집중되어 있다. 즉, 1위의 대표물은 34%~97% 사이의 비율을 차지하고, 1위와 2위를 합치면 61%~98%의 비율로 매우 높은 집중도를 보인다.

미각 범주	개념 근원점
단맛	설탕(40%), 꿀(32%), 사탕(11%), 엿(5%), 기타(12%)
신맛	식초(34%), 풋과일류(27%), 기타(15%),
쓴맛	약·한약(48%), 익모초(27%), 쓸개진(6%), 소태(5%), 기타(14%)
짠맛	소금(68%), 간장(25%), 기타(15%)
매운맛	고추(95%), 마늘(3%), 후추(2%)
떫은맛	날감(97%), 기타(3%)

개념 형성의 근원점(根源點)이 명확할수록 그 개념에 대한 인지(認知)도 높아진다. 또 '맵다'와 '떫다'는 명사 '맛'과 자연스럽게 결합하는 반면 생리학적 범주 '통각, 온도각'을 표현하는 명사 '아픔, 온도'와는 오히려 잘 어울리지 않는다. 이는 한국인들이 보편적으로 '매운맛'과 '떫은맛'을 미각으로 인식하고 있음을 말해준다[26].

그러므로 본고는 四原味 '단맛, 신맛, 쓴맛, 짠맛'에 '매운맛, 떫은맛'을 더 추가한 6味를 미각의 기본범주로 보고 그들을 나타내는 형용사들을 미각형용사로 본다[27].

김찬구(1986) 등 일부 연구에서는 '싱거운 맛'을 짠맛과 대립된 맛으로 보고 '싱겁다, 밍밍/맹맹-하다, 심심/삼삼-하다, 짐짐하다, 덤덤하다' 등 낱말을 '짜다' 계열어군의 구성원으로 다루었다. 그러나 '싱겁다'는 바탕 맛의 덜 참을 다 포괄하는 의미역을 가지고 있기 때문에 본고에서는 이를 어떤 '바탕 맛'의 모자람을 나타내는 중간 맛의 의미역에 해당하는 외연적 미각범주에 속한다고 보아 미각형용사의 기본범주에서 제외한다[28].

김찬구(1986:8)와 정재윤(1989a:361)에서 '곱다'를 미각형용사 '시다' 계열에 포함시켰는데 그것도 재고할 필요가 있다.

   (3) 곱다: ①손가락이나 발가락이 얼어서 감각이 없고 놀리기가 어렵다.
          ②신 것이나 찬 것을 먹은 뒤에 이가 시큰시큰하다.

---

26 손경호(2007:253)에서도 '맵다, 떫다, 매운맛, 떫은맛'과 같은 엄밀하게는 통각에 속하지만 미각으로 다루는 경우가 일반적이라고 지적한 바가 있다.

27 천시권(1982:4)과 임지룡(1993:118~9)에서 이 6味를 아래와 같이 '基本的 미각어'와 '二次的(副次的) 미각어'로 나누고 전자는 음식물을 조리할 때 꼭 필요한 것으로서 바람직한 반면, 후자는 우리의 구미에 불쾌감을 가져와 바람직하지 못하다고 파악하고 있다.
   ㄱ. 基本的 미각어: 달다 짜다 맵다
   ㄴ. 二次的 미각어: 쓰다 시다 떫다

28 이승명(1988:340) 참조. 천시권(1980)에서도 '싱겁다'를 미각어로 취급하지 않는다. 임지룡(1993:118~9)에서는 기본적인 미각어 '달다, 짜다, 맵다'에는 '싱겁다'가 대립되는 데 비하여, 부차적인 미각어 '쓰다, 시다, 떫다'에는 '싱겁다'가 애초부터 있을 수 없는 것이라고 지적했다.

(4)　ㄱ. 자두가 어찌나 신지 <u>이가 곱아서</u> 도저히 다 못 먹겠다.

　　　ㄴ. *맛이 곱다./ *곱은 맛

　'곱다'의 첫째 의미항은 신맛과 전혀 상관없는 데다가 두번째 의미항도 맛이
시다는 뜻이 아니라 '이뿌리가 저릴 만큼 시다'의 뜻으로 쓰인다. 이것은 (4)와
같은 문맥으로도 검증할 수 있다. '곱다'는 주로 (4ㄱ)처럼 명사 '이'와 결합하는
데 미각의 대표명사 '맛'과는 잘 어울리지 않는다. 따라서 '곱다'를 미각형용사
로 보기 어렵다.

3.5 후각

후각은 기체 상태의 자극물이 코의 말초 신경을 자극하여 생기는 감각을 말한다. 후각의 하위유형에 대해 정재윤(1989a:42)은 '향기, 지린내, 구린내, 노린내, 구수함'의 5유형을 설정하고 그들을 나타내는 기본 형용사는 각각 '향기롭다, 지리다, 구리다, 노리다, 구수하다'로 파악하고 있다. 손용주(1992:149)는 이 5유형 외에 '비린내, 내운내'를 더 추가한 7유형을, 박문섭(1986:129)은 '비린내, 매캐한내, 물씬한내'를 더 추가한 8유형을, 임두학(1997:311)은 '비린냄새, 매운냄새, 쉰냄새, 막연한 냄새'를 더 추가한 9유형을 설정하였다. 후각 유형에 대한 이상 선행연구들을 살펴보면 '향기로운내, 지린내, 구린내, 노린내, 구수한내'의 5유형에 대해서는 별로 이견이 없다. 그런데 '막연한 냄새'는 분류하기 어려운 형용사를 묶기 위해 지어진 이름이지 명확한 후각 유형으로는 보기 어렵다. 또 '내운내', '매캐한내'와 '물씬한내'도 후각 유형으로 보기 어렵다. '냄새가 매캐하다/냅다/물씬하다'처럼 '냅다, 매캐하다, 물씬하다'가 후각의 대표 명사인 '냄새'와 결합할 수 있으나 아래『표준국어대사전』의 뜻풀이를 보면 '매캐하다'와 '냅다'는 주로 '연기가 코나 눈이나 목구멍을 찌르는 듯한 느낌'을 표현한다. '물씬하다'는 부사 '물씬'에서 유래되어 어떤 냄새가 강하게 풍긴다는 뜻을 나타내지 구체적인 냄새 유형을 표현하는 것이 아니며, 또 '토속서정이 물씬한 노래'에서처럼 어떤 분위기나 정서가 가득하다는 의미로 많이 쓰인다. 그러므로 '내운내', '매캐한내'와 '물씬한내'를 후각 유형으로 보기 어렵다.

> (5) 냅다:연기의 기운으로 눈이나 목구멍이 쓰라린 느낌이 있다.
> 　　　매캐하다:연기나 곰팡이 따위의 냄새가 약간 맵고 싸하다.
> 　　　물씬하다:잘 익거나 물러서 물렁하다.

'매운내'와 '신내'를 후각 유형으로 보는 것도 문제가 된다. 아래 (6)처럼 '맵다'와 '시다'는 미각의 대표명사 '맛', 그리고 후각의 대표명사 '냄새'와 모두 잘 결합할 수 있다. 그러나 (7)의『표준국어대사전』뜻풀이를 보면 두 낱말의 첫째 의미항은 모두 미각과 관련된 뜻으로 해석된다. '맵다'의 제④항이 '냅다, 매캐하다'와 비슷한 의미를 나타내는데, 엄격히 보면 후각을 나타낸다고 인정하기 어렵다. 또한 임두학(1997)처럼 '맵다'와 '시다'를 후각형용사로 본다면 이 두 낱말이 미각과 후각 형용사에 모두 속하는 문제점을 낳을 수밖에 없다. 그러므로 본고는 '맵다'와 '시다'가 후각보다 미각으로 보는 것이 더 타당하다고 생각한다.

> (6)　매운 맛/냄새
>　　　 신 맛/냄새

> (7)　맵다: ①고추나 겨자와 같이 맛이 알알하다.②성미가 사납고 독하다.
>　　　　　　③날씨가 몹시 춥다.④연기 따위가 눈이나 코를 아리게 하다.
>　　　　　　⑤결기가 있고 야무지다.
>　　　시다: [1] 맛이 식초나 설익은 살구와 같다.
>　　　　　　[2] ①관절 따위가 삐었을 때처럼 거북하게 저리다.
>　　　　　　　　 ②강한 빛을 받아 눈이 부시어 슴벅슴벅 찔리는 듯하다.

'비리다'의 문제는 좀 복잡하다. '비린 맛'과 '비린 냄새'라는 표현이 모두 자연스러울 뿐더러 '비리다'의 첫째 의미항이 '날콩이나 물고기, 동물의 피 따위에서 나는 맛이나 냄새가 있다'로 해석되어 도대체 어느 감각에 속하는지를 구별하기 어렵다[29]. 인간은 맛과 냄새를 동시에 경험하는 경우가 많으므로 언어표현에서 후각과 미각을 나타내는 낱말들은 종종 어느 감각에 속하는지 알 수 없을 정도로 교차되어 쓰이기 때문이다(김중현, 2001:36). 따라서 송정근(2007) 등 일부 연구에서는 미각과 후각 형용사를 따로 구분하지 않고 '미각 및 후각

---

[29] '비리다' 뿐만 아니라 '고소하다', '노릿하다', '뉘척지근하다', '쉬지근하다' 등 형용사들의 사전 뜻풀이도 '맛이나 냄새가 …' 혹은 '…와 같은 맛이나 냄새다'처럼 해석된다.

형용사'의 큰 틀에 함께 포함시키기도 한다.

그러나 우리가 일상생활에서 날콩이나 물고기를 먹지 않고 냄새만 맡아 비린내를 느끼는 경험이 많다. 그러므로 비린 느낌은 우선적으로 후각으로 봐야 한다. 음식을 먹을 때 혀 뿐만 아니라 코도 동시에 작용하기 때문에 일상언어에서 후각을 '어떤 맛', '맛이 어떻다'처럼 표현할 수 있을 뿐이다.

이상 논의를 다시 정리해보면, 본고는 '향기로운내, 지린내, 구린내, 노린내, 구수한내, 비린내' 이 6유형을 후각의 기본유형으로 보고 이들을 나타내는 형용사들을 후각형용사로 본다.

3.6 청각

청각은 소리를 느끼는 감각이다. 외이, 내이, 중이, 신경으로 구성된 청각기관에 의해, 신체 외부의 공기 압력 변화가 전기적 신호로 바뀌고 중추신경에 도달하여 일으킨 의식현상이다.

최현배(1937/75)와 손용주(1992)는 청각을 다시 '소리'와 '가락'으로 구분하고 전자에는 '시끄럽다, 고요하다' 등이 속하고 후자에는 '높다, 낮다'가 속한다. 이런 분류는 우선 '소리'와 '가락'이 같은 층위의 개념인가가 문제가 된다. '가락' 즉 소리의 높낮이는 '세기'(혹은 '크기')와 함께 소리 즉 음(音)의 물리학적 속성이다[30]. 다시 말하면 '가락'은 소리의 속성의 한가지일 뿐이지 '소리'와 같은 층위의 개념이 아니다. 또한 이런 분류는 형용사 '높다/낮다'를 공간감각과 청각에 동시에 분류하는 문제, 그리고 '크다/작다'도 청각형용사로 봐야 하느냐는 문제점을 초래한다.

청각은 미각이나 색채감각과 달리 다시 하위유형을 분류하기 어렵다. 소리의 높낮이나 세기에 따라 소리가 달리 들리기는 하지만 그것을 '하양, 검정, 빨강, 파랑, 노랑'이나 '단맛, 신맛, 짠맛, 쓴맛, 매운맛, 떫은맛'처럼 유형화, 범주화할 수 있는 생리적 기초나 인지적 근거를 찾기 어렵다.

형용사 '높다/낮다'의 분류에 대해서는 아래 『표준국어대사전』의 첫째 의미항에 근거하여 청각이 아닌 공간감각으로 분류시키는 것이 타당하겠다. 그러므로 '높은/낮은/큰/작은 소리'와 같은 표현은 공간감각에서 청각으로 전이된 공감각 전이 현상으로 볼 수 있다. 같은 이유로, '높다', '낮다' 계열어군에 속한 '높직하다, 나직하다' 등 낱말도 청각이 아닌 공간감각 형용사로 보는 것이

---

30 '소리의 높낮이'는 진동수에 의해 결정된다. 진동수가 높으면 높은 소리, 진동수가 낮으면 낮은 소리가 난다. '소리의 세기'는 그 파동이 얼마나 큰 압력을 갖고 있느냐 즉 음압(音壓)에 따라 결정되며 그 측정 단위는 '데시벨'(DB)을 사용하고 있다.

낫겠다[31].

 (8) 높다: ①아래에서 위까지의 길이가 길다.

    낮다: ①아래에서 위까지의 높이가 기준이 되는 대상이나 보통 정도에

      미치지 못하는 상태에 있다.

또 박문섭(1986:144)에서 '파삭파삭하다, 와작와작하다'를 청각형용사로 분류하는 것도 문제가 된다. 이들 낱말들이 다 소리를 모사하는 상징부사에 '하다'를 첨가하여 형성된 것이지만 아래『표준국어대사전』의 해석처럼 '와작와작하다'는 형용사가 아닌 동사이고, '팍삭팍삭하다'는 형용사이긴 하지만 그 의미는 청각과 관련된다고 보기 어렵고 촉각에 더 가깝다.

 (9) 와작와작하다[동사] ①김치나 무 따위의 조금 단단한 물체를 자꾸 마구

      깨물어 씹는 소리가 나다. 또는 그런 소리를 내다.

   팍삭팍삭하다[형용사]①아주 부서지기 쉽게 메마르고 연하다.

---

31 박문섭(1986:144)에서 '높다/낮다'를 청각형용사로 취급하지 않고 있으나 파생어 '나직하다, 나지막하다'를 청각형용사로 분류하고 있다.

3.7 한중 감각형용사의 낱말밭

　이상은 한국어 감각형용사의 유형과 분류에 대해 고찰해 봤다. 중국어에서
도 오관감각을 가장 전형적인 감각으로 인식하고 그 하위분류는 대체로 한국
어와 비슷하다. 그것은 인간은 생물학적 존재로서의 공통성이 많으므로 감각
에 대한 인식도 크게 다를 바가 없기 때문이다. 감각기관, 개념형성 근원점 등
생리적.인지적 특징이 뚜렷하고 명확할수록 그 감각에 대한 인식은 범언어적
일치성이 높다. 반대로 일부 비전형적이고 주변적인 감각에 대해서는 민족어마
다 달리 인식하는 여지가 있다. 예컨대 영어, 중국어, 한국어, 일본어에서 가장
전형적인 '단맛, 쓴맛, 신맛, 짠맛'의 네 맛을 기본 미각범주로 보는 데는 일치
하다. 그러나 감각기관이 명확하지 않은 복합감각 '매운맛, 떫은맛'에 대해서는
약간 차이를 보인다. 중국어는 4原味에 '매운맛'을 더 추가한 5味 범주 체계이
고[32] 한국어는 '매운맛, 떫은맛'을 더 추가한 6味 범주 체계로 구성되어 있다.

　색채 유형에 대해서도 한중 두 언어는 서로 다른 점이 있다. 한국어 색채형
용사는 '흰색, 검은색, 붉은색, 누른색, 푸른색'의 5색이 기본유형인데 중국어
에서는 색채형용사의 기본유형에 대해 여러 설이 있다. 劉鈞杰(1985)은 '白(흰
색), 黑(검은색), 紅(붉은색), 黃(누른색), 綠(녹색), 藍(남색), 靑(청색), 紫(보라색), 灰
(회색), 褐(갈색)'의 10색 분류를 주장하고, 劉丹靑(1990)은 10색에서 '靑(청색)'
과 '褐(갈색)'을 제외한 8색을 주장하고 있다. 중국어 학계에서 주류를 이루고
있는 劉丹靑(1990)의 8색과 한국어의 5색을 비교해 보면, 중국어 색채어에서
는 '紫(보라색), 灰(회색)'을 기본유형으로 보며 한국어의 '푸른색'을 '綠(녹색)'과
'藍(남색)'의 2색으로 구분하는 차이점을 발견할 수 있다.

　그리고 한국어에서는 후각의 하위유형으로 '고소한 내'와 '향기로운 내'를

32　5味 외에 張靖華(2005)에서는 '澁(떫은 맛)'과 미소(味素)나 육수에서 나는 '鮮(좋은 맛)'을, 伍鐵平
　　(1989)에서는 혀가 마비되고 쏘는 듯한 '麻(얼얼한 맛)'를 미각어로 취급했다.

각각 따로 설정할 수 있는데, '고소한 내'의 개념형성 근원점은 볶은 깨, 참기름, 군밤, 된장국 따위에서 나는 냄새이고 '향기로운 내'는 주로 꽃, 과일 따위에서 나는 냄새를 가리킨다. 그러나 중국어에서는 참기름에서 나는 고소한 냄새나 장미꽃에서 나는 향기로운 냄새를 모두 '香'으로 표현한다. 다시 말하면 한국어 후각형용사의 두 하위유형이 중국어의 한 유형과 대응된다는 것이다.

본고는 한국어를 중심으로 하여 한중 감각형용사의 형태.의미를 비교하는 것을 주요 취지로 삼으므로 한국어의 감각유형에 맞춰서 중국어의 감각범주를 조절하기로 한다. 가령 한국어의 5색 범주와 대응되지 않는 중국어의 '紫, 灰'는 논외로 처리하고, 또한 한국어와 대조하기 위하여 5味說의 중국어에 '澁(떫은맛)'을 더 추가하여 6味 범주로 설정한다.

앞선 2.3에서 감각형용사의 선정 및 분류 기준을 제시한 바가 있다. 그런데 중국어의 감각형용사를 선정하는 데는 한가지 어려운 문제가 있다. 즉 중국어의 형태소, 단어와 통사구의 경계가 모호한 것이다. 주지한 바와 같이 중국어는 고립어로서 형태 변화가 발달하지 않고 또 단어마다 띄어쓰지 않기 때문에 글자, 단어, 구를 구별하기 어렵다[33].

    (10) ㄱ. 甛 , 辣 , 紅 , 熱 , 燙
        ㄴ. 甘, 辛, 丹, 彤 , 寒
        ㄷ. 甛甛 , 辣辣, 紅紅, 熱熱, 燙燙 ('AA'형 중첩)
        ㄹ. 酸酸甛甛 , 甛甛辣辣, 紅紅綠綠 ('AABB'형 중첩)
        ㅁ. 黑亮黑亮, 酸甛酸甛 ('ABAB'형 중첩)
        ㅂ. 甛津津, 紅嘟嘟 , 白扑扑 ('ABB'형 중첩)

위 (10ㄱ)의 '甛(달다), 辣(맵다), 紅(붉다), 熱(덥다), 燙(뜨겁다)'은 단어임은 틀림없

---

33 영어의 경우 두개 이상의 단어로 구성한 통사구는 단어마다 띄어쓰고(예: a good friend) , 구 형식을 가진 단어는 하이픈으로 표기하며(예:jack-in-the pulpit), 복합어 단어는 하이픈 표기 없이 직접 붙여서 적는다. 朱志平(2005:56) 참조

으나 (10ㄴ~ㅂ)의 성격에 대해서는 이견이 있다. (10ㄴ)의 '甘, 辛, 丹, 彤, 寒'은 고대 중국어에서는 독자적으로 쓰일 수 있는 낱말이었지만 현대 중국어에 와서는 문장에서 독립 성분으로 쓰이지 못하고 낱말 생성의 재료로만 사용하게 되므로, 任學良(1981:22)에서 이들을 '老化詞(노화된 낱말)' 혹은 '退化詞(퇴화된 낱말)'라 부르며 이들이 이미 낱말의 자격을 상실했다고 주장하고 있다. (10ㄷ)의 '甛甛, 辣辣, 紅紅, 熱熱, 燙燙'은 단음절 단어 '甛, 辣, 紅, 熱, 燙'의 'AA'형 중첩(重疊, reduplicatives) 형태로 볼 수 있고 (10ㄹ)의 '酸酸甛甛, 甛甛辣辣, 紅紅綠綠'은 'AB'형 단어 '酸甛, 甛辣, 紅綠'의 'AABB'형 중첩 형태, (10ㅁ)의 '黑亮黑亮, 酸甛酸甛'는 'ABAB'형 중첩으로 볼 수 있는데, 陳光磊(2001:43)와 任學良(1981:19,116)에서는 'AA'나 'AABB', 'ABAB'의 중첩 형태를 단어가 아닌 통사구조로 보고 '정도가 더해짐'의 통사적 의미를 부여한다고 파악하고 있다[34]. (10ㅂ)의 '甛津津, 紅嘟嘟, 白扑扑'에 대해서도 呂叔湘(1999)에서는 이들을 파생어임을 인정하지만 이들을 단어가 아닌 통사구로 보는 다른 견해도 있다.

본고는 呂叔湘(1999)에 따라 위 (10ㅂ)의 'ABB'형 부분 중첩은 단어에 가깝다고 보는 한편 任學良(1981)에 따라 (10ㄷ~ㅁ)의 'AA', 'AABB'나 'ABAB'형 중첩 형태를 통사구에 더 가깝다고 본다. 그러나 중국어의 다양한 감각표현 방식을 충분히 밝히기 위해 다음 2부 형태연구에서는 (10ㄷ~ㅁ)과 같은 중첩형태를 더 상세히 고찰하기로 하고[35] 다만 3부 의미장 연구에서는 이들을 낱말밭에서 제외하기로 한다.

앞선 감각유형과 감각형용사의 분류에 대한 논의에 근거하여 한중 감각형용사를 크게 '시각, 공간감각, 청각, 후각, 미각, 촉각'의 6영역으로 나누고 거기에

---

34 그러나 모든 낱말의 중첩 형식이 다 통사적 문제가 아니다. 任學良(1981:115~6)에서 '天天(날마다), 人人(사람마다)'처럼 새로운 통사의미가 생긴 형태변화를 통사론에서 다루는 '構形重疊(통사구를 형성하는 중첩)'으로 보고, '星星(별), 大大方方(점잖다)'처럼 통사 의미가 없는 형태를 조어법에서 다루는 '構詞重疊(낱말을 형성하는 중첩)'으로 구분한다.

35 중국어 형용사에 대한 元傳軍(2002), 朴鎭秀(2009) 등 선행연구에서도 중첩형태를 단어처럼 다루고 이들의 형태, 의미를 연구했다.

속한 대표적 낱말들을 아래와 같이 정리하였다. '붉다, 발갛/벌겋/빨갛/뻘겋-다, 발/볼/벌/불/빨/뻘/뽈/뿔-긋하다, 발/볼/벌/불/빨/뻘/뽈/뿔-그스름하다, 발/볼/벌/불/빨/뻘/뽈/뿔-그스레하다'처럼 계열어군의 경우에는 기본어 '붉다'만 제시하고, 어근이 다르지만 의미가 비슷한 경우에는 '짜다(간간하다)'처럼 유의어를 괄호 안에서 제시한다.

[표2] 한중 감각형용사 낱말밭

감각유형		낱말밭	소계
시각 視覺	색채 色彩	희다, 검다, 붉다, 누르다, 푸르다…	334
		白, 黑, 紅, 黃, 綠, 藍…	206
	광선 光線	밝다:어둡다, 맑다:흐리다…	44
		淸:濁, 明/亮:暗…	70
공간 空間		길다:짧다, 멀다:가깝다, 높다:낮다, 깊다:얕다, 넓다:좁다, 두껍다:얇다, 크다:작다, 굵다:잘다(가늘다)…	86
		長:短, 遠:近, 高:低, 深:淺, 寬:窄, 厚:薄, 大:小, 粗:細…	62
청각 聽覺		시끄럽다, 듣그럽다, 떠들썩하다, 우렁하다, 지껄하다, 간드러지다, 고요하다, 조용하다, 고즈넉하다, 자랑자랑하다…	17
		鬧, 吵, 靜…	23
후각 嗅覺		구리다, 지리다, 노리다, 비리다, 향기롭다, 구수하다…	41
		臭, 騷(臊), 羶, 腥, 香…	31
미각 味覺		달다, 쓰다, 시다, 짜다(간간하다), 떫다, 맵다…	73
		甛, 苦, 酸, 咸, 澁, 辣…	37
촉각 觸覺	촉감각 觸感覺	[+거침]: 거칠다(깔깔/껄껄-하다, 깔끄럽다, 가슬가슬하다)… [-거침]: 부드럽다(미끈하다, 미끄럽다, 번드르르하다, 홀보드르르하다, 푹신하다, 야드르르하다, 함함하다)…	44
		[+거침]:粗, 糙… [-거침]:軟, 柔…	30
	통각 痛覺	아프다, 쓰리다, 쓰라리다, 아리다(알알하다)…	21
		疼, 痛…	9
	온도각 溫度感覺	덥다(훗훗하다, 후터분하다), 뜨겁다(후끈하다), 따뜻하다(다습다, 포근하다), 미적지근하다(맹근하다), 춥다, 차갑다, 차다, 서늘하다(시원하다), 선선하다, 으스스하다…	60
		熱, 燙, 暖, 溫, 冷, 凉…	61
합계			1249

제 2 부

형태 연구

제4장

형태소 복합법

4.1 형태소 유형 및 개념

낱말의 형태구조를 분석하는 것은 그 낱말을 쪼개어서 소리와 뜻의 최소 결합체인 형태소(形態素, morphene)[1]를 찾아내고 그들이 어떻게 결합하는가를 살펴보는 과정이다. 하나의 형태소로 구성된 낱말은 '단일어(simple word)'라 하고, 두 개 이상의 형태소로 된 것은 '복합어(complex word)'라고 한다. 복합어는 다시 구성 형태소의 성격에 따라 어근과 접사가 결합된 '파생어(derived word)'와 어근끼리 결합된 '합성어(compounding word)'로 구분된다(우형식 외,2009:59). 파생어는 다시 접사의 위치에 따라 '햇-과일, 햇-감자, 햇-쌀'처럼 접두사(prefix)에 의한 파생어와 '가위-질, 부채-질, 망치-질'처럼 접미사(suffix)에 의한 파생어로 나눌 수 있고 합성어는 다시 '검-붉-(다), 달콤-새큼-(하다)'처럼 서로 다른 어근으로 합성된 것과 '검-검-(하다), 발긋-발긋-(하다)'처럼 동일한 어근이 반복하여 합성된 것으로 나눌 수 있다. 이상 논의한 단어의 형태구조 유형을 아래와 같이 도식화할 수 있다.

[그림1.] 단어의 형태구조 유형

---

1 더 밑으로 분석하면 뜻을 잃어버리는 말의 단위를 '형태소'라고 한다(남기심.고영근 1987:43). 형태소는 또 자립성의 유무에 따라 '자립형태소(free morpheme)'와 '의존형태소(bound morpheme)'로 구분할 수 있으며, 자립성이 결여한 접사, 조사와 어미 등은 모두 의존형태소에 속한다.

감각을 나타내는 형용사는 일반적인 다른 단어에 비해 상당히 복잡한 단어구조를 갖는 경우가 많다(송정근, 2007:34). 그리하여 그들의 형태구조를 보다 정교하게 밝혀내기 위해서는 우선 서양 굴절언어의 형태론 연구에서 유래한 '어기, 어간, 어근, 접사'와 같은 술어가 중한 언어학에서 어떤 개념으로 쓰이는가를 명확히 정의해야 한다. 한국어의 문법 기술에서 어근(語根, root)의 개념은 상당한 큰 차이로 드러난다. 이석주 외(1997:78), 강은국(1987:13), 안상철(1998)을 비롯한 전통 한국어 문법에서는 어근에 대해 "단어를 구성하는 요소들 가운데 가장 기본이 되는 형태이며 단어의 기본 의미를 나타내는 핵심적 형태소"라고 규정하고 있다.

한편 이익섭(1975, 2005), 송철의(1992), 김창섭(1996)과 송정근(2007)에서는 어근을 어간(語幹, stem)의 대립 개념으로 보고 있다. 즉 '높-, 높직하-, 깨끗하-'처럼 굴절어미와 결합하여 활용할 수 있는 부분은 어간이고 '깨끗-, 높직-'처럼 굴절어미가 바로 결합할 수 없고 독립적인 단어로 파악하기도 힘든 의존 형식을 어근으로 정의하고 있다[2].

전통문법의 어근 개념은 낱말의 가장 중심적인 의미를 가지는 최소 형태소를 명확히 제시해주기에 낱말의 형태분석이나 유형 판단에 유용하다. 그래서 본고는 활용 여부보다 의미를 중심으로 규정한 어근 개념을 채택하기로 한다. 이렇게 하면 '깨끗-'과 '높직-'의 구조를 다른 것으로 분석할 수 있다. 형태소 '깨끗-'은 공시적으로 더 세분할 수 없고 단어의 핵심적인 뜻을 지니고 있기에 어근으로 보는 것이 틀림없는데 '높직-'은 다시 '높-직'으로 더 세분할 수 있기 때문에 어근으로 불 수 없고 그중 접사 '-직-'을 제외한 가장 핵심적인 요소인 '높-'이야

---

2 송정근(2007:34)에서 "합성어나 파생어의 분석에서 어미가 결합되지 못하고 자립성도 명확하지 않은 단위에 대해 이런 어근 개념이 유용하다"고 했다. 김창섭(1996:19)에서 "잠재어도 단어형성만을 위한 요소로서 굴절접사와 연결되지도 못하고 자립형식도 아니라는 점에서 우리의 '어근'과 성격이 같다"고 지적했다. 신순자(1997:44)는 '누르데데, 누르죽죽, 누르스름'처럼 단독으로 쓰이지도 않고, 품사도 불분명한 복합 형태를 '불완전 어기'라고 부른다.

말로 어근의 자격을 가진다[3]. 또 '씁쓸하다'에 대해서도 '씁쓸-'을 하나의 어근으로 보면 이 단어를 합성어로 보기 어려운데, 만약 어근 '쓰-'가 두 개 중첩된 것으로 분석하면 이 단어가 어근 합성에 의해 형성된 것으로 설명할 수 있다.

어기(語基, base)는 단어 형성의 근간을 이루는 부분 또는 요소를 가리킨다. 그러나 이 개념을 도대체 사용할 필요가 있는지가 의심스럽다. 이익섭(2005:40)에서 어기를 접사와 짝지어진 술어로 규정하고 "어기는 다시 어간과 어근으로 갈라 볼 수 있다"고 지적했다. 즉 '높-직-하-다'의 '높-'은 어간 어기이고 '높직-'은 어근 어기이다. 본고는 개념의 명확성과 경제성을 위하여 어기라는 용어를 사용하지 않아도 무방하다고 판단한다[4].

접사(接辭, affix)는 단독으로 쓰이지 못하고 항상 다른 어근이나 단어에 붙어 새로운 단어를 구성하는 부분이라고 한다. 자립성이 없는 접사는 다시 '파생접사(派生接辭, derivational affix)'와 '굴절접사(屈折接辭, inflectional affix)'로 나눌 수 있는데 전자는 '먹-이, 넓-이, 높-이'의 접미사 '-이'처럼 새로운 낱말을 형성하는데 후자는 '높-게, 높-지, 높-은'의 '-게, -지, -은'처럼 낱말을 형성하지 못하고 문장론 차원의 활용 문제이다. 그래서 '굴절접사'는 한국어의 '굴절어미'에 해당하고 중국어의 '着, 了, 過' 등 허사(虛辭)에 해당하는 것이다. 본고는 낱말의 내부구조에 대한 연구이기 때문에 접사라면 '파생접사'만을 가리킨다.

어간은 굴절어미와 결합하여 활용할 수 있는 부분을 가리키며 '높-, 높직

---

3 송정근(2007:35~6)에서 '높직하다, 거무스름하다, 달콤하다'의 '높직, 거무스름, 달콤'을 다시 세분할 수 있는 '복합어근'으로 보고 그중 '-직-, -(으)스름-, -콤-'을 '어근형성요소'라는 새 술어로 명명했다. 어근 형성요소가 새로운 단어가 아닌 어근을 만들어 내고 또 서로 연이어 결합할 수 있다는 특징으로 접사와 다르다고 주장하지만 어근형성요소가 새로운 의미를 부여하는 기능이 확실하고 또 접사가 여러 개 연이어 붙으면 안된다는 규정이 없기에 이런 새 술어를 사용할 이유가 회의적이다.

4 물론 논술상의 편리성을 위하여, 또 복잡한 낱말 구조를 층차있게 분석하기 위해서는 '어기' 개념이 어느정도 유용한 것이다. 가령 '높직하다'에 대해서는 [[높-B/S+-직-A]B/R+-하-A]처럼 층차적으로 분석할 수 있다. 그러나 본고는 어근, 어간, 접사라는 개념에다 층차를 표시하는 기호 [ ]를 사용해도 효과가 비슷한 것으로 본다. 즉 '높직하다'를 [[높-R+-직-A]+-하-A]처럼 간결하고도 층차있게 분석할 수 있다.

하-, 깨끗하-'가 이에 해당한다.

 (1) ㄱ. 푸르다: [푸르-]$_{R/S}$

    ㄴ. 푸렇다: [푸르-$_{R/S}$+-엏-$_A$]s

    ㄷ. 푸르스름하다: [[푸르-$_{R/S}$+-스름-$_A$]+-하-$_A$]s

    ㄹ. 푸릇푸릇하다: [[푸르-$_{R/S}$+-ㅅ-$_A$]+[푸르-$_{R/S}$+-ㅅ-$_A$]+-하-$_A$]s

이상 논의된 어근(R), 어간(S) 및 접사(A) 개념을 적용하여 (1)의 색채형용사 '푸르다, 푸렇다, 푸르스름하다, 푸릇푸릇하다'의 형태구조를 분석해 봤다. 결과를 보면 (1ㄱ)처럼 더 세분할 수 없는 하나의 어근/어간으로 구성된 낱말은 '단일어', (1ㄴ, ㄷ)처럼 하나의 어근이나 어간에 하나 또는 하나 이상의 접사가 붙은 낱말은 '파생어', (1ㄹ)처럼 둘 혹은 둘 이상의 어근이나 어간을 가진 낱말은 '합성어'라고 할 수 있다[5].

한국어 감각형용사의 형태구조를 분석하는 데에는 한 가지 난점이 있다. 즉 한국어 낱말은 통시적인 변화를 겪어 왔기 때문에 형태소 간의 경계가 모호해져서 일부 형태소를 공시적으로 분석해 내기 어려운 경우가 많다[6]. 가령 '해끄스름하다, 해읍스름하다, 해유스름하다'에서 '끄, 읍, 유'의 형태를 발견할 수 있으나 그들이 어떠한 변화를 겪어 왔는지, 단어에서 어떤 의미 역할을 하고 있는지가 명확하지 않다. 또한 '짭짤하다, 씁쓸하다'의 'ㅂ' 받침은 '짜다, 쓰다'의 어원 형태인 'ᄧ다, 쁘다'에서 유래한 것으로 상정할 수 있으나 두번째

---

5 신순자(1997:30)에서 '단일형용사', '파생형용사'와 '복합형용사'를 각각 '어간이 더 이상 분석되지 않는 하나의 어근만으로만 이루어진 것', '어간이 어근과 파생접사로 이루어진 것'과 '어간이 어근과 어근으로 구성된 것'으로 규정하는 것이 본고의 낱말 구조 유형 분류와 비슷하다. 다만 신순자는 합성형용사를 파생형용사와 복합형용사의 상위 개념으로 규정했는데 본고는 복합어를 합성어와 파생어의 상위 개념으로 삼는다.

6 하치근(2009:77)에서 "…때로는 뿌리와 접사의 경계가 명확하지 않아서 뿌리가 접사로, 접사가 뿌리로 전용되는 동요현상이 있다"고 지적했다. 송철의(1992:32)에서 이렇게 어기와 파생어와의 파생관계가 규칙적으로 예측될 수 없게 되는 경우를 '어휘화(語彙化)'라고 규정했다.

음절의 받침 자음 'ㄹ'의 정체는 밝혀내기 어렵다[7]. Bauer(1983:19~20)는 어휘소를 구성 형태로 분명하게 분석할 수 있으면 '투명(transparent)'이라 하고 분석할 수 없으면 '불투명(opaque)'이라고 했다[8]. 그래서 '끄, 읍, 유'와 'ㄹ'처럼 정체가 명확하지 않고 의미도 유추하기 어려운 형태를 접사나 어근으로 인정하기 어렵다. 그러므로 본고에서는 이런 공시적으로 분석하기 어려운 요소들을 '불투명 형태'라고 부르고 이들의 변화 과정 및 의미를 밝히기에는 통시적 어원 고찰이 필요하다.

중국어 문법 기술에서도 보통 형태소의 성격 및 수량에 따라 낱말을 크게 단일어와 복합어 두 가지로 나누어서 한국어와 별로 차이가 없다. 그러나 복합어의 하위부류인 파생어에 대해서는 중국어학계에서 논쟁이 분분하다. 파생법의 존립 여부에서 파생 접사를 어떻게 설정하는가에 이르기까지 이견이 많다. 1950년대 전까지 중국어 단어에 대한 형태분석은 전혀 학계의 관심을 이끌지 못하고 郭紹虞(1934), 王力(1936) 등이 서양 굴절언어 분석에 잘 적용되는 파생, 접사, 어근 등 개념이 중국어의 특성에 맞지 않는다고 주장했다. 郭紹虞(1934:31)는 "중국어는 단음절어(單音節語)로서 한 음절이 한 글자이며 일정한 의미를 가지기 때문에 형태변화가 없다"고 하며 접사, 파생 등 개념을 거부했다. 그러나 1950년대부터 구소련 언어학을 적극 수용하면서 중국어 단어에 대한 형태분석도 활발히 진행되기 시작했다. 瞿秋白(1957)은 최초로 '字尾'를 의미적인 것과 통사적인 것으로 양분하고 '性, 主義, 上的' 등 형태소를 접사로 인정했다. 이후로 접사의 개념이 점점 수용되지만 그 설정 기준에 대해서 여전히 이견이 많다. 呂叔湘(1979), 高名凱(1957)는 중국어 접사는 어휘적

---

7 박문섭(1986:133)에서 '보들보들/부들부들-하다', '노글노글/누글누글-하다' 중의 '-ㄹ-'를 '자음첩용형태소'로 규정한다. 이외에 '어둑어둑하다' 중의 '-ㄱ-', '포근포근하다, 매끈매끈하다' 중의 '-ㄴ-', 그리고 '노릇노릇하다,배릿배릿하다' 중의 '-ㅅ-' 등 첩용형태소들이 있다. 한편 송철의(1992:292)에서는 '씁쓸-, 짭짤-'과 '구불구불' 중의 '-을'을 '어근을 형성하는 접미사'로 보고 있다.

8 하치근(1988:28) 재인용.

의미를 갖지 않고 품사 표시 등 문법적 기능만 한다고 판단하여 '老板, 老百姓', '卓子, 胖子, 瘦子' 중의 '老-', '-子'처럼 단어의 품사 유형을 명시하거나 변화시키는 것만을 접두사나 접미사로 인정한다.

이런 좁은 의미에서의 접사 개념 외에 呂叔湘(1979), 任學良(1981) 등 많은 논저에서는 접사와 어근 사이에 처해 있는 '准詞綴(준접사)'라는 개념을 제시했다. '준접사'란 아직 완전히 접사화되지 않은 형태소들을 가리킨다. 즉 접사처럼 어느 정도의 파생력을 가지고 있지만 접사에 비해 의미 내용이 덜 사라진 형태소를 가리키며 '士, 師, 店, 度, 論, 式' 등이 이에 속한다[9].

중국어의 접사와 준접사 개념은 서로 확연히 다르면서도 비슷한 면이 있다. 엄격한 접사 개념은 어휘적 의미를 배제하고 품사 유형을 명시하거나 변화시키는 문법 기능을 강조하는데, 준접사의 개념은 어휘적 의미를 인정하되 의미가 어느 정도 추상화되어야 한다는 제한 조건을 덧붙인다. 문법적 기능을 수행하느냐 어휘적 의미를 부여하느냐 하는 기준은 서로 다르지만, 접사이든 준접사이든 자립성이 없어 의존적이어야 하며 낱말을 파생하는 능력을 가져야 한다는 점은 비슷하다.

  (2)　眊不絲, 眊不唧兒, 紅兮兮 , 紅不楞登, 黑不溜秋

(2)의 밑줄 친 '不絲, 不唧兒, 兮兮, 不楞登, 不溜秋'는 모두 자립성을 잃고 다른 낱말에 붙어서 써야 하고, 또 '傻不唧(바보스럽다), 蔫不唧(주눅이 들다), 滑不唧(매끈매끈하다)', '黑兮兮(거무뎅뎅하다), 黃兮兮(누르뎅뎅하다), 白兮兮(희읍스름하다)'처럼 다른 형용사를 파생하는 능력을 가지고 있다. 그리고 이들이 모두 글자 원래의 뜻이 약화되고 여러 음절이 결합하여 그 전체가 정도가 어떠냐 비위에 맞느냐의 주관 판단 의미를 부여한다. 이런 특징을 감안하여 이들을 모두

9　중국어 형태론 연구사에 대한 논술은 潘文國 외(2004:64~93)를 참조.

준접사로 간주할 수 있다.

단음절 낱말이 대부분이었던 고대 중국어가 현대에 와서는 쌍음절 낱말이 우세를 차지하게 된다. 이런 변화와 함께 일부 형태소는 독자적인 단어의 지위를 상실하고 약화된 의미로 다른 말에 의존하여 쓰이게 된다. 이를 감안하여 본고는 중국어도 접사에 의한 파생어가 존재한다는 사실을 인정하며 넓은 의미의 준접사 개념을 채택하기로 한다.

> (3) ㄱ. 紅潤潤, 甛蜜蜜, 紅殷殷, 紅鮮鮮
> ㄴ. 黑乎乎(黑忽忽), 黑兮兮, 苦儼儼(苦厭厭/苦艷艷/苦淹淹), 紅扑扑

종래의 연구에 따르면 위 (3ㄱ.ㄴ)의 낱말들이 모두 ABB형 중첩어(重疊語)에 속한다. 그러나 본고는 (3ㄱ)과 (3ㄴ)의 낱말 형성 방식이 다르다고 본다. (3ㄱ)의 '潤潤, 蜜蜜, 殷殷, 鮮鮮'는 '潤(번지르르하다), 蜜(꿀), 殷(붉다), 鮮(밝다)'의 의미가 여전히 보존되어 있으므로 '紅潤潤, 甛蜜蜜, 紅殷殷, 紅鮮鮮'을 쌍음절 'AB/BA'형 합성어 '紅潤, 甛蜜, 殷紅, 鮮紅'의 일부를 반복하여 형성된 'ABB'형 합성어로 본다. 이에 비해 (3ㄴ)의 '乎乎, 兮兮, 儼儼, 扑扑'는 본뜻이 상당히 사라졌을 뿐더러 강한 파생력을 갖추고 있으므로 이들을 중첩접사(重疊接辭)로 간주할 수 있다. 그리하여 (3ㄴ)의 '黑乎乎, 黑兮兮'를 어근와 접사가 결합된 'AXX'형 파생어로 처리한다.

> (4) ㄱ. 紅不楞登 : [紅$_R$+不楞登$_A$] → 파생어
> ㄴ. 紅扑扑 : [紅$_R$+扑扑$_A$]　　→ 파생어
> ㄷ. 紅潤潤 : [紅$_R$+潤$_R$]+潤$_R$] → 합성어

앞선 논의에 근거하여 위 (4)의 중국어 형용사의 형태구조를 분석해 봤다. (4ㄱ)의 '紅不楞登'과 (4ㄴ)의 '紅扑扑'는 어근 '紅'에 접미사 '不楞登', '扑扑'가 결합된 파생어로 볼 수 있고 (4ㄷ)의 '紅潤潤'은 어근 '紅'과 중첩 어근 '潤潤'이 결합

된 합성어로 분석할 수 있다[10].

4.2 단일어

　한중 감각형용사의 형태구조를 분석해보면 아래 [표1]처럼 단일어의 수량은 아주 제한적이지만 각 계열어군에서 가장 핵심적인 기본어[11] 역할을 하고 있으며 다른 접사나 어근과 함께 새로운 파생어나 합성어 낱말을 만들어 낸다. 대부분의 단일어에 음운교체가 일어나지 않으나 일부 단일어는 '노/누-르다', '검/감/깜/껌-다', '고/구/코/쿠-리다'처럼 자음·모음교체로 짝을 이루고 있다.

[표1.] 한중 단일어 감각형용사

미각						시각(색채 감각)				
달다	시다	짜다	쓰다	맵다	떫다	붉다	노/누-르다	푸르다	검/감/깜/껌-다	희다
甛	酸	鹹	苦	辣	澁	紅	黃	綠, 藍	黑	白

청각		공간감각						
–		길다	짧다	멀다	가깝다	깊다	얕다	높다
吵, 鬧		長	短	遠	近	深	淺	高

공간감각								
낮다	넓다	좁다	크다	작다	굵다	가늘다	두껍다	얇/엷-다
低	寬, 闊, 广	窄, 狹	大	小	粗	細	厚	薄

후각				촉각(통각)
고/구/코/쿠-리다	노/누-리다	비/배-리다	지리다	–	아리다, 쓰리다, 아프다
臭	羶	腥	臊, 騷	香	疼, 痛

촉각(온도감각)					촉각(촉감각)		
덥다	–	–	차다	춥다	거칠다	–	–
熱	暖, 溫	燙	凉	冷	粗, 糙	滑	軟, 柔

11　이런 단일어들은 감각 표현을 위하여 가장 기본이 되는 낱말들이다. 기초어휘의 개념으로 봐도 이런 단일어 낱말들은 한중 일상 언어생활에 있어서 필수적인 단어 1천 내지 2천 개 안에 들어간다. 김광해 (1993:46~55).

중한 감각형용사 단일어의 대응 양상을 살펴보면 '달다:甛', '희다:白', '덥다:熱', '길다:長', '밝다:亮'처럼 일대일 대응이 대부분이지만 '푸르다:藍,綠' 등처럼 일대다 대응, 또 '굵다,거칠다:粗'처럼 다대일 대응도 존재한다. 그런데 중국어의 '暖, 溫', '軟, 柔'와 '香' 등 단일어는 한국어에서 대응된 단일어를 찾지 못하고 '따뜻하다', '부드럽다', '고소하다/향기롭다'와 같은 파생어와 대응관계를 이루고 있다. 이는 중국어는 감각유형마다 단일어가 다 존재하지만 한국어는 그렇지 못함을 말해준다. 이것은 중국어는 단음절어로서 보통 한 음절이 한 글자이자 일정한 의미를 가지는 한 단어인 특징에서 그 원인을 찾을 수 있다. 반면에 형태변화가 많은 한국어는 '둣다→ 둣ᄒ다→ᄯᆺᄯᆺᄒ다→따뜻하다'처럼 통시적인 변화를 거쳐 단일어가 복합어로 변한 경우가 많다.

형태가 단순한 단일어의 의미도 아주 단순하고 명확하다. 주로 감각의 객관적인 성질과 속성만 나타내고 다른 주관적인 의미나 어감상의 뉘앙스를 나타내지 않는다. 이렇게 사물의 본질을 이루는 고유한 특성이나 성질을 나타내는 형용사를 성질형용사(性質形容詞)라 부르고 사물이나 현상이 처해 있는 일시적인 모양이나 상태를 나타내는 형용사를 상태형용사(狀態形容詞)라 할 수 있다[12]. 송정근(2007:147)에서도 "'달다, 쓰다, 맵다, 시다, 짜다, 떫다' 등의 미각 및 후각형용사는 개별적인 맛이나 냄새의 속성을 표시하지만 그 맛이나 냄새의 정도를 직접적으로 나타내지는 않는다. 이에 비해 '달큼하다, 달착지근하다, 씁쓸하다' 등은 맛이나 냄새의 정도를 표현하는 것으로 볼 수 있다"고 지적한 바가 있다.

---

12 이런 형용사 분류는 중국어 학계에서 널리 수용되었다. 한국어 학계에서 최현배가 '바탕과 모양이 어떠함'을 그리어내는 '속겉 그림씨'를 설정하고 유현경(1998:123~7)이 '성상형용사'를 설정했으나 다시 성질형용사와 상태형용사를 세분하지 않았다.

(5) ㄱ. {아주/꽤/조금/약간} **달다**.

ㄴ. 맛이 {당기게/맞깔스럽지 않게} **달다**.

ㄷ. {*아주/*꽤/조금/약간} **달짝지근하다**.

ㄹ.맛이 {당기게/ *맞깔스럽지 않게} **달콤하다**.

(6) ㄱ. {最/很/比較/稍} **白**。

ㄴ. 鞋很**白**, {很好看/不太好看}。

ㄷ. {*最/*很/*比較/*稍} **雪白**。

ㄹ.鞋**白不呲咧**的, {不太好看/*很好看}。

위 (5ㄱ, ㄴ)의 '달다'는 정도 부사 '아주/꽤/조금/약간'의 수식을 두루 받을 수 있고 '당기게/맞깔스럽지 않게'의 부사어와 함께 입맛에 맞거나 거슬리는 단맛을 모두 나타낼 수 있는 반면, (5ㄷ)의 '달짝지근하다'는 높은 정도의 부사 '아주/꽤'와 잘 어울리지 않고 (5ㄹ)의 '달콤하다'는 화자의 기호에 맞는 단맛이라는 주관적 가치평가를 드러내므로 '맞깔스럽지 않게'와 의미 충돌이 생긴다.

(6)도 마찬가지로 중국어 단일어 '白(희다)'은 (6ㄱ, ㄴ)처럼 '最/很/比較/稍'[13]의 정도 강약과 화자의 선호 여부를 모두 표현할 수 있지만 (6ㄷ)의 '雪白(새하얗다)'은 주로 짙은 흰색, (6ㄹ)의 '白不呲咧'는 주로 마음에 들지 않는 산뜻하지 못한 흰색을 나타낸다.

그래서 정도성(程度性)이나 선호 여부 등 주관적(主觀的) 의미를 지니고 있는 '달콤하다, 달착지근하다, 시꺼멓다, 거무스름하다'와 '雪白, 白不呲咧, 冰冷' 등 복합어는 전형적인 상태형용사이며 객관적인 속성만 나타내는 '달다, 시다, 희다, 붉다, 검다'와 '甛, 酸, 鹹, 苦, 白, 黑' 등 단일어들은 전형적인 성질형용사이다.

---

13 정도 부사 '最/很/比較/稍'로 성질형용사와 상태형용사를 가려내는 방법은 張國宪 (2006:19~26) 참조.

(7) 달다: [+단맛]

　　　달콤하다: [+단맛][+높은 농도][+쾌감]

　　　들큼하다: [+단맛][+높은 농도][-쾌감]

　　　달짝지근하다: [+단맛][+낮은 농도][+쾌감]

위 (7)처럼 유표/무표의 이론으로 단일어와 복합어의 의미 특징을 해석해 보면 단일어는 무표항(無標項: unmarked term)으로서 의미폭이 가장 넓고 파생어나 합성어는 유표항(有標項: marked term)으로서 의미폭이 좁다[14].

---

14 이은정(1994)『국어학·언어학 용어 사전』에서 '유표항' 및 '무표항'에 대하여 "어떤 언어 단위가, 무엇인가의 음운적, 형태적, 통사적 혹은 의미적 특징을 가지고, 그것에 의해, 동일 언어 내의 같은 종류의 다른 단위에서 그러한 특징을 가지지 않은 것과 대립할 때, 전자는 '유표'라고 한다. 이 유표의 단위는 2항 대립의 유표의 항이며, 대립항에는 그 특징이 결여되어 있으므로 무표항이라고 일컬어진다"라고 정의했다.

4.3 파생어

파생어는 어근에 접사를 첨가하여 파생된 단어를 가리킨다. 洪思滿 (1994:205)에서 접사의 어휘론적 기능은 '파생(派生)' 및 '가의(加義)' 두 가지로 파악한다. 아래는 접사의 첨가 위치에 따라 접두사와 접미사로 나누어 한중 감각형용사 파생접사의 분포 양상 및 의미 기능에 대하여 고찰해 보겠다.

4.3.1 접두사에 의한 파생

접두사에 의한 감각형용사 파생은 한국어에서만 발견되고 낱말 수량이 그리 많지 않다. 한국어 접두사는 어휘적 의미만 첨가할 뿐 형용사로서의 의미 특성을 변화시키지 않는다. 金容勛(2009:16)에서는 중국어 색채형용사 '純靑, 軟靑, 淺靑, 暗靑, 深赤, 津黑' 중의 '純(순하다), 軟(연하다), 淺(엷다), 暗(어둡다), 深(짙다), 津(진하다)'과 '粉白, 銀白, 粉紅, 桃紅' 중의 '粉(분홍), 銀(은색), 桃(복숭아)'를 모두 접두사로 취급하였으나 그들의 본디 뜻이 고스란히 보존되어 있는 점으로 보아 독자적인 어근으로 보는 것이 더 타당하다. 그러므로 본고는 이런 낱말들을 파생어로 보지 않고 두 어근이 결합된 합성어로 본다.

[표2.] 한국어 감각형용사의 접두사 분포 양상

접두사	분포영역	낱말
검-	미각	검쓰다
새(샛)-/시(싯)-	시각 (색채)	새파랗다, 새노랗다, 새빨갛다, 새하얗다, 새까맣다, 새카맣다
		샛파랗다, 샛노랗다, 샛빨갛다, 샛하얗다, 샛까맣다
		시퍼렇다, 시누렇다, 시뻘겋다, 시허옇다, 시꺼멓다, 시커멓다, 시푸르다
		싯퍼렇다, 싯누렇다
엇-	후각	엇구수하다

접두사 '검-'은 미각형용사 '쓰다' 계열에만 분포하여 파생력이 그리 강하지 않지만 '검세다, 검질기다[15]' 등 다른 형용사에서 접두사 '검-'의 분포와 강세의 의미를 확인할 수 있다. 색채형용사 '검붉다, 검푸르다, 검누르다'에서도 형태소 '검-'을 분석할 수 있으나 이때의 '검-'은 '검다'의 색채의미를 잃지 않고 '검으면서 붉다/푸르다/누르다'의 의미를 지니고 있기 때문에 이를 접사로 볼 수 없고 어근으로 봐야 한다.

접두사 '엇-'은 후각형용사 '엇구수하다'에서만 분석되고 분포가 극히 제한적이다. 그러나 '엇비스듬하다, 엇비뚜름하다, 엇비슷하다, 엇구뜰하다' 등 다른 형용사를 통해 '엇-'이 일정한 파생력을 가지며 '조금, 약간'의 정도 의미를 첨가함을 확인할 수 있다[16].

접두사 '새(샛)-/시(싯)-'은 색채형용사의 5개 하위 계열어군에 모두 분포하고 있다. 송철의(1992:110~2)에서 "접두사 '새-/시-'는 '붉다, 푸르다, 누르다' 등 단일형태소 색채형용사에는 붙지 않고 'X+앟/엏'과 같은 형태론적 구조를 갖는 색채형용사들에만 붙는다"며 "평음-경음-격음(가맣다/까맣다/카맣다, 거멓다/꺼멓다/커멓다)의 대립이 보이는 색채어들 중에서 유독 평음형만이 '새-/시-'와 결합할 수 없다"고 지적했다. 그러나 접두사 '새-/시-'는 '시푸르다'처럼 단일어 '푸르다', 그리고 '시푸르뎅뎅하다, 시푸르죽죽하다'처럼 'X+앟/엏' 구조가 아닌 파생어 '푸르뎅뎅하다, 푸르죽죽하다'와 결합하는 예도 발견할 수 있다.

'새-/시-'와 자음 'ㅅ'이 더 붙은 '샛-/싯-' 사이의 관계에 대해서는 이견이 있다. 이병근(1986)과 송철의(1992)에서는 '새-, 샛-, 시-, 싯-'이 명암(明暗)과 농

---

15 '질기다'를 촉각 형용사로 볼 수 있지만 거기에 접두사 '검-'이 붙어 형성된 '검질기다'는 "성질이나 행동이 몹시 끈덕지고 질기다"처럼 전이된 의미로만 쓰인다.

16 『표준국어대사전』에서 '엇-'을 '어지간한 정도로 대충'이라는 뜻을 더하는 접두사로 파악하고 신순자(1997:32)에서는 "'엇-'은 형용사 어기와 결합하여 '약간, 조금'의 의미를 가진다"고 파악했다.

담(濃淡)에 따라 별개의 형태와 의미를 갖는 것으로 파악하고 있으며[17] '새-, 시-'보다 '샛-, 싯-'이 결합된 어형이 더 짙은 색을 나타낸다고 한다. 이런 견해와 달리, 손용주(1997:62)는 "'새-, 샛-'은 의미상 동일한 말로서 어감의 차이를 나타내지 않는다"며[18] "앞가지 '샛-'은 새로운 하나의 앞가지로 볼 것이 아니라 '새-'에 이은 소리 관계로 /ㅅ/이 끼어 들어간 것으로 보아 앞가지 '샛-'을 '새-'에 포함시켜야 할 것"으로 파악하고 있다. 구본관(1998)에서도 기원적으로 '샛-, 싯-'과 '새-, 시-'를 구별하기 어렵고[19] 공시적으로 이들이 농도의 차이를 갖는 다른 파생접미사로 볼 가능성에 대해서는 유보적 입장을 취하고 있다. 또한 분포 양상을 비교해 보면, '시-/새-'는 '시퍼렇다:새파랗다, 시누렇다:새노랗다, 시뻘겋다:새빨갛다, 시허옇다:새하얗다, 시꺼멓다:새까맣다, 시커멓다:새카맣다'처럼 모든 색채 유형에 정연한 모음 대립짝이 이루어져 있는 데에 비해, '싯-'은 '뻘겋다, 허옇다, 꺼멓다, 커멓다' 앞에 붙지 못하고 '샛-'은 '카맣다' 앞에 붙지 못한다. 이런 형태, 의미상의 유연성과 분포상의 차이를 감안하면 '샛-/싯-'을 독자적인 접두사로 보기 어렵고 '시-/새-'의 변이 형태로 보는 것이 타당하겠다.

> (8)　[높은 정도] 새(샛)빨갛다: 매우 빨갛다(『표준』)
> 　　　　　시뻘겋다: 매우 뻘겋다(『표준』)
> 　　　[높은 정도] 검쓰다:맛이 비위에 거슬리도록 몹시 거세고 쓰다(『표준』)
> 　　　[낮은 정조] 엇구수하다: 맛이나 냄새가 조금 구수하다(『표준』)

17　송정근(2007:73)에서 '새-, 샛-, 시-, 싯-'의 의미 관계를 아래와 같이 밝혔다.

	명(明)	암(暗)
농(濃)	샛-	싯-
담(淡)	새-	시-

18　『표준국어대사전』에서도 '샛빨갛다'와 '새빨갛다'를 의미가 같은 말로 풀이하고 있다.

19　'새-'는 16세기 국어에서는 명사, 부사, 관형사 등으로 쓰였으며 '새(新)'에서 파생되었다고 보고 있는데 요즈음은 강세의 뜻으로 사용된다. 손용주(1997:62).

위 (8)처럼 접두사 '새(샛)/시(싯)-', '검-'과 '엇-'은 모두 정도성 의미를 나타내는데 '새(샛)/시(싯)-'와 '검-'은 높은 정도, '엇-'은 '조금, 약간'의 낮은 정도를 나타내고 있다.

4.3.2 접미사에 의한 파생

접미사에 의한 파생어는 접두파생어에 비해 수량이 훨씬 더 많을 뿐더러 구조도 매우 다양하고 복잡하다. 다른 접미사를 분석하기 전에 우선 한국어 감각형용사의 형태분석에서 가장 많이 분석된 '-하-'에 대해 살펴볼 필요가 있다. 한국어 감각형용사의 파생어를 살펴보면 '-앟/엏-', '다(따)랗-', '-롭-', '-스럽-' 등 접미사를 제외하고는 대부분의 접미사들은 뒤에 '-하-'의 도움을 받아야 어간의 자격을 취득할 수 있다[20]. 그래서 '-하-'는 어휘의미를 부가하지 않고 어근이나 '어근+접사'의 구조에 결합하여 '용언'의 자격을 부여해 주는 기능만 한다[21]. 남기심.고영근(1988)은 '-하-'를 접미사 형태로 보는 것이 좋다고 하였으나, 하치근(1989)은 접미사의 적격 조건에 맞지 않는다고 주장하고 있다. 본고는 '공부하다, 운동하다'와 같은 동작성의 '하다'는 공시적으로 문장에서 자립어로 쓰이므로 이를 동사로 보고, '조용하다, 깨끗하다'와 같은 상태성의 '하다'는 자립어로 안 쓰이므로 이를 형용사 파생 접미사로 보기로 한다[22].

---

20 하치근(1988:38~9)에서 '-스럽-', '-거리-'처럼 통합에서 제약을 받지 않는 접사를 '완전 접사(Perfect affixes)', '-쭉-', '-살-'처럼 꼭 '-하-'나 '-스럽-'과 결합하는 통합적 제약을 받는 접사를(예:길쭉하다, 밉살스럽다) '불완전 접사(imperfect affixes)'로 구분하고, 불완전 접사는 분포가 극히 폐쇄적이며 상태성 뿌리 즉 그림씨에만 제한되어 있고 이들 불완전 접사의 어휘적인 뜻은 뿌리의 상태성을 정도별로 세분화시킨 것으로 파악하고 있다.

21 이승애(1997:29)에서 "'-하-'는 선행접사어간에 대한 보완적 기능과 그 단어의 품사를 형용사로 규정하는 역할을 한다"고 지적했다.

22 신순자(1997:45)에서 '하다'의 성격에 대해서 동작성의 '하다'를 동사로 보고 상태성의 '하다'를 형용사 파생접미사로 보아 둘을 구별하는 경우와 동작성과 상태성이라는 두 가지 성격의 '하다'를 기술의 편의상 모두 파생접미사로 처리하는 경우 크게 두 가지로 나눌 수 있다고 지적했다.

[표3.] 높은 정도를 나타내는 접미사

접사	분포 영역	선행 형태		낱말 분포	후행 형태
-직(찍)-	공간	어근	높-, 깊-, 굵-, 길-, 넓-, 멀-, 얇-, 가깝-, 낮-, 좁-	높직, 깊직, 굵직, 길찍, 널찍, 멀찍, 얄찍, 가직, 나직, 좁직	-하-
		어근+ㅁ	크+ㅁ	큼직	-하-
-(으)막-	공간	어근	낮-, 얕-, 짧-, 작-	나지막(나즈막), 야트막(얕으막)/여트막, 짤막, 자그마	-하-
-다(따)랗-	공간	어근	길-, 짧-, 굵-, 가늘-, 넓-, 좁-, 높-, 깊-, 크-, 작-, 멀-, 두껍-, 얇-	길(기)다랗, 짤따랗, 굵다랗, 가느다랗, 널따랗, 좁다랗, 높다랗, 깊다랗, 커다랗, 작다랗, 멀(머)다랗, 두껍다랗, 얄따랗	-다

접미사 '-직(찍)-'과 '-(으)막-'은 주로 공간 영역에 분포하고 어근에 직접 붙는 경우가 대부분이다[23]. 다만 접미사 '-직-'이 어근 '크-'에는 직접 붙지 못하고 '크+ㅁ'의 구조에 붙는다[24]. 접미사 '-직-'이 'ㄹ'로 끝나는 어근 뒤에 붙을 때는 '길찍하다, 멀찍하다'처럼 '-직-'이 경음화되어 '-찍-'으로 쓰인다. 또한 'ㄼ'으로 끝나는 어근 뒤에 붙을 때는 '널찍하다, 얄찍하다'처럼 받침 'ㅂ'이 탈락하고 '-직-'이 경음화된다. 그리고 어근 '가깝-', '낮-'과 결합할 때는 어근의 일부인 '깝', 'ㅈ'이 탈락한다[25]. 접미사 '-(으)막'이 어근 '낮-'과 '얕-' 뒤에 붙을 때 각각 '나지막/나즈막-하다'와 '야트막/얕으막-하다' 처럼 두가지 형태로 쓰인다. 또 어근 '작-' 뒤에 붙을 때는 '-막-'의 받침소리 'ㄱ'이 탈락하여 '자그마하다'

---

23 접미사 '-직(찍)-'은 '되직하다, 늙직하다, 묵직하다' 등 다른 형용사에서도 확인할 수 있다.

24 김창섭(1985:166)에서 이를 동명사 어미 '-음'의 개입으로 설명했으나 방증할 수 있는 다른 근거가 없다.

25 김창섭(1985:166)에서 "공시적으로는 '나직하다, 가직하다, 묵직하다'에서 '-직-'이 접미하면서 어간의 'ㅈ, 깝, 업'이 탈락했다고 보아야 하지만 통시적 설명이 어느 정도 가능할 것"이라고 지적했으나 구체적으로 설명하지는 않았다.

의 형태로 쓰인다.

많은 선행연구에서 접미사 '-직(찍)-'과 '-(으)막-'이 어근에 대한 선택 제약을 고찰했다. 권주예(1982:7), 송철의(1992:104), 신순자(1997:47)와 이지희(2007:40)에서 접미사 '-직-'은 주로 긍정적 가치를 나타내는 쪽과, 접미사 '-(으)막-'은 주로 부정적 가치를 나타내는 쪽과 결합한다고 판단한다.

    (9) ㄱ. 길찍하다:짤막하다, 큼직하다:자그마하다, 깊직하다:야트막하다
         ㄴ.*길막하다:*짤찍하다, *크막하다:*작직하다, *깊으막하다:*얕직하다

위 (9)에서 접미사 '-직(찍)-'과 '-(으)막-'의 어근 제약을 잘 보여주지만 아래 (10)처럼 그렇지 않는 경우도 적지 않다.

    (10) ㄱ. 멀찍하다:가직하다, 널찍하다:좁직하다
         ㄴ. *두껍직하다:얄찍하다
         ㄷ. 높직하다:나직하다/나즈(지)막하다

(10ㄱ)처럼 부정적 가치를 나타내는 '가깝다, 좁다'의 어근에도 '-직(찍)-'이 붙을 수 있고 심지어 (10ㄷ)의 '나직하다/나즈(지)막하다'처럼 어근 '낮-'에 접미사 '-직(찍)-'과 '-(으)막-'이 모두 붙을 수 있다. 또한 (10ㄴ)처럼 접미사 '-직(찍)-'이 어근 '두껍-'에 붙지 못하고 오히려 부정적 가치를 지니는 '얇-'에 붙는다. 그러므로 접미사 '-직-'이 긍정적 가치를 나타내는 어근과 결합하는 경향은 있지만 그렇지 않은 경우도 적지 않다. 다만 접미사 '-으막-'이 주로 부정적 가치를 나타내는 어근과 결합한다는 점은 확인할 수 있다.

접미사 '-다(따)랗-'은 공간감각형용사의 어근 뒤에만 붙고 그 후행형태로서는 어미 '-다'를 취한다. 어근 종성이 'ㄼ'일 경우 '짤따랗다, 널따랗다, 얄따랗다'처럼 'ㅂ'이 탈락되고 접미사 '-다랗-'이 경음형 '-따랗-'으로 바뀐다. 어근 종성이 'ㄹ'일 경우는 '길다랗다/기다랗다, 멀다랗다/머다랗다'처럼 'ㄹ'이 탈락한 형태와 탈락하지 않는 형태가 모두 존재한다. 송철의(1992:62~3)는 'ㄷ' 앞에서

'ㄹ'이 탈락한 음운규칙이 현대한국어에서 더이상 적용하지 않으므로 '기다랗다, 머다랗다'를 어휘화한 것으로 보고 '길다랗다, 멀다랗다'는 공시적 음운규칙을 따라 새로이 형성된 것으로 본다[26]. 그런데 '커다랗다' 중의 '커'에 대하여 통시적, 공시적 음운규칙으로 모두 설명하기 어려워 어휘화된 낱말로 볼 수 있으나 형태상의 연관성으로 이를 어근 '크-'와 접미사 '-다랗-'의 결합 구조로 분석해도 틀리지 않을 것이다.

> (11) ㄱ. 길(기)다랗다:짤따랗다, 굵다랗다:가느다랗다, 널따랗다:좁다랗다,
> 커다랗다:작다랗다[27], 두껍다랗다:얄따랗다
> ㄴ. 깊다랗다:*얕다랗다, 높다랗다:*낮다랗다, 멀(머)다랗다:*가깝다랗다
> ㄷ. *둥그다랗다, *곧다랗다, *비스듬다랗다

위 (11)에서 볼 수 있듯이 접미사 '-다(따)랗-'은 공간감각형용사, 그 중에서도 양(量)을 문제삼는 형용사만을 어근으로 취할 수 있고 '둥글다, 곧다, 비스듬하다'처럼 양을 문제삼지 않는 형용사는 어근이 되지 못한다[28]. 또 송철의(1992:222)에서 '-다랗-'의 파생은 반의어의 대립짝에서 긍정적 가치를 나타내는 쪽으로부터의 파생이 좀 더 생산적이라고 판단하고 있다. (11ㄱ)의 대립 형용사들이 모두 '-다랗-'을 취할 수 있는 것과 달리 (11ㄴ)의 대립짝 중에서는 긍정적 가치를 나타내는 '깊다, 높다, 멀다'만 '-다랗-'을 취할 수 있고 부정적 가치를 나타내는 '얕다, 낮다, 가깝다'는 그렇지 못한다[29].

---

26 마치 '눕다'에 대하여 '누이다(뉘다)'와 같은 사동사가 있음에도 불구하고 '눕히다'와 같은 새로운 사동사가 형성된 것과 동궤의 현상이라 할 수 있다. 이렇게 된다면 '기다랗다'는 외워서 습득한 것이 될 것이고 '길다랗다'는 파생어 형성규칙을 적용시켜서 습득한 것이다. 송철의(1992:62~3)

27 송철의(1992:221)에서 '작다랗다'의 낱말이 없다고 판단했으나 표준국어대사전에 표제어로 수록되어 있다.

28 김창섭(1985:165)에서는 [+공간, +양]의 의미자질을 갖는 형용사만이 '-다랗-' 파생의 어기가 될 수 있다고 판단하고 있다.

29 '긍정적/부정적 가치'에 대해 신순자(1997:47), 권주예(1982:7) 등 연구에서는 '정도가 큰 것/정도가 작은 것'으로 지칭한다. 임지룡(1985)에서는 유표성의 개념을 도입하여 파생어 형성에 있어서 무표항이 유표항보다 적극적임을 보여준다고 하였다. 송철의(1992:222) 재인용

(12) 높직하다: 위치가 <u>꽤 높다</u>.

　　　 나지막하다: 위치가 <u>꽤 나직하다</u>.

　　　 높다랗다: <u>썩 높다</u>.

　　　 커다랗다: <u>매우 크다</u>. 또는 아주 큼직하다.

위 (12)의『표준국어대사전』뜻풀이를 살펴보면 접미사 '-직(찍)-', '-(으)막-'과 '-다(따)랗-'이 모두 '꽤/썩/매우 그러함'이라는 정도 의미를 나타내는 것을 알 수 있다. 접미사 '-직(찍)-'의 의미에 대해『표준국어대사전』은 '좀 또는 꽤 그러함',『조선어접사사전』은 '정도가 어지간한 상태임'이라고 해석한다. 김창섭(1996:161)에서는 '높직하다'의 '-직-'의 어휘적 의미는 '기준점으로부터 대상점까지의 거리 즉 정도가 꽤 됨'으로 파악하고 있다.

접미사 '-직(찍)-', '-(으)막-'과 '-다(따)랗-'은 주로 공간형용사 어근에 접미하고 상대적으로 높은 정도의 의미를 나타내는데 그들의 의미 차이를 어떻게 구별해야 하느냐는 문제가 제기된다. 김창섭(1985:171)은 접미사 '-디', '-다랗-', '-직-', '-(으)스름-'의 의미를 각각 '아주', '무던히', '꽤', '약간'에 가까운 의미로 설명하고 있다. 이런 해석에 따르면 '-다(따)랗-'이 붙은 형용사가 '-직(찍)-'이나 '-(으)막-'이 붙은 것보다 정도가 좀 더 높음을 알 수 있다. 즉 '높다랗다>높직하다', '짤따랗다>짤막하다'의 순서로 정도가 좀 약해진다고 할 수 있다.

[표4.] 낮은 정도를 나타내는 접미사(1)

접미사	분포 영역	선행 형태		낱말	후행 형태
-(으)ㅅ-	시각 (색채)	어근	붉-	발/볼/벌/불/빨/뻘/뽈/뿔긋	-하-
			누르/노르-	노릇/누릇	-하-
			푸르-	파릇/퍼릇/푸릇,	-하-
			검-	가뭇/거뭇/까뭇/꺼뭇	-하-
		어근+끄	희+끄-	희끗/해끗	-하-
	시각 (명암)	어근	흐리-	흐릿	-하-
	촉각 (통각)	어근	아리-	아릿/어릿	-하-
-앟-/-엏-	시각 (색채)	어근	*밝/*벍/*빩/*뻙-	발갛/벌겋/빨갛/뻘겋	-다
			*하이/*허이-	하얗/허옇	-다
			누르/노르-	노랗/누렇,뇌랗/뉘렇	-다
			푸르-	파랗/파르랗/퍼렇/푸렇	-다
			검/껌/감/깜-	가맣/거멓/까맣/꺼멓	-다
	시각 (청탁)	어근	맑-	말갛/멀겋	-다
	촉각 (온도각)	어근	사늘/서늘/싸늘/써늘-	사느랗/서느렇/싸느랗/써느렇	-다

-(으)ㅁ-	시각 (색채)	어근	누르/노르-	노름/누름	-하-
			푸르-	파름/퍼름/푸름	-하-
			누르/노르-	노름/누름	-으레-
			푸르-	파름/포름/퍼름/푸름	-으레-
			붉-	밝음/붉음/벍음/붉음	-으레-
		어근+끄	희+끄	희끔/해끔	-하-
	미각	어근	*떨-	떠름	-하-
		중첩어근	*떨떨-	떨떠름	-하-
		중첩어근+ㄹ	짭짤-	짭자름/짭조름/찝찌름	-하-
			씁쓸-	쌉싸름/씁쓰름	-하-
	공간	어근	얕-	야틈/여틈	-하-
-(으)름-	시각 (색채)	어근	붉-	발/볼/벌/불/빨/뻘/뽈/ 뿔-그름	-하-
		어근+끄	검+끄-	가/거/까/꺼-무끄름	-하-
-(으)레-	시각 (색채)	어근	붉-	발/볼/벌/불/빨/뻘/뽈/ 뿔-그레	-하-
			검/감/껌/깜-	가/거/까/꺼-무레	-하-
		어근+접사	붉+음-	발/볼/벌/불-그무레	-하-
			누르/노르+ ㅁ-	노르무레/누르무레	-하-
			푸르+ㅁ-	파르무레/포르무레/ 퍼르무레/푸르무레	-하-
		어근+끄	누르+끄-	노르끄레/누르끄레	-하-
		어근+끔	희+끔-	희끄무레/해끄무레	-하-
	미각	어근+접사	달+큼-	달크무레	-하-
			시+금-	시그무레/시크무레/ 새그무레/새크무레	-하-
-애/에-	미각	중첩어근+ㄹ	짭짤-	짭짜래/찝찌레	-하-
			씁쓸-	쌉싸래/씁쓰레	-하-

위 [표4]의 접미사들은 모두 하나의 음소나 음절로 구성되며 낮은 정도의 의미를 나타낸다. 접미사 '-(으)ㅅ-'은 색채형용사의 5개 하위부류에 모두 분포하고 있다. 또 명암형용사 '흐리-'와 통각형용사 '아리-'에도 붙을 수 있다. 접미사 '-애/에-'는 미각형용사 '짜다', '쓰다' 계열에만 분포하고 중첩어근에 'ㄹ'이 첨가된 '짭잘-, 씁쓸-' 뒤에도 붙는다. 접미사 '-(으)름-'의 분포는 극히 제한적이고 색채형용사 어근 '붉-'과 '검+끄-'의 구조 뒤에만 붙는다.

접미사 '-(으)레-'는 미각형용사 '시다, 달다' 계열과 색채형용사 5개 하위계열에서 모두 발견되었다. 이 접미사는 색채어의 경우에 어근 '검-, 붉-'과 '붉+음', '노르+ㅁ', '푸르+ㅁ', '노르+끄', '희+끔'의 선행형태에 붙을 수 있는데, 미각어의 경우에는 어근 '시-, 달-'에 직접 붙지 못하고 '들크무레하다, 시그무레하다'처럼 '어근+접사(금/큼)'의 선행구조 뒤에만 붙을 수 있다.

접미사 '-(으)ㅁ-'은 미각형용사 '떫다, 짜다, 쓰다' 계열에도 분포하지만 특히 색채형용사에서 생산성이 높다. 색채형용사의 4개 하위부류에 분포되어 있고 어근 '붉-, 노르-, 푸르-'에 직접 붙을 수 있는데 유독 어근 '희-'에는 직접 붙지 못하고 '희+끄'의 구조에만 붙을 수 있다. 접미사 '-(으)ㅁ-'의 후행요소로는 '노름하다, 푸름하다, 희끔하다'처럼 '-하-'가 나올 수도 있고 '노르무레하다, 푸르무레하다, 불그무레하다'처럼 뒤에 접미사 '-으레-'가 나올 수도 있다.

접미사 '-앟/엏-'[30]은 주로 색채형용사에 분포하고 5개 색채 계열어군에 모두 존재한다. 그외에 청탁형용사 '말갛다/멀겋다'와 온도감각형용사 '사느랗다/서

---

30 접미사 '-앟/엏-'의 설정 문제에 대해 여러 이견이 있다. 최길용(1991:437)는 '가맣-다, 파랗-다'를 단일어로 보며 '-앟/엏-'의 설정을 거부한다. 심재기(1982:40)는 '-앟/엏-'을 '-아/어+하-'의 축약형으로 보아 '-하-'에서 다루는 것이 합당하리라고 보고 있다.이상복(1992:75) 재인용. 송철의(1992:111)는 "…파랗-'등이 [[파르-]R+-앟-A]와 같이 분석될 수 있다"며 '-앟-/-엏-'을 접미사로 처리하자고 주장한다. 본고는 '-앟-/-엏-'이 어떤 변화 과정을 겪었더라도 공시적으로 볼 때 명확한 형태와 의미를 갖추므로 이를 접미사로 처리하는 것이 좋다고 본다.

느렇다/싸느랗다/써느렇다'에서도 이 접미사를 분석할 수 있으며[31] '-앟/엏-'에 의한 파생어들은 모두 모음교체에 의한 대립짝을 갖는 특징이 있다. 선행형태로서는 어근 '노르-, 검-, 사늘-, 맑-' 등을 취한다. 후행형식으로는 어미 '-다'가 직접 붙으므로 접미사 '-앟/엏-'에 의해 파생된 것이 어간임을 말해준다. 이 특징은 '-앟/엏-'이 기원적으로 구문성을 강조하는 '-아/어 하다' 형태에서 유래되므로 다시 '-하-'와 결합하지 않는 것으로 해석할 수 있다[32].

그러나 김창섭(1985:168)은 '-앟-'형용사가 파생어라는 인식이 그리 분명한 것 같지 않다며 접미사 '-앟/엏-'의 설정에 대해 회의적 입장을 취하고 있다. 최길용(1991:437)에서도 '가맣다, 파랗다'를 단일어로 보고 있다. 김창섭(1985:168)에서 "'하얗다, 파랗다'의 어기가 형용사 어간으로서는 공시적으로 존재하지 않는다든가 '밝다(明)'와 '발갛다(赤)'의 의미변화도 '-앟-' 형용사들을 어휘화한 것으로 보게 한다"며 "색깔의 명칭 '파랑, 빨강, 노랑, 하양'이 '푸르다, 붉다' 등 단일어 형용사에서가 아니라 '-앟-' 파생어 '파랗-, 빨갛-' 등에서 파생되었다는 점도 이들 '-앟-' 형용사가 언중에게 파생어가 아닌 단일어로 인식되고 있다"고 지적한 바가 있다.

물론 '하얗다, 파랗다'에서 공시적으로 존재하는 어근을 추출할 수 없으나 '희다'의 옛글 형태 '히다'로 비추어 보면 어근 '히'에 접미사 '앟'이 붙어 '히(하이)+앟→하얗'의 활용과정을 상정할 수 있다. '파랗다'는 '푸르+엏→푸렇'이 먼저 형성한 다음 모음교체로 인해 '퍼렇다, 파랗다'가 생성된 것으로 추정할 수 있다. 또 '파릇하다, 파름하다, 파르대대하다…'와 '하야스레하다, 하야스름하다' 등 파생어를 통해서도 '*하야-', '*파르-'를 어근의 변이형태로 인정할 수 있다. '밝다(明)'와 '발갛

---

³¹ 형용사 '동그랗다/둥그렇다'에서도 접미사 '-앟/엏-'을 확인할 수 있다.

³² 이현희(1985)에서는 통시적인 방법으로 '까맣다, 노랗다'와 같이 접사 '-앟/엏'이 붙은 색채형용사는 기원적으로 구문성을 강조하는 '어간+아/어 하다'의 형태가 후대에 와서 '빨갛다, 누렇다, 파랗다, 하얗다, 까맣다'와 같은 어휘 차원으로 머물게 된 것이라고 주장한다.

다, 빨갛다(赤)의 의미 차이에 대해서는 '붉다(赤)'와 '밝다(明)'의 옛글 형태가 모두 '붉다'이므로 '발갛다'가 '붉다(赤)'에서 유래된 것이지 '붉다(明)'에서 유래된 것이 아닌 것으로 설명할 수 있다. 이처럼 '-앟-/-엏-'이 상당한 파생력을 가지고 있으며 공시적으로도 분석이 가능하므로 이를 접미사로 설정하는 것이 낫겠다.

이상 '-앟-/-엏-'의 성격에 대한 논의처럼 한 음소나 한 음절로 구성된 형태를 접미사로 분석해 내는 일은 그리 쉽지 않다. 표음문자인 한국어의 낱말들이 통시적 변화를 겪으면서 형태소들간의 경계가 허물어지고 서로 융합된 경우가 많기 때문이다. 그러므로 접미사를 추출하기 위해서는 형태변화를 덜 겪은 낱말을 통해서만 가능하고 또 형태소가 일정한 파생력을 가져야 그 형태와 의미를 파악할 수 있다. 하치근(1988:27~8)에서 "뜻의 파악에 있어서 파생력이 고려되어야 할 이유는, 뜻의 일관성과 파생력은 직접적인 관련성이 있기 때문이다. 곧, 접사가 파생력이 높으면 그 결과 파생되는 뜻의 결합은 일관성이 있다. …따라서 파생접사가 가진 일반적인 뜻을 밝히고 의미 유형을 수립하기 위해서는 각 접사들의 파생력의 정도를 검증하여 파생력이 높은 접사를 대상으로 할 때 가능하다"고 지적한 바가 있다.

박문섭(1986:133~4)에서는 '노릇노릇하다, 파릇파릇하다, 비릿비릿하다'의 '-ㅅ-'을 '자음첩용형태소'로 처리했다. 그러나 '-ㅅ-'은 색채어 5종류의 어근에 모두 분포하고 첩어가 아닌 '발긋하다, 노릇하다, 푸릇하다' 등에서도 명확히 분석해 낼 수 있다.

송정근(2007:67)은 '-(으)ㅁ-'을 접사로 설정하지 않고[33] "…'볼그름'을 고려하여 '노름' 역시 '-(으)름-'을 분석할 수 있다"고 주장했다. 그러나 '볼그름'은 어근 변이형 '*붉-'에 '-(으)름-'이 결합된 구조로 분석할 수 있으나 '노름'의 구조를 '노-+-름-'으로 분석하기보다는 어근 '노르-'에 접사 '-ㅁ-'이 붙은 구조로 보는

---

[33] 송정근(2007:35)에서 '-직-, -(으)스름-, -음-, -큼-, -막-'과 같이 복합어근을 형성하는 형태소를 '어근형성요소'라 부른다.

것이 더 직관에 맞으며 미각형용사 '씁쓸하다→씁쓰름하다', '짭짤하다→짭짜름하다', '떫떫하다→떫떠름하다'의 분석에서도 '-음'을 확인할 수 있다[34].

송정근(2007:148)은 또 '짭짜래/찝찌레, 쌉싸래/씁쓰레'에서 접미사 '-레-'를 분석했다. 그러나 중첩형태 '짭짤/찝찔, 쌉쌀/씁쓸'을 고려하면 '-레-'를 받침 자음 'ㄹ'과 접사 '-에/애-'가 결합한 구조로 분석하는 것이 낫겠다. '발/볼/벌/불/빨/뻘/뽈/뿔-그레하다'에서 확인할 수 있듯이 접사 '-레-'는 모음교체가 일어나지 않는데에 반해 '짭짜래/찝찌레, 쌉싸래/씁쓰레'의 '-래/레-'는 모음대립짝으로 되어 있다. 그래서 본고는 접미사 '-레-' 외에 '-애/에-'를 따로 더 설정하기로 한다.

그리고 '가무레/거무레/까무레/꺼무레-하다', '발그무레/볼그무레/벌그무레/불그무레-하다', '시그무레/시크무레/새그무레/새크무레-하다' 등 낱말에서 '(그/크)무레' 구조를 쉽게 분석해 낼 수 있는데 이를 더 세분할 수 있을 듯하다. 가령 '거무레하다'를 '[[검-$_{R/S}$+-으레-$_A$]+-하-$_A$]', '불그무레하다'를 '[[[붉-$_{R/S}$ +-음-$_A$]+-으레-$_A$]+-하-$_A$]', '시그무레하다'를 '[[[시-$_{R/S}$ +-금-$_A$]+-으레-$_A$]+-하-$_A$]'의 구조로 분석할 수 있다.

(13) ㄱ. 불그레하다: [[붉-$_{R/S}$ +-으레-$_A$]+-하-$_A$] → (형태)

　　　　　〈엷게 불그스름하다〉　　　 → (의미)

　　ㄴ. 불그무레하다: [[[붉-$_{R/S}$ +-음-$_A$]+-으레-$_A$]+-하-$_A$] → (형태)

　　　　　〈아주 엷게 불그스름하다〉　　　 → (의미)

(14) ㄱ. 시금하다: [[시-$_{R/S}$ +-금-$_A$]+-하-$_A$]　　　　　 → (형태)

　　　　　〈맛이나 냄새 따위가 깊은 맛이 있게 조금 시다〉 → (의미)

　　ㄴ. 시그무레하다: [[[시-$_{R/S}$ +-금-$_A$]+-으레-$_A$]+-하-$_A$] → (형태)

　　　　　〈깊은 맛이 있게 조금 신 듯하다〉　　 → (의미)

---

34 '-(으)ㅁ-'을 접사로 설정하지 않았기 때문에 송정근(2007:148)은 '씁쓰름하다, 짭짜름하다, 떫떠름하다'에서 접미사 '-름-'을 분석해 낸다.

위 (13)의 '불그레하다'와 '불그무레하다'의 형태분석과 『표준국어대사전』의 뜻풀이를 비교해 보면 약한 정도를 나타낸 '-음-'과 '-으레-'가 결합할 때는 정도가 더 약해짐을 알 수 있다. 마찬가지로 (14)의 '시그무레하다'처럼 접미사 '-금-'에 '-으레-'가 붙으면 더 약해진 신맛이 느껴진다. 이렇게 '무레'를 더 세분해야 '-레-'와 '-무레-', '-금-'과 '-그무레-'의 형태·의미적 연관성을 찾아내고 '불그레하다:불그무레하다', '시금하다:시그무레하다'를 연관시켜 그들의 의미 차이를 규칙있게 밝혀낼 수 있다.

> (15) ㄱ. [낮은 정도] 불긋하다: =불그스름하다(조금 붉다)
>   ㄴ. [낮은 정도] 발갛다: 밝고 엷게 붉다
>   ㄷ. [낮은 정도] 누름하다: =누르스름하다(조금 누르다)
>   ㄹ. [낮은 정도] 불그름하다: =불그스름하다(조금 붉다)
>   ㅁ. [낮은 정도] 불그레하다: 엷게 불그스름하다.
>   ㅂ. [낮은 정도] 짭짜래하다: 좀 짠맛이나 냄새가 풍기다

『표준국어대사전』의 뜻풀이를 보면 이상 6개의 접미사가 모두 상대적으로 낮은 정도의 의미를 나타내고 있음을 알 수 있다. 그런데 이들 가운데 접미사 '-앟(/엏)-'의 정도성 의미가 좀 문제가 된다.

> (16) 발갛다: 밝고 엷게 붉다.
>   거멓다: 어둡고 엷게 검다.
>   빨갛다: 피나 익은 고추와 같이 밝고 짙게 붉다.
>   꺼멓다: 물체의 빛깔이 조금 지나치게 검다.

송철의(1992:225)에서는 접미사 '-엏-/-앟-'이 '매우' 정도의 의미를 갖는다고 판단하였다. '빨갛다, 꺼멓다'의 뜻풀이를 보면 그럴듯 하지만, 평음형 '발갛다, 거멓다'가 모두 엷은 채도의 빛깔을 나타내고 있다. 낱말의 형태구조를 분석하면 '발갛다, 거멓다'는 어근 '*밝-, 검-'에 접미사 '-엏-/-앟-'이 더 붙은 파생어

구조이고, '빨갛다, 꺼멓다'는 파생뿐만 아니라 자음교체까지 거친 형태이다. 그래서 '발갛다, 거멓다'를 통해 접미사 '-엏-/-앟-'의 의미를 추출하는 것이 마땅하고, '빨갛다, 꺼멓다'가 나타내는 높은 정도는 접미사 '-엏-/-앟-' 때문이 아니라 'ㅂ:ㅃ', 'ㄱ:ㄲ'의 자음교체에 의한 것이라고 판단할 수 있다.

[표5.] 낮은 정도를 나타내는 접미사(2)

접사	분포 영역	선행 형태		낱말 분포	후행 형태
-(으)스름-	시각 (색채)	어근	붉-	발/볼/벌/불/빨/뻘/뽈/뿔/뿔-그스름	-하-
			누르/노르-	노르스름/누르스름	-하-
			푸르-	파르/포르/푸르-스름	-하-
			검-	가무스름/거무스름/까무스름/꺼무스름	-하-
			*하이/*허이	하야/허여-스름	-하-
		어근+끄/읍/유	희+끄-	희끄스름/해끄스름	-하-
			희+읍-	희읍스름/해읍스름	-하-
			희+유-	희유스름/해유스름	-하-
-(으)스레-	시각 (색채)	어근	붉-	발/볼/벌/불/빨/뻘/뽈/뿔-그스레	-하-
			누르/노르-	노르스레/누르스레	-하-
			푸르-	파르스레/퍼르스레/푸르스레	-하-
			검/감/껌/깜-	가무스레/거무스레/까무스레/꺼무스레	-하-
			하이*/허이*	하야스레/허여스레	-하-
		어근+읍	희+읍-	희읍스레/해읍스레	-하-
-짝/쩍/착/척지근-	미각	어근	달-	달짝지근/달착지근/들쩍지근/들척지근	-하-
			시-	시척지근/새척지근	-하-

위 [표5]의 세 접미사는 모두 두 개 이상의 음절로 구성되며 '조금, 약간'의 정도성 의미를 나타낸다. '-스름-'과 '-스레-'는 앞에서 살펴본 '-(으)ㅅ-', '-앟/엏-'과 함께 한국어 색채형용사에서 가장 많이 분석된 접미사이고 '붉다', '노르다', '푸르다', '검다', '희다' 계열에 모두 분포되어 있다. 다만 이 두 접미사는 어근 '희-'에는 직접 붙을 수 없고 어근 변이형 '*하이/*허이-'나 '희끄-, 희읍-, 희유-' 구조에 붙는다. 접미사 '-짝(/쩍/착/척)지근-'은 미각형용사 '달다', '시다' 계열에만 분포한다.

　　송정근(2007:65~7)에서 '-(으)스름-'과 '-(으)스레-'를 '-(으)ㅅ-'와 '-(으)름-', '-(으)레-'의 결합형태로 분석할 수 있다고 주장했다. 즉 '불그스름', '불그스레'를 '붉+웃+으름', '붉+웃+으레'의 구조로 분석할 수 있다는 것이다. 『표준국어대사전』에서는 '불긋하다'와 '불그스레하다'의 의미를 모두 '불그스름하다'로 풀이한 것을 보면 그들이 의미적 연관성을 가진 것도 사실이다. 그러나 '하야/허여-스름하다, 하야/허여-스레하다'에서 '하얏/허엿'의 형태를 상정하기 어렵고 또 공간형용사 '얄브스름하다, 가느스름하다'와 '가느스레하다, 구부스레하다, 길쭉스레하다, 납작스레하다' 등 낱말 구조에서 '스름', '스레'를 다시 세분하기 어렵다. 그러므로 공시적 입장에서 '-(으)스름-'과 '-(으)스레-'를 각각 하나의 접미사로 설정하는 것이 낫겠다.

> (17) [낮은 정도]　누르<u>스름</u>하다: 조금 누르다.
> 　　　　　　　　희읍<u>스름</u>하다: 산뜻하지 못하게 조금 희다.
> 　　　[낮은 정도]　누르<u>스레</u>하다: =노르스름하다.
> 　　　　　　　　희읍<u>스레</u>하다: =희읍스름하다.
> 　　　[낮은 정도]　달<u>짝지근</u>하다: 약간 달콤한 맛이 있다.
> 　　　　　　　　새<u>척지근</u>하다: 음식이 쉬어서 맛이나 냄새 따위가 조금 시다.

　『표준국어대사전』의 뜻풀이를 보면 이 세 접미사가 모두 낮은 정도의 의미를 첨가하며 그중 '-(으)스름-'과 '-(으)스레-'는 맞바꿀 수 있을 정도로 의미가 거의 같다.

신순자(1997:46)에서는 접미사 '-(으)스름-'과 '-(으)스레-', '-음-'은 양을 표현하는 것이 아니고 생김새나 색깔을 표현하는 의미 즉 '모양의 생김새나 색깔이 어떻다'를 나타내는 의미로 파악했지만 '모양의 생김새나 색깔'이 어떤 것을 가리키는지를 구체적으로 설명하지 않았다. 또 '상처 주위가 불그스름하다', '뺨이 불그스름하게 부어 있다', '불그스름한 빛깔의 달'에서 확인할 수 있듯이 '불그스름하다'가 색깔만 나타내고 다른 전이된 의미로 쓰이지 않는 것이 사실이지만 이것은 '발갛다, 발긋하다' 등 다른 파생어의 공통된 특징이고 '-(으)스름-', '-(으)스레-'의 의미 특징으로 보기는 어렵다.

[표6.] 부차적으로 정도 의미를 나타내는 접미사

접사	선행 형태		낱말 분포	후행 형태
-곰/굼/금/콤/쿰/큼-	어근	달-	달곰/달금/달콤/달큼/들큼	-하-
		시-	시금/시굼/시큼/시쿰/새금/새곰/새큼/새콤	-하-
		*매-	매콤	-하-
		*들-	들큼	-으레하-
		시-	시금/시큼/새금/새큼	-으레하-
-(으)댕댕/뎅뎅/당당/덩덩/딩딩-	어근	붉-	발그댕댕/볼그댕댕/벌그뎅뎅/불그뎅뎅/빨그댕댕/뻘그뎅뎅	-하-
		누르/노르-	노르댕댕/누르뎅뎅/누르딩딩,	-하-
		푸르-	파르당당/파르댕댕/포르댕댕/퍼르뎅뎅/푸르덩덩/푸르뎅뎅/푸르딩딩	-하-
		검/감/껌/깜-	가무댕댕/거무뎅뎅/까무댕댕/꺼무뎅뎅	-하-
-(으)속속/숙숙-	어근	붉-	발그속속/볼그속속/벌그숙숙/불그숙숙	-하-
		검/감/껌/깜-	가무숙숙/거무숙숙/까무숙숙/꺼무숙숙	-하-

		붉-	발그족족/볼그족족/벌그죽죽/불그죽죽/빨그족족/뽈그족족/뻘그죽죽/뿔그죽죽	-하-
-(으)족족/죽죽-	어근	누르/노르-	노르족족/누르죽죽	-하-
		푸르-	파르족족/포르족족/퍼르죽죽/푸르죽죽	-하-
		검/감/껌/깜-	가무족족/거무죽죽/까무족족/꺼무죽죽	
-(으)잡잡/접접-	어근	검/감/껌/깜-	가마잡잡/가무잡잡/거무접접/까무잡잡/꺼무접접	-하-
-께-	어근	푸르-	파르께/포르께/퍼르께/푸르께	-하-
		누르/노르-	누르께/노르께	-하-
-끼리-	어근	*누리-	누리끼리/노리끼리	-하-

접미사 '-곰/굼/금/콤/쿰/큼-'은 다른 감각형용사에서 발견되지 않고 유독 미각 형용사 '달다', '시다'와 '맵다' 계열에만 분포하고 있다. 선행형태로는 단일어 어근 '달-', '시-'와 그 변이형(變異形)[35] '*들-', '*새-' 그리고 어근 '맵-'의 변이형 '*매-' 가 있고, 후행형태로는 '들큼하다, 시금하다'처럼 접미사 '-하-'가 뒤따를 수도 있 고 '들크무레하다, 시그무레하다'처럼 '-으레-+-하-'가 뒤따를 수도 있다. 그중 '시-/*새-'에 붙은 이 접미사가 '양성-중성-음성'의 모음대립과 '평음-격음'의 자 음대립이 체계적으로 이루어져 '-곰/굼/금/콤/쿰/큼-'의 형태가 모두 존재하고 있 는데, '달-/*들-' 뒤에는 '-곰/금/콤/큼-'만 있고 음성 모음 형태인 '-굼/쿰-'이 존 재하지 않는다. 그리고 '*매-'에 붙을 때는 단지 '-콤-' 하나의 형태만 존재한다.

접미사 '-곰-'의 의미에 대해서는 이경우(1981:238)는 그것이 화자의 주관이 나 심리와 관계가 있다고 주장한다. 즉 '달콤한'의 표현은 화자가 이미 맛을 보 아서 '달다'는 것을 확인한 후에는 가능한 표현이니 맛을 보지 않고는 그런 표 현이 어색해진다(예:너는 단 수박을 먹는다./?너는 달콤한 수박을 먹는다). 그러나 이

---

35 하나의 형태소가 환경에 따라 모습을 달리할 때 그것을 형태라 하고 한 형태소의 교체형들을 그 형태소의 이형태(異形態)라 한다. 남기심.고영근(1987:44)

런 주관 심리는 '달콤하다' 뿐만 아니라 '달보드레하다, 달짝지근하다' 등 다른 파생어나 합성어에도 모두 관계된 문제이고 접사 '-곰-'의 의미로 보기 어렵다.

> (18) 달금하다: <u>감칠맛이 있게 꽤</u> 달다.
> 　　시금하다: 맛이나 냄새 따위가 <u>깊은 맛이 있게 조금</u> 시다.

『표준국어대사전』의 뜻풀이를 보면 접미사 '-곰(/굼/금/콤/쿰/큼)-'은 맛이 비위에 맞는 [+쾌감]의 의미와 맛 농도의 강약을 나타낸다. '달금하다'와 '시금하다'의 뜻풀이를 비교해 보면 모두 맛깔스러운 맛을 나타내는 것이 공통적이되, '달금하다'는 '꽤 달다', '시금하다'는 '조금 시다'로 농도에 관한 두 해석이 정반대의 모습을 보인다. 이는 접미사 '-금-'이 일차적으로는 입맛에 맞는 [+쾌감]의 의미를 나타내고 부차적으로는 [알맞은 정도]의 의미를 나타낸 것으로 설명할 수 있다. 왜냐하면 대부분의 사람들이 단맛을 선호하고 신맛을 거부하는 경향이 있으므로, 단맛은 좀 강해야 맛깔스럽지만 신맛은 좀 약해야 사람의 입맛에 맞기 때문이다.

　접미사 '-(으)댕댕/뎅뎅-'와 '-(으)족족/죽죽-'은 색채형용사 '누르다, 붉다, 푸르다, 검다' 계열에 분포하고 있다. '-댕댕/뎅뎅-'은 '붉다', '검다' 계열에는 'ㅐ:ㅔ'의 모음 대립짝만 있고 '푸르다' 계열에는 '당당/덩덩/딩딩', '누르다' 계열에는 '딩딩'의 모음 형태가 더 존재한다. 이에 비해 접사 '-(으)족족/죽죽-'은 4계열에서 모두 'ㅗ:ㅜ'의 모음대립만 존재하고 다른 모음 형태가 없다.

> (19) 거무뎅뎅하다: 고르지 않게 가무스름하다
> 　　파르댕댕하다: 고르지 아니하게 파르스름하다
>
> (20) 거무죽죽하다: 칙칙하고 고르지 않게 가무스름하다
> 　　파르족족하다: 칙칙하고 고르지 아니하게 파르스름하다

위 (19)(20)의 사전 뜻풀이를 보면 접미사 '-댕댕/뎅뎅-'은 '고르지 않다'의 의미 외에 '약한 정도'의 의미를 나타내고, '-(으)족족/죽죽-'은 '칙칙하고 고르지

않다'의 의미와 함께 '약한 정도'를 더 나타낸다. 송정근(2007:69)에서 '희-'는 이러한 부정적인 의미와는 기본적으로 어울리지 않기 때문에 이 두 접사와 결합할 수 없다고 지적했다.

> (21) 가무잡잡하다: 약간 짙게 가무스름하다. ¶가무잡잡한 피부/얼굴이 햇볕
> 에 가무잡잡하게 그을렸다.
> 거무접접하다: 약간 짙게 거무스름하다. ¶그녀는 얼굴이 너무 거무접접
> 해서 남자 친구가 많지 않았다.

접미사 '-(으)잡잡/접접-'은 색채형용사 '검다' 계열에만 분포한다. 이승명(1993:309)은 '-잡잡-/-접접-'이 [-明][-純]의 의미를 첨가한다고 판단하고 하치근(1988:41)은 이 접미사가 얼굴 색깔 곧 {인상}을 나타내는 연어적 의미를 밝혔다. 위 (21) '가무잡잡하다, 거무접접하다'의 뜻풀이와 예문을 살펴보면 두 단어가 모두 피부나 얼굴의 빛깔, 그리고 '가무스름하다, 거무스름하다'보다 약간 더 짙은 검은색을 나타내고 있음을 알 수 있다.

> (22) 볼그속속하다: 수수하고 걸맞게 볼그스름하다.
> 거무숙숙하다: 수수하고 알맞게 감다.
>
> (23) 푸르숙숙하다: → 푸르죽죽하다

접미사 '-(으)속속/숙숙-'은 색채형용사 '붉다', '검다'와 '푸르다' 계열에서 분석해 낼 수 있다. 여기서 주의해야 할 점은 '푸르숙숙:파르속속', '불그숙숙:발그속속'에서 '-숙숙/속속-'이 모음대립짝이 잘 이루어진 것과는 달리 '검다'계열에서는 '가무숙숙:거무숙숙'처럼 어근이 양성 모음이든 음성 모음이든 '숙숙'의 형태만 취한다. 또 그들의 의미를 보면 (22)처럼 '볼그속속하다'와 '거무숙숙하다'는 '수수하고 정도가 적당함'이라는 긍정적인 의미를 지니고 있다. 이와 달리 (23)의 '푸르숙숙하다'는 '푸르죽죽하다'와 같이 '칙칙하고 고르지 않음'이라는 부정적인 뜻을 지니고 있다. 이런 의미상의 이질성으로 미루어 보면 '파르

속속/푸르숙숙'의 '속속/숙숙'은 '-족족/죽죽-'에서 유래했을 가능성이 높고[36] '불그숙숙, 거무숙숙'의 '-숙숙/속속-'과 다른 것으로 보는 것이 타당하겠다.

(24) 누르께하다: 곱지도 짙지도 않게 누르다. ≒누리끼리하다
     누리끼리하다: =누르께하다

접미사 '-께-'는 색채형용사 '푸르다'와 '누르다' 계열에 분포하고 접미사 '-끼리-'는 '누르다' 계열에만 분포하고 있다[37]. 이 두 접미사는 형태가 비슷할 뿐만 아니라 의미도 유사해서 (24)처럼 모두 '곱지도 짙지도 않음'을 나타낸다. 이런 사전 뜻풀이에 근거하여 진애려(2007:22)는 [-고움][-짙음], 이승명(1993:307)은 [-明][-彩]의 의미소로 표시한다.

[표7.] 정도성 의미를 나타내지 않는 접미사

접사	분포 영역	선행 형태		낱말 분포	후행 형태
-ㅂ-/브-	촉각 (온도각)	어근	다스/드스/ 따스/뜨스-	다습/드습/따습/뜨습	-다-
-갑-/-겁-, -압-/-업-	촉각 (온도각)	어근	*따/뜨-,차-	따갑/뜨겁,차갑	-다
	촉각 (촉감각)		매끌-,부들-	매끄럽,부드럽	-다
	청각		시끌-	시끄럽	-다
-롭-	미각	어근	감미-	감미롭	-다
	후각	어근	향기-	향기롭	-다
-스럽-	촉각 (온도각)	어근	시원-	시원스럽	-다

36　문혜란(2009:12~3)에서 '파르속속하다, 푸르숙숙하다'를 '파르족족하다, 푸르죽죽하다'의 잘못으로 파악하고 있다.

37　이승명(1993:307)에서 접미사 '-끼리-'는 5색 중 '누르다', '푸르다' 와 '검다' 계열에서 나타난다고 했지만, 『표준국어대사전』에서 이 접사와 결합한 '푸르다' 와 '검다' 계열의 낱말을 발견하지 못했다.

접미사 '-ㅂ-/-브-'와 '-갑-/-겁-', '-압-/-업-'은 다 '-ㅂ'계 접미사로 볼 수 있다. '-ㅂ'계 접미사들은 중세 한국어에서는 파생력이 강했으나 근대, 현대 한국어에서는 소실되거나 비생산적인 것으로 됐다. 접미사 '-브-'는 자음어간에 '-ㅂ-'은 모음어간에 결합되는데 한국어 감각형용사에서 공시적으로 확인할 수 있는 것은 '-ㅂ-'이 붙은 온도각 형용사 '다습다/드습다/따습다/뜨습다' 밖에 없다. '-브-'는 '앓-+-브-→알프다→아프다→아프다', '곯-+-브-→골프다→고프다→고프다'처럼 통시적으로 분석해낼 수 있지만 공시적으로 한국어 감각형용사에서는 발견하지 못했다[38]. 한국어 감각형용사의 대부분 접미사들이 다 형용사 어근에 붙어 형용사를 파생시키는 것과 달리, 접미사 '-ㅂ-/브-'는 '그리+ㅂ→그립다', '놀라+ㅂ→놀랍다', '*믜+ㅂ→밉다'처럼 주로 동사 어간 뒤에 붙는다. 그러나 온도각 형용사 '다습다/드습다'의 어근 '다스-/드스-'도 동사인지가 의문적이다. '다스-/드스-'의 어원 형태인 '둣다'와 '드스ᄒ다'가 형용사로 쓰였기 때문이다[39].

접미사 '-갑-/-겁-'[40]은 형용사 어간에 붙어서 형용사를 파생시킨다(이경우,1981:239)[41]. 그러나 한국어 감각형용사에서 공시적으로 확인할 수 있는 것은 온도각형용사 '차갑다'와 미각 형용사 '쓰겁다, 짜겁다' 뿐이다[42]. 그리고 온

---

38 '얄브스름하다' 중에 '브'가 있지만 이것이 어근 '얇-'과 연결모음 '으'가 결합하여 형성된 것으로 보는 것이 타당하겠다.

39 '둣다'가 동사로도 쓰였으나 '애틋하게 사랑하다'의 뜻으로 온도 의미와 거리가 멀다.

40 하치근(1989:290)에서 "접미사 '-갑/-겁'은 '-압/-업'과 동일한 어근을 교체해서 취할 수 있으므로 '-압/-업'과 {-ㅂ-}계 이형태 관계로 보기도 한다"라고 지적했다.

41 그러나 '믿-+-업-→미덥다', '즑-+-업-→즐겁다' 등 낱말에서 확인할 수 있듯이 접미사 '-압/업-'이 동사 어근에 연결하여 형용사를 파생시키는 경우도 있다.

42 형용사 '달갑다'에서도 접미사 '-갑-'을 분석할 수 있지만 이미 미각의 의미가 사라지고 '달갑지 않은 손님/장난스러운 행동이 달갑지 않았다'처럼 '마음이 흡족함'이라는 추상적 의미를 나타내고 있다.

도각형용사 '뜨겁다/따갑다[43]' 등 낱말에서는 통시적 고찰을 통해 이 접미사를 분석해 낼 수 있다. 접미사 '-압/-업'은 '미끄럽다, 두껍다, 두텁다, 시끄럽다' 등 낱말들의 통시적 형태변화에서 분석해낼 수 있으나('믯글+-얼-→믯그럽다→미끄럽다', '둗ㄱ-+-업-→둗겁다→두껍다', '시끌+업→시끄럽다') 공시적으로는 한국어 감각형용사에서 찾아내지 못했다.

안병희(1971)에서 '-ㅂ'계 접미사를 희노애락과 같은 주관적이며 심리적인 감정상태를 표시하는 접미사로 본다. 이지희(2007:44~5)에서 동사 어근을 형용사로 파생시키는 '-ㅂ-/-브-'는 어근의 〈동작성〉을 〈지각성〉으로, 형용사 어근을 형용사로 파생시키는 '-갑-/-겁-'과 '-압/-업-'은 어근의 〈감각성〉을 〈지각성〉으로 바꾼다고 지적했다. 선행연구를 종합해 보면 '-ㅂ'계 접미사들은 '주관적이며 심리적인 지각'을 나타낸다고 볼 수 있으며 상태의 정도성과 무관하다.

접미사 '-롭-'은 감각형용사 형성에 그리 생산적이지 못하고 미각형용사 '감미롭다', 온도각 형용사 '다사롭다/따사롭다'와 후각 형용사 '향기롭다'에서만 확인할 수 있다. '명예롭다, 신비롭다, 자유롭다, 풍요롭다'처럼 접미사 '-롭-'이 취하는 어근은 주로 한자어 명사이다. 송철의(1992:206~9)에서 "'-롭-'에 의한 형용사 파생은 고유어를 어기로 할 때보다는 한자어를 어기로 할 때 더욱 생산적이다"며 "'까다롭다, 날카롭다, 새롭다, 외롭다' 등 현대국어에서 어기의 형태나 의미를 공시적으로 설명하기 어려운 것들을 제외하고는 현대 한국어에서 공시성을 갖는, 고유어를 어기로 한 '-롭-' 파생어는 '슬기롭-' 하나에 지나지 않다"고 했다.

미각형용사 '감미롭다'와 후각 형용사 '향기롭다'는 '한자어 명사+-롭-'의 일반적인 구조에 잘 맞는다. 그러나 온도각 형용사 '다사/따사-롭다'의 어근 '다사/따사-'는 형용사 '드스ᄒ다'에서 유래된 가능성이 높은데, 이것이 한자어

---

43 '따/뜨-'의 어근이 공시적으로 존재하지 않지만 '따/뜨-끈-하다'와 '따/뜨-끔-하다' 등 낱말을 통해서 '따/뜨-'를 어근의 변이형태로 인정할 수 있을 듯하다.

도 아니고 명사도 아니다. 그러므로 '다사/따사-롭다'는 '까다롭다, 새롭다, 외롭다'처럼 형태구조를 설명하기 어려운 이미 어휘화된 낱말로 볼 수 있다.

접미사 '-롭-'의 의미에 대하여 김창섭(1984:150)은 '어기의 속성이 풍부히 있음'으로 파악하고 있다. 『표준국어대사전』과 『조선어접사사전』에서는 '-롭-'이 '그러함' 또는 '그럴 만함'의 뜻을 더하는 접미사로 해석하고 있다.

접미사 '-스럽-'은 '-롭-'과 같이 형용사를 파생시키는 접미사이지만 감각형용사 형성에는 생산적이지 못하고 온도각 형용사 '시원스럽다'와 청각형용사 '요란스럽다, 소란스럽다'에서만 확인할 수 있다. '-스럽-'은 18세기에 비로소 등장한 형용사 형성의 파생접미사이며(김창섭,1996:173) 일부 명사적인 말뿌리에 붙어 '그러한 특성이 많이 있거나 그러한 특성이 꽤 있어보임'을 나타낸다(『조선어접사사전』). 송철의(1992:199~206)에서는 "'바보스럽다, 어른스럽다'처럼 인성명사를 어기로 할 때의 '-스럽-'의 의미는 'N(어기)는 아니지만 N이 지니고 있는 특징적 속성 중의 일부를 지니고 있음'"으로 파악하고 있다. 그와 비슷하게 심재기(1982:381)에서는 접미사 '-스럽-'이 구체적 실물을 선행소로 할 때 '그 선행소의 특징적 속성에 매우 가깝게 접근했음'을 나타낸다며 이를 [+미흡성]의 의미자질로 표시했다[44].

그러나 '요란스럽다, 소란스럽다'의 어근 '요란(搖亂/擾亂)'과 '소란(騷亂)'은 한자어 명사이고 인성명사가 아니다. 그리고 '시원스럽다'의 어근 '시원'은 명사가 아니다. 송철의(1992:199~206)에서는 "'-스럽-'은 '과감스럽다, 먹음직스럽다, 갑작스럽다'처럼 명사 이외에 여러 종류의 어근들을 취하기도 한다"며 "(이때의) '-스럽-' 파생어들의 의미는 '-하-' 파생어(형용사)의 의미와 분명한 차이를 드러내지 않으며 '깜찍하다'와 '깜찍스럽다', '믿음직하다'와 '믿음직스럽다'의 의미 차이를 설명하기가 쉽지 않다"고 지적한 바가 있다. 이 문제에 대해 김창섭

---

44 김창섭(1996:177) 재인용.

(1996:176~9)에서는 '-하-'는 어근의 의미를 그대로 투영할 뿐이므로 가장 무표적인 것이고 양태적 의미가 없다며 '-롭-'과 '-스럽-'에는 판단 주체의 존재가 전제되므로 '주관적 판단'이라는 의미가 암시되며 그중에서도 '-스럽-'은 더욱 유표적이어서 '감각적 경험에 의한 판단'을 함축하는 것으로 파악하고 있다.

한국어에 비해 중국어 감각형용사의 접사 파생 구조는 매우 간단한 편이다. 우선 중국어 파생어는 거의 다 [어근+접사]의 구조로 되어 있으므로 접미사의 선행형태와 후행형태를 살펴볼 필요가 없다. 그리고 중국어 감각형용사에는 '*들, *새, *밝, *파르'와 같은 어근 변이형이나 '읍, 끄, 유'와 같은 불투명 형태가 없다. 또한 '-음-+-으레-→무레'처럼 접사 몇 개가 연이어 결합한 것도 중국어에서는 발견하지 못했다.

그러나 앞선 4.1에서도 언급한 바와 같이 중국어에서는 접사를 설정하는 기준, 즉 접사와 어근의 구분 기준을 세우기가 매우 어렵다. 특히 'ABB'형 형용사의 구조에 대해 이견이 많다. 품사 유형을 명시하거나 변화시켜야 한다는 엄격한 접사 기준에 따르면 중국어 감각형용사의 접미사는 '熱乎乎', '黑巴巴' 중의 '乎乎', '巴巴'처럼 수량이 극히 제한적이고 대부분의 'ABB'형 형용사가 다 파생어가 아닌 합성어로 봐야 한다.

이와 달리 呂叔湘(1999:722~730)은 '眊蜜蜜, 眊津津, 油汪汪, 油膩膩' 중의 'BB'형 중첩형태를 모두 준접사로 처리한다[45]. 그러나 좀 느슨한 준접사 개념을 취하더라도 이들 중첩형태들이 의미와 파생 능력에 있어 많은 차이를 보이므로 무차별하게 다 준접사로 취급하는 것이 바람직하지 않다.

---

45 陳光磊(2001:56)에서는 이런 중첩접사들이 표현의 생동감을 살려주는 의미기능에 따라 이들 중첩형태를 '생동접사(生動後綴)'라 부른다.

(25) ㄱ.甛津津: [甛+津津]　　　　　　油汪汪 : [油+汪汪]

　　　ㄴ.黑+津津 , 苦+津津 , 鹹+津津　　綠+汪汪 , 藍+汪汪 , 淸+汪汪

(26) ㄱ.甛蜜蜜: [[甛+蜜]+蜜]　　　　油膩膩 : [[油+膩]+膩]

　　　ㄴ. ? +蜜蜜　　　　　　　　　　甛+膩膩 , 黃+膩膩

위 (25)의 '津津'은 '물이 넘쳐 흐르다'는 '津'의 본디 뜻이 이미 상당히 사라
졌고 [+낮은 정도][+쾌감]과 같은 추상된 의미로 감각형용사 형성에 참여하며
'黑, 苦, 鹹' 등 미각, 시각 형용사 어근에 붙을 수 있다. '汪汪'도 역시 '물이 넘
치다'는 '汪'의 본디 뜻이 상당히 사라지고 [+높은 정도][+쾌감][+윤기]의 의미
로 '綠, 藍, 淸' 등 색채, 청탁 형용사의 어근에 붙을 수 있다. 이에 비해 (26)의
'蜜蜜'은 '꿀'이라는 '蜜'의 본디 뜻이 여전히 보존되고 '甛'외에 다른 어근에 붙
지 못하는 의미적 제약을 받는다. 그리고 '膩膩'는 '甛膩膩, 黃膩膩'처럼 다른
형용사에서도 분석해 낼 수 있지만 '느끼하다'는 '膩'의 본디 뜻이 그대로 보존
되어 있기 때문에 그것을 접사로 보기가 어렵다. 즉 '津津, 汪汪'보다 '蜜蜜, 膩
膩'는 구체적 의미가 덜 사라지고 다른 어근과 결합할 때 의미적 제약을 많이
받아 조어력이 상대적으로 약하다. 또 '甛蜜蜜, 油膩膩'의 형성과정을 보면 2음
절 합성어인 '甛蜜'와 '油膩'의 두번째 어근 '蜜'과 '膩'가 더 중첩하여 만들어진
부분중첩(部分重疊)[46]으로 볼 수 있는데 '甛津津, 油汪汪'는 '*甛津, *油汪'이라
는 낱말이 존재하지 않기 때문에 '津津, 汪汪'이 하나의 전체로 어근 '甛'과 '油'
에 첨가된 것으로 분석할 수밖에 없다.

(27) ㄱ. 紅馥馥: [紅+[馥馥]]

　　　ㄴ. 香馥馥:[[香+馥]+馥]

위 (27)의 '紅馥馥'과 '香馥馥'에서 다같이 중첩형태 '馥馥'이 분석되는데

---

46 중국어 문법에서 'AA', 'AABB', 'ABAB'형 중첩형태(예: 甛甛, 甛甛蜜蜜, 酸甛酸甛)를 '전부중첩(全部重
　疊)'이라고, 'ABB', 'BBA'형 중첩형태(예: 甛津津, 雪雪白)를 '부분중첩(部分重疊)'이라고 부른다.

(27ㄱ) '紅馥馥' 중의 '馥'은 '향기롭다'는 본디 뜻이 완전히 사라졌고 (27ㄴ) '香
馥馥'의 '馥'은 본래의 뜻을 온전히 보존하고 있다. 또 '香馥馥'은 2음절 기저형
(基底形) '香馥'이 존재하는 데 비해 '紅馥馥'은 이런 기저형이 없다. 그러므로
같은 중첩형태 '馥馥'에 대해 (27ㄱ)의 경우에는 중첩 접사로 보고 (27ㄴ)의 경우
에는 중첩 어근으로 봐야 한다. 이렇게 형태소의 본디 의미의 추상화 정도, 낱
말을 파생하는 능력, 특히 2음절 기저형의 유무에 따라 본고는 두 음절 중첩형
태를 'XX'형 접사와 'BB'형 중첩 어근으로 구별하여 달리 표시하기로 한다. 따
라서 '甛津津, 油汪汪, 甛嘰嘰, 綠兮兮, 黑巴巴, 辣乎乎, 甛絲絲' 등을 'AXX'형
파생어로 보고 '甛蜜蜜, 油膩膩, 紅艷艷, 紅通通' 등을 'ABB'형 합성어로 본다.

　중국어 접사의 형태와 분포 양상을 분석하는 것은 그리 쉬운 일이 아니다.
呂叔湘(1999:716~720)에서 중국어의 'XX'형 접사의 사용은 습관에 달려 있는
경우가 많다고 지적했다. 즉 지역에 따라 사람에 따라 접사를 달리 사용하거나
말을 더 생동하게 표현하기 위해 없는 것을 새로 만들어 사용하는 경우도 많
다. 그러므로 주로 사전 표제어를 대상으로 한 본고의 접사 분포 조사는 어느
방언이나 개인의 언어 습관에 잘 맞지 않거나 풍부한 중첩 접사를 모두 조사하
지 못한 제한성이 있다. 가령 사전에는 낱말 '酸嘰嘰, 軟嘰嘰'만 수록했지만 실
제 언어생활에서는 '甛嘰嘰, 苦嘰嘰, 鹹嘰嘰'와 같은 낱말의 사용도 충분히 가
능하다.

　중국어의 'XX'형 접사는 발음이 비슷한 다른 글자로 대신하는 경우가 많다.
이런 혼용 현상은 글자의 본디 뜻이 이미 상당히 사라지고 보다 추상적인 접사
로 사용되고 있음을 입증한다. 즉 형태소의 접사화(接詞化)가 진행될수록 그
의미가 더 추상화되어 글자의 의미보다 발음이 더 중요해지게 된 것이다. 그런
데 비슷한 발음을 가진 여러 형태소들이 도대체 같은 형태소의 이형태인지 아
니면 전혀 다른 것인지를 판단하기 어려울 때가 많다.

(28) ㄱ. 酸嘰嘰：酸唧唧
　　　美滋滋：美孜孜
　　　黑糊糊：黑忽忽：黑乎乎
　　ㄴ. 黃滲滲:黃生生
　　　黃厭厭:黃艷艷

(29) ㄱ. 黃滲滲的一張臉，仿佛大病初愈，中間却有個紅通通的酒糟鼻子。
　　ㄴ. 綠油油的麥浪，黃生生的菜花。

(30) ㄱ. 就是那張黃厭厭的病臉，即使進了士官學校也得打發回來。
　　ㄴ. 花開得黃艷艷，嫩閃閃。

　위 (28)의 밑줄 친 중첩형태들이 이형태이냐 다른 것이냐를 판단하는 데는 의미의 도움을 받아야 한다. (28ㄱ)의 '嘰嘰:唧唧'는 다 [+낮은 정도][-쾌감]의 의미를 나타내며 서로 교체할 수 있으므로 같은 접사의 이형태로 볼 수 있다. 마찬가지로 '滋滋:孜孜'와 '糊糊:忽忽:乎乎'도 뜻이 비슷하고 교체가 가능한 이형태로 볼 수 있다.

　한편 (28ㄴ)의 '滲滲:生生'과 '厭厭:艷艷'의 대립짝이 발음은 비슷하나 의미에 있어서 전자 '滲滲'과 '厭厭'는 [-쾌감]을, 후자 '生生'과 '艷艷'은 [+쾌감]의 감정 의미를 나타낸다. (29ㄱ)과 (30ㄱ)의 '黃滲滲, 黃厭厭'은 주로 병색을 띤 노르께한 얼굴을, (29ㄴ)과 (30ㄴ)의'黃生生, 黃艷艷'은 주로 예쁜 노란 꽃의 색깔을 표현하므로 서로 교체할 수가 없다. 그러므로 (28ㄴ)의 대립짝은 같은 접사의 이형태가 아니라 별개의 다른 접사로 봐야 한다.

[표8.] 중국어 감각형용사 'XX'형 중첩 접미사[47]

접사	낱말
兮兮(/希希)	黃兮兮, 綠兮兮, 藍兮兮, 紅兮兮, 黑兮兮
巴巴	黑巴巴, 黃巴巴, 窄巴巴
乎乎(/忽忽/呼呼/糊糊)	辣乎乎, 黑糊糊, 黃忽忽, 白乎乎, 暖呼呼(暖忽忽), 熱乎乎(熱呼呼,熱忽忽,熱糊糊)
絲絲	甜絲絲, 苦絲絲, 涼絲絲, 冷絲絲, 鹹絲絲, 潮絲絲, 寒絲絲, 暖絲絲, 冷絲絲
溜溜	酸溜溜, 鹹溜溜, 苦溜溜, 黑溜溜, 烏溜溜, 紅溜溜, 黃溜溜, 軟溜溜, 圓溜溜
津津(/浸浸)	甜津津, 鹹津津, 苦津津, 黑津津, 涼浸浸(涼津津)
烘烘(/哄哄/轟轟)	暖烘烘(暖哄哄), 熱烘烘(熱哄哄), 臭烘烘(臭哄哄), 鬧哄哄(鬧烘烘,鬧轟轟)
瘆瘆(/糝糝/滲滲)	黑瘆瘆(黑糝糝), 黃滲滲, 白瘆瘆, 涼滲滲
生生	綠生生, 黑生生, 黃生生, 白生生, 涼生生
扑扑(/朴朴)	黑扑扑, 白扑扑, 灰扑扑, 紅扑扑, 香扑扑, 短朴朴
洋洋	暖洋洋(暖阳阳), 白洋洋, 軟洋洋
蓬蓬(噴噴)	辣蓬蓬, 灰蓬蓬, 熱蓬蓬, 紅噴噴, 香噴噴
嘰嘰(/唧唧/挤挤/济济)	酸嘰嘰, 軟嘰嘰
滋滋	甜滋滋, 黑滋滋
厭厭(/岩岩)	苦厭厭, 黃厭厭
辣辣(/剌剌)	澀剌剌, 熱辣辣(熱剌剌)
熏熏	臭熏熏, 香薰熏
撅撅	短撅撅, 硬撅撅
融融(/溶溶)	暖融融(暖溶溶)
蒿蒿(/號號)	辣蒿蒿, 腥號號
隆隆	黑隆隆
瓦瓦	白瓦瓦, 涼瓦瓦

47 　郭一誠(2012:30~31)에서 제시한 접미사를 다시 고찰하여 원래 접미사로 취급했던 '通通, 茫茫, 蒙蒙, 幽幽, 簇簇'를 의미와 파생력의 기준에 따라 접미사에서 제외하고 어근 합성으로 처리한다.

접사	낱말
涔涔	苦涔涔
迷迷(/咪咪)	眊迷迷
潦潦(/了了/寥寥)	白潦潦（白了了/白寥寥）
騰騰	黑騰騰, 熱騰騰
璨璨	紅璨璨, 黃璨璨, 白璨璨, 黑璨璨, 明璨璨
幢幢	黑幢幢
槎槎(/楂楂)	黑槎槎(黑楂楂), 白楂楂
頓頓	黑頓頓
泠泠	白泠泠
馥馥	紅馥馥
澄澄	紅澄澄, 黃澄澄
汪汪	藍汪汪, 綠汪汪, 白汪汪, 清汪汪
花花	白花花, 亮花花
凜凜	黑凜凜
漫漫	黑漫漫
越越	黑越越
厲厲	白厲厲
森森	綠森森, 白森森, 黑森森, 凉森森
晃晃(/幌幌/鎤鎤)	白晃晃, 明晃晃(明幌幌), 亮鎤鎤
壓壓(/鴉鴉)	黑壓壓(鴉鴉), 烏壓壓(鴉鴉)
沉沉	綠沉沉, 黑沉沉, 暗沉沉, 閜沉沉
粼粼(/凌凌)	清粼粼(清凌凌)
颼颼(/嗖嗖)	冷颼颼, 凉颼颼, 寒嗖嗖

위 [표8]의 중국어 접미사들은 모두 'XX'형 2음절 중첩 형태로 구성되어 있
다. 그러나 이들은 의미기능과 파생능력 등 여러 면에서 다양한 모습을 보이고
있다.

우선 이 접미사들의 분포양상과 파생능력을 살펴보면 '兮兮, 絲絲, 津津, 溜溜, 哄哄' 등 접미사들은 여러 감각영역의 어근에 붙어 상대적으로 강한 파생력을 보이고 있는 반면, '洋洋, 撅撅, 花花, 瓦瓦'[48] 등의 파생력은 매우 제한적이다.

이런 'XX'형 접미사의 가장 기본적인 의미·수사 기능은 화자의 주관 판단을 강조하며 말을 보다 생동하게 꾸미는 것이다. 예를 들어 '人們吃着紅溜溜, 水靈靈, 甛絲絲的荔枝(사람들이 발갛고 싱싱하고 달짝지근한 '여지'라는 과일을 먹고 있다)'처럼 'AXX'형 형용사로 문장의 표현력을 높이는 것이 중국어에서 많이 사용하는 수사법이다.

(31) ㄱ. 絲絲(甛絲絲,苦絲絲,凉絲絲…) : [+낮은 정도]

　　　溜溜(酸溜溜,苦溜溜,黑溜溜) : [+낮은 정도]

　　ㄴ. 熏熏(臭熏熏,香薰熏) : [+높은 정도]

　　　扑扑(黑扑扑, ,紅扑扑,香扑扑) : [+높은 정도]

(32) ㄱ. 兮兮(紅兮兮,綠兮兮) : [+낮은 정도][-쾌감]

　　ㄴ. 滋滋(甛滋滋, 黑滋滋) : [+높은 정도][+쾌감]

　　　噴噴(紅噴噴,香噴噴) : [+높은 정도][+쾌감]

(33) ㄱ. 璨璨(紅璨璨,黃璨璨) : [+높은 정도][+빛남]

　　ㄴ. 森森(黑森森,綠森森,白森森) : [+높은 정도][+무서움]

'XX'형 접미사는 거의 모두 높고 낮은 정도성 의미와 관련되어 있고, 또한 일부 접미사는 느낌이 비위에 맞느냐는 [±쾌감]의 의미와 다른 주관적 의미를 나타내기도 한다. 예 (31ㄱ)의 '絲絲', '溜溜'는 [+낮은 정도], (31ㄴ)의 '熏熏', '扑扑'는 주로 [+높은 정도]의 의미를 나타낸다. 한편 (32ㄱ)의 '紅兮兮'는 산뜻하지 못하고 조금 천박하게 발그스름한 색깔을 나타내고 (32ㄴ)의 '甛滋滋'는 맛깔스럽

48　그중 '洋洋' 등 접미사들은 본고의 연구 대상외에 '懶洋洋, 乐洋洋, 喜洋洋'처럼 다른 형용사에서 그 분포를 더 확인할 수 있다.

게 꽤 달콤한 맛을 나타낸다. 즉 접미사 '兮兮'는 [+낮은 정도][-쾌감]을, 접미사 '滋滋'는 [+높은 정도][+쾌감]의 의미를 나타낸다. 그리고 (33)의 '璨璨', '森森'은 [+높은 정도]의 의미 외에 각각 [+빛남]과 [+무서움]의 뜻을 더 나타낸다.

의미의 추상화 정도에 있어서도 각 접미사들이 차이를 보이고 있다. '兮兮, 巴巴, 乎乎, 津津, 溜溜, 哄哄' 등 접미사들은 이미 글자의 본디 뜻이 상당히 사라진 데에 비해, '森森, 厲厲, 璨璨' 등 접미사들은 본디 뜻이 덜 사라지고 '黑森森, 白厲厲'의 '森, 厲'을 통해 [+무서움], '紅璨璨, 黃璨璨'의 '璨'을 통해 [+빛남]의 뜻을 어느 정도 가늠할 수 있다.

이처럼 중국어의 파생 접미사들은 모두 자립어로부터 변해왔지만 어떤 것은 접사화가 더 되고 어떤 것은 접사화가 덜 되어 접사화 정도가 각각 다르다. 다시 말하면 의미가 추상화될수록, 파생력이 강할수록 접사화 과정이 더 진행되었다고 판단할 수 있다.

[표9.] 중국어 감각형용사의 '不XY', '了呱嘰', '咕隆冬'형 접미사

접미사	낱말
不絲(兒)	甛不絲, 鹹不絲, 凉不絲(兒)
不唧(兒)	甛不唧(兒), 苦不唧(兒), 辣不唧(兒)
不呲咧	白不呲咧
不溜秋(球/鰍/偢)	黑不溜秋, 灰不溜秋, 滑不溜秋
不溜(溜/丟)	黑不溜, 灰不溜丟、酸不溜丟
不棱登 (楞登/楞登/倫墩)	紅不棱登,胖不倫墩
不唧溜	滑不唧溜
不塌(塌)	軟不塌
了呱嘰(/呱唧)	淡了呱嘰, 灰了呱嘰
咕隆咚 (咕咙冬/咕笼咚)	黑咕隆咚 (黑咕咙冬/黑咕笼咚)

위 [표9]의 '不XY', '了呱嘰', '咕隆冬'은 모두 중첩 형태가 아니다. '不XY'형[49] 접미사는 방언 지역에 따라 여러 형태로 실현될 수 있고 정도성 의미보다 주로 [±쾌감]의 뜻을 나타낸다. '不絲(兒)'과 '不唧(兒)'는 낮은 정도를 나타내면서 아래 (34)처럼 말할이의 호감을 나타내기도 한다. 반면에 '不呲咧', '不溜秋', '不溜', '不棱登', '不唧溜', '不塌'는 아래 (35)처럼 주로 말할이의 비호감을 나타낸다. 접미사 '了呱嘰', '咕隆冬'의 파생능력은 '不XY'형보다 좀 약하며 전자 '了呱嘰'는 낮은 정도와 비호감의 뜻을 나타내고 후자 '咕隆冬'은 주로 높은 정도의 의미를 나타낸다.

(34) 不絲(兒): 他們兩口子是白天黑夜眙不絲地, 眞好比甚麼書上說的
　　　　　　　鴛鴦鳥兒一樣, 結婚以來就沒有离開過一步。
　　　　　　　大熱天喝碗涼不絲兒的綠豆湯眞舒服。
　　不唧(兒): 這種菜苦不唧兒的還不難吃。
　　　　　　　這菜辣不唧兒的, 味道還眞不錯。
　　　　　　　這点心眙不唧兒還挺好吃。

(35) 不呲咧: 還不到兩年, 這件衣服已經洗得白不呲咧的了。
　　不溜秋: 別看他黑不溜秋的, 人可是憨厚。
　　不楞登: 那照片洗得紅不楞登的, 難看極了。
　　不塌(塌): 挎包軟不塌塌的, 沒型沒款。

　이상 한중 감각형용사의 접미사에 대한 논의를 다시 정리하면 한중 감각형용사에서 분석된 접미사들은 거의 모두 정도 의미를 비롯한 구체적이고 주관적인 의미를 더 부여한다.

　하치근(1988)은 또 접미사를 기능별로 4가지 종류로 나누었는데 감각형용사의 접미사들은 다 뿌리와 꾸밈 관계에 있으며 [-어휘성, -문법성, +대치성]을

가진 IV유형에 속한다고 했다[50]. 아래 (36)처럼 접미사 '-앟-'과 접두사 '새-'는 어근 '푸르다'의 품사를 바꾸지 않고 문법적 기능을 수행하지 않는다. 그리고 이들은 어근에 정도성 등 보조적인 뜻을 첨가하지만 어근을 완전히 다른 낱말로 분화시키지 않는다. 그래서 (36)(37)의 '푸르다, 파랗다, 새파랗다'와 '紅, 紅彤彤, 紅璨璨'처럼 낱말들이 서로 교체해도 본래의 통사구조에 변화를 일으키지 않는 게 대부분이다.

(36) ㄱ. 하늘이 <u>푸르다</u>.

ㄴ. 하늘이 <u>파랗다</u>.

ㄷ. 하늘이 <u>새파랗다</u>.

(37) ㄱ. 太陽很<u>紅</u>。

ㄴ. 太陽<u>紅彤彤</u>的。

ㄷ. 太陽<u>紅璨璨</u>的。

한중 감각형용사의 접사는 공통점이 많으면서도 서로 다른 차이점이 있다. 특히 의미의 추상화, 낱말 파생능력을 비교해보면 한국어 감각형용사의 접미사들은 접사화 정도가 더 높아 정도성의 의미를 나타내는 것이 대부분이다. 이에 비해, 중국어 감각형용사의 접미사들은 접사화 정도가 매우 불균형적이어서 더 된 것과 덜 된 것이 있으며 파생능력과 첨가 의미에 있어서도 다양한 모습을 보이고 있다. 또 중국어 감각형용사에서 분석된 접사의 수효가 훨씬 더 많지만 대부분이 2음절 중첩형 접미사와 '不XY'형 접미사들이고 그들의 사용은 방언 지역과 사람에 따라 많이 다르다.

---

50 다른 3가지 유형은 뿌리와 바꿈 관계에 있으며 [+어휘성, −문법성, −대치성]을 가진 I유형(예:잠꾸러기)과, 뿌리와 지배 관계에 있으며 [+어휘성,+문법성, −대치성]을 가진 II유형(예:사랑스럽다)과, I·II유형의 기능을 공유하며 [+어휘성,±문법성, −대치성]을 가진 III유형(예:꾀보)이 있다.

4.4 합성어

어근 합성에 의해 낱말을 형성하는 방법은 중한 감각형용사 형성에서 모두 중요한 역할을 하고 있다. 한국어 감각형용사 형성에서 합성법보다 파생법이 더 중요한 지위를 차지하는 반면, 고립어인 중국어는 의존형태소가 부족하므로 여러 어근들이 결합하여 새 낱말을 합성하는 방식이 더 생산적이다.

앞선 4.1과 4.3에서 중국어 감각형용사의 형태구조 분석에서는 접사와 어근을 구별하기 어려운 문제가 있다고 지적한 바가 있다. 중국어에 비해 한국어의 접사와 어근의 구별이 분명하지만 일부 형태소의 성격에 대해서는 재고할 필요가 있다.

> (38) ㄱ. -(으)대대/-데데-: 발/볼/빨-그대대하다, 벌/불/뻘-그데데하다
> 　　　　　　노르대대/누르데데-하다
> 　　　　　　파르대대/포르대대/퍼르데데/푸르데데-하다
> 　　　　　　가무대대/거무데데/까무대대/꺼무데데-하다
> 　　ㄴ. - 보드레/부드레-: 달보드레/들부드레-하다
> 　　ㄷ. - 칙칙-: 가/거/까/꺼-무칙칙하다
> 　　ㄹ. - 번드르르/반드르르-: 해반드르르/희번드르르-하다
> 　　　　　　가마반드르/거머번드르-하다
> 　　ㅁ. - 반지르르/번지르르-: 해반지르르/희번지르르-하다
> 　　ㅂ. - 퉁퉁-: 누르퉁퉁하다, 푸르퉁퉁하다
> 　　ㅅ. - 충충/총총-: 가무총총/거머충충/거무충충/까무총총/꺼무충충-하다
> 　　ㅇ. - 튀튀/퇴퇴-: 가무퇴퇴/거무틱틱/까무퇴퇴/꺼무튀튀-하다
> 　　ㅈ. - 싸-: 맵싸하다

한국어 감각형용사에 대한 종래의 형태 연구는 위 (38)의 형태소들을 모두 접사로 처리하고 이에 의해 형성된 낱말들을 파생어로 취급하는 경우가 많다. 그러나 이들 형태소는 아래와 같이 공시적으로도 접사가 아닌 어근으로 분석할 수 있다.

(39) ㄱ. 데데하다: 변변하지 못하여 보잘것없다.

　　 ㄴ. 보드레하다: 꽤 보드라운 느낌이 있다.

　　 ㄷ. 칙칙하다: 빛깔이나 분위기 따위가 산뜻하거나 맑지 아니하고 컴컴
　　　　　　하고 어둡다.

　　 ㄹ. 반드르르하다: 윤기가 있고 매끄럽다.

　　 ㅁ. 반지르르하다: 거죽에 기름기나 물기 따위가 묻어서 윤이 나고 매끄
　　　　　　럽다.

　　 ㅂ. 퉁퉁하다: 살이 쪄서 몸이 옆으로 퍼진 듯하다.

　　 ㅅ. 충충하다: 물이나 빛깔 따위가 맑거나 산뜻하지 못하고 흐리고 침침
　　　　　　하다.

　　 ㅇ. 튀튀하다: 구리터분하고 너절하다.

　　 ㅈ. 싸하다: 혀나 목구멍 또는 코에 자극을 받아 아린 듯한 느낌이 있다.

위 (39)의 『표준국어대사전』 뜻풀이를 보면 '데데하다, 보드레하다' 등 낱말들이 감각형용사 형성에 참여할 때 본디 뜻을 그대로 유지하고 있음을 알 수 있다. 공시적으로 형태와 의미가 모두 뚜렷한 형태소를 접사로 처리하기보다는 자립 어근으로 처리하는 것이 더 타당하다. 그래서 앞선 (38)에서 제시된 감각형용사들을 합성어로 보는 것이 타당하겠다.

4.4.1 같은 어근의 합성

두 개 이상의 어근이 결합하여 형성한 합성어는 구성 어근이 같으냐 다르냐에 따라 같은 어근의 중첩에 의한 합성어와 다른 어근이 결합된 합성어로 나누어 볼 수 있다.

(40) ①. [어근+디+어근]: 달디달다, 쓰디쓰다, 시디시다, 붉디붉다, 누르디누
　　　　 르다, 흐리디흐리다, 길디길다,…

　　 ②. [[어근+-앟/엏-](ㅎ탈락)+[어근+-앟/엏-]]:파라파랗/퍼러퍼렇-다, 발
　　　　 가발갛/벌거벌겋다/빨가빨갛/뻘거뻘겋-다, 가마가맣-다, 노라노랗-다

③. [[어근+접사]+[어근+접사]+-하-](접사: -(으)ㅅ,-곰/금/콤/큼-):발긋
발긋하다,노릇노릇하다,시금시금/시굼시굼/시큼시큼/시쿰시쿰/새금
새금/새곰새곰/새큼새큼/새콤새콤-하다,아릿아릿/어릿어릿-하다,
비릿비릿/배릿배릿-하다…

④. [[어근+어근]+-하-]:다달하다,놀놀/눌눌하다,짤짤하다,쓸쓸하다,알
알/얼얼-하다,거칠거칠하다,비리비리하다,우렁우렁하다,시끌시끌하
다…

⑤. [[어근+어근]+접사]+-하-]:떨떠름하다, 짭짜름하다, 짭짜래하다,…

(41) [어근+어근](AA형): 眂眂, 酸酸, 鹹鹹, 紅紅, 黃黃, 藍藍, 黑黑, …

위 (40)과 (41)은 같은 어근의 중첩에 의해 형성된 감각형용사들이다. 한중 두 언어를 비교해 보면 한국어의 어근 중첩 구조가 중국어보다 훨씬 더 복잡함을 알 수 있다. 한국어 감각형용사의 중첩 합성어는 5가지 유형으로 더 세분할 수 있다. 한국어의 첩어 형용사는 ①형의 '달디달다, 붉디붉다'처럼 합성어 형성 과정에 연결어미 '-디-'가 참여하고, 또 ②~⑤형의 '파라파랗다', '발긋발긋하다', '짤짤하다', '떨더름하다'처럼 접미사 '-(으)ㅅ-', '-앟/엏-', '-하-'[51], '-(으)ㅁ' 이 적극 참여한다. 그러나 중국어는 아주 단순한 [어근+어근](AA형)의 중첩 구조만 취한다.

여기서 ①형의 '-디-'에 대해 좀 논의할 필요가 있다. 『표준국어대사전』에서는 '-디-'에 대해 '형용사 어간을 반복하여 그 뜻을 강조하는 연결 어미'로 정의하고 있다. 그래서 많은 학자들은 '-디-'를 중개로 형성된 '달디달다, 붉디붉다'와 같은 구조를 낱말이 아닌 통사구로 보고 있다. 물론 '-디-'가 연결어미에서 유래된 것이 사실이지만 어간에 대해 별로 선택제약이 없는 여느 어미와는 달리 '-디-'가 붙을 수 있는 어간은 제약을 받는다.

---

51 '-디-'나 '-앟/엏-'을 포함한 ①②형 외에 ③④⑤형의 합성어는 모두 접미사 '-하-'의 도움을 받아야 어간
   이 된다.

(42) ㄱ. 달디달다, 쓰디쓰다, 검디검다, 누르디누르다, 푸르디푸르다

　　　ㄴ. *가디가다, *먹디먹다, *자디자다

　　　ㄷ. *감디감다, *노르디노르다, *새디새다, *파라디파라다

우선 (42ㄴ)에서 볼 수 있듯이 '-디-'는 동사 어간 뒤에 붙지 못하고 형용사 어간 뒤에만 결합할 수 있다. 송정근(2007:151)에서 '-디-'가 주로 단음절 형용사 어간에 결합한 것으로 파악하지만 (42ㄱ)의 '누르디누르다, 푸르디푸르다'처럼 쌍음절 어간에 붙는 경우도 있고 (42ㄷ)의 단음절 형용사 '감다'에 붙지 못하는 경우도 있다. (42ㄱ)처럼 '-디-'와 결합할 수 있는 어근들을 보면 모두 각 계열 어군의 기본어 원형임을 알 수 있다[52]. 가령 '시다'의 변이형 '*새-'는 연결어미 '-디-'와 결합할 수 없다. 또한 색채형용사 '감다'와 '노르다'가 독자작인 어간이 지만 그보다 더 기본적인 원형태인 '검다'와 '누르다'가 있기 때문에 '-디-'에 의 해 중첩할 수 없다. 그러나 어떤 때는 '파랗디파랗다'처럼 화자에 따라 가능한 형식 혹은 불가능한 형식으로 판단하기 어려운 경우도 있다. 이런 특징으로 권 주예(1982:33)에서는 [V1-디-V1]v 형을 복합어로 인정하되 '-디-' 형태를 '주관 성의 강조'라는 기능을 수행하고 있는 접미사로 보고 있다. 형태소 '-디-'가 연 결어미이든 접미사이든 '달디달다, 검디검다' 등 구조가 이미 '머나멀다'와 같 이 한 단어로 응집(凝集)되고 다른 일반적인 통사구조와 구별되는 사실은 부인 할 수가 없다.

②형의 구조에 대해서도 검토해 볼 필요가 있다. 강보유(1990:12)에서는 '파 라파랗다, 노라노랗다, 가마가맣다, 하야하얗다'의 구조를 연결어미 '-아/ 어-'에 의한 합성구조, 즉 [노르-R/S+-아-E+[노르-R/S+-앟-A]]s, [감-R/S+ -아-E+[감-R/S+-앟-A]]s의 구조로 파악하였다. 그러나 같은 단일어와 유의관 계에 있는 파생어가 서로 결합하여 새 단어를 합성하는 방식은 한국어에서 찾

---

[52] 빛깔형용사의 합성어 구조에 대한 강보유(1990:12)에서도 "접속토 '-디'는 기본 빛깔 형용사들에만 국한 된다"고 지적한 바가 있다.

아보기 어려운 일이다. 예컨데 '*시어시금하다'나 '*비려비릿하다'와 같은 형식은 한국어의 조어방식에 맞지 않고 '시금시금하다', '비릿비릿하다'처럼 같은 [어근+접사]의 구조를 반복하거나 '검검하다, 달디달다'처럼 단일어 어근을 반복하는 방식이 더 자연스럽다[53]. 물론 뒤에서 다룰 '가마반드르하다, 가마반지르하다, 거머충충하다, 가마노르께하다, 노라발갛다' 등 낱말은 연결어미 '-아/어-'에 의한 합성 구조로 볼 수 있지만 이들은 서로 다른 두 어근이 합성한 낱말이고 앞 어근이 의미바탕인 뒤 어근을 꾸미는 구조로 되어 있다. 그래서 본고는 ②형의 구조를 [[노르-R/S+-앟-A](ㅎ탈락)+[노르-R/S+-앟-A]], [[감-R/S+-앟-A] (ㅎ탈락)+[감-R/S+-앟-A]]처럼 분석하는 것이 타당하다고 본다. 비록 형태상 'ㅎ탈락'의 원인이 명확하지 않지만 이렇게 분석하는 것이 한국어 조어방식에 더 맞는다고 생각한다. 또 '해말갛다/희멀겋다'와 '하야말갛다/허여멀겋다'가 모두 존재하는 걸 보면 '희-/*해-'가 '멀겋다/말갛다'와 직접 결합한 가능성과 어미 '-아/어-'의 중개로 '멀겋다/말갛다'와 결합한 가능성이 모두 존재하게 된다. 그런 모순을 해석하기 위해 여기의 '하야/허여'를 '하얗/허옇'의 'ㅎ'탈락형으로 보는 것이 더 타당한 듯하다.

앞선 (40)에서 제시한 5 유형의 중첩 합성어 감각형용사는 모두 느낌의 정도가 어떠냐를 구체적으로 나타내고 있다.

> (43) ① 푸르디푸르다: <u>더할 나위 없이</u> 푸르다.
> ② 파라파랗다: → 새파랗다.(<u>매우 파랗다</u>)
> ③ 파릇파릇하다: 「1」<u>군데군데</u> 파르스름하다.
> 　　　　　　「2」<u>매우</u> 파르스름하다.
> 　　시금시금하다: 「1」<u>여럿이</u> 다 깊은 맛이 있게 조금 신 맛이나 냄새
> 　　　　　　　　가 있다.
> 　　　　　　「2」 맛이나 냄새 따위가 깊은 맛이 있게 <u>매우 시다</u>.

53　송철의(1992:292)에서도 "(한국어는) 일반적으로는 '길쭉길쭉, 구불구불, 기웃기웃, 머뭇머뭇'처럼 어간에 먼저 어근형성 접미사가 결합된 다음 반복이 이루어진다"고 지적하였다.

위 (43)처럼 ①②③형 첩어는 모두 기저형보다 정도가 강하게 느껴진다. '-디-'에 의한 ①형 합성어는 '더할 나위 없을 정도'로 아주 높은 정도를 나타낸다. 권주예(1982:33)에서도 '-디-'형 복합동사[54]는 '매우 V1'의 의미를 포함하고 있으므로 부사 '매우, 아주, 몹시' 등의 부사와 공기하지 않고, 비교의 뜻을 나타내는 부사와도 공기하지 않는다고 지적한 바가 있다.

'파라파랗다'를 비롯한 ②형 합성어는 기저형 '파랗다'보다 높은 정도를 나타낸다. ③형의 '파릇파릇하다'와 '시금시금하다'는 사전 뜻풀이의 두번째 의미항처럼 '파릇하다', '시금하다'보다 높은 정도를 나타낼 수 있다. 그런데 '파릇파릇하다'와 '시금시금하다'는 첫째 의미항처럼 정도 의미가 아닌 '군데군데'나 '여럿이'의 의미를 나타낼 수도 있다[55].

> (44) ④ 쌉쌀하다: <u>조금</u> 쓴 맛이 나다.
>
>   짤짤하다: 감칠맛이 있게 <u>조금</u> 짜다.
>
>   알알하다: 맵거나 독하여 혀끝이 <u>약간</u> 아리고 쏘는 느낌이 있다.
>
>   ④' 거칠거칠하다: 여위거나 메말라 살갗이나 털의 <u>여러 군데</u>가 <u>몹시</u> 윤기가 없고 거칠다.
>
>   비리비리하다: 날콩이나 물고기, 동물의 피 따위에서 나는 <u>매우</u> 진한 맛이나 냄새가 있다.
>
>   시끌시끌하다: <u>몹시</u> 시끄럽다.
>
> (45) ⑤ 쌉쓰름하다: =쌉쓰레하다(<u>조금</u> 쓴 맛이 나는 듯하다)

①②③형과 달리 위 (44)의 ④형 중첩 합성어의 정도성 의미는 대립된 두 양상을 보인다. 즉 ④형의 '쌉쌀하다, 짤짤하다, 알알하다'는 약한 정도를 나타내는 데에 반해, ④'형의 '시끌시끌하다, 비리비리하다, 거칠거칠하다'는 기저형

---

54 여기 말하는 동사는 '상태동사' 즉 '형용사'를 가리킨다.

55 강보유(1989:12)는 "(의태어적 반복에 의한) 이런 빛깔 합성어들은 〈여럿이〉나 〈매우〉라는 강조적 의미를 나타내는 것이 아니라, 해당 빛깔이 〈점점이〉나 〈군데군데〉 혹은 〈잘게〉나 〈굵게〉 또는 〈촘촘이〉나 〈드문드문〉이라는 다색적 의미를 나타낸다"고 판단하고 있다.

'시끄럽다, 비리다, 거칠다'의 의미에 '여럿'이나 '매우, 몹시'의 의미를 더 첨가한다.

위 (45)의 ⑤형 중첩 감각형용사는 '조금, 약간'의 낮은 정도를 나타낸다. ④형의 '쓸쓸-'에 접미사 '-음-'이 붙은 ⑤형 '쓸쓰름하다'은 ④형의 '쓸쓸하다'보다 좀 더 약한 정도를 나타낸다.

중국어는 거의 모든 단일어 형용사들이 앞선 (41)에서 제시한 '眂眂, 白白'처럼 중첩할 수 있다[56]. 劉丹靑(1986:24)에 의하면 'AA'형 중첩은 현대 중국어의 전형적인 조어법으로서 北方, 吳, 粤, 閩, 湘, 贛, 客의 7대 방언 지역뿐만 아니라 명사, 동사, 형용사, 단위명사, 부사 등 여러 품사에서 모두 사용하는 방법이다.

중국어의 'AA'형 감각형용사들은 어떤 상태를 주관적으로 생동감 있게 표현하는 수사적 역할을 수행한다. 즉 중첩형태는 듣는 이의 연상을 환기시킬 수 있다. 그래서 呂叔湘(1999:716)과 陳光磊(2001:56)에서 형용사의 이런 중첩형태를 '생동형식(生動形式)'이라고 부르기도 한다.

말을 생동하게 꾸미는 수사 기능과 함께 'AA'형 감각형용사들은 정도의 의미를 나타내기도 하는데 도대체 어떠한 정도 의미를 나타내느냐에 대해서는 이견이 있다. 黎錦熙(1957), 兪敏(1984) 등 연구에서는 단음절 형용사의 중첩형태는 그 감각이 강해지며 '很X(매우 X)'의 뜻을 나타낸다고 판단했다. 陳光磊(2001:56)에서도 단음절 형용사의 중첩형태는 보통 두번째 음절이 경성(輕聲)[57]으로 읽히고 대상 감각이 강해짐을 나타낸다고 지적했다. 그런데 아래 (46)의

---

56 중국어의 'AA'형 중첩 형태와 뒤에서 다룰 'AB', 'BA', 'ABB', 'BBA', 'AABB', 'ABAB', 'BABA' 형 합성어는 통시적으로 보면 모두 통사구조에서 유래된 것이다. 張國憲 (2000:455/2006:82) 에 따르면 殷商 시기의 甲骨文에서 확인된 '幽, 黃, 黑, 白, 赤, 大, 小, 多, 少, 新, 舊, 高' 등 12개의 형용사는 모두 單音節 형용사들이고 雙音節 형용사는 西周, 春秋 시기부터 발전하기 시작하여 오늘의 '雪白, 通紅', '白白, 紅紅', '白皑皑, 紅通通', '雪白雪白, 通紅通紅' 등 雙音節, 多音節 형용사들은 모두 통사구에서 낱말로 변한 것이다.

57 중국어의 경성이란 음절을 성조(聲調) 없이 가볍고 짧게 읽는 발음현상을 가리킨다. 예들어 '着(zhao), 了(le), 的(de)'와 같은 허사나 '子(zi), 頭(tou)'와 같은 접미사들은 경성으로 읽는다.

‘酸酸’, ‘甛甛’은 ‘很酸(매우 시다)’와 ‘很甛(매우 달다)’의 정도를 나타낸다고 보기 어렵다.

(46) ㄱ. 我們叫牠為酸棗麵 , 吃起來<u>酸酸</u>的非常開胃。(CCL)
　　　　(우리는 그 국수를 ‘酸棗麵’이라고 부르는데 맛이 {새콤해서/?매우
　　　　셔서} 입맛을 잘 돋운다)
　　ㄴ. 生藕吃起來<u>甛甛</u>的。(CCL)
　　　　(연근뿌리가 맛이 {달콤하다/?매우 달다})

(46)의 예문을 보면 매우 신 국수가 입맛을 돋울 리가 없고, 연근뿌리의 맛은 일반적으로 매우 단 정도로 느껴지지 않는다.

朱德熙(1956:34)는 아래 (47)의 예를 제시하여, ‘AA’형 중첩 형용사가 문장에서 부사어(副詞語)나 결과보어(結果補語)로 쓰일 때는 강한 정도를 나타내고 관형어(冠形語)나 서술어(敍述語)로 쓰일 때는 오히려 약한 정도를 나타낸다고 판단했다.

(47) ㄱ. 부사어: <u>高高</u>地挂了起來。(매우 높이 걸었다)
　　ㄴ. 결과보어: 挂得<u>高高</u>的。(매우 높이 걸었다)
　　ㄷ. 관형어:<u>高高</u>的個子。(꽤 큰 키)
　　ㄹ. 서술어: 個子<u>高高</u>的。(키가 꽤 크다)

위 예 (47ㄱ)과 (47ㄴ)의 ‘高高’는 ‘매우 높이’의 정도로 볼 수 있다. 그런데 (47ㄷ)과 (47ㄹ)의 ‘高高’는 매우 강하거나 매우 약한 정도가 아니라 ‘(키가) 꽤 크다’의 정도로 봐야 한다. 그러므로 본 연구는 중국어 ‘AA’형 형용사의 정도성 의미에 대하여 대체로 朱德熙(1956)의 견해를 수용하되, ‘AA’형 형용사가 문장 속에서 관형어나 서술어의 역할을 할 때는 약한 정도가 아니라 ‘조금 높은 정도’ 즉 ‘꽤’의 정도를 나타낸다고 판단한다. 따라서 (46)의 ‘甛甛’, ‘酸酸’은 대체로 ‘꽤 달콤하다’, ‘꽤 새콤하다’의 정도를 나타낸다고 볼 수 있다.

4.4.2 다른 어근의 합성

앞선 4.4.1에서 살펴본 같은 어근의 중첩 합성에 비해 서로 다른 두 어근이 결합한 합성어들은 더욱 복잡한 형태구조를 가지고 있다.

(48) ①. [어근1+어근2]:

ㄱ. 맵짜다, 검붉다, 검누르/감노르-다, 감파르/ 검푸르-다, 희붉다, 희누르다, 희푸르다, 해/희맑다, 희묽다, 길둥글다, 길차다[58]…

ㄴ. 짙붉다, 짙푸르다, 엷붉다, 연푸르다, 연노랗다, 연검다, 연붉다[59]…

②. [[어근1+어근2]+-하-]: 맵싸하다, 알싸하다, 어두침침하다, 희번하다, 희붐하다, 흐리터분하다, 구리터분하다, 구리텁텁하다, 왁자지껄하다…

③. [[어근1+[어근2+어근2]]+-하-]: 어두컴컴하다, …

④. [[어근1+아/어+어근2]+-하-]: 가마반드르하다, 가마반지르하다, 거머충충하다,…

⑤. [[어근1+으+어근2]+-하-]: 거무칙칙하다, 거무충충하다,…

⑥. [[어근1+아/어+[어근2+접사]]+-하-]: 가마노르/거머누르-께하다, 가마/거머-푸르레하다, 가마말쑥/거머멀쑥/까마말쑥/꺼머멀쑥-하다, …

⑦. [어근1+[어근2+접사]]: 희멀겋다, 감노랗/검누렇-다, 감파랗/검퍼렇-다, 푸르누렇다,…

⑧. [[어근1+[어근2+접사]]+-하-]: 희누르스레하다, 희누르스름하다, 희불그레하다, 희누름하다, 희물그레하다, 희멀쑥하다, 희멀끔하다, 검불그스름하다, 감파르잡잡/감푸르잡잡/검푸르접접-하다, 감파르족족/검푸르죽죽-하다, 고탑/구텁-지근하다, …

---

58 양태식(1985:61)에서 '길차다'를 파생어로 보고 있는데 '아주 알차게 길다'는 『표준국어대사전』의 뜻풀이를 보면 어근 '길-'과 '차-'가 합쳐진 합성어로 보는 것이 타당하겠다.

59 문혜란(2009:20)에서 '짙푸르다, 짙붉다', '연푸르다, 연노랗다, 연검다, 연붉다'와 '심벽(深碧)하다, 심청(深靑)하다' 중의 '짙-', '연(軟)-'과 '심(深)-'을 접두사로 파악하고 있다. 『표준국어대사전』에서는 '연(軟)-'을 접두사로 처리하고 '짙-'을 접두사로 보지 않는다. 그러나 '짙다', '연하다'의 뜻을 고스란히 보존하고 있는 '짙-'과 '연(軟)-', 그리고 한자어 '심(深)-'을 접두사로 보는 것이 의문적이다. 본고는 이들을 접두사로 보지 않고 어근으로 보기로 한다.

⑨. [[어근1+접사]+어근2]+-하-]: 달곰삼삼하다, …

⑩. [[[어근1+접사]+[어근2+접사]]+-하-]: 달곰새금하다, 새콤달콤하다, …

⑪. [[[어근1+접사]+[어근2+어근2]]+-하-]: 달곰쌉쌀하다, 달곰씁쓸하다, 시금떨떨하다, 시금씁쓸하다, 희뜩벌긋/해뜩발긋-하다, …

위 (48)처럼 다른 어근에 의해 합성된 한국어 감각형용사는 매우 복잡한 구조를 가진다. ①~⑤형은 '-하-' 외에 다른 접사의 첨가 없이 두 어근이 직접 결합하거나 연결어미 '-아/어-'나 연결모음 '으'를 중개로 결합하고, ⑥~⑧형은 먼저 두번째 어근에 접사를 첨가한 후 첫번째 어근과 결합하며, ⑨~⑪형은 첫번째 어근에 접사를 첨가하고 다시 [어근2]나 [어근2+접사]나 [어근2+어근2]와 결합하는 구조이다.

신순자(1997)는 합성 방식에 따라 복합형용사[60]를 '통사적 복합형용사'와 '비통사적 복합형용사'로 구분하여, 어근들의 결합 방식이 한국어의 통사법칙을 따른 단어는 통사적 복합형용사이고 그러지 않는 단어들은 비통사적 복합형용사이다. 이런 구분대로 하면 ④형의 '가마반드르하다, 가마반지르하다, 거머충충하다'와 ⑥형의 '가마노르께하다, 가마푸르레하다, 가마말쑥하다' 등 낱말들은 연결어미 '-아/어'의 중개로 두 용언 어근을 결합시키므로 한국어의 통사법칙에 맞는 통사적 복합형용사들이다. '맵짜다, 검푸르다, 희맑다'처럼 어근들이 직접 결합하는 ①형 합성어와 '거무칙칙하다, 거무충충하다'처럼 연결모음 '으'로 두 어근을 연결하는 ⑤형을 비롯한 나머지 유형들은 다 한국어의 통사법칙에 맞지 않는 비통사적 복합형용사에 속한다.

복합형용사의 두 어근은 서로 결합한 후에도 그 각각의 의미를 지니고 있으므로, 두 어근이 지니고 있는 의미를 통해서 새로 형성된 형용사의 의미도 파악할 수 있을 것이다(신순자 1997:48). 대부분 합성 형용사의 의미는 앞뒤 두 어

---

60 여기 말하는 '복합어'는 '단일어', '파생어'와 상대하는 개념으로 본고의 '합성어' 개념에 해당하다.

근의 의미가 대등적인 병렬(竝列) 관계로 결합된 것이지만 일부 합성 형용사는 뒤 어근이 중심 의미가 된다. 예들어 '맵짜다, 검붉다, 희맑다, 거무칙칙하다' 등 낱말의 두 어근은 대등적으로 의미를 결합하는 데에 비해, ①형의 '엷붉다, 짙붉다' 등 낱말은 뒤 어근이 중심 의미가 되고 앞 어근 '엷-', '짙-'은 뒤 어근을 꾸미는 수식(修飾) 관계로 결합한다.

(49) ①. [어근1+어근2] (AB형): 黑亮, 紅潤, 酸眯, 眯爽, 鬧喳喳, 鬧呀呀, 鬧嚶嚶,…

(BA형): 殷紅, 丹紅, 鮮紅, 烏黑, 蒼白, 雪白, 煞白, 通紅,…

②. [[어근1+어근2]+어근2] (ABB형): 紅潤潤, 眯蜜蜜, 黑亮亮, 亮堂堂, 亮閃閃, 明亮亮, 明朗朗, 淸亮亮, 白熾熾,…

③. [어근1+[어근2+어근2]] (ABB형): 黃油油, 綠瑩瑩, 紅丹丹, 紅殷殷, 黑黝黝, 亮光光, 亮鋥鋥, 亮瑩瑩, 亮油油, 明光光, 暗黝黝, 黑麻麻, 熱滾滾, 冷冰冰,…

④. [[어근1+어근1]+어근2] (BBA형): 麻麻黑, 麻麻亮, 血血紅, 碧碧綠,…

⑤. [어근1+어근1+어근2+어근2] (AABB형): 酸酸眯眯, 紅紅綠綠, 安安靜靜,…

⑥. [[어근1+어근2]+[어근1+어근2] (ABAB형): 黑亮黑亮, 酸眯酸眯,…

(BABA형): 雪白雪白, 煞白煞白, 通紅通紅,…

위 (49)와 같이 다른 어근에 의한 중국어 합성어는 6가지의 형태구조를 가지고 있다. 그중 ①형은 다시 A,B 두 어근의 의미 결합 관계에 따라 A,B가 병렬적으로 결합한 'AB'형과 뒤 어근이 의미 중심이 된 'BA'형의 두 가지로 나눌 수 있다. ①형은 대부분 2음절로 구성되어 있지만 '鬧喳喳, 鬧呀呀, 鬧嚶嚶'처럼

3음절 낱말도 있다. '喳喳, 呀呀, 嘤嘤'이 모두 소리를 흉내는 의성어이므로 전체를 하나의 형태소로 보는 것이 좋다. ②~④형은 모두 3음절 낱말들이다. 그중 ②형과 ③형은 모두 'ABB'형 형용사이지만 '紅潤潤, 甛蜜蜜, 黑亮亮' 등은 'AB'형 낱말 '紅潤, 甛蜜, 黑亮'의 B 어근을 반복하여 즉 'AB→ABB'의 과정으로 형성된다. 이와 달리, ③형의 '黃油油, 綠瑩瑩, 紅丹丹, 紅殷殷' 등은 'BA'형 낱말 '油黃, 瑩綠, 丹紅, 殷紅'으로부터 'BA→ABB'의 생성 과정을 거쳐 형성되었다. ④형 합성어는 감각을 나타내는 핵심 어근 A 앞에 있는 어근 B를 중첩하여 형성된 것인데 'BBA'형으로 표시할 수 있다. ⑤, ⑥형은 두 어근 A와 B를 모두 반복하는 전부중첩을 통해 형성된 4음절 낱말들이다. ⑤형은 병렬 관계에 있는 'AB'형 낱말이 'AABB'형으로 중첩하고 ⑥형은 병렬 관계에 있는 'AB'형이 'ABAB'형으로 중첩한 것과 수식 관계에 있는 'BA'형이 'BABA'형으로 중첩한 것 두 가지로 나눌 수 있다.

어근들의 의미적 결합방식에 따라 任學良(1981:134~201)에서 복합어를 부가식(附加式), 병렬식(竝列式)과 주종식(主從式)의 유형으로 나눈다[61]. 강보유(1990)도 어근들의 의미 결합 방식에 따라 한국어의 색채형용사 합성어를 유형화했는데 빛깔형용사들간의 '반복적인 합성'과 '병렬적인 합성', 그리고 빛깔형용사와 기타 영역 형용사와의 '수식적인 합성' 및 '병렬적인 합성' 모두 4종류로 분류했다[62]. 이런 선행연구들을 종합하여 한중 합성어 감각형용사의 의미 결합방식에 대해 고찰해 보겠다. 먼저 '병렬식(竝列式)'[63]과 '주종식(主從式)' 2종류로 크게 나누고, 다시 병렬식을 '같은 감각영역의 어근 병렬'과 '다른 감

---

61 그중 부가식(附加式)은 접사에 의한 파생법에 해당하고 4.2에서 이미 논의한 바 있다.

62 이 4종류 중에 '빛깔형용사들간의 반복적인 합성'은 앞에서 논의한 같은 어근의 중첩에 해당한다.

63 정동환(1993:13~5)에서 앞 조각과 뒤 조각이 본래의 의미를 잃지 아니하고 대등하게 결합된 합성어를 '대등(對等) 합성어'라고 부른다.

각영역의 어근 병렬'로 더 세분하여 고찰하기로 한다[64].

> (50) 병렬식(竝列式) 합성어
>> ① 같은 감각영역의 어근 병렬:
>>> 苦澀, 酸眍, 鹹酸, 鹹苦, 鹹澀, 靑紅, 靑黃, 丹黃, 靑白, 紅潤,
>>> 紅潤潤, 黃晶晶, 黃油油, 綠瑩瑩, 黑亮, 黑亮亮, 酸酸眍眍,
>>> 紅紅綠綠…
>>> 달곰삼삼하다, 달곰새금하다, 새콤달콤하다, 달곰쌉쌀하다, 맵짜다,
>>> 검붉다, 검푸르다, 감노랗다, 감파랗다, 간간짭짤/건건찝찔하다, 희
>>> 붉다, 희푸르다, 희누르다, 희누름하다, 가마반드르하다, 가마반지르
>>> 하다, 거머충충하다, 희맑다, 희멀겋다, 희멀끔하다, 희멀쑥하다, 희
>>> 번드르르하다, …
>> ② 다른 감각영역의 어근 병렬:
>>> 香眍, 眍爽, 眍膩, …
>>> 달보드레하다, 맵싸하다, 구리텁텁하다…

위 (50)과 같이 한중 감각형용사의 병렬식 합성어는 다시 두 어근이 소속된
감각영역에 따라 '같은 감각영역의 어근 병렬' 및 '다른 감각영역의 어근 병렬'
2가지로 나눌 수 있다. 가령 '苦澀, 酸眍'과 '달곰새금하다, 맵짜다'는 같은 미
각형용사 어근들끼리, '靑紅, 靑黃'과 '검붉다, 검푸르다'는 같은 색채형용사 어
근들끼리 결합한 병렬식 구조이다. 또한 '紅潤, 黑亮'과 '가마반지르하다, 거머
충충하다'는 색채형용사가 윤기나 명암을 나타내는 어근과 결합한 구조인데
색채와 윤기, 명암은 다 시각 범주에 속하므로 '같은 감각영역의 어근 병렬' 구
조로 볼 수 있다. 이와 달리 '香眍', '달보드레하다'는 미각형용사가 후각이나
촉각 형용사와 결합하므로 '다른 감각영역의 어근 병렬'로 볼 수 있다.

---

64 任學良(1981:181~4)은 중국어의 병렬식 합성어를 다시 '동의(유의) 형태소 병렬(同義(近義)詞素竝列)',
'관련 형태소 병렬(相關詞素竝列)', '거리가 먼 형태소간의 병렬(遠義詞素竝列)'과 '반의 형태소 병렬(反
義詞素竝列)' 4가지로 분류했다. 그러나 그중 '관련형태소'와 '거리가 먼 형태소'는 구분하기 어렵고 '黑
白, 甘苦, 鹹淡'과 같은 반의 형태소 병렬 구조는 수량이 극히 제한적이며 주로 추상적인 전이의미로 문장
에서 명사로 쓰인다.

(51) 맵짜다: 맵고 짜다.

　　새콤달콤하다: 약간 신 맛이 나면서도 단맛이 나다.

　　香甛: 又香又甛(고소하고 달달하다)

　　酸甛: 又酸又甛(새콤하고 달콤하다)

위 (51)처럼 병렬 관계의 어근들은 대체로 각자의 의미를 대등적으로 결합하므로 'X고/면서 Y'의 의미를 나타낸다.

(52) 주종식(主從式) 합성어

① 煞白,蒼白,鮮紅,嫣紅,艶紅,大紅,碧綠,翠綠,蒼黃,麻麻黑,麻麻亮…
　　엷붉다,짙붉다,연푸르다,연노랗다,연검다,연붉다…

② 殷紅,丹紅,甘甛,黝黑,烏黑,黧黑,紅丹丹,紅殷殷,黑黝黝,…

③ 雪白,冰冷,血紅,鵝黃,金黃…

위 (52)의 주종식 합성어는 어근들의 통사.의미적 결합방식에서 병렬식 합성어와 다르다. 주종 관계로 결합된 합성어는 보통 뒤 어근이 중심 의미가 되고 앞 어근이 뒤 어근을 수식하는 통사구조로 되어 있다. ①형의 '深紅, 大紅, 淺紅, 淡紅, 煞白'과 '엷붉다, 짙붉다, 연붉다'는 앞에 나온 형용사 어근 '深(짙다), 大(크다), 淺(엷다), 淡(엷다)', '짙-, 엷-, 연-, 옅-'이나 부사 '煞(매우)' 등이 뒤에 있는 색채어 어근 '紅(붉다), 白(희다)', '붉-, 푸르-'를 수식하는 '짙게/엷게/옅게/연하게 붉다/푸르다'의 통사 구조로 볼 수 있다.

②형과 ③형의 주종식 합성어는 어근 합성이 쉬운 중국어에서만 발견할수 있고 한국어에서는 이런 예를 찾지 못했다. ②형은 '殷(붉다), 朱(붉다), 丹(붉다), 黝(검다), 寒(춥다), 甘(달다)' 등 고대 중국어에서 독자적으로 쓰였다가 점점 자립성을 잃어버린 노화사(老化詞)들이 '紅', '黑', '冷', '甛'과 결합하여 형성된 합성어들이다[65]. '殷', '黝', '寒', '甘'과 '紅', '黑', '冷', '甛'은 뜻이 같지만 앞에 있는

---

[65] '殷+紅', '甘+甛'과 같은 '老化詞+독립어'의 구조는 형용사뿐만 아니라 중국어의 명사, 동사에서도 많이 발견할 수 있다. 이런 '老化詞+독립어'의 조어 방식은 단음절어에서 쌍음절어로 진화해 온 중국어의 쌍음절 낱말 형성에서 매우 중요한 역할을 하고 있다.

노화사의 의미가 이미 상당히 약화되어 의미 중심인 뒤 어근의 뜻을 더욱 두드러지게 하는 역할을 하고 있으므로, 이런 합성어를 'AB'형 병렬식이 아닌 'BA'형 주종식으로 보는 것이 마땅하다. ③형의 '雪白, 冰冷, 血紅'은 명사 '雪(눈), 冰(얼음), 血(피)'가 뒤 어근을 수식하여 'N처럼 X다'의 의미구조로 결합된다.

> (53) 짙붉다: 짙게 붉다
> 엷붉다: 엷게 붉다
> 鮮紅: 鮮艶的紅/紅得很鮮艶 (진하게 붉다)
> 淺紅: 很淺的紅色 (연하게 붉다)
>
> (54) 雪白: 像雪那樣的潔白。(눈처럼 매우 새하얗다)
> 冰冷: 很冷。(얼음처럼 매우 차갑다)
> 血紅: 像血一般鮮紅的顏色。(피처럼 매우 시뻘겋다)
>
> (55) 殷紅: 帶黑的紅色。(은홍색.짙은 검붉은 색)
> 黝黑: 顔色深黑。(까만 색)
> 烏黑: 深黑色。(까만 색. 어두컴컴하다)
> 寒冷: 氣候非常的冷。(날씨가 매우 춥다)

위 (53)~(55)의 주종식 합성어는 대부분 정도성 의미를 나타내고 있다. (53)의 색채형용사들은 앞 어근 '深(짙다), 大(크다), 淺(엷다), 淡(엷다), 煞(매우)'와 '짙-, 엷-, 연-, 옅-'에 의해 짙고 엷다는 채도 의미를 나타낸다. (54)의 '雪白', '冰冷', '血紅'은 명사 '雪(눈)', '冰(얼음)', '血(피)'를 통해 매우 하얗거나 춥거나 뻘겋다는 정도성 의미를 나타낸다.

(55)처럼 노화사 '殷(붉다)', '黝/烏(검다)', '寒(춥다)', '甘(달다)'이 뒤에 나온 동의어 '紅', '黑', '冷', '甛'의 의미를 더욱 두드러지게 함으로써 '殷紅', '黝黑', '寒冷', '甘甛'이 [높은 정도]의 의미를 나타낸다. 이와 함께 '殷紅'은 주로 검붉은 피의 색깔, '黝黑'은 주로 가무잡잡한 피부나 얼굴의 색깔, '寒冷'은 주로 추운 날씨를 표현한다.

제5장

음운교체법

형태소의 수량과 유형에 따라 한중 감각형용사를 단일어, 파생어와 합성어로 구분할 수 있다. 앞선 제4장에서 살펴본 파생, 합성의 형태소 복합법 외에 한국어에서는 음운을 바꿔서 새로운 낱말을 형성하는 벙법도 있다. 중국어는 표의문자로서 음운교체에 의한 낱말 생성이 극히 제한적인 데에 반해, 한국어에서는 아래 [그림1.]의 '감/검/깜/껌-다'처럼 자음이나 모음의 교체로 섬세한 어감이나 의미 차이를 지닌 낱말을 생성하는 조어법이 아주 발달하다.

[**그림1.**] 한국어의 음운교체법

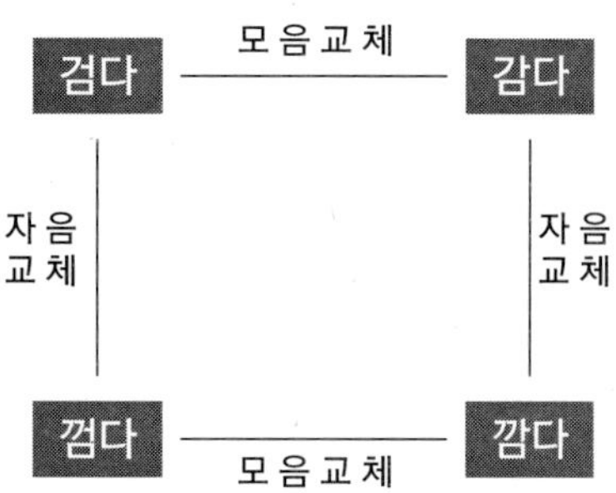

'발/볼/벌/불/빨/뻘/뽈/뿔-그름하다'처럼 어근 '붉-'과 접미사 '-(으)름'의 결합에 의해 형성된 파생어 '불그름하다'가 자음이나 모음의 교체에 의해 나머지 7개의 낱말을 형성한다. 이만큼 음운교체법은 한국어의 낱말 형성, 특히 의성의태어와 형용사의 생성에서 매우 생산적인 조어법이다. 그런데 '가맣다:까맣다', '파랗다:퍼렇다'처럼 음운교체에 의해 형성된 대립짝들이 과연 각각 별개의 단어인가에 대해 이견이 있다. 어의(語義)와 어감(語感)을 구분하여 이들 대립짝들에서 드러나는 의미 차이는 어감상의 차이뿐이라는 것을 강조하면서(이희승,1995:290) 음운 대립짝들을 별개의 단어로 인정하지 않는 주장이 있다. 한편 이들 대립짝들이 형태상으로 다르고 비록 어감상의 차이라고는 하지만 의미상의 차이도 있으며(어감상의 차이도 넓게 보면 의미상의 차이 이외에 다른 것일 수 없다) 그밖에 상보적 분포를 보이는 것도 아니라는 사실을 감안하면 이들 짝들의 각각을 별개의 단어로 보지 않을 수 없다고 주장하는 견해도 있다(송철의,1992:290). 이상복(1992:110) 에서도 "서로 짝을 이루고 있는 낱말들에서의 음소 교체는 단순히 그들 사이의 어감의 차이만을 가져오는 것이 아니라 새로운 낱말을 만드는 기능을 가지고 있다"고 지적하며 음운교체에 의해 새로운 낱말이 만들어짐을 주장하고 있다.

송철의(1992:15)는 파생어 형성을 '접사에 의한 파생'과 '접사에 의하지 않은 파생'으로 나누고 후자를 다시 '내적변화(內的變化, internal change)'와 '영변화(零變化, zero-modification)'로 구분하여 음운교체에 의한 낱말 형성을 내적변화에 해당한다고 지적했다. 즉 음운교체에 의한 조어법을 파생법의 하위 부류로 처리한 것이다. 그러나 음운을 교체하여 새로운 낱말을 형성하는 내적변화와 접사 첨가에 의한 파생은 서로 다른 점이 많다[1]. 우선 음운교체는 음소를 바꿔서 새로운 낱말을 형성하는데, 파생은 보통 한 음절 이상의 새로운 형태소가 참여하여 새 낱말을 형성한다[2]. 또 음운교체에 의해 형성된 짝들은 보통 묘한 어감 차이를 드러내는 데에 비해, 접사 파생은 보통 접사라는 형태소가 단어형성에 참여하여 어근의 의미나 성격을 변화시킨다(송정근 2007:50). 가령 어근 '검-'에 접미사 '-으스름-'이 붙어 형성된 파생어 '거무스름하다'는 '조금 검은듯 하다'의 정도성 의미를 나타내며 단일어 '검다'와 뚜렷한 형태.의미적 차이를 보이는데, '거무:가무:꺼무-스름하다'처럼 자음이나 모음교체로 형성된 낱말들은 기본적인 뜻은 달라지지 않으면서 어감이 조금 달라진다. 그리

---

1 송정근(2007:48)에서 내적변화에 대해 "기본적으로 어근과 접사가 명확하게 분석되는 파생법과 단어의 내부가 일부 변화를 겪어 새로운 단어를 생성하는 내적변화는 그 기본적인 단어형성의 방법이 동일하지 않다"며 내적변화를 파생의 일종으로 보는 주장에 반대한다.

2 '-(으)ㅅ', '-(으)ㅁ'처럼 한 음소로 되어있는 접미사도 있으나 '노르다:노름하다', '비리다:비릿하다'처럼 본말의 자음이나 모음을 교체하여 새로운 낱말을 형성하는 것이 아니라, 새로운 형태소를 더 첨가하여 낱말을 형성하는 것이다.

하여 음운교체법을 파생법의 하위 부류로 볼 근거가 별로 많지 않고 음운교체법을 형태소 복합법과 같은 층위의 조어법으로 보는 것이 바람직하다. 이상복(1992:58~9)에서도 음운 교체에 의해 새로운 낱말을 생성하는 점을 인정하면서 이를 파생법의 일종이 아닌, 형태소 복합법과 같은 층위의 별개의 조어방식으로 파악하고 있다[3].

아래는 한국어 감각형용사의 자음교체와 모음교체의 분포양상과 의미 기능을 살펴보겠다.

---

3 이상복(1992:51)에서 "국어의 주요한 조어법의 갈래에는 형태소 복합법, 무변화법, 그리고 음소 교체법이 있다"며 음소 교체법과 형태소 복합법을 한국어 조어법의 큰 갈래로 보고 있다.

5.1 자음교체

한국어 감각형용사의 자음 대립은 주로 평음(平音,unaspirated), 경음(硬音,tense)과 격음(激音,aspirated) 사이에서 이루어지고 '평음<경음<격음'의 순서로 청각인상(聽覺印象)이 점점 강해진다. 강석준(1989:11)에서는 '평음-경음-격음'의 대립을 자음의 '삼지적 대립(三肢的 對立)'이라 하고, 이진호(2005:41)에서는 이를 '삼지적 상관속(三枝的 相關束)'이라 하며, 이기백(1991:55)에서는 '삼항적 상관속(三項的 相關束)'이라고 부른다.

[표1.] '평음-경음-격음'의 삼지적 대립

감각유형	대립유형	낱말 분포
촉각	ㄷ:ㄸ:ㅌ	단단:딴딴:탄탄-하다
	ㅂ:ㅃ:ㅍ	바사삭:빠사삭:파사삭-하다,버서석:뻐서석:퍼서석-하다

위 [표1]과 같이 한국어 감각형용사의 삼지적 자음대립은 그리 많지 않고 촉각형용사에서만 'ㄷ:ㄸ:ㅌ'와 'ㅂ:ㅃ:ㅍ'의 대립짝을 발견했다.

[표2.] '평음–경음'의 이지적 대립

감각유형		대립 유형	낱말 분포
시각	색채	ㅂ:ㅃ	발갛다:빨갛다, 벌겋다:뻘겋다, 발긋:빨긋, 볼긋:뽈긋, 벌긋:뻘긋, 불긋:뿔긋, 발그대대:빨그대대, 벌그데데:뻘그데데, 발그레:빨그레, 벌그레:뻘그레, 볼그레:뽈그레, 불그레:뿔그레, 발그름:빨그름, 벌그름:뻘그름, 볼그름:뽈그름, 불그름:뿔그름, 발그스레:빨그스레, 벌그스레:뻘그스레, 볼그스레:뽈그스레, 불그스레:뿔그스레, 발그스름:빨그스름, 벌그스름:뻘그스름, 볼그스름:뽈그스름, 불그스름:뿔그스름, 발그족족:빨그족족, 볼그족족:뽈그족족, 벌그죽죽:뻘그죽죽, 불그죽죽:뿔그죽죽
		ㄱ:ㄲ	감다:깜다, 검다:껌다, 가뭇(가뭇):까뭇(까뭇), 거뭇(거뭇):꺼뭇(꺼뭇), 감작감작:깜작깜작, 검적검적:껌적껌적, 가마무트름:까마무트름, 거머무트름:꺼머무트름, 가마반드르:까마반드르, 거머번드르:꺼머번드르, 가마반지르:까마반지르, 거머번지르:꺼머번지르, 가무칙칙:까무칙칙, 거무칙칙:꺼무칙칙, 가맣다:까맣다, 거멓다:꺼멓다, 가무끄름:까무끄름, 거무끄름:꺼무끄름, 가무레:까무레, 거무레:꺼무레, 가무스레:까무스레, 거무스레:꺼무스레, 가무스름:까무스름, 거무스름:꺼무스름, 가무숙숙:까무숙숙, 거무숙숙:꺼무숙숙, 가무족족:까무족족, 거무죽죽:꺼무죽죽, 가무잡잡:까무잡잡, 거무접접:꺼무접접, 가무총총:까무총총, 거무충충:꺼무충충, 가무대대:까무대대, 거무데데:꺼무데데, 가무댕댕:까무댕댕, 거무뎅뎅:꺼무뎅뎅, 가무퇴퇴:까무퇴퇴, 거무튀튀:꺼무튀튀
촉각	촉감각	ㄷ:ㄸ	단단:딴딴, 든든:뜬뜬
	온도각	ㄷ:ㄸ	다사롭다:따사롭다, 다사:따사, 다스:따스, 드스:뜨스, 다습다:따습다, 드습다:뜨습다, 따듯:따뜻, 뜨듯:뜨뜻
		ㅅ:ㅆ	사늘:싸늘, 서늘:써늘, 사느랗다:싸느랗다, 서느렇다:써느렇다, 산득(산득):싼득(싼득), 선득(선득):썬득(썬득), 살랑(살랑):쌀랑(쌀랑), 설렁(설렁):썰렁(썰렁)
	통각	ㅈ:ㅉ	자릿:짜릿, 저릿:쩌릿
공간감각		ㅈ:ㅉ ㄱ:ㄲ	조그마:쪼그마:조끄마:쪼끄마
청각		ㅈ:ㅉ	자랑(자랑):짜랑(짜랑), 저렁(저렁):쩌렁(쩌렁)

[표3.] '평음-격음'의 이지적 대립

감각유형		대립 유형	낱말 분포
미각	단맛	ㄱ:ㅋ	달곰:달콤, 달금:달큼
	신맛	ㄱ:ㅋ	시금(시금):시큼(시큼), 시굼(시굼):시쿰(시쿰), 새금(새금):새큼(새큼), 새곰(새곰):새콤(새콤), 시그무레:시크무레, 새그무레:새크무레
후각	후각	ㄱ:ㅋ	고리다:코리다, 구리다:쿠리다, 고리타분:코리타분, 구리터분:쿠리터분, 고타분:코타분, 고리탑탑:코리탑탑, 구리텁텁:쿠리텁텁

[표4.] '경음-격음'의 이지적 대립

감각유형		대립 유형	낱말 분포
미각	단맛	ㅉ:ㅊ	달짝지근:달착지근,들쩍지근:들척지근
시각	색채	ㄲ:ㅋ	새까맣다:새카맣다,시꺼멓다:시커멓다
	명암	ㄲ:ㅋ	깜깜:캄캄,껌껌:컴컴,…

위 [표2]~[표4]처럼 한국어 감각형용사의 이지적 자음대립에는 '평음-경음', '평음-격음'과 '경음-격음'의 대립이 존재하고 그중 '평음-경음'의 대립이 가장 생산적이며 'ㄱ:ㄲ', 'ㄷ:ㄸ', 'ㅂ:ㅃ', 'ㅈ:ㅉ'과 'ㅅ:ㅆ'의 유형이 모도 존재한다. 이에 비해, '평음-격음'의 대립은 'ㄱ:ㅋ' 한 유형만, '경음-격음'의 대립은 'ㅉ:ㅊ'과 'ㄲ:ㅋ' 두 유형만 발견했다.

감각유형별로 이지적 자음대립의 분포양상을 살펴보면 미각형용사에는 3가지 유형이 모두 존재하고, 시각형용사에는 '평음-경음'과 '경음-격음'의 2 유형이 존재하며, 촉각과 청각과 공간감각 형용사에는 '평음-경음'의 유형, 후각 형용사에는 '평음-격음'의 유형만 분포하고 있다.

자음대립의 이런 불균형적 분포는 우선 어근의 자음과 관련이 있다. '맵다', '누르다', '희다', '높다', '아리다', '누리다'처럼 어근 첫소리가 비음 'ㄴ, ㅁ, ㅇ' 혹은 마찰음 'ㅎ'로 되어있을 때는 자음교체가 불가능하다. 또 어근 자음이 '짜다, 쓰다, 짧다'처럼 경음으로 되거나 '푸르다, 크다'처럼 격음으로 되어 있으면 자음교체가 잘 일어나지 않는다. 가령 색채형용사의 5개 하위분류 중에 '붉다', '검다' 계열만 자음대립이 많이 존재하고 '누르다', '푸르다'와 '희다' 계열은 자음대립이 전혀 없다. 또한 자음대립의 성립 여부는 낱말의 형태구조 유형과 관련이 있다. '달다', '시다', '쓰다', '덥다', '밝다' 등 단일어들은 보통 자음교체가 잘 일어나지 않는다.

낱말 내부 자음대립의 위치를 보면 '발그스름:빨그스름', '구리터분:쿠리터분'이나 '새까맣다:새카맣다'처럼 자음대립은 주로 핵심적인 뜻을 가진 어근의 첫 음절에서 일어난다[4]. 가끔 '달곰:달콤', '시그무레:시크무레', '달짝지근:달착지근'처럼 접미사에서도 실현되는데 역시 첫음절에서 일어나는 것이 대부분이다. 그러므로 자음교체는 주로 어근이나 접미사의 첫음절에서 일어난다고 판단할 수 있다. 그러나 아주 드물지만 '조그마:쪼끄마-하다'[5]처럼 어근과 접미사의 첫 음절에서 모두 자음교체가 일어나는 예도 있다.

또한 자음교체는 일정한 방향성이 있다. 평음→경음→격음의 순서로 청각인상이 강한 쪽으로만 가능하고 거꾸로 약한 자음으로 교체하지는 않는다. 가령 색채형용사 '붉다'의 옛글 형태 '븕다/붉다'를 감안하면 '빨갛다, 빨그스름하다, 빨그레하다'의 경음 'ㅃ'은 모두 평음 'ㅂ'으로부터 온 것으로 상정할 수 있다. 또 '구리다→쿠리다', '시꺼멓다→시커멓다'도 평음→격음, 경음→격음의 교체 방향으로만 설명이 가능하며 거꾸로 격음이 약한 평음이나 경음으로 교체하는 방향은 설명이 불가능하다. 어근 자음이 격음으로 되어있는 '푸르다', '크다' 계

---

4 '따듯:따뜻', '뜨듯:뜨뜻'처럼 어근의 두번째 음절에서도 평음-경음의 대립이 보인다. 그런데 통시적으로 '따듯하다'와 '뜨듯하다'는 단일어 '돗다'의 중첩형일 가능성이 높다.

5 '조그마하다'는 '*쪽+-옴+마+ㅎ-→죠고마흐다'의 변화과정을 거쳐 형성한 낱말이다. 첫음절 '조'의 첫소리 자음 'ㅈ'는 어근 '쪽'의 첫소리를 그대로 보존하고 있다. 두번째 음절 '그'는 어근 '쪽'의 종성이 뒤에 나온 접미사 '으막'과 연찰하여 형성된 가능성이 높다.

열어군에서 자음교체 현상이 일어나지 않는 것도 이런 방향성 특징을 입증할 수 있다[6].

평음→경음→격음의 순서로 청각인상이 점점 드세게 들리면서 어감도 더욱 더 강해진다. 김민수(1964:143)에서 이런 어감 차의를 가세의소(加勢意素)로 보고 이를 덧意素의 일종으로 파악하고 있다.

[표5.] 자음 음소의 덧意素 (김민수,1964:143)

	자음 음소	덧意素
I	ㅂㄷㅈㄱㅅㄹㅇ	平順·普通
II	ㅃㄸㅉㄲㅆㄹㄹㅎ	銳利·輕小
III	ㅍㅌㅊㅋ	硬濁·鈍重

청각인상으로 인한 어감상의 강약 차이는 감각형용사의 경우에는 정도성 의미의 변화를 가져온다. 가령 미각형용사의 경우 자음대립은 맛 농도의 차이를 나타낸다. 즉 '달콤하다〉달곰하다', '시큼하다〉시금하다', '달착지근하다〉달짝지근하다'처럼 평음→경음→격음의 순서로 맛의 농도가 점점 강하게 느껴진다.

황혜진(2002:20)에서는 평음을 무표항으로 보고 경음과 격음을 유표항으로 보며 평음이 경음이나 격음으로 교체되면 각각 센 느낌이나 거센 느낌이 일어나므로 정도의 크기는 '평음〈경음〈격음'이 된다고 지적했다. 이에 대하여 강석준(1989), 김찬구(1986) 등 연구에서도 비슷한 견해를 보인다.

(1) 달곰하다: 감칠맛이 있게 달다. '달콤하다「1」'보다 여린 느낌을 준다.
    달콤하다: 감칠맛이 있게 달다.

---

6 접미사 '짝지근/착지근/쩍지근/척지근', '곰/콤/금/큼/굼/쿰'의 자음이 어떤 방향으로 교체되는지를 확인하기 위해서는 통시적 어원 연구가 더 필요하다. 다만 '시다'계열에는 '시척지근하다/새척지근하다'처럼 격음형 '척지근'만 존재하고 경음형 '짝지근/쩍지근'이 없음을 확인할 수 있다.

(2) 새까맣다: 매우 까맣다.

　　　새카맣다: 매우 까맣다. '새까맣다「1」'보다 거센 느낌을 준다.

위 (1)(2)의『표준국어대사전』뜻풀이를 보면 자음대립이 이루어진 대립짝들의 의미를 똑같이 해석하면서 'XX보다 여린 느낌'이나 'XX보다 거센 느낌'과 같은 보충 설명을 덧붙여 대립짝의 어감 차이를 밝혀준다.

5.2 모음교체

모음의 체계를 보면 우선 입의 모양이 바뀌느냐에 따라 단모음(單母音, monothong)과 이중모음(二重母音, diphthong)으로 나눌 수 있고, 그중 단모음은 다시 입술의 모양에 따라 원순모음(圓脣母音)과 평순모음(平脣母音)으로, 또 혀의 높낮이에 따라 고모음(高母音), 중모음(中母音)과 저모음(低母音)으로, 그리고 높아지는 혀의 전후 위치에 따라 전설모음(前舌母音)과 후설모음(後舌母音)으로 나눈다.

한국어 모음 체계의 한 가지 중요한 특징으로서, 15세기 훈민정음 창제 당시 모음을 양성(陽性), 음성(陰性) 및 중성(中性) 세 가지로 분류하였는데, 중성 모음은 /ㅣ(i)/ 하나뿐이었고[7], 양성 모음은 /·(ʌ)/, /ㅗ(o)/, /ㅏ(a)/와 더불어 이들을 성절음(成節音)으로 하는 복합 모음들이었고, 음성 모음은 /ㅡ(ɨ)/, /ㅜ(u)/, /ㅓ(ə)/와 더불어 이들을 성절음으로 하는 복합 모음들이었다(이기백, 1991:93). 중세 한국어의 이런 모음 분류에 따르면 현대 한국어의 모음을 아래 (3)과 같이 분류할 수 있다.

> (3) 양성 모음: /ㅏ(a)/, /ㅗ(o)/, /ㅐ(ɛ)/, /ㅚ(ø)/, /ㅑ(ya)/, /ㅛ(yo)/,
>   /ㅒ(yɛ)/, /ㅘ(wa)/, /ㅙ(wɛ)/
>   음성 모음: /ㅓ(ə)/, /ㅜ(u)/, /ㅡ(ɨ)/, /ㅕ(yə)/, /ㅠ(yu)/, /ㅖ(ye)/,
>   /ㅝ(wə)/, /ㅟ(wi)/, /ㅞ(we)/, /ㅢ(ɨy)/
>   중성 모음: /ㅣ(i)/

아래 한국어 감각형용사에서 분석된 모음대립을 '양성-음성', '양성-중성' 및 '양성-중성-음성'의 3가지 유형으로 나누어 각각의 분포 양상을 살펴보겠다.

---

7 송철의(1992:297)에서 '이' 외에 모음 '으'도 역사적으로 중성 모음이었다고 지적한 바가 있다.

[표6.] '양성-음성'의 이지적 대립

대립 유형		낱말 분포
一 重	ㅏ:ㅓ	간간:건건 발그레:벌그레, 빨그레:뻘그레, 발그름:벌그름, 빨그름:뻘그름, 발그무레:벌그무레, 발그스레:벌그스레, 빨그스레:뻘그스레, 발그스름:벌그스름, 빨그스름:뻘그스름, 발긋:벌긋, 빨긋:뻘긋, 파르게:퍼르께, 파르무레:퍼르무레, 파르스름:퍼르스름 가마무트름:거머무트름, 까마무트름:꺼머무트름, 가무칙칙:거무칙칙, 까무칙칙:꺼무칙칙, 가뭇(가뭇):거뭇(거뭇), 까뭇(까뭇):꺼뭇(꺼뭇), 가무끄름:거무끄름, 까무끄름:꺼무끄름, 가무레:거무레, 까무레:꺼무레, 가무스레:거무스레, 까무스레:꺼무스레, 가무스름:거무스름, 까무스름:꺼무스름, 가무숙숙:거무숙숙, 까무숙숙:꺼무숙숙, 감숭:검숭 깜깜:껌껌, 캄캄:컴컴 말쑥:멀쑥, 말그스레:멀그스레, 말그스름:멀그스름 넓죽:납죽, 넓죽스름:납죽스름 사늘:서늘, 싸늘:써늘, 산득(산득):선득(선득), 싼득(싼득):썬득(썬득) 아릿(아릿):어릿(어릿), 알알:얼얼, 알근(알근):얼근(얼근), 알큰:얼큰, 자릿:저릿, 짜릿:쩌릿 떠들썩:따들싹, 자랑:저렁, 짜랑:쩌렁, 간드러지다:건드러지다
	ㅏ:ㅡ	쌉쌀:씁쓸, 쌉싸름:씁쓰름 단단:든든, 딴딴:뜬뜬 다사:다스:드스, 따사:따스:뜨스, 다습다:드습다, 따습다:뜨습다, 따끈:뜨끈, 따끔:뜨끔, 따듯:뜨듯, 따뜻:뜨뜻, 아슬아슬:으슬으슬, 쌀쌀:쓸쓸
	ㅏ:ㅜ	맑스그레:묽스그레
	ㅗ:ㅜ	매옴:매움 볼그레:불그레, 뽈그레:뿔그레, 볼그름:불그름, 뽈그름:뿔그름, 볼그무레:불그무레, 볼그속속:불그숙숙, 볼그스레:불그스레, 뽈그스레:뿔그스레, 볼그스름:불그스름, 뽈그스름:뿔그스름, 볼그족족:불그죽죽, 뽈그족족:뿔그죽죽, 볼긋:불긋, 뽈긋:뿔긋 노르다:누르다, 노릇(노릇):누릇(누릇), 노름(노름):누름(누름), 놀면:눌면, 노르께:누르께, 노리끼리:누리끼리, 노르끄레:누르끄레, 노르무레:누르무레, 노르스레:누르스레, 노르스름:누르스름, 노르족족:누르죽죽 포르께:푸르께, 포르무레:푸르무레, 포르스름:푸르스름 포근(포근):푸근(푸근) 고리다:구리다, 코리다:쿠리다, 노리다:누리다, 노릿:누릿, 고소:구수
	ㅗ:ㅡ	매콤:매큼, 달곰:달금, 달콤:달큼, 달크무레:들크무레

대립 유형		낱말 분포
	ㅑ:ㅕ	얕다:옅다, 얄디얕다:옅디옅다, 야틈:여틈, 야트막:여트막 얇다:엷다
	ㅘ:ㅝ	환:원
	ㅚ:ㅟ	쾨쾨:퀴퀴
	ㅢ:ㅐ	희끗(희끗):해끗(희끗), 희뜩(희뜩):해뜩(해뜩), 희끔:해끔, 희맑다:해맑다, 희끄무레:해끄무레, 해끄스름:희끄스름, 해읍스름:희읍스름, 해유스름:희유스름, 해읍스름:희읍스레, 해쓱:희쓱
	ㅏ:ㅓ:ㅜ	(파라)파랗다:(퍼러)퍼렇다:푸렇다, 파릇(파릇):퍼릇(퍼릇):푸릇(푸릇), 파름:퍼름:푸름, 파르스레:퍼르스레:푸르스레
	ㅏ:ㅑ:ㅓ	반:뱐:번, 빤:뺜:뻔
多 重	ㅏ:ㅓ,ㅏ:ㅓ	발강:벌겅, 빨강:뻘겅 가마반드르:거머번드르, 까마반드르:꺼머번드르, 가마반지르:거머번지르, 까마반지르:꺼머번지르, 가맣다:거멓다, 까맣다:꺼멓다, 가무잡잡:거무접접, 까무잡잡:꺼무접접 말갛다:멀겋다 넓적:납작, 넓적스름:납작스름, 넓적스레:납작스레 사느랗다:서느렇다, 싸느랗다:써느렇다, 살랑(살랑):설렁(설렁), 쌀랑(쌀랑):썰렁(썰렁) 알짝지근:얼쩍지근
	ㅏ:ㅓ,ㅗ:ㅜ	발그속속:벌그숙숙, 발그족족:벌그죽죽, 빨그족족:뻘그죽죽, 파르족족:퍼르죽죽 가무족족:거무죽죽, 까무족족:꺼무죽죽, 가무총총:거무충충, 까무총총:꺼무충충
	ㅏ:ㅓ,ㅐ:ㅔ	발그대대:벌그데데, 빨그대대:뻘그데데, 발그댕댕:벌그뎅뎅, 빨그댕댕:뻘그뎅뎅 파르대대:퍼르데데 가무대대:거무데데, 까무대대:꺼무데데, 가무댕댕:거무뎅뎅, 까무댕댕:꺼무뎅뎅
	ㅏ:ㅓ,ㅑ:ㅕ	하얗다:허옇다, 하야스름:허여스름, 하야스레:허여스레
	ㅏ:ㅓ,ㅑ: ㅕ,ㅏ:ㅓ	하야말쑥:허여멀쑥
	ㅏ:ㅓ,ㅑ: ㅕ,ㅏ:ㅓ, ㅏ:ㅓ	하야말갛다:허여멀겋다
	ㅏ:ㅡ,ㅗ:ㅡ	달콤:들큼

대립 유형	낱말 분포
ㅏ:ㅡ, ㅗ:ㅜ	달보드레:들부드레
ㅏ:ㅡ, ㅏ:ㅓ	달짝지근:들쩍지근, 달착지근:들척지근 따갑다:뜨겁다
ㅏ:ㅡ, ㅐ:ㅔ	쌉싸래:씁쓰레
ㅏ:ㅜ, ㅗ:ㅜ	파르속속:푸르숙숙
ㅗ:ㅜ, ㅗ:ㅜ	포르족족:푸르죽죽 두툼:도톰
ㅗ:ㅜ, ㅏ:ㅓ	(노라)노랗다:(누러)누렇다 부드럽다:보드랍다 고리타분:구리터분, 코리타분:쿠리터분, 고타분:구터분, 고리탑탑:구리텁텁, 코리탑탑:쿠리텁텁, 고탑지근:구텁지근, 노리착지근:누리척지근
ㅗ:ㅜ, ㅐ:ㅔ	볼그대대:불그데데, 볼그댕댕:불그뎅뎅, 노르대대:누르데데, 포르대대:푸르데데
ㅚ:ㅟ, ㅏ:ㅓ	뇌랗다:뉘렇다
ㅐ:ㅢ, ㅏ:ㅓ	해말쑥:희멀쑥, 해말끔:희멀끔, 해반드르르:희번드르르, 해반주그레:희번주그레, 해반지르르:희번지르르
ㅐ:ㅢ, ㅏ: ㅓ, ㅏ:ㅓ	해말갛다:희멀겋다

위 [표6]과 같이 한국어 감각형용사의 모음대립은 주로 '양성-음성'의 이지적 대립으로 이루어지고 가장 높은 생산력을 지니고 있다. 낱말 내부 모음대립의 분포 위치를 보면 주로 어근 위치에서 일어나는 자음대립과 달리, 모음 대립은 어근과 접사 위치에서 동시에 일어나는 경우가 많다. 이는 한국어의 중요한 특징인 모음조화(母音調和)와 관련이 있다[8]. 어근, 접사 여러 형태소에서 동시

---

[8] 모음조화 현상은 Altai계어의 공통 특질 중의 하나로, 15세기 국어에서는 원칙적으로 각 형태소 내부에서는 물론, 곡용이나 활용을 할 경우에도 조사 및 어미의 첫 음절의 모음은 같은 계렬의 모음끼리 연결되었다. (이기백, 1991:93~4). 그런데 모음조화와 모음대립(모음교체)의 개념은 서로 다르다. 전자 모음조화는 주로 낱말의 내부 혹은 조사, 어미 등 문법형태소와 결합할 때 모음이 서로 어울리는 현상을 가리키며 후자 모음대립(모음교체)은 모음을 바꿔 새로운 낱말을 형성하는 조어 현상을 가리킨다. 모음조화는 일종의 동화(同化) 현상으로 발음을 쉽게 하는 것을 목적으로 하는데, 모음교체는 어감적 차이를 지닌 새로운 낱말을 형성하는 것을 목적으로 한다.

에 모음교체가 일어나서야 생성된 새 낱말이 내부의 모음조화를 이룰 수 있기 때문이다[9].

(4) ㄱ. <u>발</u>그레:<u>벌</u>그레-하다

ㄴ. <u>발</u>그<u>속</u>속:<u>벌</u>그<u>숙</u>숙-하다

ㄷ. <u>해</u>말<u>갛</u>:<u>희</u>멀<u>겋</u>-다

위 (4ㄱ)은 어근 '밝:*벍'의 위치에서만 'ㅏ:ㅓ'의 모음교체가 일어나고 (4ㄴ)은 어근 '밝:*벍'과 접미사 '속속:숙숙'의 위치에서 'ㅏ:ㅓ'와 'ㅗ:ㅜ'의 모음교체가 동시에 일어나며, (4ㄷ)은 어근 '*해:희'와 어근 '맑:*멁' 그리고 접미사 '앟:엏'의 위치에서 각각 'ㅐ:ㅢ', 'ㅏ:ㅓ'와 'ㅏ:ㅓ'의 모음교체가 일어난다. (4ㄱ)처럼 단어의 어느 한 부분에서만 일어난 모음교체를 '일중모음교체(一重母音交替)'라 하고, (4ㄴ.ㄷ)처럼 둘 또는 둘 이상의 형태소에서 일어난 모음교체를 '다중모음교체 (多重母音交替)'라 할 수 있다.

(5) ㄱ. [ㅏ:ㅓ] <u>아</u>릿:<u>어</u>릿, 사<u>느랗</u>:서<u>느렇</u>, <u>가무족</u>족:<u>거무죽</u>죽, <u>뇌랗</u>:<u>뉘렇</u>

ㄴ. [ㅗ:ㅜ] <u>노</u>르:<u>누</u>르, 매<u>옴</u>:매<u>움</u>, 가무<u>총</u>총:거무<u>충</u>충, <u>달보</u>드레:<u>들부</u>드레

ㄷ. [ㅏ:ㅡ] <u>쌉</u>쌀:<u>씁</u>쓸, 단단:<u>든든</u>, 달콤:<u>들</u>큼

ㄹ. [ㅗ:ㅡ] 매<u>콤</u>:매<u>큼</u>, 달<u>콤</u>:들<u>큼</u>

ㅁ. [ㅏ:ㅜ] <u>맑</u>스그레:<u>묽</u>스그레

ㅂ. [ㅐ:ㅔ] 발그<u>대대</u>:벌그<u>데데</u>, 쌉<u>싸래</u>:씁<u>쓰레</u>

ㅅ. [ㅚ:ㅟ] <u>쾨쾨</u>:<u>퀴퀴</u>, 뇌<u>랗</u>:뉘<u>렇</u>다

ㅇ. [ㅑ:ㅕ] <u>얕</u>다:<u>옅</u>다, <u>얇</u>다:<u>엷</u>다, <u>야</u>트막:<u>여</u>트막, 하<u>얗</u>다:허<u>옇</u>다

ㅈ. [ㅘ:ㅝ] <u>환</u>:<u>훤</u>

ㅊ. [ㅐ:ㅢ] <u>희끗</u>:<u>해끗</u>, <u>희끄</u>무레:<u>해끄</u>무레, <u>해</u>말갛다:<u>희</u>멀겋다

ㅋ. [ㅏ:ㅓ:ㅜ] <u>파랗</u>다:<u>퍼렇</u>다:<u>푸렇</u>다

<hr>

9　16,17세기 이후로 [ㆍ]음의 소실과 더불어 모음조화의 파괴 현상은, 곡용이나 활용에서 비롯하여 형태소 내부에 이르기까지 서서히 일어나게 되었다(이기백, 1991:93). 현대한국어의 감각형용사는 '달크무레하다, 납죽하다, 커다랗다' 등 낱말처럼 모음파괴 현상이 많으면서도 '해말갛다, 발그속속하다, 뉘렇다, 누렇다'처럼 여전히 모음조화 규칙을 지키고 있는 낱말들도 많이 있다.

ㅌ. [ㅏːㅑːㅓ] <u>반</u>ː<u>뱐</u>ː번, <u>빤</u>ː<u>빤</u>ː뻔

　일중이냐 다중이냐를 떠나 양성-음성 모음교체의 유형을 정리해 보면 위 (5)와 같이 모두 12가지의 유형으로 구분할 수 있다. (ㄱ)~(ㅅ)은 단모음 사이의 대립이고 (ㅇ~ㅊ)은 이중모음 사이의 대립이다. 그중 단모음 'ㅏːㅓ', 'ㅗːㅜ'의 대립은 가장 전형적인 양성-음성 모음대립 유형이고[10], 'ㅑːㅕ', 'ㅘːㅝ'의 이중모음 대립은 단모음 'ㅏːㅓ'에 반모음 'ㅣ'가 결합된 것, 모음 'ㅗːㅜ'에 모음 'ㅏ,ㅓ'가 더 결합되어 형성된 것, 'ㅐːㅚ'의 대립은 'ㅏːㅡ'의 대립에 'ㅣ'가 더 결합된 것으로 볼 수 있다[11].

　유형별 분포양상을 살펴보면 역시 'ㅏːㅓ', 'ㅗːㅜ'의 대립이 가장 생산적이고 거의 모든 감각유형에 다 분포되어 있으며, 일중모음교체나 다중모음교체에서 모두 발견할 수 있다. 반대로 단모음 'ㅏːㅜ', 'ㅚːㅟ'와 이중모음 'ㅑːㅕ', 'ㅐːㅚ', 'ㅘːㅝ'의 분포는 매우 제한적이다. 가령 'ㅚːㅟ'의 대립은 '쾨쾨하다ː퀴퀴하다'와 '뇌랗다ː뉘렇다'에서만, 'ㅘːㅝ'의 대립은 '환하다ː훤하다'에서만 발견했다. 또 'ㅚːㅐ'의 대립은 '희끗하다ː해끗하다, 희끄무레하다ː해끄무레하다, 희멀겋다ː해말갛다'처럼 색채형용사 '희다' 계열에서만 발견했다. 'ㅏːㅜ'의 대립은 극히 불규칙적이어 '맑스그레하다ː묽스그레하다'의 예만 발견했고, '맑다'계열의 기타 구성원들은 모두 '말갛다ː멀겋다, 말쑥하다ː멀쑥하다, 말그스레하다ː멀그스레하다, 말그스름하다ː멀그스름하다'처럼 'ㅏːㅓ'의 대립만 보인다.

　대부분의 양성-음성 모음 대립은 다 1:1의 대립짝을 이루는 것과 달리, (ㅋ)의

10　송철의(1992:297)에서 "가장 전형적으로 나타나는 모음대립은 '아ː어, 오ː우, 아ː으'이다"라고 지적했는데, 실제로 한국어 감각형용사의 경우를 보면 '아ː으'의 대립은 '아ː어', '오ː우'만큼 널리 분포하지 못하고 주로 '달다'의 어근 '달ː*들', '쓰다'의 어근 '*싸ː쓰', 그리고 온도각 형용사 '다습다ː드습다'의 대립짝에서 분석할 수 있다.

11　'화끈하다ː후끈하다'의 '화ː후'를 모음대립짝으로 볼 수 있는가가 의문적이다. 'ㅘː ㅜ'의 대립은 다른 낱말에서 발견하지 못하고 한국어에서 이중모음과 단모음 사이의 대립은 그리 흔하지 않다.『표준국어대사전』에서는 이 두 단어를 연결시키지 않고 각자 따로 풀이했다. 그래서 '화/후'가 다른 어근에서 유래된 가능성이 높아 통시적 연구가 필요하다.

'ㅏ:ㅓ:ㅜ' 대립은 한 양성 모음이 두 음성 모음과 대응되며 (ㅌ)의 'ㅏ:ㅑ:ㅓ'는 거꾸로 두 양성 모음이 한 음성 모음과 대응된 것이다. 이런 1:2나 2:1의 불균형적인 대립은 분포가 극히 제한적이다. 'ㅏ:ㅓ:ㅜ'의 대립은 색채형용사 '푸르다' 계열에만 분포하고, 같은 '푸르다' 계열에서도 '파랗다:퍼렇다:푸렇다', '파릇하다:퍼릇하다:푸릇하다'에서만 분석된다. 한편 '파르대대하다:포르대대하다:퍼르데데하다:푸르데데하다', '파르무레하다:포르무레하다:퍼르무레하다:푸르무레하다'에서는 매우 균형적인 'ㅏ:ㅓ', 'ㅗ:ㅜ'의 모음 대립이 보인다. 'ㅏ:ㅑ:ㅓ'의 대립은 명암형용사 '반하다:뱐하다:번하다'와 '빤하다:뺜하다:뻔하다'에서만 발견했다.

[표7.] '양성-중성'의 이지적 대립

대립 유형		낱말 분포
一重	ㅣ:ㅐ	시금:새금, 시큼:새큼, 시그럽다:새그럽다, 시그무레:새그무레, 시크무레:새크무레, 시척지근:새척지근, 시지근:새지근 미끄럽다:매끄럽다 비리다:배리다, 비릿(비릿):배릿(배릿)
	ㅣ:ㅑ	길쭉:걀쭉, 길쭉스름:걀쭉스름
多重	ㅣ:ㅐ,ㅓ:ㅏ	비리척지근:배리착지근 매작지근:미적지근
	ㅣ:ㅐ,ㅜ:ㅗ	시굼:새곰, 시쿰:새콤
	ㅐ:ㅣ,ㅏ:ㅓ,ㅏ:ㅓ	새빨갛:시뻘겋, 새파랗:시퍼렇 새까맣:시꺼멓, 새카맣:시커멓
	ㅐ:ㅣ,ㅏ:ㅓ,ㅑ:ㅕ	새하얗:시허옇
	ㅐ:ㅣ,ㅏ:ㅓ,ㅏ:ㅓ	새빨갛:시뻘겋, 새파랗:시퍼렇 새까맣:시꺼멓, 새카맣:시커멓
	ㅐ:ㅣ,ㅗ:ㅜ,ㅏ:ㅓ	새노랗:시누렇
	ㅏ:ㅣ,ㅐ:ㅔ	짭짜래:찝찌레
	ㅏ:ㅓ,ㅏ:ㅣ	간간짭짤:건건찝찔

위 [표7]처럼 한국어 감각형용사에 '양성-중성'의 모음대립도 있다. 중성 모

음 'ㅣ'는 양성 모음 'ㅐ, ㅏ, ㅑ'와 교체할 수 있으나 음성 모음과는 전혀 교체할 수 없다[12]. '양성-중성'의 모음대립도 일중과 다중으로 나눌 수 있는데, 다중대립의 경우 '새-빨갛:시-뻘겋', '시-굴:새-곱'처럼 어느 한 위치에서만 '양성-중성'의 대립이 이루어지고 나머지 위치에서는 모두 '양성-음성'의 대립이 이루어진다. 그러므로 현대 한국어에서 중성 모음 'ㅣ'는 음성 모음에 더 가깝고 '양성-중성'의 대립을 '양성-음성'의 일종으로 봐도 무방할 듯하다.

(6) [ㅐ:ㅣ] 시금:새금, 비리척지근:배리착지근, 매작지근:미적지근

    [ㅑ:ㅣ] 길쭉:걀쭉, 길쭉스름:걀쭉스름

    [ㅏ:ㅣ] 짭짜래:찝찌레, 간간짭짤:건건찝찔

위 (6)처럼 한국어 감각형용사에서 분석된 '양성-중성' 모음대립은 모두 3가지 유형이 있다. 그중 'ㅐ:ㅣ'의 대립이 가장 생산적이고 미각, 후각, 시각, 촉각 등 여러 감각영역에 모두 분포하고 있는데, 'ㅑ:ㅣ'의 대립은 공간형용사 '길쭉:걀쭉'에서만 발견됐고 'ㅏ:ㅣ'의 대립은 미각형용사 '짜다' 계열에서만 발견됐다.

[표8.] '양성-중성-음성'의 삼지적 대립

대립 유형		낱말 분포
一重	ㅏ:ㅓ:ㅣ	짭짤:쩝쩔:찝찔
多重	ㅏ:ㅓ,ㅚ:ㅟ:ㅣ	가무퇴퇴:거무튀튀:거무틱틱
	ㅗ:ㅜ,ㅐ:ㅔ:ㅣ	노르댕댕:누르뎅뎅:누르딩딩
	ㅏ:ㅜ,ㅐ(ㅏ):ㅔ(ㅓ):ㅣ	파르댕댕(파르당당):푸르뎅뎅(푸르덩덩):푸르딩딩

---

12 송철의(1992:297)에서 "'이'는 '야'로 교체되기도 하고 '애'로 교체되기도 하는데, 기원적인 '이'는 '야'로 교체되는 경향이 있고 '의'로부터 발달한 '이'는 '애'로 교체되는 경향이 있다"고 지적한 바가 있다. 예,
    가. 길쭉:걀쭉 cf.모미 길오(석 六 33)
        기우듬:갸우듬cf.기우디 아니ㅎ며(석 十九 7)
    나. 미끄럽다:매끄럽다 cf. 믯그러울 활(滑) (유합 下 53)
        시큼:새큼 cf. 실산(酸) (유합 上 10)

한국어 감각형용사에 '양성-음성'과 '양성-중성'의 이지적 모음대립 외에 위 [표8]과 같은 '양성-중성-음성'의 삼지적 모음대립도 존재한다.

(7)　[ㅏ:ㅓ:ㅣ] 짤짤:쩔쩔:찔찔, 파르당당:푸르덩덩:푸르딩딩
　　　[ㅚ:ㅟ:ㅣ] 가무퇴퇴:거무튀튀:거무틱틱
　　　[ㅐ:ㅔ:ㅣ] 노르댕댕:누르뎅뎅:누르딩딩, 파르댕댕:푸르뎅뎅:푸르딩딩

(7)처럼 한국어 감각형용사의 '양성-중성-음성' 모음대립은 'ㅏ:ㅓ:ㅣ', 'ㅚ:ㅟ:ㅣ'와 'ㅐ:ㅔ:ㅣ' 모두 세 가지 유형으로 나눌 수 있다. '양성-중성-음성' 모음대립의 분포는 극히 제한적이고 위에서 나열된 낱말 외에 더이상 발견하지 못했다. 이는 한국어의 모음대립은 '양성-음성'의 이지적 대립이 절대적 우세를 차지하고 있음을 말해준다.

이상 살펴본 모음교체의 분포양상은 자음교체와 비슷한 점이 있다. 우선 모음교체도 자음교체와 마찬가지로 모두 단일어에서 잘 일어나지 않는다[13]. '감다:검다:깜다:껌다', '고리다:구리다:코리다:쿠리다', '노르다:누르다' 등 극소수의 경우 외에 한국어 단일어 형용사들은 자음교체나 모음교체가 잘 일어나지 않는다[14]. 송철의(1992:295)는 이런 현상이 모음조화의 약화와 밀접한 관련이 있다고 파악하고 있으나 이는 복합어에서 음운교체가 활발히 이루어진다는 사실을 설명하지 못한다. 그러므로 단일어 자체의 특성에서 그 원인을 찾아야 하겠다. 첫째, 무표항으로서의 단일어의 객관적인 의미를 유지하기 위해 주관성을 가져오는 음운교체를 가급적으로 피하기 위해서일 수가 있다. 둘째, 음절수가 적은 단일어 어간에서 음운교체가 일어나면 다른 낱말과 동음이의어가 쉽게 될 수 있으므로 불필요한 혼동을 줄이기 위해서 그럴 수도 있다.

---

[13]　송철의(1992:293~4)에서 "단일어 형용사들은 모음교체에 의한 대립짝을 갖지 않는다"고 지적했다.

[14]　'낡다:늙다', '남다:넘다'와 같은 예들은 기원적으로 음성상징에 의한 대립짝이었다 하더라도 현대국어에서는 음성상징에 의한 대립짝으로 볼 수 없다. 이들이 보여주는 의미차이는 결코 어감상의 차이는 아니기 때문이다. … 중세국어에서는 모음교체에 의한 대립짝을 갖고 있던 것들이 현대국어에서는 그 대립짝을 잃게 된 경우가 있다. 송철의(1992:295)

그리고, 모음교체나 자음교체는 낱말의 모든 모음, 자음을 다 교체하는 것이 아니다. 대체로 어근의 첫음절과 접사의 첫음절에서만 음운교체가 일어난다. 예컨데 '달짝지근:달착지근'은 접미사의 첫음절에서만 'ㅉ:ㅊ'의 자음교체가 일어나고 다음 음절 '지근'에서는 아무런 변화가 없다. 또 합성어 '고리타분:구리터분'은 두 어근이 각각 첫 음절에서 '고:구', '타:터'의 모음교체가 일어나고 다른 음절 '리'와 '분'은 모음교체가 일어나지 않는다.

그런데 모음교체와 자음교체가 서로 다른 점도 있다. 첫째, 자음교체에 비해 한국어 감각형용사의 모음교체는 더욱 다양하게 발달되어 있으며[15] 새로운 낱말을 형성하는 능력이 훨씬 더 강하다[16]. 공간형용사 '깊다', '짧다', '높다', '낮다', '좁다', '크다', '굵다', '가늘다' 등 낱말 수량이 적은 감각유형 외에는 거의 다 모음교체 현상을 확인할 수 있다. 둘째, 주로 낱말 내부의 어느 한 형태소에서만 일어나는 자음교체와 달리, 모음교체는 낱말 내부의 여러 구성 요소에서 일어나는 다중모음교체 현상이 있다. 가령 '싯:샛', '앟:엏', '곰:굼', '족족:죽죽', '댕댕:뎅뎅' 등 접사들은 보통 어근과 함께 모음교체가 일어난다[17]. 이는 모음조화와 관련이 있어 여러 형태소의 모음을 동시에 바꿔야 새로 형성된 낱말이 내부의 모음조화를 이룰 수 있기 때문이다. 셋째, 청각인상이 약한 쪽으로부터 강한 쪽으로 교체하는 자음교체와 달리, 모음교체는 양성, 음성 모음 사이에 일정한 방향성이 없다. '노르다:누르다', '검다:감다'는 중세한국어에 벌써 '노르다:누르다', '검다:감다'의 대립짝이 존재하므로 어느 쪽에서 어느 쪽으로 교체

---

15 송철의(1992:297)에서 "전체적으로 본다면 모음대립의 양상이 매우 다양하여 그 양상을 간단명료하게 기술하기는 어렵다. 이는 음성상징과 관련된 대립짝들에서 나타나는 모음대립이 부분적으로는 과거의 틀을 유지하면서 다른 한편으로는 새로운 체계에 순응하는 경우도 있기 때문이 아닌가 생각된다"고 지적했다.

16 송철의(1992:291)에서 "내적변화에 의한 파생은 모음교체나 자음교체에 의해서 이루어지는데, 자음교체에 의한 경우보다는 모음교체에 의한 경우가 훨씬 더 생산적이다"라고 지적했다.

17 물론 '-스름-', '-스레-', '-레-', '-쭉-'처럼 모음교체가 전혀 일어나지 않는 접사들도 있다.

하느냐가 명확하지 않다. '달착지근하다:들척지근하다', '씁쓸하다:쌉쌀하다'의 교체 방향이 상대적으로 좀 명확한데, 전자는 '달→들'처럼 양성에서 음성으로, 후자는 '쓰→싸'처럼 음성에서 양성으로 교체한 것으로 볼 수 있다.

자음대립과 마찬가지로 한국어의 모음대립도 양성 모음과 음성 모음의 다른 청각인상으로 인하여 일정한 의미 차이를 가져온다. 김민수(1964:142)에서 한국어 모음대립이 가져온 어감 차이를 아래와 같이 밝혔다.

[표9.] 모음 음소의 덧意素 (김민수, 1964:142)

	母音 音素	덧意素
I	ㅏ ㅐ ㅗ(ㅚ) ㅑ ㅏ(ㅑ) ㅒ	小少明急輕淸銳陽薄强……
II	ㅓ ㅔ ㅜ(ㅟ) ㅡ ㅣ(ㅣ) ㅣ	大多暗緩重濁鈍陰厚弱……

위 표와 같이 양성 모음은 주로 작고 밝은 청각인상을 주고 음성 모음은 주로 크고 어두운 청각인상을 준다. 그러나 이러한 청각인상의 차이가 감각형용사의 경우에 도대체 어떠한 의미차이를 가져오느냐가 설명하기 어렵다. 감각형용사의 자음대립이 비교적 단순한 정도성 차이를 나타내는 데 비해, 모음대립이 가져온 의미 차이는 매우 복잡하다.

(8) 부드럽다: 닿거나 스치는 느낌이 거칠거나 뻣뻣하지 아니하다.
    보드랍다: 닿거나 스치는 느낌이 거칠거나 빳빳하지 않다.

    빳빳하다: 물체가 굳고 꼿꼿하다.
    뻣뻣하다: 물체가 굳고 꿋꿋하다.

    포근하다: 도톰한 물건이나 자리 따위가 보드랍고 따뜻하다.
    푸근하다: 두툼한 물건이나 자리 따위가 부드럽고 따뜻하다.

    따뜻하다: 덥지 않을 정도로 온도가 알맞게 높다.
    뜨뜻하다: 뜨겁지 않을 정도로 온도가 알맞게 높다.

위 (8)의 모음대립짝을 보면 명확한 정도 차이를 나타내지 않고 상징어적인 어감 차이만 나타내고 있다. 예컨대 '{뻣뻣한/*뻣뻣한} 지폐', '운동을 안 해서 팔다리가 유연하지 않고 {뻣뻣하다/*뻣뻣하다}', '{따뜻한/*뜨뜻한} 봄볕'처럼 촉감각형용사 '뻣뻣하다:뻣뻣하다'와 온도각형용사 '따뜻하다:뜨뜻하다'의 모음대립짝들은 문장 속에서 어떤 대상과 결합하느냐는 연어적 의미에서 차이를 보인다.

(9) 달콤하다: <u>감칠맛이 있게</u> 달다.
     들큼하다: <u>맛깔스럽지 아니하게 조금</u> 달다.

     짭짤하다: <u>감칠맛이 있게</u> 조금 짜다.
     찝찔하다: <u>맛이 없이</u> 조금 짜다.

     새척지근하다: 음식이 쉬어서 맛이나 냄새 따위가 <u>조금 시다</u>.
     시척지근하다: 음식이 쉬어서 비위에 <u>거슬릴 정도로</u> 맛이나 냄새 따위가
                   시다.

(9)와 같이 일부 모음대립짝은 화자의 비위에 맞느냐는 [±쾌감]의 의미에서 차이를 보인다. '달콤하다:들큼하다'를 비교하면 양성 모음 '달콤하다'는 화자가 선호하는 단맛을 나타내는데 음성 모음 '들큼하다'는 선호하지 않는 단맛을 나태낸다. '짭짤하다:찝찔하다'의 대립도 마찬가지로 양성 모음 쪽은 비위에 맞는 맛, 음성 모음 쪽은 비위에 거슬리는 맛을 나타낸다. '새척지근하다:시척지근하다'의 경우, 양성 모음 '새척지근하다'는 선호하는 신맛은 아니지만 '시척지근하다'처럼 비위에 거슬릴 정도로 싫어하는 신맛은 아니다.

(10) 사늘하다: 물체의 온도나 기온이 <u>약간</u> 찬 느낌이 있다.
     서늘하다: 물체의 온도나 기온이 <u>꽤</u> 찬 느낌이 있다.

     알알하다: 맵거나 독하여 혀끝이 <u>약간</u> 아리고 쏘는 느낌이 있다.
     얼얼하다: 맵거나 독하여 혀끝이 <u>몹시</u> 아리고 쏘는 느낌이 있다.

가칠하다: 야위거나 메말라 살갗이나 털이 윤기가 없고 <u>좀 거칠다</u>.
거칠하다: 여위거나 메말라 살갗이나 털이 윤기가 없고 <u>거칠다</u>.

배리다: 날콩이나 물고기, 동물의 피 따위에서 나는 <u>맛이나 냄새와 조금</u>
　　　　<u>같은 데가 있다</u>.
비리다: 날콩이나 물고기, 동물의 피 따위에서 나는 <u>맛이나 냄새가 있다</u>.

납작하다: 판판하고 얇으면서 <u>좀 넓다</u>.
넓적하다: 펀펀하고 얇으면서 <u>꽤 넓다</u>.

따들싹하다: 여러 사람이 <u>조금</u> 큰 목소리로 떠들어서 시끄럽다.
떠들썩하다: 여러 사람이 큰 소리로 마구 떠들어 <u>몹시</u> 시끄럽다.

위 (10)의 온도각형용사 '사늘하다:서늘하다', 통각형용사 '알알하다:얼얼하다', 촉각형용사 '가칠하다:거칠하다', 후각형용사 '배리다:비리다', 공간형용사 '납작하다:넓적하다', 청각형용사 '따들싹하다:떠들썩하다'의 모음대립짝들은 명확한 정도 의미를 나타낸다. 즉 양성 모음이 조금 약한 정도, 음성 모음이 조금 강한 정도를 나타낸다.

이상 살펴본 바와 같이 한국어 감각형용사의 모음대립이 가져온 의미 차이는 감각영역에 따라 각각 다르게 나타난다. 가령 색채형용사의 경우는 모음대립이 밝고 어둡다는 명도(明度) 의미와 관련되고, 미각형용사의 경우는 주로 말할이의 선호 여부와 관련되며 온도각, 통각, 촉각, 후각, 공간감각, 청각형용사의 경우는 주로 정도의 강약과 관련된다.

제6장

감각형용사의 낱말 형성 과정 및 제약

앞선 제4장과 제5장은 주로 형태구조 분석의 입장에서 한중 감각형용사의 형태소 결합유형과 분포 양상, 그리고 자음, 모음교체의 분포 양상을 정리하고 분석했다. 이 장에서는 한중 감각형용사의 낱말 형성 과정 및 절차, 그리고 낱말 형성에서의 각종 규칙과 제약을 고찰해 보고자 한다. 낱말의 형태구조를 분석하면서 그 형성 과정도 어느 정도 파악하게 된 것이 사실이지만, 형태분석은 낱말을 작은 형태소로 쪼개어서 관찰하는 것이고 조어법 분석은 작은 단위에서 큰 단위로 즉 입력부에서 출력부까지의 형성 과정 및 제약을 고찰하는 것을 주요 취지로 한다. 예컨데 낱말 '파랗다'에 대한 형태분석은 [*파르-R+-앟-A]처럼 어근 변이형 '파르-'와 접미사 '-앟-'의 결합으로, 그리고 '퍼렇다', '푸렇다'와 모음대립짝이 이루어진 것으로 분석할 수 있다. 그런데 이 '파랗다'의 형성과정에 대해서는 '푸르다→파르(모음교체)→파랗다(접미사 파생)'과 '푸르다→푸렇다(접미사 파생)→파랗다(모음교체)'의 두 가지 형성 과정으로 설명할 수 있다. 또한 '빨갛다, 까맣다'의 형성과정에 대해 보통 평음형 '발갛다, 가맣다'가 자음교체에 의해 형성된 것으로 보는데, 구본관(1998)에서는 접두사 '새-, 시-'가 '발갛다, 가맣다'에 결합하여 '새빨갛다, 새까맣다'가 먼저 만들어진 다음 접두사가 탈락하여 '빨갛다, 까맣다'가 자립성을 갖게 된 가능성을 제시하였다[1]. 그리고 앞선 5.1에서 고찰한 자음교체의 방향성 문제도 사실 낱말 형성과정의 관심사다. 형태분석은 '평음-경음', '경음-격음'과 같은 자음대립 유형만 분석하는 데에 그치고 청각인상이 약한 쪽에서 강한 쪽으로만 교체가 가능하다는 규칙은 낱말 생성의 시각에서 고찰하는 것이다. 다시 말하면 낱말에 대한 형태분석과 형성과정 연구는 서로 겹치는 부분도 있으나 낱말을 보는 시각과 착안점이 서로 다른 데도 많다.

---

1 구본관의 이런 견해에 대해 송정근(2007:72)에서는 접두사 '새(샛)-, 시(싯)-'와 경음 사이에 필연적 관련이 없으며 '새카맣다, 시커멓다'에서 접두사 '새-.시-'가 탈락된 '*카맣다, *커멓다'가 실제로 존재하지 않는다는 등 이유로 유보적 입장을 취하고 '가맣다-까맣다, 발갛다-빨갛다'는 자음교체에 의한 낱말 형성으로 주장한다.

6.1 낱말 형성 과정

한중 감각형용사는 주로 형태소 복합법(파생법과 합성법)과 음운교체법에 의해 새로운 낱말을 형성한다. 이런 조어법들이 단독으로 작용하는 경우도 있지만 더 많은 경우에는 여러 조어법이 복합적으로 작용하여 새 낱말을 형성한다. 아래는 낱말 형성 과정을 구체적으로 고찰하면서 한중 감각형용사 형성 과정의 차이점을 비교해 보고자 한다.

[그림1.] 한국어 감각형용사의 형성 과정

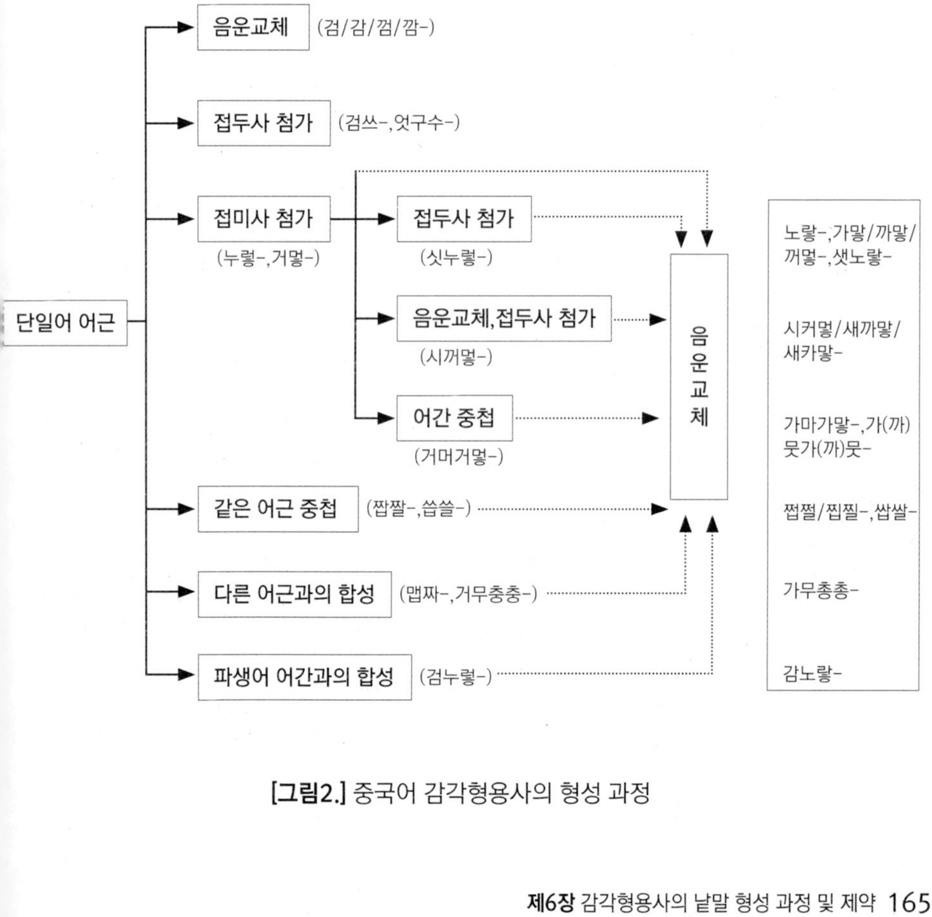

[그림2.] 중국어 감각형용사의 형성 과정

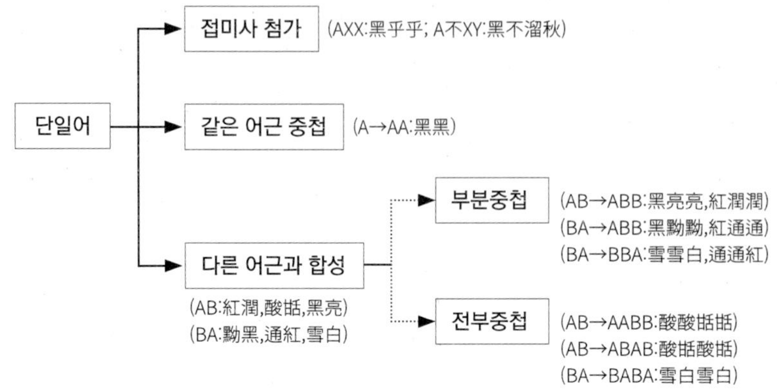

위에서 구체적인 예를 들면서 한중 감각형용사의 형성 과정을 [그림1]과 [그림2]처럼 도식화했다. 전체적으로 비교해보면 중국어보다 한국어 감각형용사의 형성과정이 훨씬 더 복잡함을 알 수 있다. 아래 두 가지 차이점에서 그 원인을 찾을 수 있다.

우선 중국어는 음운교체에 의한 조어방식이 없고 형태소 복합법만으로 새로운 낱말을 형성하는 데에 비해, 한국어 감각형용사는 형태소 복합법이나 음운교체법 중 어느 하나에 의하여 '검다→감다/깜다/껌다(음운교체)', '검-+쓰-→검쓰다(접두사 파생)', '맵-+짜-→맵짜다(어근 합성)'와 같은 낱말을 생성하기도 하고, 두 방법을 교차적으로 사용하여 '검다→거멓다(접미사 파생)→꺼멓다(자음교체)→시꺼멓다(접두사 파생)→시커멓다(자음교체)'처럼 복잡한 절차를 거쳐 다양한 낱말을 생성하기도 한다. 음운교체와 형태소 복합법을 모두 사용할 때 대체로 접사나 어근을 결합시키는 형태소 복합이 먼저 진행하고, 그리고 나서 음운교체가 일어나는 경향이 있다. 즉 '검다→감다/깜다/껌다'처럼 단일어 어근의 자음이나 모음을 교체하여 새 낱말을 형성하는 경우가 드물고, '푸르다→푸렇다→파랗다'처럼 먼저 접사 '-엏-'을 첨가하여 파생어를 생성한 뒤 다시 모음교체에 의해 '파랗다'를 형성하는 경우가 더 일반적이다.

한중 감각형용사 형성에서 모두 사용하는 형태소 복합법을 비교해 보면, 중국어 감각형용사는 파생보다 어근의 합성을 더 많이 사용한다. 중국어는 '黝黑, 酸眯'처럼 두 어근이 결합하거나 '黑黝黝, 酸酸眯眯'처럼 두 어근의 일부 혹은 전체를 중첩하여 낱말을 형성하는 방식을 선호한다. 중국어 감각형용사에 접두사에 의한 파생이 없고, '새노랗다'처럼 먼저 접미사 '-앟-'을 첨가한 다음 접두사 '새-'를 첨가한 예도 없다. 또한 한국어는 '검누렇다[검-R1/S+[누르-R2/S+-엏-A]]'처럼 파생과 합성을 교차적으로 사용할 수 있는데 중국어는 그렇지 못하여 파생이나 합성 어느 한가지 방법만 사용한다. 뿐만 아니라 한국어는 '짜디짜다[짜-R/S+-디-E+짜-R/S]', '가마반지르하다[감-R1/S+-아-E+반지르르-R2/S]'처럼 문법형태소 연결어미도 낱말 형성에 참여하는데 중국어는 전혀 그렇지 못한다.

이런 원인들로 말미암아 한국어 감각형용사의 형성 과정은 중국어보다 훨씬 더 복잡하고 분석하기 어렵다. 특히 음운교체와 형태소 복합이 교차적으로 일어날 경우 어느 것이 먼저 일어나느냐가 문제 될 때가 많다.

   (1) ㄱ. 시쿰하다→새콤하다, 달착지근하다→들척지근하다

        ㄴ. 짭짤하다→쩝쩔하다:찝찔하다, 씁쓸하다→쌉쌀하다

   (2) 누렇다→노랗다, 거멓다→가맣다/꺼멓다

   (3) 누르데데하다→노르대대하다, 거무충충하다→가무총총하다

(1ㄱ)은 어근 '시-', '달-'에 접미사 '-쿰-', '-착지근-'이 먼저 붙어 파생어를 형성한 뒤 모음교체가 일어난 것으로, (1ㄴ)은 어근 '짜-', '쓰-'가 먼저 중첩하여 합성어를 형성한 뒤 모음교체가 일어난 것으로 볼 수 있다. 그런데 (2)의 '노랗다'는 '누르다→노르다(모음교체)→노랗다(접사 파생)'와 '누르다→누렇다(접사 파생)→노랗다(모음교체)'와 같이 두 가지 형성 경로가 모두 설명이 가능하다. 단일어 모음대립짝 '누르다:노르다', '검다:감다'가 공시적으로 모두 존재하고 또

접미사 '-앟/엏-'이 기원적으로 문법형태 '-아/어 하다'에서 유래된 점을 감안하면 먼저 음운교체로 대립짝 단일어가 형성된 후 '-아/어 하다'를 골라서 활용한 것으로 설명하는 것이 더 나을 것 같다. 다시 말하면 '꺼멓다'의 형성 과정을 '검다→감다/껌다(음운교체)→가맣다/꺼멓다(접미사 파생)'로 설명하는 것이 좋다. (3)의 '노르대대하다'도 '누르다→누르데데하다(어근 합성)→노르대대하다(모음교체)'와 '누르다→노르다(모음교체)→노르대대하다(어근 합성)'의 두가지 형성 경로가 가능한데, 뒤 어근 '데데하다(변변하지 못하여 보잘것없다)'가 공시적으로 모음 대립짝 '대대하다'가 존재하지 않기 때문에 '노르+대대'로 보기 어려워 '누르'와 '데데'가 먼저 합성한 뒤 모음교체에 의해 '노르대대'를 형성한 것으로 보는 것이 좋겠다. 마찬가지로 '가무총총하다'의 형성 과정도 '검다→거무충충하다(어근 합성)→가무총총하다(모음교체)'로 보는 것이 나을 것이다.

낱말의 형성 과정을 정확히 설명하는 데에 한 가지 어려운 점은 어원을 밝히는 것이다. 통시적 연구를 진행해야 어느 어형(語形)이 기본 어형이고 어떤 변화과정을 거쳐왔는지를 알 수 있다. 낱말 형성과정에 대한 공시적, 통시적 분석이 서로 다른 결과를 가져올 수 있다.

(4) ㄱ. 붉다:밝다, 프르다:푸르다, 누르다:노르다, 검다:감다

ㄴ. 불겋다:발갛다, 푸렇다:파랗다, 누렇다:노랗다, 거멓다:가맣다

(5) ㄱ. 달착지근하다:들척지근하다

ㄴ. 시큼하다:새콤하다

(4ㄱ)과 같이 한국어 색채형용사는 중세 한국어에는 모두 모음 대립짝을 가지고 있다. 그래서 (4ㄴ)의 대립짝을 (4ㄱ)의 기초에 접미사 '-앟/엏-'을 더 결합된 것으로 설명할 수 있다. 앞선 (2)의 '노랗다:누렇다, 거멓다:가맣다' 뿐만 아니라 공시적으로 '밝다, 파르다'가 존재하지 않아도 '발갛다, 파랗다'의 형성 과정을 통시적으로 보면 모음대립짝을 이룬 단일어 어간에 접미사가 결합한 것으

로 설명할 수 있다. 다만 '빨갛다'와 같은 낱말은 공시적으로나 통시적으로나 '*빩다'의 어형이 존재하지 않기 때문에 '발갛다'가 먼저 형성한 다음 자음교체에 의해 형성된 것으로 봐야 한다.

(5)의 '새콤하다'와 '들척지근하다'는 앞선 (1)에서 언급했듯이 공시적 각도에서는 어근 '*새-', '*들-'이 없기 때문에 '시쿰하다'와 '달착지근하다'로부터 모음교체를 거쳐 형성된 것으로 봐야 한다. 그런데 중세 한국어에 '싁다:시다'의 대립짝 어형이 있는데 '달다'는 대응된 음성 모음 어형이 없었다. 그러므로 '들척지근하다'는 '달착지근하다'로부터 모음교체에 의해 형성된 것으로 볼 수 있는 것과 달리, '새콤하다'의 형성 과정에 대해서는 '새+콤'의 가능성도 완전히 배제할 수 없다.

이상 음운교체와 형태소 복합의 순서에 대한 논의를 다시 정리해 보면, 단일어 어근이 음운 대립짝을 공시적으로 가지고 있거나 통시적으로 가졌을 경우 그 대립짝들이 각자 평행적으로 다른 형태소와 결합하여 새 낱말을 형성한다고 볼 수도 있는데 그렇지 않을 경우에는 먼저 복합어를 형성한 다음 음운교체가 일어난 것으로 봐야 한다.

6.2 낱말 형성 제약 및 빈자리

감각형용사의 어휘 체계를 살펴보면 감각유형마다 많은 빈틈이 존재함을 발견할 수 있다. 이런 빈틈은 또 두 가지의 경우로 나누어 볼 수 있다. 하나는 특별한 제약 규칙 없이 충분히 형성될 가능성이 있으나 실제로 실현되지 않은 것들이며, 다른 하나는 음운, 형태, 의미적 제약을 받아 실제로 실현될 수 없는 것들이다. 전자처럼 체계속에서 개념상으로는 있을 법하지만 실제로 실현되지 않고 비어 있는 것을 '빈자리(lexical gap)'라고 한다.

(6) ㄱ. 달금/달큼/들큼/*들금-하다
　　ㄴ. *달댕댕하다/ *달족족하다

(6ㄱ)의 경우 '달금/달큼/들큼-하다'가 모두 존재하는데 유독 '*들금하다'만 비어 있으며 그 원인을 설명하기 어렵다[2]. 반면 (6ㄴ)의 경우는 접미사 '-댕댕-', '-족족-'은 [-고름], [-밝음]의 뜻을 나타내므로 미각형용사 '달다'와 의미적으로 잘 어울리지 않는 것이 자명하다. 그러므로 (6ㄱ)의 경우를 '빈자리'로, (6ㄴ)의 경우를 제약에 의한 것으로 구분할 수 있다.

(7) ㄱ. 藍汪汪,綠汪汪,白汪汪
　　ㄴ. *紅汪汪,*黑汪汪,*黃汪汪

그런데 낱말 형성의 제약 조건을 명확히 밝히기 어려울 때가 많다. 위 (7) 중국어 색채어의 경우 접미사 '汪汪'이 왜 '藍, 綠, 白'에만 붙고 '紅, 黑, 黃'에는 붙지 않는지를 설명하기 어렵다.

---

2 '시다' 계열에는 '시금/시큼/새금/새큼-하다'가 모두 존재한다.

6.2.1 빈자리

(8) ㄱ. 파르/포르/퍼르/푸르-께하다, 파르대대/포르대대/퍼르데데/푸르데
데, 파르/포르/퍼르/푸르-스름하다

ㄴ. 파랗/*포랗/퍼렇/푸렇-다, 파릇/*포릇/퍼릇/푸릇-하다, 파름/*포름/
퍼름/푸름-하다, 파르/*포르/퍼르/푸르-스레하다

(9) ㄱ. 발/볼/벌/불/빨/뻘/뽈/뿔-그스레하다, 발/볼/벌/불/빨/뻘/뽈/뿔-긋
하다

ㄴ. 발그대대/볼그대대/벌그데데/불그데데/빨그대대/뻘그데데/*뽈그대
대/*뿔그데데-하다

ㄷ. 발/볼/벌/불/*빨/*뽈/*뻘/*뿔-그무레하다,발그속속/볼그속속/벌그숙
숙/불그숙숙/빨그속속/*뽈그속속/*뻘그숙숙/*뿔그숙숙-하다

ㄹ. 발갛/벌겋/빨갛/뻘겋/*볼갛/*불겋/*뽈겋/*뿔겋-다

(10) ㄱ. 시금/시굼/시큼/시쿰/새금/새곰/새큼/새콤-하다
시그무레/시크무레-하다

ㄴ. 달곰/달금/달콤/달큼/들큼/*들금/*들굼/*들큼-하다
*들그무레/들크무레-하다

위 (8)~(10)은 어떤 제약 조건으로 설명하기 어려운 빈자리의 예들이다. (8)은
같은 '푸르다' 계열 안에 (8ㄱ)과 같이 '파르:포르:퍼르:푸르'의 정연한 모음대립
을 보인 것도 있고 (8ㄴ)과 같이 '푸렇다, 푸릇하다, 푸르스레하다'의 모음대립짝
인 '*포랗다, *포릇하다, *포르스레하다'가 빈자리로 비어 있는 것도 있다. 특히
형태적으로나 의미적으로 매우 비슷하고 어떤 연관성을 보인 접미사 '-스름-'
과 '-스레-'가 결합할 때 전자는 '파르/포르/퍼르/푸르-스름하다'처럼 정연한
모음대립이 이루어지는데 후자는 '*포르스레하다'가 빈자리로 남아 있다. 왜
'포르스름하다'는 존재하고 '*포르스레하다'는 존재하지 않는가에 대해서는 설
명하기 어렵다. (9)는 '붉다' 계열어군의 경우인데 (9ㄱ)은 '발/볼/벌/불/빨/뻘/
뽈/뿔-그스레하다', '발/볼/벌/불/빨/뻘/뽈/뿔-긋하다'처럼 자음, 모음교체에

의해 모두 8개의 어근 형태가 있다. 그런데 (9ㄴ)은 '발/볼/벌/불/빨/뻘-그대대(데데)하다'처럼 6개의 어근 형태가 있고, (9ㄷ)과 (9ㄹ)은 각각 '발/볼/벌/불-그무레하다'와 '발/벌/빨/뻘-긓(겋)다'처럼 4개의 어근 형태만 있다. 이처럼 같은 계열어군에 있어도 어근의 음운교체가 결코 균형적인 것이 아니며 많은 자리가 비어 있다. (10)은 다른 계열어군에 비추어 빈자리를 상정하는 예들이다. (10ㄱ)의 '시다' 계열어군을 비추어 볼 때 (10ㄴ)의 '달다' 계열에도 '*들금/*들굼/*들큼-하다'와 '*들그무레하다'[3]가 존재하지 못할 이유가 없을 것 같지만 실제로 빈자리로 남아 있다.

그래서 낱말 생성은 모든 가능성을 다 실현하는 것은 아니다. 논리적으로 어떤 낱말이 생성될 수 있어도 실제로 존재하지 않는 경우가 많다. 한편 어떤 빈자리는 표준어에는 존재하지 않고 있으나 특별한 제약 조건이 없기 때문에 방언이나 개인의 문학 창작에서는 사용할 가능성이 있다.

(11) ㄱ. 黃兮兮, 綠兮兮, 藍兮兮, 紅兮兮, 黑兮兮

ㄴ. ?甜兮兮, ?苦兮兮, ?鹹兮兮, ?辣兮兮, ?酸兮兮

중국어 감각형용사도 마찬가지로 많은 빈자리가 있다. 중국어는 음운교체에 의한 조어법이 없기 때문에 주로 형태소 복합법에 의해 낱말을 생성한다. 사전에 따르면 (11)의 접미사 '兮兮'는 (11ㄱ)처럼 색채어에만 분포하고 (11ㄴ)의 미각어 어근과는 결합하지 않고 빈자리로 남아 있다. 그런데 [+낮은 정도][-쾌감]을 나타내는 '兮兮'는 이미 상당히 추상화되어 미각형용사와 결합하지 못할 이유가 별로 없다. 그래서 사전에 수록되지 않은 (11ㄴ)의 낱말들은 실제 언어생활에서는 충분히 사용할 가능성이 있다[4].

---

3 '들금하다'가 존재하지 않으므로 거기에 접미사 '-으레-'가 더 첨가한 '들그무레하다'도 존재하지 않는다.

4 CLL 말뭉치에서 '甜兮兮, 苦兮兮'의 용례가 별로 많지 않지만 한 두 개 정도는 찾을 수 있다.

(12) 가무퇴퇴/거무튀튀/<u>거무틱틱</u>/까무퇴퇴/꺼무튀튀-하다

　　<u>*꺼무틱틱하다</u>

(13) 가무총총/<u>거머충충</u>/거무충충/까무총총/꺼무충충-하다

　　<u>*가마총총하다, *까마총총하다</u>

(14) 반/빤/뱐/빤/번/뻔-하다

　　<u>*변/뻔-하다</u>

　특별한 제약 조건이 없어도 빈자리로 남아 있는 원인에 대해서는 아마도 언어의 경제성 원리로 설명할 수 있다. 또한 어떤 체계의 균형을 파괴하는 낱말은 다시 음운교체에 의해 새로운 낱말을 생성하지 않는 경향이 있다. (12)의 ‘거무틱틱하다’는 ‘퇴퇴:튀튀’의 양성-음성 모음대립을 파괴하는 것이므로 다시 음운교체에 의해 ‘*꺼무틱틱하다’를 형성하지 않는다. (13)의 ‘거머충충하다’는 ‘가무총총/거무충충/까무총총/꺼무충충-하다’에 비해 형태가 좀 특이하므로 다시 음운교체에 의해 ‘*가마총총하다, *까마총총하다, *꺼머충충하다’를 형성하지 못한다. 또 (14)의 ‘반/빤/번/뻔-하다’가 정연한 자음·모음 대립짝을 이루는데 ‘뱐/빤-하다’는 그 균형을 파괴한 것이다. 그래서 ‘뱐/빤-하다’의 모음대립짝인 ‘*변/뻔-하다’는 생성하지 못한다.

6.2.2 낱말 형성의 제약

　앞서 논의한 빈자리와 달리, 어떤 빈자리는 음운론적, 형태론적, 의미론적인 제약을 받기 때문에 실현되지 못하고 앞으로도 실현될 가능성이 별로 없다.

(15) ㄱ. 새(샛)빨갛다, 시(싯)뻘겋다, 새(샛)까맣다, 새카맣다

　　　ㄴ. *새발갛다, *시벌겋다, *새(샛)가맣다

(16) ㄱ. 길찍하다:짤막하다, 큼직하다:자그마하다, 깊직하다:야트막하다

　　　ㄴ. *길막하다:*짤찍하다, *크막하다:*작직하다, *깊으막하다:*얕직하다

(17) ㄱ. 冷颼颼, 涼颼颼, 寒嗖嗖/ 紅燦燦, 黃燦燦, 白燦燦, 明燦燦

　　　 ㄴ. *紅颼颼, *黃颼颼, *白颼颼, *明颼颼/ *冷燦燦, *涼燦燦, *寒燦燦

　　　 ㄷ. *熱颼颼, *暖颼颼/ *黑燦燦

앞선 제4장의 파생어 고찰에서 한국어 접두사 '새(샛)-/시(싯)-'는 주로 'X+앟/엏' 구조를 갖는 색채형용사들에 붙으며 '평음-경음-격음'의 대립이 보이는 색채어들 중에서 유독 평음형과는 결합할 수 없는 제약이 있다고 밝힌 바가 있다. 이런 제약은 음운과 관련이 있을 뿐만 아니라 의미와도 관련이 있다. '색깔이 짙어짐'을 나타내는 접두사 '새(샛)-/시(싯)-'는 청각인상이 약한 평음과 결합하지 않고 강하게 들리는 경음이나 격음과만 결합하는 음운론, 의미론적 제약을 받는다. (16)의 접미사 '-직(찍)-'과 '-(으)막-'은 어근에 대한 선택 제약이 있다. 즉 접미사 '-직(찍)-'은 주로 긍정적 가치를 나타내는 쪽, 접미사 '-으막-'은 주로 부정적 가치를 나타내는 쪽과 결합한다. (17)의 중국어 준접사 '颼颼(嗖嗖)', '燦燦'도 의미론적 제약을 받고 있다. 이 두 준접사는 본디 뜻이 덜 사라지므로 바람 소리 상징어인 '颼颼(嗖嗖)'는 온도각 형용사 중에도 냉각 형용사와만 결합하고 '빛남'을 나타낸 '燦燦'는 주로 색채형용사와만 결합한다.

(18) ㄱ. 파랗다, 커다랗다

　　　 ㄴ. *바/*빠-랗다, *거/*꺼-다랗다

앞선 자음교체에 대한 고찰에서 한국어의 자음교체는 평음→경음→격음의 순서로 청각인상이 약한 쪽으로부터 강한 쪽으로만 가능하고 거꾸로 약한 쪽으로는 교체하지 않는다고 지적한 바가 있다. 이런 음운론적 제약으로 '푸르다', '크다' 계열의 모든 구성원들이 자음교체에 의한 평음이나 경음 형태가 없다.

(19) ㄱ. 다사/다스/드스/따사/따스/뜨스-하다

　　　 ㄴ. 다습/드습/따습/뜨습-다, *다삽/*따삽-다

　　　 ㄷ. 다사/따사-롭다, *다스/드스/따스/뜨스-롭다

(20) ㄱ. 새(샛)빨갛다, 시(싯)뻘겋다, 새(샛)노랗다, 시(싯)누렇다

    ㄴ. *시붉다, *시누르다

(21) ㄱ. 黃兮兮, 綠兮兮 / 黑洞洞, 暗洞洞

    ㄴ. *黃綠兮兮 / *黑暗洞洞

(19ㄱ)처럼 온도각 형용사 어근 '다사/다스/드스/따사/따스/뜨스-'는 모두 접미사 '-하-'와 결합할 수 있으나 접미사 '-ㅂ-'과 '-롭-'과 결합할 때는 형태론적 제약을 받는다. 즉 어근 모음이 'ㅡ'로 될 때는 '-ㅂ-'만 결합할 수 있고 어근 모음이 'ㅏ'로 될 때는 '-롭-'만 결합할 수 있다. (20)의 접두사 '새(샛)-/시(싯)-'는 단일어에 붙지 않는 형태론적 제약으로 (20ㄴ)의 '*시붉다, *시누르다' 등을 생성할 수 없다. 중국어의 'XX'형 중첩 접미사는 단음절 어근과만 결합하여 'AXX'형 형용사를 형성하는 제약이 있으므로 (21ㄴ)처럼 두 음절 합성어 '黃綠', '黑暗'은 접미사 '兮兮', '洞洞'과 결합할 수 없다.

이상은 주로 파생 접사와 음운교체의 제약에 대해 살펴봤다. 그런데 한중 감각형용사의 합성어를 보면 어근들이 무질서하게 서로 결합하는 것이 아니라 일정한 규칙이 있다. 아래는 '생리학적 감각 경험', '감각에 대한 민족 의식' 그리고 '언어 특징' 세 가지 각도에서 어근 결합의 제약에 대해 고찰하겠다.

감각형용사의 어근 합성은 우선 인간 신체의 생리학적 기초와 감각 경험에 달려 있다. 가령 인간이 귤이나 포도 등 과일을 먹을 때 시면서도 단 맛을 많이 경험하기 때문에 자연히 '酸甜', '새콤달콤하다'의 합성어가 형성하게 된다. 또 색채학에서 푸른색과 붉은색을 섞으면 보라색이 되는 것처럼 유채색인 '빨강', '노랑'과 '파랑'[5]이 서로 혼합하면 다른 색으로 변하기 때문에 유채색 어근끼리의 합성보다 '黑紅, 黑黃, 黑藍, 黑綠', '검붉다, 검푸르다, 검누르다'처럼 무채색

---

5 '유채색(有彩色)'은 색상, 명도, 채도를 가진 빛깔. 빨강·노랑·파랑과 이들이 섞인 색들로, 검정·하양·회색을 제외한 모든 색을 가리키며 '무채색(無彩色)'은 색상이나 채도는 없고 명도의 차이만을 가지는 색. 검정, 하양, 회색을 이른다.『표준국어대사전』

'검은색'과 다른 유채색의 결합이 색채학의 원리에 맞는다[6].

그러나 어근들의 결합은 신체 기능 및 감각 경험에만 달려 있는 것은 아니다. 민족에 따라 감각에 대한 인식이 다를 수도 있다. 예컨데 '鹹澀的泪水'처럼 중국어에서 '鹹(짜다)'과 '澀(떫다)'을 연결시켜 동시로 인식할 수 있는데 한국어에서는 그렇지 못한다. 한편 한국어에서 '희붉다, 희푸르다, 희누르다'처럼 무채색인 '희다'가 다른 유채색과 잘 결합하여[7] 바탕빛깔의 밝은 색을 나타내는데, 중국어에서는 보통 그렇게 결합하지 못한다.

어근 결합의 제약은 중한 언어의 특징과도 관련이 있다. 중국어는 형태가 풍부하지 않은 고립어로서 단어와 구의 경계가 매우 모호하다. 가령 중국어에서 '黑潤, 紅潤, 黃潤, 藍潤, 白潤'가 모두 가능한 표현인데 그들이 단어인지 통사구인지를 구별하기가 여간 어렵지 않다. 반면 한국어는 단어와 구의 경계가 상대적으로 명확하므로 일상생활에서 가장 많이 접하고 경험한 느낌만 '가마반드르하다'와 '희번드르르하다'처럼 한 단어로 합성하여 사용하는데 다른 덜 익숙한 감각은 '누르고 반드르르하다', '푸르고 반드르르하다'처럼 통사구로 표현한다. 다시 말하면 한국어는 대체로 익숙한 감각 경험을 어휘적 방법으로 표현하고 덜 익숙한 감각은 통사구조로 표현하는 특징이 있다. 반면에 중국어는 단어와 구의 구별이 모호하기 때문에 의미만 모순되지 않으면 어근들이 거의 자의적으로 결합할 수 있다는 특징이 있다. 다시 말하면 중국어는 한국어처럼 단어와 구의 구별로 그 감각이 인간에게 익숙한 것인지 덜 익숙한 것인지를 구별할 수 없다.

---

6 그런데 '푸르누렇다', '黃綠'처럼 유채색 간의 합성어가 전혀 없는 것은 아니다. 과학자들의 연구 결과에 의하면, 빛깔에 대한 시각신경계통의 반응에는 ①[붉은색-록색], ②[남색-누른색]의 대립세포가 있는데 이들 양자간에는 서로 배타적인 것으로서 생리상으로 볼 때 사람들은 붉은색과 록색 혹은 누른색과 남색의 종합적인 감각을 가질 수 없지만 붉은색과 누른색, 록색과 남색의 종합적인 감각은 가질 수 있다는 것이다. 강보유(1990:13)

7 손용주(1998)는 유채색과 무채색이 결합할 때 무채색이 앞서는 '무채색 우선의 원칙'이 적용되고(검푸르-, 희붉-) 유채색과 유채색이 결합할 때는 채도가 높은 쪽이 낮은 쪽보다 선행하는 '채도 우선의 원칙'(푸르누렇-)이 적용된다고 하였다.

6.3 준말의 형성

앞선 서론에서 준말과 본말은 같은 의미로 서로 교체될 수 있기 때문에 준말을 연구대상에서 제외한다고 한 바가 있다. 의미연구에서 준말을 취급하지 않아도 무방하겠지만 단어의 형태구조와 조어법 연구에서는 준말의 형성 원리와 과정을 좀 살펴볼 필요가 있다.

새로운 낱말을 만들어 내기 위해 이미 존재한 형태소를 이용하여 파생 또는 합성의 조어법을 사용하는 경우가 많다. 특히 파생과 합성을 교차적으로 사용할 때 낱말이 길어지고 구조도 복잡해질 수밖에 없다. 이러한 문제점을 극복하기 위해서는 의미를 유지시킨 채로 낱말의 음절수를 줄이게 된다(이재현, 2010:11~2). 즉 형태소를 결합시켜 낱말을 확장하는 조어 과정과 반대로, 언어 사용의 경제성 즉 노력 절감의 원리에서 낱말의 형태를 축소하는 현상도 있다. 이런 축소 어형을 일반적으로 '준말'[8] 혹은 '약어'라고 부른다.

앞선 그림 (1)과 (2)에서 살펴본 바와 같이, 한국어 감각형용사는 파생 또는 합성을 여러차례 반복하여 어형이 긴 낱말을 형성하는 경우가 많은 데에 반해, 중국어 감각형용사는 파생 혹은 합성 어느 하나만 사용하므로 보통 4음절을 넘지 않는다. 그러므로 중국어에 비해 한국어 감각형용사는 긴 어형을 줄여서 간편하게 사용하려는 필요성이 제기된다. 또한 중국어는 표의문자로서 일정한 의미를 지니는 음절을 쉽게 줄일 수 없는 반면, 한국어는 표음문자로서 낱말의 일부 음절을 줄여도 단어 인지에 크게 문제되지 않는다. 그러므로 한국어 감각형용사는 음절수를 줄여 준말을 많이 만드는데 중국어는 그러지 않는다.

---

[8] '준말'의 개념에 대해 송철의(1993)에서 '준말'의 다섯 가지 성립 조건을 다음과 같이 제시한 바가 있다. 첫째, 본말(원형식)보다 음절수가 적어야 한다. 둘째, 준말에서의 음절수 감소는 음운론적 차원에서의 형식의 감축에 의한 것이어야 한다. 셋째, 준말은 본말과 의미가 같아야 한다. 넷째, 준말은 본말로부터 직접 도출될 수 있는 것이어야 한다. 다섯째, 어떤 언어형식이 준말로 인정되려면 그 본말이 표면음성형으로 실현될 수 있는 것이어야 한다.

한국어 준말의 유형에 대해서는 여러가지 견해가 있다. 이승명(1987)은 준말을 '1)머리음절말(또 '머리글자말'이나 '두문자어'라 부름): 경북대학교→경대, 산업은행→산은; 2)음운줄인말: 가을→갈, 사이→새; 3)자른말: 꿍꿍이셈→꿍꿍이, 보름날→보름; 4)문준말: 대체로 흐리고 약간 비가 오겠다→대흐약비, 아니꼽고 더럽고 메스껍고 치사하고 유치하다→아더메치유'의 4갈래로 분류하는데 송철의(1993)는 준말을 '1)모음탈락된 준말: 가을→갈,싸움→쌈,무우→무; 2)모음축약된 준말: 사이→새, 아이→애; 3)활음화된 준말: 시원하다→션:하다, 무엇→뭣'의 3갈래로 분류했다. 이재현(2010:119~121)은 '축소어형'을 우선 음운의 축소냐 음절의 축소냐에 따라 양분하고 전자를 다시 '축약'(예:고양이→괭이, 그사이→그새, 꼬이다→꾀다)과 '탈락'(예:가을→갈, 골짜기→골짝, 겨를→결), 후자를 다시 '절단'(예:가마니→가마, 언걸먹다→걸먹다)과 '선택'(예:김치볶음밥→김볶, 불고기낙지전골→불낙)으로 나누었다. 이처럼 준말의 개념에 대해서 이승명(1987)과 같이 문장을 줄이는 문준말까지 준말로 보는 넓은 준말 개념과 송철의(1993)와 같이 낱말 그리고 형태.음운론적인 축소현상에만 한정하는 좁은 준말 개념이 있다.

한국어 감각형용사의 준말을 보면 본말(원어형)의 앞뒤 일부를 자르는 '자른말(또 '절단'이라 부름)'과 단어나 구 또는 구적 구성에서 음절 몇 개를 선택적으로 취해서 만들어진 '머리음절말(또 '선택'이라 부름)' 현상은 존재하지 않는다[9]. 그러므로 본고는 한국어 감각형용사의 준말을 두 음절의 일부를 취해 한 음절로 만드는 '축약'과 일부 음절을 빼는 '탈락'으로 나누어 고찰해보기로 한다. 바꾸어 말하면 준말 형성에서 음절의 일부 음소만 탈락하면 그것을 '축약'으로, 음절 전체가 탈락하면 그것을 '탈락'으로 본다.

---

9 '구텁지근하다/고탑지근하다' 중의 '구텁/고탑'은 합성어 '구리텁텁하다/고리탑탑하다'의 두 어근에서 각각 첫음절을 따온 것이겠지만 '*구리텁텁지근하다/*고리탑탑지근하다'의 본말이 존재하지 않으므로 '구텁지근하다/고탑지근하다'를 다른 낱말의 준말로 보기 어렵고 독립적인 낱말로 봐야 타당하겠다.

(22) ㄱ. 자그마하다 → 자그맣다

　　　ㄴ. 커다랗다 → 커닿다

(23) ㄱ. 노리착지근하다/누리척지근하다 → 노리칙근하다/누리칙근하다

　　　비리척지근하다/배리착지근하다 → 비리칙근하다/배리칙근하다

　　　쉬척지근하다 → 쉬칙근하다

　　　ㄴ. 알짝지근/얼쩍지근-하다 → 알찌근하다/얼찌근하다

　(22)과 (23)은 두 음절의 일부가 서로 결합하여 한 음절을 구성하는 '축약' 현상으로 볼 수 있다. (22ㄱ) '하'의 자음 'ㅎ'은 앞음절의 받침소리로 되고 모음 'ㅏ'는 앞음절 모음과 같아서 탈락된다. (22ㄴ)의 '다랗'은 뒷음절의 자음 'ㄹ'과 모음 'ㅏ'가 탈락되어 하나의 음절 '닿'으로 축약된다. (23ㄱ)은 접미사 '착지근/척지근'의 앞 두 음절 '착지/척지'에서 각각 자음 'ㅊ'과 모음 'ㅣ'를 가져 '치'로 축약한 것이며 (23ㄴ)은 마찬가지로 '짝지/쩍지'를 '찌'로 축약한 것이다.

(24) ㄱ. 노리착지근하다/누리척지근하다 → 노착지근하다/누척지근하다

　　　비리척지근하다/배리착지근하다 → 비척지근하다/배착지근하다

　　　비리척지근하다/배리착지근하다 → 비리치근하다/배리치근하다 →

　　　비치근하다/배치근하다

　　　구리팁팁하다/고리탑탑하다 → 구팁팁하다/고탑탑하다

　　　ㄴ. 쉬척지근하다 → 쉬지근하다

　　　매작지근하다/미적지근하다 → 매지근하다/미지근하다

　　　가마/거머/까마/꺼머-무트름하다 → 가/거/까/꺼-무트름하다

　　　ㄷ. 해반드르르/희번드르르하다 → 해반들하다/희번들하다

　(24ㄱ)과 (24ㄴ)은 본말의 음절 '리', '척', '마/머'와 '작/적'이 준말 형성에 전혀 참여하지 않고 완전히 탈락된 것이다. 그중 좀 특이한 것은 (24ㄱ)의 '비리척지근하다/배리착지근하다'가 직접 '리'를 탈락시켜 준말 '비척지근하다/배착지근하다'를 형성하기도 하고, 먼저 축약하여 준말 '비리치근하다/배리치근하다'를 형성한 다음 다시 '리'를 탈락시켜 '비치근하다/배치근하다'를 형성하기도 한

다. (24ㄷ)의 경우는 좀 복잡하다. 합성어 '해반드르르하다/희번드르르하다'의 뒤 어근 '반드르르/번드르르' 중의 '르르'의 하나는 앞 음절 '드'와 함께 '들'로 축약되고 다른 하나는 탈락된다.

위 (23)과 (24)를 보면 '노리착지근하다/누리척지근하다', '비리척지근하다/배리착지근하다'와 '쉬척지근하다' 등 날말들은 축약에 의해 준말 '노리치근하다/누리치근하다', '비리치근하다/배리치근하다'와 '쉬치근하다'를 형성하기도 하고 탈락에 의해 준말 '노착지근하다/누척지근하다', '비척지근하다/배착지근하다'와 '쉬지근하다'를 형성하기도 한다.

음소나 음절이 줄어서 말들어진 준말은 형태적으로 본말과 달라졌으나 여전히 형태상의 연관성을 보이고, 또 준말과 본말은 같은 의미로 서로 교체할 수 있기 때문에 준말을 새 단어로 보기 어렵고 말을 간편하게 하기 위한 본말의 줄임 형태로 보는 것이 타당하겠다.

제 3 부
의미연구

제7장

감각형용사의 의미 특징

사물의 속성이나 상태를 표현하는 형용사는 하나의 품사 부류로서 형태, 기능 면에서뿐만 아니라 특히 의미 면에서 여느 품사와 구별되는 특징을 지니고 있다[1].

한국어 형용사의 의미 특징에 대한 선행연구로는 김상대(1990), 정인수(1994), 김정남(1998,2001) 등을 들 수 있다. 김상대(1990:240~5)에서 형용사와 동사의 의미 차이에 착안하여 상태는 동작과 달리 한 시점에서의 고정적 특성을 가지면서 정도에 있어서 여러 등급적 차이를 드러내도록 되어 있다고 지적한 바가 있다. 즉 형용사의 의미는 정적(靜的)이며 정도성을 지니고 있는 것으로 파악하고 있다. 김정남(1998:76~88)에서 형용사의 의미·화용론적 특성으로 '주관적 판단성', '인칭 제약성'과 '정도성' 세 가지로 파악하고 김정남(2001:176~7)에서는 한국어 형용사 전반의 공통된 의미특징을 1)[+상태성], 2)[+지속성], 3)[+정도성]으로 제시하였다[2].

이처럼 형용사의 의미특징에 대한 선행연구들은 조금씩 견해가 다르지만 공통적으로 '주관성'과 '정도성'을 형용사의 중요한 의미특징으로 보고 있다. 아래는 감각형용사의 이 두 특징에 대해 좀더 구체적으로 고찰해 보겠다.

---

1 중국어 문법은 종래로 형용사를 하나의 독립된 품사 부류로 기술해 왔으나, 한국어 문법의 경우 형태(form), 기능(function)과 의미(meaning) 이 3가지 품사 분류 기준 중에서 기능 위주의 품사 설정 경향이 두드러지게 나타남에 따라, 직능의 서술성과 형태의 활용성이 동사와 흡사한 형용사를 동사의 하위부류인 '상태동사(stative verb)' 또는 '비동작동사(Non-active verb)'로 기술하는 경향이 있다. 그러나 한국어 형용사는 의미에 있어서는 결코 동사에 예속적이 아니며 독립적 특성을 갖는 사실을 간과해서는 안되며(김상대,1990:239) 형용사의 문법적 특징인 1) 시제 나열형이 없다. 2) 목적꼴이 없다. 3) 의도형이 없다. 4) 설명형 '-인데'의 차이(동사:는데, 형용사:은데), 5) 구속형, 6) 도급형, 반복형 등의 차이, 7) 객어와의 호응이 없는 것, 8)태(vice)가 없는 것, 9)기본형이 현재형인 것, 10)현재진행 시상과 과거미완 등이 없는 것들은(이광정,2001:69) 결국 다 형용사의 의미특징에서 기인된다고 할 수 있다.

2 김정남(2001:176~7)에서 형용사의 의미특성을 [+상태성],[+지속성],[-순간성],[-변화성],[+완료성],[-과정성],[+정도성]으로 나열하였는데 그중 [+지속성],[-순간성],[-변화성],[+완료성],[-과정성]은 다 시간성 여부에 관련된 것이므로 하나로 통합할 수 있을 듯하다.

7.1 주관성

　형용사는 대상의 성질이나 형상 자체에 대한 객관적인 표현뿐만 아니라, 대상에 대한 판단자의 정서적(情緖的), 감각적(感覺的), 이지적(理智的) 평가를 목적으로 한다는 점은 형용사라는 단어 부류가 그만큼 주관적인 판단에 의하여 내용이 좌우될 소지가 많다는 특성을 보여준다. 더 극단적으로 말하면 판단자의 주관은 객관적 속성과 거리가 먼 평가를 할 수도 있다는 것이다. 객관적인 측정이 가능하고 수치화될 수도 있는 속성 '크다', '작다'나 '많다'의 경우에도 객관적인 진술뿐만 아니라 주관적인 판단 표현을 할 수 있는 예들을 많이 볼 수 있다(김정남, 1998:77). 유현경(1998:35)에서도 형용사는 대상에 대한 객관적 서술조차도 화자의 판단이 개입되지 않을 수 없음을 지적했다. 바꾸어 말하면 사물은 어떤 성질과 상태로 객관적으로 존재하고 있지만 이를 느끼는 감각은 생리적 반응과 심리적 감수에 의해 형성되기 때문에 감각을 나타내는 언어적 표현은 매우 주관적인 것이다.

> (1)　ㄱ. 고추가 맵다.
> 　　　ㄴ. 나는 이 고추가 맵다.
> 　　　ㄷ. 나는 이 고추가 맵지 않다.
>
> (2)　ㄱ. 동생은 학교에 간다.
> 　　　ㄴ. *나는 동생이 학교에 간다.

　(1ㄱ)의 '맵다'는 '고추'라는 진술 대상의 맛 속성을 객관적으로 진술하고 있다. 그러나 (1ㄴ)처럼 판단자 '나'가 문면에 드러날 때는 '고추가 맵다'라는 표현은 고추의 속성을 객관적으로 묘사한 표현이면서도 판단자 '나'의 주관적 표현이기도 하다. 더 나아가 (1ㄷ)처럼 '이 고추가 맵지 않다'는 표현은 고추 맛에 대한 일반인의 판단과 어긋나지만 특정한 고추에 대한 판단자 개인의 주관적 판

단으로서 언어생활에서 충분히 가능한 표현이다. 형용사의 이런 의미 특징과 달리, (2)의 동사 '가다'는 (2ㄱ)과 같이 객관적 표현만 가능하고 (2ㄴ)과 같은 주관적인 표현은 불가능하다.

(3)　ㄱ. (나는/*너는/*그는) 이 고추가 맵다.
　　ㄴ. (*나는/너는/*그는) 이 고추가 맵니?

주관성은 감각형용사의 중요한 의미 특징으로서 감각형용사의 통사적 특징과도 긴밀히 연결되어 있다. 위 예(3)처럼 평서문에서는 화자와 주어가 같아야 하고 의문문일 때에는 주어가 청자와 동일해야 하는 인칭제약[3]은 바로 의미의 주관성에서 기인된 것으로 볼 수 있다.

3　형용사의 인칭제약에 대한 부분은 유현경(1998:97~8) 참조.

7.2 정도성

형용사의 정도성(gradability) 의미에 대해서는 정인수(1994), 김정남(1998), 김상대(1990) 등 선행연구들이 있는데, 대상의 속성이나 상태를 나타내는 형용사의 가장 기본적인 의미특성이 바로 정도성에 있다는 점을 모두 인정하고 있다. 형용사에 대한 중국어 학계의 대표적 연구인 朱德熙(1956), 李宇明(2000)와 張國憲(2000, 2006)에서도 정도성 의미가 형용사의 기본적인 의미특성 중의 하나라고 지적한 바가 있다. 정도 부사의 수식을 잘 받거나 비교구문이 자연스럽다는 형용사의 통사적 특징도 이러한 정도성 의미 때문이라고 할 수 있다.

정인수(1994:8)에서는 "대상이 가지는 속성이 그 어떤 것이든지 간에 그 속성에는 정도의 차이가 기본적으로 존재하는 것으로 볼 수 있다"고 하고 김상대(1990:241)에서는 "상태 그 자체의 내적 공간에서는 그 자질의 정도에 있어서 여러 등급적 차이를 드러내도록 되어 있다"고 지적한 바가 있다. 다시 말하면 상태성 의미, 그리고 거기에 내포되어 있는 정도성 의미는 형용사와 다른 품사를 서로 구별하는 중요한 의미 특징이라고 볼 수 있다[4].

김상대(1990:240)에서는 아래와 같은 예로 형용사와 동사의 의미적 차이를 보여준 바가 있다.

(4)　ㄱ. 이 애가 {매우/아주/가장/조금} 착하다. (성질)

　　　ㄴ. 새 해를 맞아 마음이 {매우/아주/가장/조금} 기쁘다. (상태)

(5)　아이가 글을 {*매우/*아주/*가장/*조금} 읽는다. (동작)

(4)에서 성질이나 상태를 나타내는 형용사 '착하다'와 '기쁘다'는 '매우, 아주,

---

4 형용사의 의미적 특성에서 상태와 정도는 因果的 관계이면서 또 일면에서는 형용사의 대등한 두 특성으로서 형용사 구문에서 중요하게 작용한다. 김상대(1990:245)

가장, 조금' 등 정도 부사[5]의 수식을 받을 수 있는 것과 달리, (5)에서 동작 의미를 나타내는 동사 '읽다'는 정도와 전혀 무관하므로 정도 부사의 수식을 받을 수 없다. 이렇게 동작과 상태를 비교해 볼 때, 동작에는 정도의 개념이 관여되지 못하는 데 비해서 상태는 정도의 여러 차등을 나타내는 내적 공간을 갖는 것이 대조적이며, 이는 상태의 가장 중요한 특성의 하나로 이해된다(김상대,1990:244)[6].

그런데 모든 형용사들에 다 정도가 매겨질 수 있는가에 대해서는 이견이 있다. 김상대(1990:245)에서는 형용사의 [+정도성]은 '있다'와 같은 사이비 형용사를 제외하곤 순수 형용사에는 예외 없이 적용되고 형용사의 절대적 의미특성으로 파악하고 있다. 그러나 정인수(1994:11~2)에서는 모든 형용사가 정도성을 가지는 것은 아니고 의미가 한 쪽 끝을 한정하는 성질을 가진 형용사들은 [+정도성]을 포함하지 않는다고 하면서 '완벽하다, 영원하다, 가득하다'와 같이 '조금, 약간, 아주, 매우' 등 정도 부사의 수식을 받으면 어색해지는 형용사들은 '비정도적 형용사(non-gradable adjective)'로 파악하고 있다[7]. 정인수의 견해에 대해 김정남(1998:89)은 "우리의 판단에는 '아주 완벽하다'는 아주 완벽하게 성립되는 예이며 '조금 완벽하다'나 '어느 정도 완벽하다'도 성립에 무리가 없다. 다만 '?조금 가득하다'든가 '?약간 가득하다'와 같은 표현은 정도 부사의 내용

---

5 최현배(1985:598)는 정도 어찌씨(정도 부사)에는 정도의 높임을 보이는 것과 낮음을 보이는 것 두 가지가 있는데, '매우, 훨씬, 퍽, 대단히, 아주…'등은 정도의 높임을 보이는 정도 어찌씨이고, '조금, 좀, 약간…'등은 정도의 낮음을 보이는 정도 어찌씨라고 한다. 정인수(1994:10) 재인용

6 대부분의 형용사들은 정도어들이며, 이들 형용사의 정도성(gradability)은 정도를 나타내는 very, so, extremely와 같은 부사의 수식을 받을 수 있다. 정인수(1994:9)

7 정인수(1994:8~20)는 주로 형용사의 정도성 및 원구문과 비교구문 사이의 함의 관계를 중심으로 해서 형용사의 의미특성을 고찰하였는데 정도매기기에 제한이 있느냐에 따라 '길다, 짧다, 높다' 등 제한이 없는 형용사, '가득하다, 완벽하다, 영원하다' 등 제한이 있는 형용사, '거대하다, 위대하다, 캄캄하다' 등 부분적인 제한이 있는 형용사 세 가지로 분류했다. 그리고 정도를 매길 수 있는 형용사에 대해 다시 원형과 비교형의 의미가 같으냐, 비교구문이 원구문을 함의하느냐에 따라 '길다, 짧다, 크다, 작다'와 같은 '상대적 형용사'와 '아름답다, 추하다, 깨끗하다'와 같은 '절대적 형용사'로 나누었다.

('小'의 의미)과 그 수식을 받는 형용사('多'의 의미)의 의미 내용에서 발생하는 충돌 때문에 성립이 어려운 것이지 '가득하다'와 같은 형용사가 정도성을 가지지 않기 때문에 이 문장이 성립에 이상을 가져오는 것이라고 판단되지는 않는다"며, "형용사들은 동사와 비교할 때 모두 [+정도성]이 감지되므로 이 [정도성]을 형용사의 의미 특질 중의 하나에 포함시키는 것이 좋다"고 김상대(1990)와 비슷한 주장을 하고 있다.

이상과 같이 '완벽하다, 영원하다, 가득하다, 있다' 등 형용사의 정도성 문제를 둘러싸고 이견이 있으나 본고에서 고찰하는 감각형용사는 의미적으로 정도의 강약과 밀접한 관계를 가지고 있다. 신체 기관인 눈, 귀, 코, 혀, 살갗에 의해 느껴진 시각, 청각, 후각, 미각과 촉각을 나타내는 감각형용사는 필연적으로 느낌의 강하고 약함을 바탕으로 하기 때문에, 유의어 계열어군의 의미를 구별하는 데에 정도성 의미가 매우 중요한 변별자질로 작용한다. '정도'라는 개념은 구체적 감각 영역에 따라 다른 이름으로 지칭하기도 한다. 가령 미각과 후각 형용사에서 말하는 맛과 냄새의 '농도(濃度)', 색채형용사에서 빛깔의 짙음을 말하는 '채도(彩度)'와 밝음을 말하는 '명도(明度)' 등은 모두 정도를 구체적으로 가리키는 말이다.

7.2.1 잠재적 정도성과 명시적 정도성

정인수(1994:8)와 張國憲(2006:47~48)에서 형용사의 정도성 의미는 크게 두 가지의 방식으로 실현된다고 지적했다. 하나는 '아주 달다', '조금 달다'와 같이 정도 부사의 수식을 통하여 실현하는 방식이며 다른 하나는 '달디달다, 달콤하다, 달짝지근하다'처럼 정도의 차이로 구별되는 일련의 어휘군으로 실현되는 방식이다. 여기서 이 두 가지 방식의 차이점에 주의할 필요가 있다. '달디달다', '달짝지근하다'는 '-디-', '-짝지근-' 등 형태소에 의해 높거나 낮은 정도성 의미를 얻는다. 이에 비해 '달다' 자체는 어떠한 정도성 의미도 내포되지 않고 정도 부사의 수식을 받아야 정도성이 실현될 수 있다[8]. 다시 말하면, 모든 감각형용사들이 다 정도가 매겨질 수 있으나 어떤 형용사는 어휘의미 자체에 정도성 의미가 포함되어 있는 반면, 어떤 형용사는 어휘의미에 정도성 의미가 포함되지 않고 통사적 방법으로만 구체적인 정도를 나타낼 수 있다.

그러므로 형용사의 정도성 의미는 명시적이냐 아니면 잠재적이냐를 구분할 필요가 있다. '달디달다', '달콤하다', '달짝지근하다'처럼 정도성 의미를 명확히 드러내는 경우는 '명시적 정도성'으로, '달다'처럼 정도 부사의 도움을 받아야 정도성 의미를 실현하는 경우는 '잠재적 정도성'으로 볼 수 있다.

(6)　ㄱ. 그도 어지간히 취했는지 눈자위가 <u>빨갛다</u>.

　　　ㄴ. ?그도 어지간히 취했는지 눈자위가 <u>붉다</u>.

　　　ㄷ. 그도 어지간히 취했는지 눈자위가 {매우/아주} <u>붉다</u>.

위 (6)은 색채형용사 '빨갛다'와 '붉다'의 의미 차이를 잘 드러내는 예로서 (6ㄴ)처럼 '붉다'를 쓰면 어지간히 취해 눈동자가 매우 붉다는 상태를 나타내지 못하고 (6ㄷ)처럼 정도 부사 '매우, 아주'의 도움을 받아야 색깔이 짙다는 정도성 의미를 나타낼 수 있다.

이처럼 개별 형용사가 지닌 정도성 의미가 명시적이냐 잠재적이냐에 대해서는 정도 부사와의 결합관계를 통해 검정할 수 있다. 잠재적 정도성을 지닌 '붉다', '달다'는 그 자체에 어떠한 정도 의미도 포함되지 않으므로 '아주, 매우, 조금, 약간' 등 정도 부사의 수식을 두루 받을 수 있는 반면, 명시적 정도성을 지

8　이승명(1988:352)에서 "기본 미각 표시어의 하위 계열어군은 기본 미각 표시어보다 의미의 정도가 약하다고 하였다. 가령 '짜다'에서 파생된 '짭짤하다'는 '짜다'보다 의미의 강도가 약하며 '달다'의 하위 계열어인 '달보드레하다'도 '달다'보다 그 강도가 약화되어 있다"고 지적한 바가 있으며 기본어와 하위어군의 의미 차이를 정도의 강약 차이로 파악하고 있다. 그러나 '달다', '짜다'와 같은 기본어는 사실 어떠한 구체적인 정도 의미도 나타내지 않고 있으며 정도, 쾌감 등 주관적 평가 의미가 전혀 없는 무표항으로 맛의 종류라는 성질만 나타내고 있다.

 한중 감각형용사 대조 연구

닌 '달디달다', '달콤하다', '달짝지근하다' 등 형용사들은 그 자체에 높거나 낮은 정도 의미를 내포하고 있으므로 정도 부사와의 결합에서 제약을 받는다.

(7) ㄱ. 맛이 {아주/매우/조금/약간} <u>달다</u>.
    ㄴ. 맛이 {?아주/?매우/조금/약간} <u>달짝지근하다</u>.
    ㄷ. 맛이 {아주/매우/*조금/*약간} <u>달디달다</u>.

(8) ㄱ. 臉色{有點/很/非常/十分/太}<u>白</u>。
    ㄴ. 臉色{有點/*很/*非常/*十分/*太}<u>白兮兮</u>的。
    ㄷ. 臉色{*有點/*很/*非常/*十分/*太}<u>煞白</u>。

(7ㄱ)의 '달다'는 정도 부사 '아주/매우/조금/약간'의 수식을 두루 받을 수 있다. (7ㄴ)의 '달짝지근하다'는 낮은 정도를 나타내는 정도 부사 '조금/약간'의 수식을 잘 받을 수 있으나 높은 정도를 나타내는 '아주/매우'와는 잘 어울리지 않는다. 반면 (7ㄷ)의 '달디달다'는 높은 정도를 나타내는 '아주/매우'의 수식만 받을 수 있다.

예(8)의 중국어 예문도 마찬가지다. 형용사 '白(희다)'은 정도 부사 '有點/很/非常/十分/太(조금/아주/매우/무척/너무)'의 수식을 자유롭게 받을 수 있는 데에 비해, 높은 정도를 나타내는 '煞白(얼굴에 핏기가 가시어 창백하다)'은 정도 부사와 전혀 공기하지 못하고 낮은 정도를 나타내는 '白兮兮(희읍스름하다)'는 정도 부사 '有點(조금)'와만 공기할 수 있다.

유표,무표의 이론으로 형용사의 정도성 의미를 설명해 보면, '잠재적 정도성'을 지닌 형용사는 무표항으로서 구체적 정도 의미의 자질을 포함하지 않는 반면, '명시적 정도성'을 지닌 형용사는 유표항으로서 높거나 낮은 정도의 의미 자질을 내포하고 있다.

(9) ㄱ. 달다: [+단맛]
    ㄴ. 달콤하다: [+단맛][+알맞은 농도]

ㄷ. 달짝지근하다: [+단맛][+낮은 농도]

(10) ㄱ. 白:[+흰색]

ㄴ. 煞白:[+흰색][+높은 채도]

ㄷ. 白兮兮:[+흰색][+낮은 채도]

정도성 의미가 명시적이냐 잠재적이냐에 따라 감각형용사들이 서로 다른 통사적 특징을 보이기도 한다.

(11) ㄱ. A가 B보다 붉다/달다.

ㄱ'. ?A가 B보다 시뻘겋다/불그스름하다/달콤하다/달짝지근하다.

ㄴ. A比B紅/甛。

ㄴ'. *A比B通紅/甛蜜蜜/甛絲絲。

위 예(11)의 비교구문을 보면 (ㄱ)과 (ㄴ)처럼 잠재적 정도성을 지닌 '붉다, 달다'와 '紅, 甛'은 정도의 강약을 비교하는 구문이 잘 성립되는 반면 (ㄱ')과 (ㄴ')처럼 명시적 정도성을 지닌 '시뻘겋다, 달콤하다'와 '通紅, 甛蜜蜜' 등은 비교구문이 성립되지 않는다.

(12) ㄱ. A는 붉지/달지 않다.

ㄱ'. *A는 시뻘겋지/불그스름하지/달콤하지/달짝지근하지 않다.

ㄴ. A不紅/不甛。

ㄴ'. *A不通紅/不甛蜜蜜/不甛絲絲。

위 예(12)의 부정문에서도 (ㄱ)과 (ㄱ'), (ㄴ)과 (ㄴ')이 서로 다른 양상을 보인다. 잠재적 정도성을 지닌 '붉다, 달다', '紅, 甛'은 부정형 '-지 않다'와 '不'을 잘 취하는 반면 명시적 정도성을 지닌 '시뻘겋다, 달콤하다', '通紅, 甛蜜蜜'은 부정형을 취하지 못한다.

朱德熙(1956)에서 형용사의 의미와 통사 기능에 따라 중국어의 형용사를 사물의 속성, 성질을 나타내는 '성질형용사(性質形容詞)'와 사물의 구체적

인 상태를 나타내는 '상태형용사(狀態形容詞)' 크게 두 가지로 나눴다. 형용
사에 대한 이러한 분류는 중국어 학계에서 일종의 정설로 내려왔다[9]. 張國憲
(2000:453~4)에서 제시한 성질형용사와 상태형용사의 의미, 통사적 특징을 아
래와 같이 정리할 수 있다.

[표 1.] 性質形容詞와 狀態形容詞의 의미.통사 특징

	性質形容詞	狀態形容詞
意味 特徵	屬性	狀態
時間性	恒久的	臨時的
程度性	弥散量, 無標	固定量, 有標
意味 機能	區別	描寫
主要 統辭 機能	定語(관형어)	謂語(서술어), 補語(부사어)

'붉다, 달다'와 '紅, 甛' 등 성질형용사들은 주로 사물이 장기간에 유지하는
근본적 속성을 나타내며 '시뻘겋다, 달콤하다'와 '通紅, 甛蜜蜜' 등 상태형용사
들은 주로 사물이 어느 시점에 보이는 구체적 상태, 즉 정도가 어떠냐 비위에
맞느냐 등 상태를 묘사한다.

---

9 한국어 형용사에 대한 대표적 분류로는 최현배(1937), 유현경(1998), 김정남(2005)을 들 수 있다. 최현
배(1937)는 주로 의미에 따라 형용사를 크게 '속겉 그림씨(性狀形容詞)', '있음 그림씨(存在形容詞)', '견
줌 그림씨(比較形容詞)', '셈숱 그림씨(數量形容詞)', '가리킴 그림씨(指示形容詞)'로 분류했다. 유현경
(1998)은 주어에 경험주의 의미역을 할당하는 부류를 '主觀形容詞'라 하고 거기에 '심리형용사'('무섭다,
싫다' 등), '감각형용사'('간지럽다, 마렵다, 춥다' 등)와 '판단형용사'('괜찮다, 좋다' 등)의 하위유형을 설정
하고, 주어의 의미역이 대상역이나 처소역일 때에는 '客觀形容詞'라 하고 거기에 '성상형용사'('크다, 작
다, 맵다, 짜다' 등), '장소교차형용사'('그득하다, 수북하다, 자욱하다' 등), '소재형용사'('드물다, 수두룩하
다' 등), '대칭형용사'('다르다, 같다' 등), '기준형용사'('가깝다, 걸맞다, 다름없다' 등), '소유형용사'('있다, 없
다'), '가능형용사'('밝다, 어둡다' 등)와 '태도형용사'('당연하다, 분명하다' 등)를 설정했다. 김정남(2005)
은 한국어 형용사를 우선 다른 대상과의 관련을 고려하느냐에 따라 '相關的 形容詞'와 '非相關的 形容詞'
로 양분하고 다시 의미에 따라 여러 하위유형을 설정했다. 이처럼 한국어 학계에서는 형용사를 '性質形容
詞'와 '狀態形容詞'로 잘 구분하지 않고 '性狀形容詞'를 통털어 설정하는 것이 일반적이다.

10 여기서 말하는 '補語'는 '結果補語'를 가리키며 '火燒得通紅(불이 시뻘겋게 타다)'처럼 한국어로 번역할
때 주로 부사어로 바꾼다.

성질형용사와 상태형용사의 이런 구별로 앞선 (11)의 비교구문과 (12)의 부정문 문제를 설명할 수 있다. 예(11)의 비교구문의 경우, 다른 사물과 구별하는 것이 표현 목적이므로 항구적 속성을 나타내고 정도성이나 다른 주관 의미에 무표적인 성질형용사를 사용하는 것이 일반적이다. 그리고 예(12)처럼 사물의 구체적인 상태를 서술하는 경우, 화자가 자신의 주관 판단을 부정할 리가 없기 때문에 상태형용사에 부정형을 잘 사용하지 않는다.

중국어 형용사의 이런 구분은 대체로 한국어에도 적용할 수 있다[11]. '달다, 희다'와 '甛, 白' 등 단일어들은 객관적 속성을 나타내는 성질형용사로서 정도, 정서 등 주관적 의미에는 무표적이다. 반면에 '달디달다, 달콤하다, 달짝지근하다'와 '白兮兮, 煞白' 등 대부분의 복합어들은 구체적인 상태를 나타내는 상태형용사로서 정도성 의미나 다른 주관적 의미에 유표적이다.

7.2.2 정도성 의미의 실현방식

앞선 4장과 5장에서 한중 감각형용사의 조어법을 고찰하면서 접사 파생, 어근 합성과 음운교체가 가져온 의미변화를 살펴봤다. 아래는 감각형용사의 중요한 의미특징인 정도성 의미에 초점을 맞춰서 한중 감각형용사가 명시적 정도성 의미를 어떻게 실현하는가를 다시 간략히 정리하겠다.

한중 감각형용사의 의미를 살펴보면 정도의 강약을 주관적으로 평가하는 정도성 의미가 감각형용사의 가장 근본적 의미 특징이자 풍부한 유의어 계열 어군을 변별해 주는 중요한 의미자질임을 알 수 있다. '달다, 붉다', '甛, 紅'처럼 정도 의미에 무표적인 형용사와 달리, '달디달다, 달콤하다, 달짝지근하다', '甛甛, 甛咪咪, 甛兮兮, 甛不唧兒'처럼 형태소 복합법이나 음운교체법에 의해 생성

---

11 그러나 중국어 성질형용사가 주로 관형어로 쓰이고 상태형용사가 주로 서술어와 부사어로 쓰이는 통사적 특징이 한국어에서도 잘 적용되는지는 더 면밀한 검토가 필요하다.

된 대부분의 형용사들은 그 어휘의미에 명시적 정도성 의미를 내포하고 있어 정도 부사의 도움 없이 낮은 정도, 알맞은 정도, 좀 높은 정도, 높은 정도 등 여러 등급의 정도 차이를 나타낼 수 있다.

조어법별로 정도성 의미와의 관련성을 살펴보면 한중 감각형용사에서 분석된 접두사나 접미사들의 대부분이 일차적으로나 부차적으로 정도 의미와 관련되어 있다. 이는 상당히 추상화된 접사의 의미가 감각의 가장 근본적 의미자질인 정도의미와 긴밀히 연결되어 있음을 말해준다.

파생어에 비해 합성어는 내부 구조가 다양하고 정도성 의미와 상관없는 낱말들이 있다. 특히 '희붉다, 맵짜다', '紅潤, 眊爽'과 같은 'AB'형 병렬 구조의 낱말들은 어근 B의 다양한 의미를 받아들이므로 정도성 의미와 무관한 것들이 많다. 그러나 '파라파랗다, 파릇파릇하다, 시금시금하다', '酸酸, 眊眊'과 같은 'AA'형 첩어나 '짙붉다, 엷붉다' '深紅, 淺紅', '雪白, 冰冷, 血紅'과 같은 'BA'형 주종식 합성어나 중국어에 특유한 'ABB', 'BBA', 'AABB', 'BABA'형 합성어들은 대부분 정도의미를 나타낸다.

한국어에만 존재하는 음운교체법 중에 자음대립짝들은 평음→경음→격음의 순서로 청각인상이 점점 드세게 들리면서 정도 의미가 점점 강해진다. 자음교체에 비해 모음교체가 가져온 의미 차이는 다양하다. '사늘하다:서늘하다', '알알하다:얼얼하다'처럼 높고 낮은 정도의 차이를 나타낸 모음대립짝이 있는가 하면 '빳빳하다:뻣뻣하다'처럼 상징어적인 어감 차이, '달콤하다:들큼하다', '짭짤하다:찝찔하다'처럼 화자의 비위에 맞느냐는 [±쾌감]의 차이를 나타내는 모음대립짝도 있다.

정도성 의미를 실현하는 데에 일차적으로 실현하는 것과 다른 의미와 함께 부차적으로 실현하는 것이 있다. 한국어 감각형용사가 주로 일차적으로 정도의미를 실현하는 양상과 달리, 중국어 감각형용사의 'AXX'형 파생어와 'AA',

‘ABB’, ‘AABB’, ‘BABA’형 중첩 합성어들은 모두 일차적으로 말을 생동하게 꾸미는 수사적 역할을 하면서 부차적으로 정도성 의미를 나타낸다.

7.3 의미장 이론 및 성분분석법

낱말들은 고립적으로 존재하는 것이 아니라 상호 결합하여 내용이 유사한 집단이 되고 이 집단 내에서 한 구성요소의 내용은 그밖의 다른 구성요소에 의해 규정되고 한편으로는 다른 낱말들의 내용에 영향을 주기도 한다. 즉 낱말 내용은 한 언어 영역 내에서의 그 위치가치에 의해 결정되며 한 언어의 어휘 전체는 크건 작건 간에 촘촘하게 채워진 그물같은 조직을 이룬다(이승애, 1997:6).

제2부 감각형용사의 형태 연구에서 볼 수 있듯이 한중 감각형용사는 형태소 복합법이나 음운교체법에 의해 수많은 낱말을 생성하여 매우 발달한 낱말밭이 이루어진다. 이 낱말밭에 있는 구성원들은 의미적으로 서로 연결되면서도 서로 구별되는 의미장(意味場, semantic field)[12]을 형성한다. 감각형용사는 [+감각]이라는 공동 의미바탕에 의해 한 무리로 묶이게 되고 또 [+맛][+냄새][+색채] 등 생리학적 속성 의미바탕에 의해 더 작은 무리로 나누어진다. 공동 의미바탕으로 묶이게 된 감각형용사들은 정도의 강약이나 선호 여부나 다른 의미자질에 의해 서로 구별되고 변별된다.

장이론(field theory)은 훔볼트(Humboldt)로 거슬러 올라갈 수 있고 그 이론에 따르면 언어는 커다란 그물같은 조직으로 얽혀져 있으며, 그물망 속의 각 요소는 다른 요소와 유기체를 형성한다. 그후 구조주의 언어학을 내놓은 소쉬르(Saussure)는 언어단위를 고립된 상태로는 중요성을 지니지 못하고, 체계 속에서 다른 단위와의 '계열적-결합적' 관련성에 의해서만 언어적 가치가 획득된다며 '따뜻하다', '소'의 의미가 고립된 상태가 아니라, 근본적으로 대조의 그물 속의 한 점이라고 강조하였다. 트리어(Trier)도 낱말의 의미에 대한 철저한 구조주

---

12 의미장, 어휘장(낱말밭)과 개념장에 대해 우형식 외(2009:36)에서 "특정 어휘장 안에 의미적으로 관련된 부분장들이 의미적 단일체를 구성하여 이룬 어휘들의 집합을 의미장(semantic field)이라 한다. 이때 의미적 단일체는 개념장(conceptual field)을 이루며, 어휘들의 집합은 어휘장을 이룬다. 이는 의미장이 내적으로는 개념장이며, 외적으로는 어휘장인 것을 뜻한다"고 설명한 바가 있다.

의적 접근을 채택하여 어떤 언어의 어휘 전체를 통합된 체계로 간주하며, 개별적 어휘 항목은 체계 속에서 인접하는 다른 어휘항목과의 관련성을 통하여 정의되고 한정된다고 하였다. 곧 어떤 언어의 어휘는 일종의 모자이크로 구성되어 있는 셈이다[13]. 그러므로 제3부 의미 연구에서는 의미장 이론에 따라 개개의 감각형용사들을 개별적으로 다루지 않고 전체적인 의미장 구조 안에서 그 위치가치를 파악하고자 한다.

제3부의 제8, 9장에서는 단어의 중심적 의미, 즉 어느 문맥이나 상황에서도 찾을 수 있고 화자에게 일차적으로 떠오르는 단어의 기본의미(基本意味)[14]를 다루고 제10장에서는 은유(隱喩)의 연상 작용에 의해 비유적으로 표현하는 의미전이(意味轉移) 현상의 인지기제와 영상도식을 고찰하고자 한다.

미각형용사 '달다'의 『표준국어대사전』 뜻풀이 '①꿀이나 설탕의 맛과 같다; ②입맛이 당기도록 맛이 있다; ③흡족하여 기분이 좋다; ④('달게' 꼴로 쓰여)마땅하여 기껍다'를 보면 대체로 첫째 의미항을 기본의미로 볼 수 있고 '밥이 달다', '낮잠을 달게 자다', '벌을 달게 받다' 등 용법은 전이된 확장 의미로 볼 수 있다.

기본 의미는 어떤 말이 쓰여지는 상황이나 쓰는 사람에 관계없이 언제나 일정하게 내재하는 의미이다. 하지만 이런 기본 의미는 너무 막연하기 때문에 더 명세화(specify)할 필요가 있다. 이러한 필요성 때문에 의미를 더욱 보편적인 성분으로 분석해, 여러 의미 관계를 경제적이면서도 명시적으로 규명할 수 있는 방안을 모색한 것이 의미의 성분 분석 방법이다(염선모, 1985:10). 음소를 몇 개의 변별자질(distinctive feature)로 분해할 수 있듯이, 낱말의 의미도 몇 가지

---

13 장이론의 발전 역사는 임지룡(1993:79~81) 참조.

14 '중심의미(中心意味)'라고도 부른다.

미세한 의미소(sememe)[15]에서 비롯되었다고 생각할 수 있는데, 이러한 접근법을 성분분석법(componential analysis)이라고 한다(임지룡, 1993:52)[16]. 의미 성분은 크게 두 갈래로 나눌 수 있는데 곧 그 분야의 모든 낱말이 공유하고 있는 성분과 어떤 의미분야 안에서 서로 다른 낱말을 구별해 주는 성분을 말하는데 전자를 '공통적 성분(common component)', 후자를 '시차적 성분(diagnostic component)이라고 한다[17]. 의미분석은 어떤 공통요소(common feature)를 공유하고 있는 의미영역 내에서 한 단어와 다른 단어를 구별할 수 있는 특징인 최소 의미특성을 찾는 것이다(박선우, 1985:37). 이러한 성분분석 방법은 낱말의 의미를 규명하는 데 매우 유용하다. 특히 유의관계에 있는 유의어들의 의미관계를 밝히는 데에는 비슷한 유의어로 교체하여 순환적으로 설명하는 방법보다 의미성분분석법이 훨씬 더 명확하고 효율적이다[18].

감각형용사의 기본의미로 볼 수 있는 사전 첫째 의미항은 더 작은 여러 의미성분으로 분석할 수 있다. 그 의미성분들은 크게 세 가지 유형으로 나누어 볼 수 있다. 즉 감각의 생리학적 속성과 관련된 '속성적 의미', 본디 속성과 무관하게 언어에서 추가적으로 더 부여한 '추가적 의미', 그리고 문장에서 주로 어떤 명사와 공기하느냐는 '연어적 의미' 3가지로 나눌 수 있다. 가령 색채형용사의 경우 빛깔의 색채학 속성인 색상, 채도, 명도와 관련된 의미는 '속성적 의미', '불그숙숙하다'의 [+수수함], '불그데데하다'의 [-산뜻함][+천박함]처럼 색채 속성과 무관한 의미는 '추가적 의미', 그리고 '거무접접하다'와 '희멀쑥하다'처럼 주로

---

15 '의미소'는 '의미 성분' 혹은 '의미자질(semantic feature)'이라고도 부른다.

16 성분 분석의 접근법은 어떤 어휘의 의미를 더 작은 요소인 의미성분의 집합으로 나타내는 것이다. 우형식 외(2009:33)

17 임지룡(1993:60) 참조. 이승애(1997:45)에서는 이들을 각각 '보편적 성분'과 '변별적 성분'이라고 하는데 어휘의미의 분석은 어휘소 간의 공통특성과 시차특성을 규명하는 데 중점을 두어야 한다고 지적하였다.

18 어휘의미의 규명에 있어서는 구조라는 관점에서 구조성분으로 나타내는 것이 타단어 교체의 순환적 설명이나 인공적 기호의 상위언어 사용의 형식적 방법보다는 훨씬 합리적이다. 이승애(1997:47)

{얼굴, 피부}를 묘사 대상으로 하는 공기관계는 '연어적 의미'로 볼 수 있다.

제8장

시각, 청각, 공간감각형용사 의미장

앞선 7.3에서 논의한 바와 같이 유의관계에 있는 감각형용사들의 의미 차이를 구별하는 데는 성분분석법이 매우 효율적이고 유용한 방법이다. 아래 각 감각유형별로 가장 경제적이면서도 시차성을 충분히 드러낼 수 있는 변별적 의미자질을 추출하여 각 의미장의 구조를 구축해 보고자 한다. 제8장에서는 고등감각(高等感覺)에 속한 시각, 청각과 공간감각의 의미장을 고찰하고, 제9장에서는 하등감각(下等感覺)에 속한 미각, 후각과 촉각 형용사의 의미장을 고찰하겠다[1].

8.1 시각형용사 의미장

제3장에서 밝힌 바와 같이 본고에서 말하는 '시각형용사'는 가장 전형적인 색채 감각과 광선 감각을 나타내는 형용사들을 가리킨다.

의미성분 분석법으로 한국어 색채형용사의 의미에 접근한 선생연구로는 박선우(1985), 정재윤(1989a), 강보유(1994), 이승애(1997) 등이 있다. 그중 정재윤(1989a:26~30)은 개관적인 고찰에 그치고 색조의 다양성과 색상의 정도(낮은 정도, 조금 높은 정도, 높은 정도)에 따라 색채형용사의 어휘분화를 살펴보았다[2]. 강보유(1994)는 색상(色相), 채도(彩度), 명도(明度)의 세 가지 기본 의미소 외에 투명도(透明度)라는 의미소를 더 설정하여 빛깔형용사의 색채학적 의미의 내면구조와 그들의 충차성과 계렬성을 제시하였다. 박선우(1985)는 색채의 의미 특성을 '①색채의 속성-명도, 순도(채도); ②언어표현-농도, 광택, 선명, 산뜻함, 모음(자음) 대립; ③대상에 제한되어 쓰임'의 세 가지 부류로 나누었다. 이승애

---

1 고등감각과 하등감각의 개념에 대해서는 제10장에서 구체적으로 고찰하겠다.

2 정재윤(1989a:28)에서 색상의 정도는 파생접사와 자음, 모음교체에 따라 크게 삼분될 수 있고 색조는 파생접사에 따라 미묘한 차이를 보여준다고 하였다. 그런데 여기 접사 '-앓-', '-웃-', '-으스름-', '-으무레-'가 붙은 '발갛다, 발긋하다, 발그스름하다, 발그무레하다' 사이에 어떤 색조적 차이를 보이는지가 명확하지 않다.

(1997)는 언어적 직관과 사전 해석을 토대로 하여 색채어의 의미특성을 크게 '①색채어의 명도, 채도([明][暗]/[淸][濁]); ②색채 상태의 표현([고르게 나타남/고르지 못함], [산뜻함/산뜻하지 않음][매우 어울리지 않음/어울리지 않음][곱게 보임/곱지 않음/매우 곱지 않음][선명함/흐릿함][깨끗함/칙칙함][광택][보기 좋음][군데군데 나타남][은은함][다른 빛깔과 섞임] 등); ③색채어의 지칭대상('-숭-'=[대상-털이나 풀] 등)' 3가지로 구분하여 대체로 박선우(1985)의 맥락을 따랐다.

이들 선행연구에서 설정한 의미소를 비교해 보면 크게 두 가지 경향으로 나눌 수 있다. 강보유(1994)는 색채학 이론에 근거하여 색채형용사의 의미에 접근하는 경향이 짙으므로 색채의 3요소인 [색상][채도][명도]를 의미소로 설정하는 데 비해, 박선우(1985) 특히 이승애(1997)는 사전 뜻풀이를 많이 참조하여 색채형용사의 의미에 접근하는 경향이 짙으므로 이 3요소 외에 [산뜻함][선명함][깨끗함/칙칙함][광택][보기 좋음][군데군데 나타남][은은함][다른 빛깔과 섞임]의 많은 의미소를 더 설정하였다. 전자는 과학적이면서도 경제적인 장점이 있으나 언어는 객관적 요소만 그대로 반영하는 것이 아니라 인간의 표현 욕구로 인하여 감각의 객관적 특성 외에 다른 주관적 판단을 더 표현하는 사실을 충분히 반영하지 못하는 약점이 있다. 한편 후자의 경우는 언어 사실을 잘 반영하는 장점이 있으나 개인적 직관과 사전 뜻풀이에 근거하여 설정한 많은 의미소들이 과연 합리적이고 경제적이냐는 문제가 남아 있다.

먼저 색채의 가장 본질적인 속성과 관련되는 의미소 [색상][채도][명도]에 대해 살펴보겠다. 색상(色相, Hue)이란 부동한 색채간에 서로 구별되는 특징으로서 색채의 성질을 말한다. 물리(색채)학에서의 색상은 물체의 표면에서 반사된 빛의 파장에 의해 규정되는데 부동한 파장의 전자복사(電磁輻射)가 부동한 색채감각을 일으킨다[3].

---

3 강보유(1994:41) 참조. '색상'을 '색조(色調)'라고도 할 수 있다.

(1) [+빨강]: 붉다, 붉디붉다, 시뻘겋다, 불긋하다, 불그스름하다…

[+노랑]: 누르다/노르다, 누르디누르다, 시누렇다, 누릇하다, 누르스름하다…

[+파랑]: 푸르다, 푸르디푸르다, 시퍼렇다, 푸릇하다, 푸르스름하다…

[+까망]: 검다/감다, 검디검다, 시꺼멓다, 거뭇하다, 거무스름하다…

[+하양]: 희다, 희디희다, 시허옇다, 희끗하다, 희유스름하다…

(1)과 같이 색채형용사는 우선 [색상]에 의해 5개의 하위 의미장으로 분화된다. [+빨강]이란 의미소는 '붉다, 붉디붉다, 시뻘겋다, 불긋하다, 불그스름하다' 등 유의어 낱말들의 공통 성분이 되면서 '누르다, 푸르다, 검다, 희다' 계열어군과의 변별적 성분이 된다. [색상] 의미는 전적으로 낱말의 어근에 의해 결정된다.

채도(彩度, chroma)란 동일한 빛깔에서의 색채의 짙고 엷음을 말하는데 채도가 높을수록 빛깔이 짙어진다. 물리학에서의 채도는 색채의 포화정도 즉 색채의 순결성을 말한다[4].

(2) [짙음8]: 붉디붉다(〈더할 나위 없이 붉다〉)

짙붉다(〈짙게 붉다〉)

[짙음7]: 새빨갛다(〈매우 빨갛다〉)

빨가빨갛다(〈아주 빨갛다〉)

[짙음6]: 빨갛다(〈피나 익은 고추와 같이 밝고 짙게 붉다〉)

[짙음5]: 빨긋빨긋하다(〈①군데군데 빨그스름하다. ②매우 빨그스름하다.〉)

[짙음4]: 빨그스름하다(〈조금 빨갛다.≒빨그름하다·빨그스레하다·빨긋하다〉),

빨긋하다(〈=빨그스름하다〉)

빨그스레하다(〈=빨그스름하다〉)

빨그름하다(〈=빨그스름하다〉)

[짙음2]: 빨그레하다(〈엷게 빨그스름하다〉)

[짙음2]: 발가발갛다(〈아주 발갛다〉)

[짙음1]: 발갛다(〈밝고 엷게 붉다〉)

---

4 강보유(1994:42) 참조. '채도'를 '순도(純度)'라고도 할 수 있다.

[짙음-1]: 발긋발긋하다(⟨①군데군데 불그스름하다 ②매우 불그스름하다⟩)

[짙음-2]: 발그스름하다(⟨조금 발갛다⟩)

발긋하다(⟨=발그스름하다⟩)

발그스레하다(⟨=발그스름하다⟩)

발그름하다(⟨=발그스름하다⟩)

[짙음-3]: 발그레하다(⟨엷게 발그스름하다⟩)

[짙음-4]: 발그무레하다(⟨아주 엷게 발그스름하다⟩)

엷붉다(⟨엷게 붉다⟩)

2부 형태분석의 결과와 사전 뜻풀이를 참고하여 (2)처럼 '붉다' 계열 일부 낱말의 채도 의미 차이를 숫자 등급으로 세분해 봤다. 채도가 옅으면 음수(陰數)로 표시하고 채도가 짙으면 양수(陽數)로 표시하며, 숫자가 클수록 채도가 더 짙거나 엷음을 의미한다. 그러나 이렇게 숫자로 등급을 나누는 것은 어디까지나 인위적 수단에 불과하고 정확한 수치로 측정할 수 있는 것은 아니다[5].

(2)에서 볼 수 있듯이 색채형용사의 채도 의미는 접사파생, 어근합성과 자음대립에 의해 결정된다. 단일어 '붉다'는 색상만 나타내고 짙고 엷음의 정도성 의미를 지니지 않으므로 채도에 있어서는 무표적이다. 접두사 '새(샛)/시(싯)-', 접미사 '-앟-', '-(으)스름-', '-(으)스레-'의 첨가와 '붉디붉다, 짙붉다, 발가발갛다' 등 합성어, 그리고 'ㅂ:ㅃ'의 자음대립이 모두 채도의 짙고 엷음에 관련된다. 여기서 주의할 점은 어근 첫음절에서 일어난 자음대립은 접미사보다 채도 의미에 더 우선적으로 작용한다. 가령 '빨그스름하다'와 '발갛다'의 채도 의미를 비교해 보면, 전자의 접미사 '-스름-'이 후자의 '-앟-'보다 좀 약한 정도를 나타내지만 경음형 어근 '*빩'에 의해 전자의 채도가 후자보다 더 짙게 느껴진다.

명도(明度, Value)란 색채의 밝고 어두운 정도를 말하는데 색채표면의 빛반사

---

5 출판, 의류, 디자인 등 산업계에서는 수많은 색깔을 정확히 구별하기 위해 Munsell기호를 많이 사용한다. 로마자와 숫자로 색깔의 색상, 채도, 명도를 과학적으로 표시하는 Munsell기호는 수천 종의 다른 색깔을 정확히 표기할 수 있다. 이런 객관적인 색채 표시 방법과 달리, 자연언어의 의미는 언제나 주관적이고 모호한 것이다.

가 높을수록 명도가 높아진다. 물리학에서 보면 색상은 빛의 파장에 의해 정하고 명도는 그 파장의 진폭에 의해 규정된다(강보유, 1994:42).

[표1.] '붉다' 계열 색채형용사의 명도 의미

[+밝음](明)	[-밝음](暗)
새빨갛다	시뻘겋다
빨갛다	뻘겋다
빨그스름하다, 뽈그스름하다	뻘그스름하다
발갛다	벌겋다
발그스름하다, 볼그스름하다	벌그스름하다
발그무레하다, 볼그무레하다	벌그무레하다

위 [표1]과 같이 색채형용사의 명도 의미를 [±밝음] 혹은 [+明/暗]의 의미성분으로 표시할 수 있다. 밝고 어둡다는 명도 의미는 주로 모음대립에 의해 결정된다. 즉 양성 모음은 밝은 색상을 나타내고 음성 모음은 어두운 색상을 나타낸다. 그러나 여기 주의해야 할 점은 '불그무레하다, 뿔그스름하다'처럼 어근 모음 'ㅜ'로 될 때는 색상이 어둡다는 의미를 나타내지 않는다. 채도, 명도를 모두 나타내지 않는 단일어 '붉다'의 모음이 'ㅜ'로 되어 있기 때문에 거기에 접사를 첨가한 파생어들은 명도 의미에 무표적이다.

(3)　[-밝음]:벌그죽죽/불그죽죽/뻘그죽죽/뿔그죽죽-하다
　　　[-밝음[+]]:발그족족/볼그족족/빨그족족/뽈그족족-하다

(4)　[-밝음]:거/꺼-무칙칙하다
　　　[-밝음[+]]:가/까-무칙칙하

위 (3)과 (4)처럼 색채형용사는 접미사 '-죽죽/족족-'과 어근 '칙칙(하다)'에 의해서도 명도의 의미를 나타낼 수가 있다. 이때 형태소와 모음대립이 함께 명도

의미에 작용하는데 접사나 어근이 더 우선적으로 작용하고 모음대립은 그 다음으로 작용하여 미미한 명도 차이를 나타낸다. 가령 접미사 '-죽죽/족족-'이 붙은 '벌그죽죽/불그죽죽/뻘그죽죽/뿔그죽죽-하다'와 '발그족족/볼그족족/빨그족족/뽈그족족-하다'는 다 [-밝음]의 뜻을 나타내되, 양성 모음인 후자가 음성 모음인 전자보다 조금 더 밝은 붉은색을 나타낸다. 의미소 [-밝음]의 오른쪽 상단에 '+'를 더 달아준 방법으로 이런 어감적 차이를 표시하기로 한다.

앞에서 논의한 색상, 채도, 명도는 모두 색채의 기본 속성과 관련된 의미다. 그러나 인간의 표현 욕구는 사물의 객관적 속성만 표현하는 데에 그치지 않고 그 외에 광택, 산뜻함 등 다른 부가적 의미를 더 나태내려고 하기도 한다.

    (5)   [+수수함][+쾌감]: 불그숙숙하다/볼그속속하다(〈수수하고 걸맞게 불그스름하다〉)

        [-고름][+칙칙함][-쾌감]: 불그죽죽하다/볼그족족하다(〈칙칙하고 고르지 아니하게 불그스름하다〉)

        [-고름][-쾌감]: 불그뎅뎅하다/볼그댕댕하다(〈고르지 아니하게 불그스름하다〉)

    (6)   [-산뜻함][+천박함][-쾌감]: 불그데데/볼그대대(〈산뜻하지 못하고 조금 천박하게 불그스름하다〉)

        [+군데군데]: 불긋불긋하다(〈①군데군데 불그스름하다. ②매우 불그스름하다〉)

    (7) [+산뜻함][+쾌감]: 볼그스름하다, 볼그스레하다, 볼그름하다, 볼긋하다(〈산뜻하게 조금 붉다〉)

위 (5)의 접미사 '-속속/숙숙-', '-족족/죽죽-', '-댕댕/뎅뎅-'은 각각 [+수수함],[-고름],[+칙칙함]의 의미를 더 나타내고, (6)은 어근 '데데(하다)'의 첨가와 '볼긋(하다)'의 중첩을 통해 각각 [-산뜻함][+천박함]과 [+군데군데]의 의미를 더 나타낸다. (7)은 양성 모음 'ㅗ'를 통해 [+산뜻함]의 의미를 더 나타낸다[6]. 그런데 '볼그대대하다'처럼 어근 모음 'ㅗ'와 형태소 '대대'가 의미 충돌이 생길 때는 형태소가 더 우선적으로 작용하여 [-산뜻함]을 나타낸다. [+산뜻함][+수수함]은 보통 [+쾌감]의 정서를 일으키고, [-산뜻함][+칙칙함][-고름][+천박함]은 보통 [-쾌감]을 일으키므로 [±쾌감]의 의미소를 더 설정할 수 있다.

(8)

[-산뜻함][-쾌감]: 해읍스름하다/희읍스름하다(〈산뜻하지 못하게 조금 희다〉)

[-고움][-쾌감]: 누르께하다/누리끼리하다(〈곱지도 짙지도 않게 누르다〉) 누르
끄레하다(〈곱지 않고 엷게 누르다〉)

[+고움][+쾌감]: 놀면하다/눌면하다(〈보기 좋을 만큼 알맞게 누르스름하다〉)

[+깨끗함][+쾌감]: 희끔하다(〈조금 희고 깨끗하다〉)

(9)

[+윤기][+쾌감]: 거머번드르하다(〈조금 희미하게 검으면서 윤기가 나고 미끄
럽다〉)
거머번지르하다(〈조금 희미하게 검으면서 윤기가 나고 매우
미끄럽다. 〉)

[-깨끗함][-쾌감]: 거무충충하다(〈꺼림칙해 보일 정도로 어둠침침하게 거무스
름하다〉)

[-깨끗함][-쾌감]: 거무튀튀하다(〈너저분해 보일 정도로 탁하게 거무스름하다〉)

위 (8)(9)는 다른 색상 계열어군에서 나타난 부가적 의미이다. (8)은 불투명 형태소 '-읍-', '-끄레-', '-면-', '-끔-'과 접미사 '-께(끼리)-'에 의해 나타난 부가 의미이고 (9)는 어근 '번드르르(하다)', '번지르르(하다)', '충충(하다)'와 '튀튀(하다)'에 의해 나타난 의미이다. [+고움][+산뜻함][+깨끗함][+윤기] 등 의미는 보

---

6 강보유(1994)에서는 '투명도'라는 의미소를 더 설정하여 양성 모음 'ㅗ'를 취한 '뽈그스름하다, 볼그스름하다, 볼그무레하다'는 [+맑음], 음성 모음 'ㅜ'를 취한 '뿔그스름하다, 불그스름하다, 불그무레하다'는 [-맑음]을 나타낸다고 파악하고 있다. 그러나 본고에서는 양성 모음 'ㅗ'를 취한 '뽈그스름하다, 볼그스름하다, 볼그무레하다'가 [+맑음]을 나타냄을 인정하지만, 'ㅜ'를 취한 '뿔그스름하다, 불그스름하다, 불그무레하다'는 [-맑음]을 나타내지 않고 [맑음] 의미에 무표적이라고 판단하고 있다.

통 [+쾌감]의 정서적 의미를 동시에 일으키고, 반대로 [-고움][-산뜻함]은 보통 [-쾌감]을 일으킨다.

일부 색채형용사는 문장 속에서 주로 어떤 대상과 결합하느냐는 공기관계 즉 수식대상에 있어서 제약을 받고 있다. 이렇게 수식대상과의 공기관계에서 얻은 의미는 '연어적 의미(collocative meaning)'라고 할 수 있다. 예컨대, '귀엽다'는 '귀여운 소녀/동생/병아리/조랑말' 등에서는 정상적이지만, '귀여운 청년/오빠/사자/늑대'와 같은 표현은 좀 어색하다[7].

(10)
{피부,얼굴} 가무잡잡하다/거무접접하다(〈약간 짙게 거무스름하다〉)
{털,풀} 검숭하다(〈잔털 따위가 드물게 나서 거무스름하다〉)
{피부,얼굴} 해쓱하다(〈얼굴에 핏기나 생기가 없어 파리하다〉)

(11)
{사물,얼굴} 누르퉁퉁하다(〈①윤기가 없어 산뜻하지 않게 누르다. ②붓거나
            불어서 핏기가 없이 누르다〉)
{얼굴} 거머무트름하다(〈얼굴이 거무스름하고 투실투실하다〉)
{피부/얼굴} 희멀쑥하다(〈살빛이 희고 멀쑥하다〉)
{피부/얼굴} 희멀끔하다(〈살빛이 희고 멀끔하다〉)

위 (10)은 접사 파생에 의한 낱말들이고 (11)은 어근 합성에 의한 것들이다. 그중 '검숭하다'는 주로 '털이나 풀', '가무잡잡하다, 희멀쑥하다, 해쓱하다, 희멀끔하다' 등 낱말들은 주로 '피부나 얼굴'의 빛깔을 수식한다.

앞선 논의에 근거하여 한국어 색채형용사의 한 하위유형인 '붉다' 계열어군의 의미장 구조를 아래와 같이 제시할 수 있다.

---

7 임지룡(1993:37~8) 참조.

[표2.] '붉다' 계열어군의 의미장

낱말	기본의미 ([속성 의미]/[부가 의미]/{연어 의미})
붉다	[+빨강]
새빨갛다	[+빨강][+짙음7][+밝음]
시뻘겋다	[+빨강][+짙음7][-밝음]
샛빨갛다	[+빨강][+짙음7][+밝음]
발갛다	[+빨강][+짙음1][+밝음]
벌겋다	[+빨강][+짙음1][-밝음]
빨갛다	[+빨강][+짙음6][+밝음]
뻘겋다	[+빨강][+짙음6][-밝음]
발긋하다	[+빨강][+짙음-2][+밝음]
볼긋하다	[+빨강][+짙음-2][+밝음]/[+산뜻함][+쾌감]
벌긋하다	[+빨강][+짙음-2][-밝음]
불긋하다	[+빨강][+짙음-2]
빨긋하다	[+빨강][+짙음4][+밝음]
뽈긋하다	[+빨강][+짙음4][+밝음]/[+산뜻함][+쾌감]
뻘긋하다	[+빨강][+짙음4][-밝음]
뿔긋하다	[+빨강][+짙음4]
발그레하다	[+빨강][+짙음-3][+밝음]
볼그레하다	[+빨강][+짙음-3][+밝음]/[+산뜻함][+쾌감]
벌그레하다	[+빨강][+짙음-3][-밝음]
불그레하다	[+빨강][+짙음-3]
빨그레하다	[+빨강][+짙음3][+밝음]
뽈그레하다	[+빨강][+짙음3][+밝음]/[+산뜻함][+쾌감]
뻘그레하다	[+빨강][+짙음3][-밝음]
뿔그레하다	[+빨강][+짙음3]
발그름하다	[+빨강][+짙음-2][+밝음]
볼그름하다	[+빨강][+짙음-2][+밝음]/[+산뜻함][+쾌감]

낱말	기본의미 ([속성 의미]/[부가 의미]/{연어 의미})
벌그름하다	[+빨강][+짙음-2][-밝음]
불그름하다	[+빨강][+짙음-2]
빨그름하다	[+빨강][+짙음4][+밝음]
뽈그름하다	[+빨강][+짙음4][+밝음]/[+산뜻함][+쾌감]
뻘그름하다	[+빨강][+짙음4][-밝음]
뿔그름하다	[+빨강][+짙음4]
발그무레하다	[+빨강][+짙음-4][+밝음]
볼그무레하다	[+빨강][+짙음-4][+밝음]/[+산뜻함][+쾌감]
벌그무레하다	[+빨강][+짙음-4][-밝음]
불그무레하다	[+빨강][+짙음-4]
발그스름하다	[+빨강][+짙음-2][+밝음]
볼그스름하다	[+빨강][+짙음-2][+밝음]/[+산뜻함][+쾌감]
벌그스름하다	[+빨강][+짙음-2][-밝음]
불그스름하다	[+빨강][+짙음-2]
빨그스름하다	[+빨강][+짙음4][+밝음]
뽈그스름하다	[+빨강][+짙음4][+밝음]/[+산뜻함][+쾌감]
뻘그스름하다	[+빨강][+짙음4][-밝음]
뿔그스름하다	[+빨강][+짙음4]
발그스레하다	[+빨강][+짙음-2][+밝음]
볼그스레하다	[+빨강][+짙음-2][+밝음]/[+산뜻함][+쾌감]
벌그스레하다	[+빨강][+짙음-2][-밝음]
불그스레하다	[+빨강][+짙음-2]
빨그스레하다	[+빨강][+짙음4][+밝음]
뽈그스레하다	[+빨강][+짙음4][+밝음]/[+산뜻함][+쾌감]
뻘그스레하다	[+빨강][+짙음4][-밝음]
뿔그스레하다	[+빨강][+짙음4]
발그속속하다	[+빨강][+짙음1][+밝음]/[+수수함][+쾌감]

낱말	기본의미 ([속성 의미]/[부가 의미]/{연어 의미})
볼그속속하다	[+빨강][+짙음1][+밝음]/[+산뜻함][+수수함][+쾌감]
벌그숙숙하다	[+빨강][+짙음1][−밝음]/[+수수함][+쾌감]
불그숙숙하다	[+빨강][+짙음1]/[+수수함][+쾌감]
발그족족하다	[+빨강][+짙음-2][−밝음+]/[−고름][−쾌감]
볼그족족하다	[+빨강][+짙음-2][−밝음+]/[−고름][−쾌감]
벌그죽죽하다	[+빨강][+짙음-2][−밝음]/[−고름][−쾌감]
불그죽죽하다	[+빨강][+짙음-2][−밝음]/[−고름][−쾌감]
빨그족족하다	[+빨강][+짙음4][−밝음+]/[−고름][−쾌감]
뽈그족족하다	[+빨강][+짙음4][−밝음+]/[−고름][−쾌감]
뻘그죽죽하다	[+빨강][+짙음4][−밝음]/[−고름][−쾌감]
뿔그죽죽하다	[+빨강][+짙음4][−밝음]/[−고름][−쾌감]
발그대대하다	[+빨강][+짙음-2][+밝음]/[−산뜻함][+천박함][−쾌감]
볼그대대하다	[+빨강][+짙음-2][+밝음]/[−산뜻함][+천박함][−쾌감]
벌그데데하다	[+빨강][+짙음-2][−밝음]/[−산뜻함][+천박함][−쾌감]
불그데데하다	[+빨강][+짙음-2]/[−산뜻함][+천박함][−쾌감]
빨그대대하다	[+빨강][+짙음4][+밝음]/[−산뜻함][+천박함][−쾌감]
뻘그데데하다	[+빨강][+짙음4][−밝음]/[−산뜻함][+천박함][−쾌감]
발그댕댕하다	[+빨강][+짙음-2][+밝음]/[−고름][−쾌감]
볼그댕댕하다	[+빨강][+짙음-2][+밝음]/[−고름][−쾌감]
벌그뎅뎅하다	[+빨강][+짙음-2][−밝음]/[−고름][−쾌감]
불그뎅뎅하다	[+빨강][+짙음-2]/[−고름][−쾌감]
빨그댕댕하다	[+빨강][+짙음4][+밝음]/[−고름][−쾌감]
뻘그뎅뎅하다	[+빨강][+짙음4][−밝음]/[−고름][−쾌감]
붉디붉다	[+빨강][+짙음8]
엷붉다	[+빨강][+짙음-4]
짙붉다	[+빨강][+짙음6]

낱말	기본의미 ([속성 의미]/[부가 의미]/{연어 의미})
발긋발긋하다	[+빨강][+짙음-1][+밝음] [+빨강][+짙음-2][+밝음]/[+군데군데]
볼긋볼긋하다	[+빨강][+짙음-1][+밝음] [+빨강][+짙음-2][+밝음]/[+군데군데]
벌긋벌긋하다	[+빨강][+짙음-1][-밝음] [+빨강][+짙음-2][-밝음]/[+군데군데]
불긋불긋하다	[+빨강][+짙음-1] [+빨강][+짙음-2]/[+군데군데]
빨긋빨긋하다	[+빨강][+짙음5][+밝음] [+빨강][+짙음4][+밝음]/[+군데군데]
뽈긋뽈긋하다	[+빨강][+짙음5][+밝음] [+빨강][+짙음4][+밝음]/[+군데군데]
뻘긋뻘긋하다	[+빨강][+짙음5][-밝음] [+빨강][+짙음4][-밝음]/[+군데군데]
뿔긋뿔긋하다	[+빨강][+짙음5] [+빨강][+짙음4]/[+군데군데]
발가발갛다	[+빨강][+짙음2][+밝음]
벌거벌겋다	[+빨강][+짙음2][-밝음]
빨가빨갛다	[+빨강][+짙음7][+밝음]
뻘거뻘겋다	[+빨강][+짙음7][-밝음]

위 [표2]처럼 '붉다' 계열의 형용사들은 주로 속성 의미인 채도([짙음])와 명도 ([±밝음]), 그리고 부가적 의미인 [±산뜻함], [-고름], [+수수함], [+천박함][+군데군데][±쾌감]에 의해 서로 구별된다. 연어적 의미에 의해 구별되는 낱말은 발견하지 못했다.

색채의 색채학적 속성인 채도, 명도를 언어에서 체계적으로 구별하여 표현하는 한국어 색채형용사와 달리, 중국어의 색채형용사는 채도의 짙고 엷음과 명도의 밝고 어두움을 체계적으로 나타내지 못하고 일부 낱말만 채도와 명도 의미를 나타낸다.

(12) 桃紅(〈像桃花一樣的颜色〉)¶如今,一看到那鲜艳的桃紅水刷石外墙,
　　　行家无不赞叹。

杏紅(〈黃中带紅,比杏黃稍紅的颜色〉)¶他解開綠絲绦,打開杏紅缎子。

梅紅(〈像紅梅那樣的颜色〉)¶家人喝道: ‘我們家少爺是特地來拜望
　　　這裏少爺的,快去通報一声。’説着,便將一個梅紅單帖遞過去。

臙紅(〈臙脂一樣的紅色〉)¶臙紅的百合花。

(13) 酣紅(〈因酒醉而臉上呈現的紅色〉)¶黎青的嫵媚的眼睛,出神地看着
　　　沈振新的酣紅的臉。

酡紅(〈像饮酒後臉上泛現的紅色〉)¶也許是給太陽陶醉了,所以夕照
　　　晚霞隐褪後的夜色也帶着酡紅。

(12)의 ‘桃紅, 杏紅, 梅紅, 臙紅’과 같은 낱말들은 모두 ‘사물명칭+색채’의 합
성어 구조로 되어 있으며 그 의미는 ‘복숭아꽃과 같은 붉은색’, ‘살구와 같은
붉은색’처럼 붉은색의 채도나 명도를 명시하지 않고 어떤 대상물을 연상시킴
으로써 그 빛깔이 어떤가를 표현한다. (13)의 ‘酣紅, 酡紅’은 어근 ‘酣, 酡’에 의
해 술에 잔뜩 취한 기색을 연상시키지만 붉은색의 채도나 명도를 직접 나타내
지 않는다.

(14) [+짙음]

通紅(〈很紅,十分紅〉)¶早晨,一片通紅的陽光,把平靜的江水照得像
　　　玻璃一樣發亮。

大紅(〈很紅的顏色〉)¶"年年有魚"是年畫的傳統題材,畫面往往畫一
　　　條大紅鯉魚,間或還畫上一個騎在魚上的胖娃娃。

深紅(〈很深的紅色〉)¶男家請媒人向女家轉送三樣聘禮:深紅和淺紅
　　　兩种颜色组成的衣物,叫"玄"。

紅丹丹(〈犹言紅彤彤〉)¶大姑娘想起娘家的果木园,想起滿樹紅丹丹
　　　的果子……這都是多麼有趣的事呵！

紅噴噴(〈淡紅而令人喜愛的樣子〉)¶紅噴噴的小臉蛋。

紅彤彤(〈亦作"紅通通",形容很紅〉)¶他的臉紅通通,两只眼睛冒着青
　　　春的光輝。
紅血血(〈像血一樣紅〉)¶映着那满山的山茶花,她的臉越發顯得紅血
　　　血的。

(15) [+엷음]

淺紅¶有的開着金黄的小花,有的却是深紅和淺紅的杜鵑。
淡紅¶湖藍和銀色相間的彩條紙上覆着一朵淡紅的玫瑰。
輕紅(〈淡紅色,粉紅色〉)¶恰如塚中的白骨,往古來今,總要以牠的永
　　　久來傲視少女頰上的輕紅似的。
紅兮兮¶她是個汗毛濃重的女孩,嘴唇上一圈紅兮兮的小胡子。
紅不楞登(〈令人生厭的紅色〉)¶那照片洗得紅不楞登的,難看極了。

　사전 해석과 예문을 통해 (14)의 '深紅, 大紅, 紅丹丹, 紅彤彤, 紅噴噴' 등 낱
말은 대체로 짙은 붉은색을 나타내고[8] (15)의 '淺紅, 淡紅, 紅兮兮, 紅不楞登'
등 낱말들은 엷은 붉은색을 나타냄을 알 수 있다. 어근 '紅'에 '噴噴, 兮兮' 등
'XX'형 접미사와 '不楞登' 등 '不XY'형 접미사를 첨가하거나 짙고 엷다는 뜻
을 지닌 어근 '深, 大, 淡, 淺, 輕'과 'BB'형 중첩 어근 '丹丹, 彤彤'을 첨가함으로
써 채도 의미를 나타낸다. 그러나 중국어 색채형용사는 한국어처럼 짙고 엷은
채도 의미를 다시 여러 등급으로 매겨주기 어려워 대충 [+짙음]과 [+엷음]의 두
갈래로 나눠볼 수 있다. [+짙음]을 나타낸 '紅丹丹', '紅彤彤'과 '紅噴噴' 사이에
미세한 정도 차이가 있는지가 그리 명확하지 않다.

(16) [+밝음]

鮮紅(〈鮮明的紅色〉)¶鮮紅的領章。
亮紅(〈明亮的紅色〉)¶一股亮紅的火光從黑暗裏冒出來。
紅鮮鮮(〈鮮紅〉)¶有一次在電梯裏遇着,竟忍不住伸手去摸摸那小狗
　　　的腦袋,小狗伸出紅鮮鮮的舌頭舔她的手指。

---

8 사전에서 '紅噴噴'를 '연한 붉은색'으로 해석하고 있으나 '향기가 진하다'로 해석한 '香噴噴'과 의미적 모
　순이 생긴다. 본고는 중첩 접미사 '-噴噴'은 높은 정도를 나타내는 것으로 파악한다.

紅馥馥(〈形容鮮明的紅色〉)¶他得意地低下眼去賞玩着自己的手指，
　　　每個手指的尖端都是尖瘦的,染着紅馥馥的顏色。

紅亮亮(〈又紅又亮〉)¶我下了班就常常蹲在溫室裏看那紅亮亮、脆鮮
　　　鮮的西紅柿,瞅着牠長個兒,看着牠變紅。

(17) [+어두움]

暗紅¶粉紅的月季、潔白的麝香百合、暗紅的鶏冠花、紫藍色的桔
　　　梗 , 競相爭奇斗艷。

(16)의 낱말들은 어근 '鮮, 亮'과 중첩 접사 '馥馥'을 통해 [+밝음]을 나타내고
(17)의 낱말들은 어근 '暗'을 통해 [+어두움]을 나타낸다.

(18) [+짙음][+밝음]

艶紅(〈猶鮮紅〉)¶在艶紅的晚霞裏,尋找着連隊。

嫣紅(〈鮮艶的紅色〉)¶牠的魚子比一般魚子大得多,直徑約7毫米,色
　　　澤嫣紅透明,宛如琥珀。

紅艶艶(〈紅得鮮艶奪目的〉)¶每到秋風送爽時,成片的槭樹上挂滿紅
　　　艶艶的葉子,猶如燦爛的朝霞,十分美麗。

紅嫣嫣(〈猶言紅艶艶〉)¶快熟了的苹果和山楂,亮光光紅嫣嫣地顯得
　　　非常可愛。

紅堂堂(〈紅艶艶 , 亮堂堂〉)¶天空的雲,從西边一直燒到東邊,紅堂堂
　　　的。

紅燦燦(〈紅得鮮艶〉)¶筒子樓,破爛古舊,滿面塵色,但是常出人意料
　　　地粉刷得鮮艶无比,紅燦燦黃澄澄綠兮兮的,甚至有些不常
　　　見到的赭色、粉色和靛色。

紅澄澄(〈紅而艶麗的樣子〉)¶朝陽將天空映得紅澄澄的。

(19) [+짙음][-밝음]

殷紅(〈發黑的紅色〉)¶殷紅的血迹。

紅殷殷(〈形容很紅〉)¶紅殷殷的晚霞。

(18)의 낱말들은 짙으면서도 밝은 붉은색을 나타낸다. 어근 '艶, 嫣'와 중첩

어근 '艶艶, 嫣嫣' 그리고 중첩 접사 '堂堂, 燦燦, 澄澄'은 짙은 채도와 밝은 명도 의미를 함께 나타낸다. 한편 (19)의 '殷紅, 紅殷殷'은 피처럼 짙고 어두운 붉은색을 나타낸다.

채도, 명도와 같은 색채의 속성적 의미 외에 중국어 색채형용사는 다른 부가적 의미를 나타내기도 한다.

> (20) [+생동감] 紅紅,紅艶艶,紅堂堂,紅燦燦,紅亮亮,紅殷殷,紅澄澄,酸酸
> 眊眊,紅紅綠綠,黑亮黑亮,酸眊酸眊,雪白雪白…
>
> (201)　　[+쾌감] 紅艶艶,紅堂堂,紅燦燦,紅亮亮,紅澄澄,…
> 嫣紅,艶紅,鮮紅,亮紅,…
> [-쾌감] 紅兮兮,紅不楞登,…
> [±쾌감] 殷紅,暗紅,血紅,深紅,淺紅,淡紅,紅殷殷,紅決決,紅溜溜,紅
> 通通…

앞선 4.3과 4.4에서 살펴본 바와 같이 (20)의 '紅紅, 紅艶艶, 紅澄澄, 酸酸眊眊, 紅紅綠綠, 黑亮黑亮, 雪白雪白'와 같은 'AA'나 'AXX', 'ABB', 'AABB', 'ABAB', 'BABA'형 첩어들은 우선 상태를 생동감 있게 나타내는 수사적 기능을 하고 있다. (21)은 화자의 선호 여부에 관한 것들이다. [-쾌감]을 나타낸 '紅兮兮'와 '紅不楞登', [쾌감]과 별로 상관없는 '深紅, 淺紅, 暗紅, 血紅, 殷紅, 紅殷殷' 등 낱말 외에 중국어 '紅' 계열의 대부분 낱말들은 비위에 맞는 [+쾌감]의 의미를 나타내고 있다. 이는 중국인들이 보편적으로 붉은색을 선호하는 경향을 잘 반영한다.

> (22) [+부드러움] 軟紅(〈柔和的紅色〉)¶今天我回望我底少年中國,她還是
> 碧綠和<u>軟紅</u>相間的。
> [+광택] 紅閃閃(〈又紅又有光澤〉)¶竈火映着她生動的臉,我很久沒有
> 看見過這種<u>紅閃閃</u>的美麗的鮮艶的顏色了。
> [+윤기] 紅潤潤(〈形容皮膚、臉色等紅而滋潤〉)¶她匆匆忙忙梳了梳

　　頭,給<u>紅潤潤</u>的臉蛋上扑了一点香粉。

[+뜨거움] 紅燙燙(〈形容又紅又熱〉)¶滿眼是<u>紅燙燙</u>的大火,淨火堆,
　　　　一刮風,火星子亂滾。

[+귀여움] 紅嘟嘟¶妳看他的眼睛,水汪汪的;妳看他的嘴唇,<u>紅嘟嘟</u>
　　　　的。分明是個小帥哥嘛！

[+전체] 紅泱泱(〈布滿紅色〉)¶半夜,他回到家,眼睛<u>紅泱泱</u>直定定像
　　　　個神農架野人。

위 (22)의 중국어 색채형용사들은 합성 어근 '軟, 閃, 潤, 燙'에 의해 [+부드러움][+광택][+윤기][+뜨거움]의 다양한 의미를 추가적으로 나타낼 수 있다.

이상 논의한 색채의 속성적 의미와 부가적 의미 외에 문장 속에서의 공기관계도 중국어 색채형용사를 구별해주는 매우 중요한 변별 요소로 작용하고 있다.

(23) {불,빛} 紅焰焰(〈火光紅紅的樣子〉)¶阿Q沒有想得十分停當,已經發
　　　　了鼾聲,四兩燭還只點去了小半寸,<u>紅焰焰</u>的光照着他張開的
　　　　嘴。

{얼굴} 紅扑扑(〈臉色通紅的樣子〉)¶剛進屋時<u>臉</u>煞白,暖和過來又變
　　　　得<u>紅扑扑</u>的了。

{얼굴,피부} 紅潤,紅潤潤¶長胖了,臉色<u>紅潤</u>了。/圓圓的<u>紅潤潤</u>的小
　　　　臉蛋兒

{피} 殷紅(〈發黑的紅色〉)¶戴碧蓉倒在了<u>殷紅</u>的血泊之中。

{입,입술,얼굴} 紅嘟嘟¶小嘴<u>紅嘟嘟</u>的,看着真誘人。

CCL말뭉치를 통해 '紅' 계열 낱말들의 문장 속에서의 공기관계를 살펴보면 '紅焰焰'은 주로 '火, 光(불,빛)', '紅扑扑'는 주로 '臉(얼굴)', '殷紅'은 주로 '血(피)', '紅嘟嘟'는 주로 '嘴, 嘴唇, 臉(입,입술,얼굴)'과 결합하는 공기관계를 확인할 수 있다. 그런데 이런 공기관계의 경향성은 절대적인 것이 아니다. '殷紅的鐵水(검붉은 쇳물)', '殷紅的杜鵑花(검붉은 진달래)'처럼 '殷紅'은 가끔 다른 명사와 공기할 수도 있다.

앞선 논의에 근거하여 중국어 색채형용사의 하위유형인 '紅(붉다)' 계열어군의 의미장을 아래와 같이 제시할 수 있다.

[표3.] 중국어 '紅(붉다)' 계열어군의 의미장

낱말	기본의미 ([속성 의미]/[부가 의미]/{연어 의미})
紅	[+빨강]
丹紅	[+빨강][+짙음]
紅丹丹	[+빨강][+짙음]/[+생동감][+쾌감]
血紅	[+빨강][+피의 색과 같음]
桃紅	[+빨강][+복숭아의 색과 같음]
杏紅	[+빨강][+살구의 색과 같음]
梅紅	[+빨강][+매화의 색과 같음]
臙紅	[+빨강][+연지색과 같음]
火紅	[+빨강][+불빛과 같음]
酣紅	[+빨강][+술에 취한 얼굴빛과 같음]
酡紅	[+빨강][+술에 취한 얼굴빛과 같음]
大紅	[+빨강][+짙음]
深紅	[+빨강][+짙음]
淺紅	[+빨강][+엷음]
淡紅	[+빨강][+엷음]
亮紅	[+빨강][+밝음]
紅亮亮	[+빨강][+밝음] /[+생동감][+쾌감]
鮮紅	[+빨강][+짙음][+밝음]/[+쾌감]
紅鮮鮮	[+빨강][+짙음][+밝음]/[+생동감][+쾌감]
紅潤	[+빨강]/[+윤기][+쾌감]/{얼굴,피부}
紅潤潤	[+빨강]/[+윤기][+생동감][+쾌감]/{얼굴,피부}
殷紅	[+빨강][+짙음][-밝음]/{피}
紅殷殷	[빨강][+짙음][-밝음]/[+생동감]

낱말	기본의미 ([속성 의미]/[부가 의미]/{연어 의미})
嫣紅	[+빨강][+짙음][+밝음]/[+쾌감]
紅嫣嫣	[+빨강][+짙음][+밝음]/[+생동감][+쾌감]
艶紅	[+빨강][+짙음][+밝음]/[+쾌감]
紅艶艶	[+빨강][+짙음][+밝음]/[+생동감][+쾌감]
紅澄澄	[+빨강][+짙음][+밝음]/[+생동감][+쾌감]
通紅	[+빨강][+짙음]
紅通通	[+빨강][+짙음]/[+생동감]
紅彤彤	[+빨강][+짙음]/[+생동감][+쾌감]
紅溜溜	[+빨강][+짙음]/[+생동감]
紅噴噴	[+빨강][+짙음]/[+생동감][+쾌감]
紅兮兮	[+빨강][+엷음]/[+생동감][-쾌감]
紅燦燦	[+빨강][+밝음]/[+생동감][+쾌감]
紅馥馥	[+빨강][+밝음]/[+생동감][+쾌감]
紅閃閃	[+빨강]/[+생동감][+광택][+쾌감]
紅堂堂	[+빨강][+짙음][+밝음]/[+생동감][+쾌감]
紅泱泱	[+빨강]/[+생동감][+전체]
紅燙燙	[+빨강]/[+생동감][+뜨거움]
紅不楞登	[+빨강][+엷음]/[-쾌감]
紅焰焰	[+빨강][+짙음]/[+생동감]/{불,빛}
紅扑扑	[+빨강][+짙음]/[+생동감][+쾌감]/{얼굴}
紅嘟嘟	[+빨강]/[+생동감][+쾌감]/{입,입술,얼굴}

　한국어의 '붉다' 계열과 중국어의 '紅' 계열 색채형용사의 의미장을 비교해 보면 객관적인 색상만 나타낸 기본어가 구체적인 상태를 주관적으로 나타낸 유의어들을 거느리는 의미장 구조가 비슷하다. 어떤 색깔이냐는 색상의미 외에 짙고 옅다는 채도 의미와 밝고 어둡다는 명도 의미는 색채형용사들의 가장 중요한 의미이다. 한국어 색채형용사들은 채도, 명도 의미를 체계적으로 나타

내며 정도 등급을 세분할 수 있는데 비해, '桃紅, 梅紅, 紅潤, 紅潤潤'과 같은 일부 중국어 색채형용사는 채도, 명도 의미와 별로 상관없거나, 상관한다고 해도 채도, 명도에 정도 등급을 매겨주기 어렵다. 부가적 의미를 보면 한국어 '붉다' 계열의 일부 형용사들은 [±산뜻함][-고름][+수수함][+천박함][+윤기][±쾌감] 등 의미를 더 나타내고 중국어 '紅' 계열의 첩어들은 [+생동감]을 더 나타내고 그 외에 일부 형용사들은 [±쾌감][+부드러움][+광택][+윤기][+전체]의 의미를 더 나타낸다. 한국어보다 중국어의 색채형용사는 색깔이 화자의 기호에 맞느냐는 [+쾌감] 의미에 보편적으로 관련되어 있다. 선호 여부에 별로 상관없는 '殷紅, 暗紅, 紅殷殷, 紅泱泱, 紅通通' 등 일부 낱말을 제외하고는 대부분의 중국어 색채형용사들은 색깔이 마음에 드느냐는 주관적 판단 의미를 나타낸다. 그중 [-쾌감]을 나타낸 '紅兮兮, 紅不楞登'보다 [+쾌감]을 나타낸 낱말이 훨씬 더 많아 대다수를 차지하고 있다. 이는 중국인들이 전통적으로 붉은색을 각별히 좋아하는 민족 심리와 문화에서 그 원인을 찾을 수 있을 듯하다.

중국어 색채형용사는 '紅艶艶:[+빨강][+짙음][+밝음][+생동감][+쾌감]'처럼 중첩어근 '艶艶'에 의해 속성적 의미 [+짙음][+밝음]과 부가적 의미 [+생동감][+쾌감]을 복합적으로 나타내는 경우가 많다. 이는 우선 한중 감각형용사의 조어방식과 관련되는 듯하다. 형태소 복합법과 음운교체법으로 조어방식이 풍부한 한국어는 형태와 의미가 비교적 규칙있게 연결되어 있다. 가령 색채형용사의 경우 한국어의 자음대립과 대부분 접사들은 주로 채도 의미에, 모음대립은 주로 명도 의미에 연결되어 있는데 비해, 중국어는 형태소 복합법만으로 낱말을 형성할 수 있으므로 한 형태소가 여러 의미를 복합적으로 나타낼 수 밖에 없다.

8.2 공간감각형용사 의미장

공간감각형용사에 대한 선행연구로는 임지룡(1984), 양태식(1985), 노대규(1988) 등을 들 수 있다. 임지룡(1984)은 공간감각어의 전체적인 의미특성을 고찰하고 반의관계를 이루는 '크다/작다'와 같은 공간감각어는 '크지도 작지도 않은' 중간단계를 중심으로 (+)방향과 (-)방향으로 대칭되어 있는 '극대칭 체계(極對稱 體係)'로 이루어져 있으며[1], '크다'와 같은 (+)방향의 적극어는 무표항이며 '작다'와 같은 (-)방향의 소극어는 유표항이 되며 양자가 동일한 가치를 지니고 있는 것이 아니라 무표항이 공간감각어에 바탕이 되어 의미구조에 '편향성(偏向性)'[2]을 띠고 있음을 지적하였다. 양태식(1985)과 노대규(1988)는 공간감각형용사를 1, 2, 3차원으로 나누어 의미분석을 하였는데 양태식(1985)은 철저한 의미소 분석법에 따라 차원낱말의 의미소를 밝히고 의미소들의 관계 그물을 그렸다.

공간감각형용사는 이름 그대로 [공간에 대한 감각][3]이라는 공통적 의미바탕으로 한 무리로 묶이게 된다. 이들은 우선 [차원(dimension)]에 의해 1, 2, 3차원 형용사로 나눌 수 있다. '차원'은 원래 수학, 기하학에서 쓰는 개념이고 어느 한 점을 기점으로 몇 개의 방향과 크기가 존재하느냐에 따라서 세 가지로 나눈

---

1 반의관계를 여섯 가지로 나눈 리이치(1981:99~109)의 분류에 비추어 보면 공간감각어는 극대칭체계를 나타낸다. 리이치는 극대칭을 반의관계 가운데서 어느 쪽에도 포함되지 않은 중간지역을 두고 서로 다른 방향으로 향하고 있는 '크다', '작다'류라고 한다. 극대칭체계의 모형은 '크다''작다' 사이에 '크지도 작지도 않은' 중간단계를 중심으로 (+)방향과 (-)방향으로 대칭되어 있다. 여기서 중간단계는 기준이 된다. 임지룡(1984:122)

2 "줄이 어느 정도 깁니까?"라는 물음이 "줄이 어느 정도 짧습니까?"보다 훨씬 더 자연스럽고 그에 대한 대답도 더 개방적이어 "매무 깁니다"나 "매우 짧습니다"가 모두 가능하다. 또 무표항 '길다, 높다, 깊다, 넓다'의 어근에 명사형 접미사 '-이'를, '멀다, 굵다, 크다'에 '-기'를 붙여 척도 명사를 생성하는데 유표항 낱말은 그렇지 못한다. 그러므로 더 포괄적이며 중립적인 의미를 지닌 무표항은 의미구조에 바탕이 된다. 임지룡(1984:126~132)참조.

3 양태식(1985:7)에서 "공간적인 퍼짐의 정도에 대한 상대적인 크기"를 차원낱말의 공통바탕으로 파악하고 이를 의미소 [크기]로 표시하고 있다.

다. 즉, 어느 한 점을 기점으로 하여, 한 개의 방향과 크기로 생성되는 공간은 1
차원 공간이고, 두 개의 방향과 크기로 이루어진 공간은 2차원 공간이며, 세
개의 방향과 크기로 이루어진 공간은 3차원 공간이다. 우리는 보통 1차원 공
간을 '선(line)', 2차원 공간을 '면(plane)', 3차원 공간을 입체의 '체적(volume)'
으로 인지한다[4]. 그러므로 공간감각형용사는 우선 의미소 [+1차원][+2차원]
[+3차원]에 의해 분절할 수 있다[5].

　1차원 낱말은 다시 장단(長短), 심천(深淺), 고저(高低), 원근(遠近)에 의해 더
작은 무리로 구분할 수 있으며, 이들을 각각 [+길이][+깊이][+높이]와 [+멀기(거
리)]의 의미소로 표시할 수 있다. [+길이]는 방향성이 없는 특징으로 어느 점을
기점으로 하는 [+깊이][+높이][+멀기]와 구별된다. [깊이]와 [높이]는 다 세로
방향의 퍼짐을 나타내는데 [깊이]는 밑으로 내려가는 하향성을 지니고 [높이]
는 위로 올라가는 상향성을 지니고 있다[6]. 2차원 낱말은 다시 광협(廣狹), 후박
(厚薄)에 의해 구분할 수 있고 각각 [넓이]와 [두께]라는 의미소로 표시할 수 있
으며, [넓이]는 면모양의 퍼짐이 어떠한가를, [두께]는 면모양의 측면으로 퍼짐
이 어떠한가를 나타낸다[7]. 3차원 낱말은 다시 대소, 굵기에 의해 구분할 수 있
고 각각 [크기]와 [굵기]라는 의미소로 표시할 수 있으며, [크기]는 입체적인 물
체의 공간점유량이 어떠한가를 나타내고 [굵기]는 원형 물체의 단면이 어떠한

4　양태식(1985:24), 노대규(1988:3~4) 참조.

5　양태식(1985)에서 1,2,3 차원을 각각 의미소 [길이][넓이][부피]로 설정하였는데 본고는 이들을 [1차원][2
　차원][3차원]으로 설정하는 것이 낫겠다고 본다. 왜냐하면 1차원 낱말은 '길다/짧다', '깊다/얕다', '높다/낮
　다', '멀다/가깝다'처럼 '길이', '깊이', '높이'와 '멀기(거리)'를 나타내는 하위부류를 더 세분할 수 있는데, [길
　이]를 1차원 낱말의 공통 의미소로 설정하면 상,하위 개념이 혼동될 수 있기 때문이다. 2차원 낱말에도 '넓
　이'를 나타내는 '넓다/좁다' 외에 '두께'를 나타내는 '두껍다/얇다'가 더 포함되어 있기 때문에 [넓이]를 2차
　원의 공통 의미소로 설정하는 것이 적절하지 않다.

6　임지룡(1984:122)에서 1차원 낱말에 대해, '길다/짧다'는 직선의 길이를, '높다/낮다'는 수평면을 바탕으
　로 수직방향의 길이를, '깊다/얕다'는 기준면에서 어떤 대상의 내부로 파고 들어간 깊이를, '멀다/가깝다'는
　한쪽 지점을 바탕으로 삼은 두 지점 사이의 거리를 나타낸 것으로 파악하고 있다.

7　양태식(1985:48~52) 참조.

가를 나타낸다.

공간감각형용사는 극대칭 체계로서 중간단계를 중심으로 (+)방향과 (-)방향으로 대칭되어 있다. 즉 '길다, 깊다, 높다, 멀다, 넓다, 두껍다, 굵다, 크다'는 화자 마음 속의 기준보다 크다는 의미를, '짧다, 얕다, 낮다, 가깝다, 좁다, 얇다, 가늘다(잘다), 작다'는 기준보다 작다는 의미를 나타낸다. 이런 의미 특징을 [±기준치보다 크다](이하 [±기준치]로 표시)의 의미소로 표시할 수 있다.

그런데 '기준보다 굵지 않다'는 말은 한국어에서 다시 '가늘다'와 '잘다' 두 단어로 나뉜다. '막대기/바늘/손가락/팔/목이 굵다/가늘다'와 '사과/달걀/밤이 굵다/잘다'처럼 '가늘다'는 직경보다 길이가 더 큰 긴물체의 굵기를 나타내며 '잘다'는 공모양의 물체의 굵기를 나타낸다. 이를 구별하기 위해 전자에 [+막대기 모양], 후자에 [+공모양]이라는 의미소를 더 설정할 수 있다[8].

앞선 논의에 근거하여 한국어 공간감각형용사를 우선 아래와 같이 나눌 수 있다.

(1)　[1차원][길이][+기준치]: 길다, 길디길다, 기다랗다, 길찍하다, 길쭉하다,
　　　　　　　　　　　　　길쭉스름하다, 길둥글다, 길차다…

　　　[1차원][길이][-기준치]: 짧다, 짤따랗다, 짤막하다

　　　[1차원][깊이][+기준치]: 깊다, 깊디깊다, 깊다랗다, 깊직하다

　　　[1차원][깊이][-기준치]: 얕다, 얕디얕다, 야틈하다, 야트막하다…

　　　[1차원][높이][+기준치]: 높다, 높디높다, 높다랗다, 높직하다, 높지막하다

　　　[1차원][높이][-기준치]: 낮다, 나직하다, 나지막하다

　　　[1차원][멀기][+기준치]: 멀다, 머나멀다, 머다랗다, 멀찍하다

　　　[1차원][멀기][-기준치]: 가깝다, 가직하다

　　　[2차원][넓이][+기준치]: 넓다, 넓디넓다, 널따랗다, 널찍하다, 넓적스름하다,
　　　　　　　　　　　　　넓적스레하다…

　　　[2차원][넓이][-기준치]: 좁다, 좁디좁다, 좁다랗다, 좁직하다

8　양태식(1985:56)에서 '굵다/잘다'의 공통바탕은 [입체모양][원형의 단면]으로, '굵다/가늘다'의 공통바탕은 [입체모양][막대기모양][원형의 단면]으로 구분하고 있다.

[2차원][두께][+기준치]: 두껍다, 두껍디두껍다, 두껍다랗다, 두텁다,
　　　　　　　　　　　두툼하다…
[2차원][두께][-기준치]: 얇다, 얇디얇다, 얄따랗다, 얄브스름하다, 얄찍하다
[3차원][굵기][+기준치]: 굵다, 굵다랗다, 굵직하다
[3차원][굵기][-기준치][+막대기 모양]: 가늘다, 가늘디가늘다, 가느다랗다,
　　　　　　　　　　　가느스름하다
[3차원][굵기][-기준치][+공모양]:잘다, 잔다랗다
[3차원][크기][+기준치]: 크다, 크디크다, 크나크다, 커다랗다, 큼직하다
[3차원][크기][-기준치]: 작다, 작디작다, 작다랗다, 자그/조그/조끄/
　　　　　　　　　　　쪼끄-마하다

　위 (1)은 기하학의 공간 개념에 따라 각 계열어군의 공통 의미바탕을 설정한다. 여기서 두 가지 문제를 주의해야 한다. 하나는 기하학적 분류와 달리 실제 언어생활에서 1, 2, 3차원의 낱말이 서로 혼용되는 경우가 많다는 것이고, 다른 하나는 긍정적 가치를 가진 [+기준치]의 기본어들이 문맥에 따라 유표와 무표의 의미로 모두 쓰인다는 것이다.

(2)　ㄱ. 연필이 <u>크다/작다</u>. (길다/짧다)
　　ㄴ. 방이 <u>크다/작다</u>. (넓다/좁다)
　　ㄷ. 막대기가 <u>크다/작다</u>. (굵다/가늘다)
　　ㅁ. 산이 <u>얕다</u>. (낮다)

　(2)의 밑줄 친 부분은 괄호안의 낱말을 대신할 수 있다. (2ㄱ)은 1차원 형용사 '길다/짧다'를, (2ㄴ)은 2차원의 '넓다/좁다'를, (2ㄷ)은 3차원의 '굵다/가늘다'를 모두 3차원의 '크다/작다'로 대신할 수 있다. 또 (2ㅁ)처럼 '낮다'를 쓸 자리에 '얕다'를 대신 쓸 수 있다. 양태식(1985:52~3)에서 '크다/작다'는 다른 일곱 쌍의 차원 낱말을 모두 대신할 수 있다며, 그 원인에 대해 1)차원 낱말 무리는 거의 대부분이 극단적 대립관계의 짝을 이루고 있기 때문에 그들 의미소를 구성하는 의미바탕은 모두 [±크다]에 의해 구별되고 2)의미소를 구성하고 있는 의미

바탕은 구체적인 문맥 안에서 일부는 억제되고 일부는 강조될 수 있기 때문이
라고 설명한다. 예컨대 (2ㄱ.ㄴ)의 경우에는 [1차원/2차원]의 의미소가 억제되고
[±크다]의 의미가 강조되며, (2ㅁ)의 경우에는 '낮다'와 '얕다'의 상향성, 하향성
구별이 억제되고 [1차원][세로 방향][-크다]의 의미소가 강조되기 때문에 서로
혼용이 가능하게 된 것이다. 그러나 공간감각형용사의 혼용 현상은 어디까지나
일부 의미소의 억제와 강조에 불과하고 또 문맥에 의해 결정되기 때문에 낱말
의 기본의미 분석에서 각 낱말의 시차성을 명확히 보여주는 것이 낫겠다.

  그리고 앞에서 논의한 바와 같이 극대칭 체계를 보인 공간감각형용사는 무
표항, 유표항으로 나눌 수 있다. 이원대립 특성의 한쪽 끝은 더 자주, 더 널리
나타나서 대립관계의 배경이 되고 다른 끝은 드물게 나타나므로 더 뚜렷하여
자질이 있는 전경이 된다(임지룡,1984:126). 바꿔서 말하면 '길다, 깊다, 넓다, 굵
다, 크다'와 같이 적극적, 긍정적 의미를 나타내는 쪽(즉 [+기준치]를 지닌 기본어)
은 문맥에 따라 유표적 혹은 무표적 의미로 쓰일 수 있다.

    (3) 가: 줄이 얼마나 길어요?
         나: 아주 길어요.
         나':아주 짧아요.

  (3)의 물음에서 나타난 '길다'는 길거나 짧다는 가정이 전혀 전제하지 않는
포괄적인 무표항으로 쓰이는데, (나)의 대답에서 나온 '길다'는 화자의 기준보
다 길다는 의미로 (나')의 '짧다'와 반의관계를 이룬 유표항으로 쓰인다. 임지룡
(1984:128)에서는 길이눈금을 통해 '길다'의 이러한 특성을 아래 그림과 같이
제시하였다.

[그림 1.] 길이의 눈금

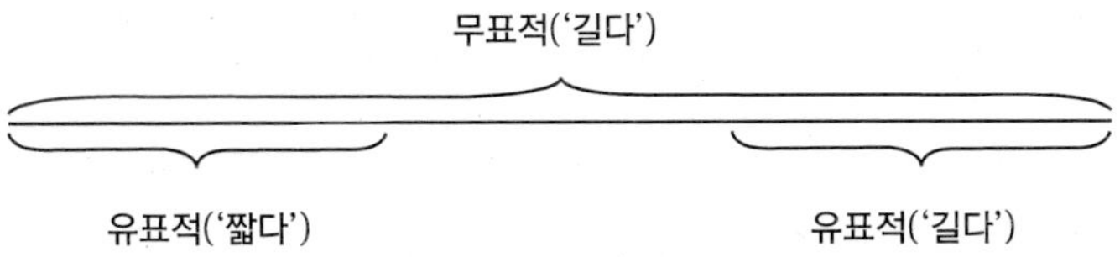

무표적('길다')

유표적('짧다')　　　　　　　　　유표적('길다')

이러한 유표,무표의 의미 차이를 구별하기 위해 아래의 의미소로 달리 표시할 수 있다.

(4)　길다(유표): [+1차원][+길이][+기준치]
　　　길다(무표): [+1차원][+길이]

[±기준치]로 갈라진 공간감각형용사는 다시 정도 차이로 인해 분화된다. 가령 '길다, 길디길다, 기다랗다, 길찍하다, 길쭉하다' 등 '길다' 계열어군은 다 기준치보다 더 큼을 나타내고, '짧다, 짤따랗다, 짤막하다' 등 '짧다' 계열어군은 다 기준치보다 작음을 나타내는데, 그 유의어군에 있는 낱말들은 다시 정도의 차이로 서로 구별된다.

(5)　[높은 정도3]: 길디길다(〈매우 길다〉)
　　　[높은 정도2]: 기다랗다(〈매우 길거나 생각보다 길다〉)
　　　[높은 정도1]: 길찍하다(〈길이가 꽤 긴 듯하다〉)
　　　[낮은 정도-1]: 길쭉하다(〈조금 길다〉)
　　　[낮은 정도-2]: 기름하다(〈조금 긴 듯하다〉)
　　　[낮은 정도-3]: 길쭉스름하다(〈조금 길쭉하다〉)
(6)　[높은 정도]: 짤따랗다(〈매우 짧거나 생각보다 짧다〉)
　　　[낮은 정도]: 짤막하다(〈조금 짧은 듯하다〉)

(5)와 같이 '길다' 계열어군의 정도 의미를 우선 [높은 정도]와 [낮은 정도] 크게 두 등급으로 나눈 다음 다시 숫자로 등급을 세분할 수 있다. 그런데 (6)의

'짧다' 계열은 구성원이 적은만큼 [높은 정도]와 [낮은 정도] 2등급으로만 나눈다.

(5)(6)과 같이 '길다', '짧다' 계열어군의 정도 의미는 주로 형태소 복합에 의해 결정된다. '길디길다'처럼 '-디-'에 의한 합성과 '기다랗다, 길찍하다, 길쭉하다, 길쭉스름하다'처럼 접미사 '-다랗-, -찍-, -쭉-, -스름-'에 의한 파생이 낱말의 정도성 의미를 결정한다. 색채형용사, 미각형용사에서 자음교체가 많이 이루어진 것과 달리 공간감각형용사는 자음대립에 의한 낱말 생성이 거의 없다. 3차원 낱말 '작다' 계열에서만 '조그/조끄/쪼그/쪼끄-마하다'의 자음대립을 발견했다.

(7) [낮은 정도]: 조그마하다(〈조금 작거나 적다〉)
      [낮은 정도⁺]: 조끄마하다(〈조금 작거나 적다. '조그마하다'보다 센 느낌
            을 준다〉)
      [낮은 정도⁺]: 쪼그마하다(〈조금 작거나 적다. '조그마하다'보다 강한 느
            낌을 준다〉)
      [낮은 정도⁺⁺]: 쪼끄마하다(〈조금 작거나 적다. '조그마하다'보다 아주 센
            느낌을 준다〉)

(7)의 '조그/조끄/쪼그/쪼끄-마하다'에 대한 『표준국어대사전』의 뜻풀이를 보면, 자음대립을 보인 네 낱말이 모두 '조금 작다'의 정도 의미를 나타내고 있지만 경음형이 평음형보다 조금 더 센 느낌을 준다. 그러므로 네 단어의 기본 정도 등급은 모두 [낮은 정도]로 설정하 수 있으나 '조그마하다〈조끄마하다/쪼그마하다〈쪼끄마하다'의 어감 차이를 표시하기 위하여 의미소 우측 상단에 '+'를 더 달아 [낮은 정도⁺]와 [낮은 정도⁺⁺]처럼 자음대립짝들의 미미한 정도 차이를 표시한다.

이상과 같은 속성적 의미 외에 일부 공간감각형용사는 [+쾌감] 등 다른 부가적 의미를 나타내기도 한다.

(8)　[+쾌감]: 걀쭉하다(〈보기 좋을 정도로 조금 길다〉)

　　　　　갸름하다(〈보기 좋을 정도로 조금 가늘고 긴 듯하다〉)

　　　　　도톰하다(〈보기 좋을 정도로 알맞게 두껍다〉)

(9)　[+알참]: 길차다(〈아주 알차게 길다〉)

　　　　[+둥긂]: 길둥글다(〈모양이 기름하게 둥글다〉)

(8)의 '걀쭉하다, 갸름하다, 도톰하다'는 '보기 좋다' 즉 [+쾌감]의 의미를 더 나타낸다. 이런 [+쾌감]의 의미는 모음대립에 의해 실현된다. 색채형용사에서 모음대립이 밝으냐 어두우냐의 명도 의미를 나타낸 것과 달리, 양성 모음 'ㅑ', 'ㅗ'를 취한 '걀쭉하다, 갸름하다, 도톰하다'는 모두 [+쾌감]을 나타내고 있다. 그러나 음성 모음인 '길쭉하다, 기름하다, 두툼하다'는 [-쾌감]을 나타내는 것이 아니고 좋으냐 싫으냐는 의미에 무표적이다. 그리고 '얕다:옅다', '야트막하다:여트막하다'의 모음대립은 [±쾌감]의 의미를 나타내지 않고 주로 어떤 대상과 공기하느냐는 연어적 의미에서 구별된다.

앞선 논의에 따라 [길이]를 나타내는 1차원 공간감각형용사 계열어군의 의미장을 아래와 같이 제시할 수 있다.

[표1.] 공간감각형용사 '길다/짧다' 계열어군의 의미장

낱말	기본의미 ([속성 의미]/[부가적 의미]/〈연어적 의미〉)
길다	(무표)[+1차원][+길이] (유표)[+1차원][+길이][+기준치]
길디길다	[+1차원][+길이][+기준치][+높은 정도3]
기다랗다	[+1차원][+길이][+기준치][+높은 정도2]
길찍하다	[+1차원][+길이][+기준치][+높은 정도1]
길쭉하다	[+1차원][+길이][+기준치][+낮은 정도-1]
걀쭉하다	[+1차원][+길이][+기준치][+낮은 정도-1]/[+쾌감]
기름하다	[+1차원][+길이][+기준치][+낮은 정도-2]

갸름하다	[+1차원][+길이][+기준치][+낮은 정도-2]/[+쾌감]
길쭉스름하다	[+1차원][+길이][+기준치][+낮은 정도-3]
갈쭉스름하다	[+1차원][+길이][+기준치][+낮은 정도-3]/[+쾌감]
길둥글다	[+1차원][+길이][+기준치]/[+둥긂]
길차다	[+1차원][+길이][+기준치]/[+알참]
짧다	[+1차원][+길이][-기준치]
짤따랗다	[+1차원][+길이][-기준치][+높은 정도]
짤막하다	[+1차원][+길이][-기준치][+낮은 정도]

중국어 공간감각형용사도 한국어처럼 우선 [1차원(길이,깊이,높이,거리)/2차원(넓이,두께)/3차원(크기,굵기]과 [±기준치]에 의해 몇 개의 유의어군으로 분절할 수 있다. 다만 중국어 3차원 굵기를 나타내는 낱말은 '粗/細'의 대립만 있고 한국어처럼 [막대기 모양]과 [공모양]에 따라 '가늘다'와 '잘다'로 더 분화하지 않는다. 중국어 '細'는 대체로 '가늘다'와 대응되고 사과나 공의 굵고 잚은 중국어에서 보통 3차원 낱말 '大/小'로 표현한다. 그리고 중국어 1차원 높이를 나타내는 낱말 '高'의 대립짝은 '低'와 '矮' 두 개가 있는데 '高/低'는 주로 산, 하늘, 지붕과 같은 사물의 높이를 나타내며 한국어의 '높다/낮다'와 대응되고, '高/矮'는 '高墻/矮墻', '個子高/個子矮'처럼 사물의 높이나 사람의 키를 두루 표현할 수 있어 한국어의 1차원 낱말 '높다/낮다'와 3차원 낱말 '크다/작다'에 대응된다.

(10) [+높은 정도]

厚篤篤(〈形容非常粘稠或厚實〉)¶看這一身厚篤篤的肉,体格眞棒。

厚墩墩(〈形容很厚〉)¶厚墩墩的草墊子。

遙遠(〈很遠〉)¶對更遙遠的地方发生的事情,我們只能借助望遠鏡。/
其他恒星离我們都非常遙遠,最近的比邻星也在4光
年以外。

巨大(〈尺寸、体积或容積極其大的〉)¶一塊巨大而漆黑的積雲。

　　龐大(〈表示形体、組織、數量或程度大大超過慣常的范圍或標准〉)¶
　　　　　　　　　　　　　　　　彗星的体積非常<u>龐大</u>。
　　碩大(〈肥大,巨大〉)¶樹上成熟的上等的木瓜也的确是很好吃的。牠
　　　　　芳香、甛美、柔軟 , 而且果實<u>碩大</u>。

　(11) [+낮은 정도]
　　細溜溜(〈細長的樣子〉)¶譯員是個小個子,瘦瘦的,長着<u>細溜溜</u>的鷄脖
　　　　　子,鼻梁上架了副金絲眼鏡。/留着洋頭,鑲着
　　　　　金牙,<u>細溜溜</u>的身材,穿的漂漂亮亮。

　(10)(11)처럼 중국어 공간감각형용사는 정도 의미를 체계적으로 나타내지 못하고 개별 낱말만 정도의 높고 낮음을 나타낸다. (10)의 '厚篤篤 , 厚墩墩'은 중첩 접사 '篤篤 , 墩墩'을 통해 정도가 높다는 의미를 나타낸다. 1차원의 '遙遠'[9]은 멀다는 뜻을 지닌 老化詞 '遙'에 의해, 그리고 3차원의 '巨大, 龐大, 碩大'는 크다는 의미를 지닌 老化詞 '巨, 龐, 碩'에 의해 정도가 아주 높음을 나타낸다. (11)의 '細溜溜'는 중첩 접미사 '溜溜'에 의해 정도가 좀 낮다는 의미를 나타낸다[10].

　(12) [+광활함]
　　悠遠¶仰頭而望,藍天還是那麼寥廓<u>悠遠</u>。/漫步在楊浦大橋高高的橋
　　　　　面上,只感到天地<u>悠遠</u>,江風浩蕩。
　　曠遠¶我眷戀高原的<u>曠遠</u>,更眷戀高原的雄奇與蒼涼。/广漠<u>曠遠</u>的
　　　　　八百裏秦川。
　　寬曠¶<u>寬曠</u>的草原/窗外展開一片高山與平陸,<u>寬曠</u>到一眼望不儘。
　　广袤¶中國歷史悠久、土地<u>广袤</u>。/<u>广袤</u>无垠的海洋。
　　广闊¶從居庸關到呼和浩特大約有一千多裏的路程,火车都在這個
　　　　　<u>广闊</u>的高原上奔馳。

---

9 '遥远'은 '遥遠的國度/遥遠的宇宙/*遥远的学校'처럼 아주 멀거나 아득히 먼 거리를 나타낸다.

10 張拱貴(1997),「漢語疊音詞詞典」에서 '細溜溜'를 '細長的樣子(가늘고 긴 모양)'이라고 설명하고 있으나 '酸溜溜, 鹹溜溜, 紅溜溜' 등 낱말의 의미를 감안하면 접미사 '溜溜'가 주로 약한 정도를 나타낸다.

寬广¶寬广的熱帶雨林,是制造氧氣、吸收二氧化碳的巨大綠色工
場。

(13) [+황량함]

广漠¶在广漠的宇宙中,除了地球人以外,究竟有沒有外星人存在? /
沒有到過阿裏的人很難想象出牠的广漠、荒凉、貧瘠和閉塞。

(14) [+희미함]

渺遠¶登高縱目,雲山渺遠,樹海蒼茫。

(15) [+그윽함]

幽遠¶紫禁城的沉重與沧桑,紫禁城的幽遠與神秘。/他凝望着深邃
幽遠的夜空。

深幽¶奇岩怪石下,深幽的海石洞內群蛇蠕動。/拾级而上,两旁是深
幽的原始丛林。

(16) [+편안함]

寬松¶衬裤要寬松,不宜太小。

(17) [-쾌감]

窄巴巴¶車站前有條窄巴巴的胡同,一点也沒有鄉村車站應有的那
種開闊。

短撅撅¶她的病員服短撅撅地吊在肚子上,護士看她的眼光充滿不
加掩饰的鄙夷。

(18) [+뚱뚱함]

矮墩墩¶開車的是一個矮墩墩、胖乎乎的人。

(19) [+부드러움]

薄松松¶隔着乳白色的薄松松的波纹状的雲罩兒,霁色的天,漸漸地
在變。

(20) [+생동감]

短撅撅, 短扑扑, 細溜溜, 細條條…

이상 (12)~(20)은 공간의 속성 의미가 아닌 다른 부가적 의미를 더 나타낸 낱

말들이다. (12)는 어근 '曠, 广, 悠, 闊'에 의해 확 트이는 [+광활함], (13)은 어근
'漠'에 의해 생기 없는 [+황량함], (14)는 어근 '渺'에 의해 보일락말락한 [+희미
함], (15)는 어근 '幽'에 의해 [+그윽함], (16)은 어근 '松'에 의해 [+편안함]을 나
타낸다. (17)의 '窄巴巴, 短撅撅'는 중첩 접사 '巴巴, 撅撅'에 의해 화자의 비위에
맞지 않는 [-쾌감], (18)의 '矮墩墩'는 중첩 접사 '墩墩'에 의해 [+뚱뚱함]의 뜻
을 더 나타낸다. (20)은 AXX나 ABB 등 중첩에 의해 [+생동감]의 어감을 나타
낸다.

(21) {옷} 短撅撅¶短撅撅的裤褂兒。/他穿着一件舊棉道袍,短撅撅的只達
　　　　　到膝部。
　　　　寬松¶衬裤要寬松不宜太小。/寬松的上衣。
　　{머리카락} 短扑扑¶這個二十多歲的女司機,倒是有股生龍活虎的劲
　　　　　頭,那短扑扑的頭髮,……。
　　{키,몸매} 細條條¶一個細條條的靑年,穿着一身已褪色的軍裝,两手
　　　　　插進口袋裏。/細條條的個子,胸脯高高的,一身很
　　　　　合體的草綠色軍裝。
　　{하늘,우주} 幽遠¶他凝望着深邃幽遠的夜空。/她抬眼望星空,亮晶晶
　　　　　的星星象寶石缀满幽遠高深的天幕。
　　{벌판,바다,우주,사막} 曠遠¶我眷戀高原的曠遠,更眷戀高原的雄奇與
　　　　　蒼凉。
　　　　寬曠¶寬曠的草原/窗外展開一片高山與平陸,
　　　　　寬曠到一眼望不儘。
　　　　广漠¶在广漠的宇宙中,除了地球人以外,究竟
　　　　　有沒有外星人存在?
　　　　广袤¶中國歷史悠久、土地广袤/广袤无垠的海
　　　　　洋。
　　　　广闊¶從居庸關到呼和浩特大約有一千多裏的
　　　　　路程,火车都在這個广闊的高原上奔馳。

{도로,폐쇄공간,옷} 寬敞¶雖然農舍的房子矮小,但都帶有院子的格
　　　　　　　　　局,這顯得格外寬敞 。/北京高樓林立、馬路
　　　　　　　　　寬敞。/皮袍肥大,袍袖寬敞。
{폐쇄공간,거리,옷} 窄巴¶給他們太窄巴的地方不行。他們一年、也許
　　　　　　　　　是兩年的時間,就會添出一口來。/骯髒窄巴
　　　　　　　　　的街道。/窄巴的衣服,繃緊的胸脯上隱伏着
　　　　　　　　　的兩個乳房的輪廓。
{폐쇄공간} 深幽¶奇岩怪石下,深幽的海石洞內群蛇蠕動。/洞內迂回
　　　　　　深幽。

위 (21)처럼 일부 중국어 공간감각형용사는 명사와의 공기관계에서 제약을 받고 있다. '短撅撅, 寬松'은 주로 {衣服(옷)}, '短扑扑'는 주로 {頭髮(머리카락)}, '悠遠'은 주로 {天空, 宇宙(하늘,우주)}와 결합하고 '深幽'는 주로 동굴이나 구멍과 같은 {폐쇄공간}을 수식한다. 또 광활함을 나타내는 '广漠, 寬曠, 寬广, 广袤, 曠遠'은 주로 {벌판, 바다, 우주, 사막} 등 드넓은 공간을 나타내며 '寬敞'은 {도로, 폐쇄공간, 옷}을 나타낸다. 그러므로 '*寬敞的田野/平原/沙漠/天空/宇宙'나 '*广漠/*寬曠/*寬广/*广袤/*曠遠的房間/馬路/山洞/衣袖'와 같은 결합은 어색한 표현이다.

앞선 논의에 근거하여 중국어 공간감각형용사의 의미장을 아래와 같이 제시할 수 있다.

[표2.] 중국어 공간감각형용사 의미장

낱말	기본의미 ([속성 의미]/[부가적 의미]/{연어적 의미})
長	(무표)[+1차원][+길이] (유표)[+1차원][+길이][+기준치]
短	[+1차원][+길이][−기준치]
短撅撅	[+1차원][+길이][−기준치]/[+생동감][−쾌감]/{옷}
短扑扑	[+1차원][+길이][−기준치]/[+생동감]/{머리카락}
高	(무표)[+1차원][+높이] /{사물,키} (유표)[+1차원][+높이][+기준치]/{사물,키}
低	[+1차원][+높이][−기준치]/{사물}
矮	[+1차원][+높이][−기준치]/{사물,키}
矮墩墩	[+1차원][+높이][−기준치]/[+생동감][+뚱뚱함]/{키}
低矮	[+1차원][+높이][−기준치]/{사물,키}
深	(무표)[+1차원][+깊이] (유표)[+1차원][+깊이][+기준치]
深幽	[+1차원][+깊이][+기준치]/[+그윽함]/{폐쇄공간}
淺	[+1차원][+깊이][−기준치]
遠	(무표)[+1차원][+거리] (유표)[+1차원][+거리][+기준치]
遙遠	[+1차원][+거리][+기준치][+높은 정도]
幽遠	[+1차원][+거리][+기준치]/[+그윽함]/{하늘,우주}
悠遠	[+1차원][+거리][+기준치]/[+광활함]/{하늘,천지}
曠遠	[+1차원][+거리][+기준치]/[+광활함]/{벌판,바다,우주,사막}
渺遠	[+1차원][+거리][+기준치]/[+희미함]/{벌판,바다,우주,사막}
近	[+1차원][+거리][−기준치]
寬	(무표) [+2차원][+넓이] (유표) [+2차원][+넓이][+기준치]
寬广	[+2차원][+넓이][+기준치]/[+광활함]/{벌판,바다,우주,사막}
寬曠	[+2차원][+넓이][+크다]/[+광활함]/{벌판,바다,우주,사막}
广阔	[+2차원][+넓이][+크다]/[+광활함]/{벌판,바다,우주,사막}

낱말	기본의미 ([속성 의미]/[부가적 의미]/{연어적 의미})
广袤	[+2차원][+넓이][+크다]/[+광활함]/{벌판,바다,우주,사막}
广漠	[+2차원][+넓이][+크다]/[+광활함][+황량함]/{벌판,바다,우주,사막}
窄	[+ 2차원][+넓이][-기준치]
狹窄	[+2차원][+넓이][-기준치]
窄巴	[+2차원][+넓이][-기준치]/[-쾌감]/{폐쇄공간,거리,옷}
窄巴巴	[+2차원][+넓이][-기준치]/[-쾌감][+생동감]/{폐쇄공간,거리,옷}
厚	(무표) [+2차원][+두께] (유표) [+2차원][+두께][+기준치]
厚篤篤	[+2차원][+두께][+기준치][+높은 정도]/[+생동감]
厚墩墩	[+2차원][+두께][+기준치][+높은 정도]/[+생동감]
薄	[+2차원][+두께][-기준치]
薄松松	[+2차원][+두께][-기준치]/[+생동감][+부드러움]
大	(무표) [+3차원][+크기] (유표) [+3차원][+크기][+기준치]
巨大	[+3차원][+크기][+기준치][+높은 정도]
龐大	[+3차원][+크기][+기준치][+높은 정도]
碩大	[+3차원][+크기][+기준치][+높은 정도]
肥大	[+3차원][+크기][+기준치][+높은 정도]/[+살찜]
小	[+3차원][+크기][-기준치]
渺小	[+3차원][+크기][-기준치][+높은 정도]
粗	(무표) [+3차원][+굵기][+막대기 모양] (유표) [+3차원][+굵기][+막대기 모양] [+기준치]
細	[+3차원][+굵기][+막대기 모양][-기준치]
纖細	[+3차원][+굵기][+막대기 모양][-기준치]/{사물,허리,손가락}
細條條	[+3차원][+굵기][+막대기 모양][-기준치]/[+생동감]/{키,몸매}

중국어 공간감각형용사 중에 합성어가 대부분을 차지하고 있으며 파생어는 '窄巴巴, 細條條' 등 몇 개밖에 없다. 공간감각형용사의 의미는 한국어처럼 정

도 의미를 체계적으로 나타내지 못하고 다른 어근에 의해 얻은 부가적 의미나 문장 속에서의 공기관계로 서로 구별되는 경우가 많다.

8.3 청각형용사 의미장

한국어 청각형용사에 대한 연구는 다른 감각영역에 비해 많이 뒤쳐져 있다. 정인수(1999)에서는 청각형용사 '시끄럽다, 요란하다, 떠들썩하다'와 '조용하다, 고요하다'는 기준보다 소리가 크냐 작으냐에 따라 구별되고, '떠들석하다'는 복수의 인간이 내는 소리에만 사용되고, '시끄럽다, 조용하다'는 정도를 매길 수 있는데 비해 '요란하다, 고요하다'는 정도매기기에 제한을 받으며, '걸걸하다, 짜랑짜랑하다'는 '목소리'와만 결합할 수 있다고 지적하였다. 김성화(2001)는 '시끄러움이 없어 잠잠함'이라는 공통 바탕에 묶인 '조용하다/고요하다'는 내적인 기본의미와 상황의 유형에서 차이난다고 하며, 전자 '조용하다'는 '시끄러움이 사라져 잠잠함'이고 '소리, 동작, 장소, 태도, 사건, 생활, 마음' 등 상황에 쓰이는데 후자 '고요하다'는 '시끄러움이 일어나지 않아 잠잠함'이고 '빛, 밤, 장소, 죽음, 마음' 등 상황에 쓰인다고 하였다.

[+청각]이라는 공통 의미바탕에 묶이게 된 낱말들은 우선 소리가 기준보다 크냐 작으냐에 따라 '시끄럽다, 떠들썩하다, 듣그럽다, 요란하다, 우렁차다, 자랑자랑하다'와 '조용하다, 고요하다, 고자누룩하다, 고즈넉하다'로 나눌 수 있으며 전자는 의미소 [+기준치]로, 후자는 [-기준치]로 표시할 수 있다. 먼저 [+청각][+기준치]의 의미소를 지닌 '시끄럽다, 떠들썩하다, 듣그럽다, 요란하다, 우렁차다, 자랑자랑하다'의 의미를 분석해 보겠다.

(1)　[-쾌감]시끄럽다, 떠들썩하다, 듣그럽다
　　　[+쾌감]{목소리,노래,함성,박수,…}우렁차다
　　　[+쾌감]{목소리}자랑자랑하다

(1)의 '시끄럽다, 떠들썩하다, 듣그럽다'는 화자가 견딜 수 있는 음량(音量)을 넘은 소음을 나타내므로 [-쾌감]의 의미소를 지닌다. '우렁차다'는 힘찬 {목소

리,노래,함성,박수 소리}를, '자랑자랑하다'는 높고 맑은 {목소리}를 나타내면서 [+쾌감]의 의미소를 내포하고 있다. '요란하다'는 '요란한 박수 소리/코를 요란 하게 골다/밖은 초저녁부터 내리던 비가 아직도 북을 치듯이 요란하게 내려 쏟 고 있다'처럼 기준치보다 큰 소리를 나타낼 뿐 화자의 비위에 맞느냐는 쾌감 의 미를 나타내지 않는다.

(2) ㄱ. {텔레비전/라디오}가/이 매우 {시끄럽다/듣그럽게/*떠들썩하다}.
　　ㄴ. {까치/새/개/벌레}가/이 {시끄럽게/듣그럽게/*떠들썩하게} 운다.
　　ㄷ. 동생이 {시끄럽게/듣그럽게/*떠들썩하게} 노래를 부르다.
　　ㄹ. 모처럼 모인 식구들로 집 안이 {시끄럽게/듣그럽게/떠들썩하다}.

(2)의 '떠들썩하다'는 (2ㄹ)처럼 여러 사람이 시끄럽게 하는 소리만 나타낼 수 있고 (2ㄱ)의 사물 소리나 (2ㄴ)의 동물 소리나 (2ㄷ)의 사람 혼자의 소리를 나타 낼 수 없다. 그러므로 '떠들썩하다'에 [+여러 사람]의 의미소를 설정할 수 있다. 한편 '시끄럽다'와 '듣그럽다'는 그런 제약을 받지 않는다.

(3) 시끌시끌하다: 몹시 시끄럽다.
　　우렁우렁하다: 소리가 매우 크게 울리다
　　짜랑짜랑하다: 주위를 울릴 정도로 목소리가 아주 높고 맑다.

위 (3)의 낱말들은 모두 정도성 의미를 나타내고 있다. '시끌시끌하다, 우렁우 렁하다, 짜랑짜랑하다'는 모두 어근 중첩을 통해 매우 시끄럽고 우렁하고 짜랑 한 소리를 나타낸다.

(4) 짜랑짜랑하다: 주위를 울릴 정도로 목소리가 아주 높고 맑다. '자랑자랑 하다'보다 센 느낌을 준다.
　　자랑자랑하다: 주위를 울릴 정도로 목소리가 아주 높고 맑다.

한국어 청각형용사에서 음운교체 현상을 많이 발견하지 못했지만 위 (4)의 경음-평음 자음대립짝 '짜랑짜랑하다:자랑자랑하다'의 뜻풀이에서 보이듯이 경음형 '짜랑짜랑하다'는 평음형 '자랑자랑하다'보다 좀 더 센 어감을 준다.

정도 등급		낱말
정도	2⁺	시끌시끌하다, 우렁우렁하다, 짜랑짜랑하다
	2	자랑자랑하다
	1⁺	짜랑하다
	1	시끄럽다, 우렁하다, 자랑하다

　　앞서 논의한 자음대립과 어근중첩에 의한 정도성 차이에 근거하여 위 표와 같이 '짜랑짜랑하다〉자랑자랑하다〉짜랑하다〉자랑하다'의 순서로 정도 등급을 매겨준다. 여기서 주의해야 할 점은 어원이 다른 계열어군의 정도 등급은 불균형적이고 서로 비교할 수 없다는 것이다. 가령 '짜랑짜랑하다, 자랑자랑하다, 짜랑하다, 자랑하다' 계열은 4등급으로 나눌 수 있지만 '우렁우렁하다, 우렁하다' 계열은 2등급으로만 나누고, '떠들썩하다' 계열은 기본어만 존재하고 다른 유의어가 전혀 없으므로 등급을 매겨줄 수 없다. 그러므로 '짜랑하다'의 정도 등급 [1⁺]는 같은 계열의 구성원 '짜랑짜랑하다, 자랑자랑하다, 자랑하다'와만 비교할 수 있고 '시끄럽다', '우렁하다' 계열의 낱말과는 비교할 수 없다.

(5)　[+맑음] 짜랑짜랑하다(〈주위를 울릴 정도로 목소리가 아주 높고 맑다〉)
　　　　¶꼬마들이 떠드는 소리에 교실 안이 짜랑짜랑하다.
　　　[-맑음] 쩌렁쩌렁하다(〈주위를 울릴 정도로 목소리가 아주 크고 높다〉)
　　　　¶그 노인은 집이 쩌렁쩌렁하게 울리도록 호통을 쳤다.

　　(5)의 '짜랑짜랑하다'와 '쩌렁쩌렁하다'는 모음대립을 이루고 있다. 여느 의성의태어처럼 양성 모음은 좀 작고 맑은 소리를, 음성 모음은 좀 크고 어두운 소리를 나타낸다. 그래서 어린 아이들의 크고 높은 목소리는 주로 '짜랑짜랑하다'로, 늙은 노인들의 목소리는 주로 '쩌렁쩌렁하다'로 표현한다.

‘조용하다, 고요하다, 고자누룩하다, 고즈넉하다’는 모두 소리가 기준보다 작다는 [-기준치]의 뜻을 지니고 있다. 그중 ‘조용하다’와 ‘고요하다’는 ‘텅 빈 방 안이 조용하다/고요하다’, ‘사방이 쥐 죽은 듯이 조용하다/고요하다’나 ‘조용한/고요한 밤/바다’처럼 거의 같은 뜻으로 문장 속에서 자유롭게 서로 교체할 수 있으나 ‘조용하다’보다 ‘고요하다’가 좀 더 소리없고 적막하게 느껴진다. 즉 ‘고요하다’가 ‘조용하다’보다 정도가 좀 더 높다고 볼 수 있다.

(6)　[+조용해짐] 고자누룩하다(〈한참 떠들썩하다가 조용하다〉)¶옆집이 새벽
까지 장터처럼 시끌벅적하더니 이제는 고자누룩하구나.
[+아늑함] 고즈넉하다(〈고요하고 아늑하다〉)¶고즈넉한 밤./자그마한 마
을이 드높이 갠 하늘 아래 한껏 고즈넉했다.

(6)의 ‘고자누룩하다’는 한참 떠들썩하다가 조용해짐을 나타내며, ‘고즈넉하다’는 주로 넓은 공간의 아늑한 고요함을 나타내므로 ‘텅 빈 집이 고즈넉하다’는 좀 어색한 표현이다.

이상 논의에 따라 한국어 청각형용사의 의미장 구조를 아래와 같이 제시할 수 있다.

[표1.] 한국어 청각형용사 의미장

낱말	기본의미 ([속성 의미]/[부가적 의미]/{연어적 의미}
시끄럽다	[+청각][+기준치]/[-쾌감]
시끌시끌하다	[+청각][+기준치][+정도2$^+$]/[-쾌감]
시끌벅적하다	[+청각][+기준치]/[-쾌감]
듣그럽다	[+청각][+기준치]/[-쾌감]
떠들썩하다	[+청각][+기준치][+여러 사람]/[-쾌감][-맑음]
따들싹하다	[+청각][+기준치][+여러 사람]/[-쾌감][+맑음]

요란하다	[+청각][+기준치]
우렁하다	[+청각][+기준치][+정도1]/[+쾌감]/{목소리,노래,함성,박수,…}
우렁차다	[+청각][+기준치][+정도1]/[+쾌감]/{목소리,노래,함성,박수,…}
우렁우렁하다	[+청각][+기준치][+정도2^+]/[+쾌감]/{목소리,노래,함성,박수,…}
자랑자랑하다	[+청각][+기준치][+정도2][+맑음]/[+쾌감]/{목소리}
저렁저렁하다	[+청각][+기준치][+정도2][-맑음]/[+쾌감]/{목소리}
짜랑짜랑하다	[+청각][+기준치][+정도2^+][+맑음]/[+쾌감]/{목소리}
쩌렁쩌렁하다	[+청각][+기준치][+정도2^+][-맑음]/[+쾌감]/{목소리}
조용하다	[+청각][-기준치]
고자누룩하다	[+청각][-기준치]/[+조용해짐]
고요하다	[+청각][-기준치]
고즈넉하다	[+청각][-기준치]/[+아늑함]

중국어 청각형용사 중에서 기준보다 음량이 큰 뜻으로 묶일 수 있는 낱말은 '吵, 鬧, 吵鬧, 喧囂, 喧鬧鬧, 鬧哄哄, 鬧嚷嚷, 鬧喳喳, 鬧紛紛'과 '洪亮, 響亮, 嘹亮' 등이 있다. 전자는 지나치게 시끄러운 소음을 나타내므로 [-쾌감]의 의미소를, 후자는 맑고 높은 목소리를 나타내므로 듣기 좋다는 [+쾌감]의 의미소를 지니고 있다.

(7) ㄱ. 四周圍{喧鬧/喧囂/吵鬧鬧/鬧鬧嚷嚷/鬧紛紛/鬧鬧喳喳}的人聲
　　　也就達到了高潮,甚至把火車的聲音也壓倒了。
　　ㄴ. {喧鬧/喧囂/囂鬧/吵鬧/*喧嘩/*鬧嚷嚷/*鬧紛紛/*鬧喳喳}的爆
　　　竹聲。

(7)처럼 '喧鬧, 喧囂, 囂鬧, 吵鬧'는 시끄러운 사람 소리나 폭죽 소리를 모두 나타낼 수 있으나 '喧嘩, 鬧嚷嚷, 鬧紛紛, 鬧喳喳'는 주로 사람이 떠들썩하는 소리를 나타내고 사물 소리를 잘 나타내지 않으므로 의미소 [+사람]으로 낱말

‘喧鬧, 喧囂, 囂鬧, 吵鬧’와 구별할 수 있다.

> (8) 這時候, 四周圍鬧嚷嚷的人聲也就達到了高潮。
> 大家七嘴八舌鬧紛紛的。
> 婦女們擠在一起鬧喳喳。

(8)처럼 ‘鬧嚷嚷, 鬧紛紛, 鬧喳喳’는 한 사람이 아닌 여러 사람이 시끄럽게 떠들썩하는 소리를 나타내므로 의미소 [+여러 사람]을 설정할 수 있다.

> (9) 曾經{喧鬧/囂鬧/喧囂}過的村庄, 一時顯的格外沉寂。
> 繁華, {喧鬧/囂鬧/喧囂}的上海突然變得肅穆庄嚴了。

(9)처럼 ‘喧鬧, 囂鬧, 喧囂’는 소리가 시끄럽다는 의미 외에 사람 소리, 자동차 소리 등 여러 소리가 번잡하게 뒤섞여 있는 상태를 나타내므로 의미소 [+번잡함]을 설정할 수 있다.

> (10) ㄱ. 收音机雖然很舊, 但音色純正,聲音響亮。/五星紅旗迎風飄揚,
> 勝利歌聲多麼響亮。
> ㄴ. 十一世班禪口齒清晰, 聲音洪亮。/大鐘的聲音洪亮悠揚, 能傳到
> 數十裡以外。
> ㄷ.女高音清脆, 嘹亮。/嘹亮的軍號聲。

위 (10)의 ‘響亮’은 라디오 소리나 노랫소리가 우렁참을 나타낸다. ‘洪亮’은 주로 힘찬 목소리나 종소리를 나타내며 ‘嘹亮’은 맑고 깨끗한 목소리나 나팔 소리를 나타낸다. 이 세 단어는 모두 우렁차고 듣기 좋은 소리를 나타내므로 [+높은 정도]와 [+쾌감]의 의미를 지니고 ‘嘹亮’은 [+맑음]을 더 지닌다.

소리가 기준보다 작아 조용함을 나타내는 낱말은 단일어 ‘靜’과 거기에 다른 어근을 결합한 ‘安靜, 寧靜, 幽靜, 肅靜, 寂靜, 僻靜, 靜謐’ 그리고 첩어 ‘靜悄悄, 靜幽幽’ 등이 있다.

(11) 虎的性格比較孤僻, 喜歡{安靜/?寧靜/?幽靜/?僻靜/*寂靜/*肅靜
　　 /*靜謐}的環境。

(11)처럼 중국어 '安靜'은 대체로 한국어의 '조용하다'에 해당하며 의미폭이
가장 넓어 여러 상황에서 두루 사용할 수 있다. 반면에 어근 '寧, 幽, 肅, 寂, 僻,
謐'과 결합한 '寧靜, 幽靜, 肅靜, 寂靜, 僻靜, 靜謐'은 다른 의미를 더 받아들이므
로 문맥에서 많은 제약을 받는다.

(12) [+안녕함] 寧靜(〈平靜, 安靜〉)¶郁郁葱葱的綠色世界, 常常給人們以
　　　　　　　　清新, 宁靜的感覺。
　　　[+그윽함] 幽靜(〈清幽寂靜〉)¶宋庄是一個典型的北方村落, 樹木葱
　　　　　　　　郁而幽靜。/當妳在幽靜的山谷中呼喊時, 會聽到清晰的回
　　　　　　　　聲。
　　　[+엄숙함] 肅靜(〈嚴肅而安靜〉)¶紀念大會持續了近三個小時, 群衆
　　　　　　　　時而報以熱烈的掌聲, 時而又肅靜庄嚴。/广州的靈堂比這
　　　　　　　　墳山好多了, 旣肅靜又干淨。
　　　[+외짐] 僻靜(〈人迹罕至,安靜〉)¶海濱的僻靜地段。/新婚的軍艦鳥喜
　　　　　　　　歡在海島上選擇一個個僻靜處建造新巢。

(12)처럼 어근 '寧, 幽, 肅, 僻'의 합성을 통해 낱말 '寧靜, 幽靜, 肅靜, 寂靜, 僻
靜'은 각각 [+안녕함],[+그윽함],[+엄숙함]과 [+외짐]의 의미를 더 지니게 된다.

(13) [+높은 정도]
　　　寂靜(靜寂)(〈沒有聲音, 安靜〉)¶在他發言過程中, 全場一片寂靜。/我
　　　　　　　　　　　們的銀河系好像失群的大雁, 孤獨
　　　　　　　　　　　地漂泊在寂靜的宇宙空間中。
　　　靜謐(〈寂靜, 平靜〉)¶沉寂的牧村, 靜謐的夜晚。/行走在靜謐的橡膠
　　　　　　　　　　　林裏, 摇下車窗,呼吸綠樹過濾後的清凉空氣。
　　　靜悄悄(〈形容非常寂靜, 沒有聲響〉)¶上海火車站, 今夜靜悄悄。/只
　　　　　　　　　　　見城裏靜悄悄的, 一點動靜都
　　　　　　　　　　　沒有。

靜幽幽(〈淸幽靜寂〉)¶四下都是黑漆漆, <u>靜幽幽</u>的。/馬路上行人很
少, <u>靜幽幽</u>的,沒有聲息。

(13)의 '寂靜, 靜謐, 靜悄悄'는 조용하고 고요하다는 뜻을 지닌 老化詞 '寂',
'謐', '悄'의 결합을 통해 의미를 더 명확히 드러낼 뿐만 아니라 아무 소리 없이
아주 고요하다는 정도 의미를 나타내기도 한다.

앞선 논의에 따라 중국어 청각형용사의 의미장 구조를 아래와 같이 제시할
수 있다.

[표2.] 중국어 청각형용사 의미장

낱말	기본의미 ([속성 의미]/[부가적 의미]/{연어적 의미})
吵	[+청각][+기준치]/[-쾌감]
鬧	[+청각][+기준치]/[-쾌감]
吵鬧	[+청각][+기준치]/[-쾌감]
喧鬧	[+청각][+기준치]/[-쾌감][+번잡함]
喧囂	[+청각][+기준치]/[-쾌감][+번잡함]
囂鬧	[+청각][+기준치]/[-쾌감][+번잡함]
喧嘩	[+청각][+기준치][+사람]/[-쾌감]
鬧嚷嚷	[+청각][+기준치][+여러 사람]/[-쾌감][+생동감]
鬧紛紛	[+청각][+기준치][+여러 사람] /[-쾌감][+생동감]
鬧喳喳	[+청각][+기준치][+여러 사람]/[-쾌감][+생동감]
響亮	[+청각][+기준치][+높은 정도]/[+쾌감]
洪亮	[+청각][+기준치][+높은 정도]/[+쾌감]/{목소리,종소리}
嘹亮	[+청각][+기준치][+높은 정도][+맑음]/[+쾌감]/{목소리,노랫소리,나팔소리}
靜	[+청각][-기준치]

安靜	[+청각][-기준치]/[+쾌감]
宁靜	[+청각][-기준치]/[+안녕함][+쾌감]
幽靜	[+청각][-기준치]/[+그윽함][+쾌감]
肅靜	[+청각][-기준치]/[+엄숙함]
僻靜	[+청각][-기준치]/[+외짐]
寂靜	[+청각][-기준치][+높은 정도]
靜謐	[+청각][-기준치][+높은 정도]/[+쾌감]
靜悄悄	[+청각][-기준치][+높은 정도]/[+생동감]
靜幽幽	[+청각][-기준치][+높은 정도]/[+그윽함][+쾌감][+생동감]

제9장

촉각, 미각, 후각형용사 의미장

9.1 촉각형용사 의미장

　촉각형용사는 '어떤 물체가 피부에 닿아서 느낀 감각' 즉 [+촉각]이라는 공통 바탕으로 한 무리로 묶이게 된다. 앞선 제3장에서 논술한 바와 같이 촉각형용사는 다시 촉감각형용사, 온도각형용사와 통각형용사 3개의 하위유형으로 나눌 수 있다. 그중 본고에서 다루는 촉감각형용사는 [±거침]이나 [±단단함]의 의미소를 가진 낱말에 한정한다.

　촉각형용사에 대한 의미분석은 주로 대립관계가 정연한 온도각 영역에 집중되어 있고 천시권(1980), 양태식(1988), 정재윤(1989a:63~79), 임지룡(1993:115~7) 등 선행연구들이 많은 연구 성과를 축적해 왔다. 온도각 형용사에 비해 촉감각형용사나 통각형용사에 대한 의미분석은 많이 뒤쳐진 상태에 머물러 있으며 정재윤(1989a:49~56)과 이지희(2007)에서만 촉각의 세 하위유형을 두루 다루었다. 김준기(2001)는 3유형의 일부 형용사 '따갑다/따끔하다/뜨끔하다, 가렵다/간지럽다/근지럽다, 시리다/차다/춥다, 결리다, 화끈하다, 쓰리다, 시큰하다'에 대해 개별적으로 고찰한 바가 있다.

9.1.1 온도각형용사 의미장

　천시권(1980)은 한국어 온도각형용사 '춥다(寒)/덥다(暑)', '차갑다(冷)/뜨겁다(熱)', '서늘하다(凉)/따뜻하다(暖)', '미지근하다(微溫)/뜨뜻하다(溫)'를 연구대상으로 하여 '擴張 對 收縮', '物理的 溫度 對 生理的 溫度', '全體表現 溫度 對 部分表現 溫度', '高溫 對 低溫', '適度 對 過度'와 같은 의미소로 8개 온도각형용사의 상관 대립 관계를 고찰하고 아래와 같은 6面體 구조를 제시하였다.

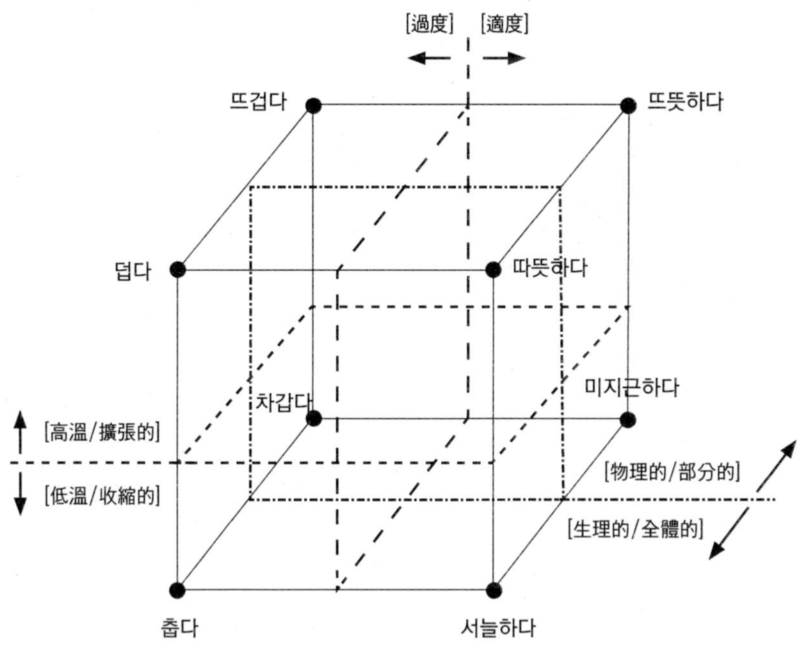

[그림1.] 천시권(1980)의 온도각형용사 6面體 구조

 위 그림에 의하면 우선 상단에 위치한 '덥다, 뜨겁다, 따뜻하다, 뜨뜻하다'와 하단에 위치한 '춥다, 차갑다, 서늘하다, 미지근하다'는 각각 하나의 군(群)을 이루어 고온(高溫)과 저온(低溫)의 대립을 이루고 있다(전자를 擴張的이라 한다면, 후자는 收縮的이라 할 수 있다). 또 그림 왼쪽에 위치한 '덥다, 뜨겁다, 춥다, 차갑다'는 어떤 기준 온도보다 과한 상태를 나타내고 오른쪽에 위치한 '따뜻하다, 뜨뜻하다, 서늘하다, 미지근하다'는 우리들의 감각에 적당한 온도 상태를 나타낸다. 전자를 과도(過度)라고 한다면 후자는 적도(適度)라고 할 수 있다. 그리고 그림 앞쪽에 위치한 '덥다, 따뜻하다, 춥다, 서늘하다'는 신체 전체에서 느끼는 온도감각을 나타내며 그림 뒤쪽에 위치한 '뜨겁다, 차갑다, 뜨뜻하다, 미지근하다'는 물체의 온도가 인간의 피부에 닿았을 때 느끼는 부분적인 온도감

각을 나타낸다. 이런 특징에 따라 전자는 '생리적 온도(生理的溫度)'(혹은 '全體的 溫度')라고 할 수 있고 주로 기후 온도에 대한 표현이고, 후자는 '물리적 온도(物理的 溫度)'(혹은 '部分的 溫度')라고 할 수 있고 주로 고체(固體)와 액체(液體)에 대한 온도표현이다.

양태식(1988)은 공통바탕 [+온도]에 의해 묶여진 '덥다/춥다', '뜨겁다/차다'와 '따뜻하다/시원하다'의 6개 온도각형용사를 연구대상으로 하여 그들이 [±유쾌],[±전부],[±크다]라는 변별자질에 의해 대립관계를 이루고 있다고 파악하고 있으며 아래와 같은 5面體 구조를 제시하였다.

[그림2.] 양태식(1988:130)의 온도각형용사 5面體 구조도

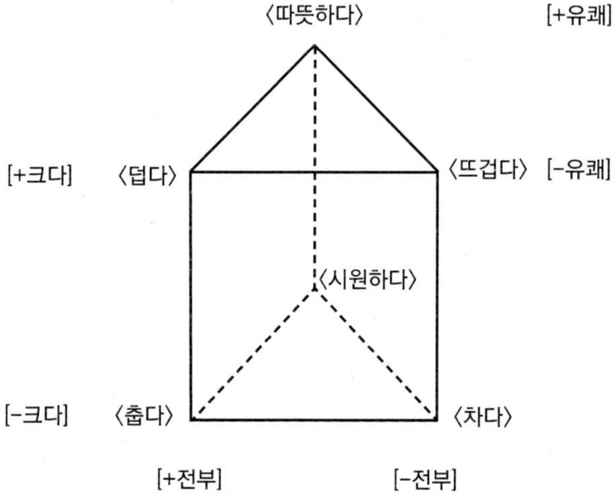

위 그림을 보면 양태식(1988)에서 설정한 [±크다]와 [±전부]는 대체로 천시권(1980)의 '高溫 對 低溫(擴張 對 收縮)'과 '全體表現 溫度 對 部分表現 溫度(生理的 溫度 對 物理的 溫度)'와 비슷하다. 다만 천시권(1980)의 '適度 對 過度'에 대해 양태식(1988)은 [±유쾌]로 보고 있어 좀 차이 난다. 천시권(1980:4)에

서 '過度'의 유(類)는 우리의 감각상 비교적 불쾌한 느낌을 가지고 '適度'의 유는 쾌감을 수반한다고 [適度/過度]와 [±유쾌]의 상관성을 언급하였으나, '快/不快'는 주관성이 강하여 개인차와 그때그때의 상황과 환경에 따라 변동될 가능성이 많은 이유로 이를 온도각형용사의 변별자질로 설정하지 않았다.

앞선 두 연구는 온도각형용사의 의미 구조를 구축하고 명시하는 데 가치가 높다고 평가할 수 있고 그들이 설정한 변별자질 '高溫 對 低溫([±크다])', '全體表現 溫度 對 部分表現 溫度([±전부])'와 '適度 對 過度([適度/過度]≈[±유쾌])'는 온도각형용사의 의미를 구별하는 데에 매우 유용하다. 그러나 대립관계가 정연하지만 일부 언어사실과 잘 맞지 않는 미흡한 점도 있다.

우선 천시권(1980)에서 형태적, 의미적 연관성을 보인 '따뜻하다'와 '뜨뜻하다'를 각각 '全體表現 溫度(生理的 溫度)'와 '部分表現 溫度(物理的 溫度)'로 구분한 것은 재고할 필요가 있다. 아래 (1), (2)와 같이 '따뜻하다'와 '뜨뜻하다'는 (ㄱ)처럼 신체 전체의 온도감각과 (ㄴ)처럼 신체 일부의 온도감각을 두루 나타낼 수 있다. 그리고 천시권(1980)과 양태식(1988)에서 모두 '部分表現 溫度'로 본 '차다'와 '차갑다'도 아래 (3)과 같이 몸에 닿은 물체나 대기의 온도를 두루 표현할 수 있다. 다시 말하면 '全體表現 溫度 對 部分表現 溫度' 혹은 [±전부]라는 의미소는 '따뜻하다:뜨뜻하다', '차다:차갑다'를 구별해 주는 변별자질이 아니라고 할 수 있다.

<blockquote>

(1) ㄱ. {날씨/봄바람/햇살}이 따뜻하다.

　　ㄴ. {방바닥/물}이 따뜻하다.

(2) ㄱ. {날씨/방/봄바람}이 뜨뜻하다.

　　ㄴ. {구들장/물}이 뜨뜻하다.

(3) ㄱ. {날씨/바람}이 차다/차갑다.

　　ㄴ. {밥/물/음식}이 차다/차갑다.

</blockquote>

또 천시권(1980)에서 '서늘하다', '미지근하다'를 '適度' 즉 감각에 적당한 온도로 보는 것도 문제가 있다. 아래『표준국어대사전』의 뜻풀이를 살펴보면 이두 단어가 나타낸 정도가 감각에 적당하다고는 보기 어렵다[1].

> (4) 서늘하다: 물체의 온도나 기온이 꽤 찬 느낌이 있다.
> 미지근하다: 더운 기운이 조금 있는 듯하다.

이상의 선행연구 검토를 통해 두 연구에서 설정한 변별 의미소가 온도각형용사의 의미장을 구축하는 데에 유용하나 개별 낱말에 대한 의미분석은 더 보완할 필요가 있음을 알 수 있다. 또한 두 선행연구에서 각각 6개와 8개의 대표적인 낱말만 분석하였기에 수량이 많은 전체 온도각형용사의 의미장을 밝히지 못했다.

본고는 우선 [+온각]과 [+냉각]의 의미소로 온도각 형용사를 나눈다. 이는 천시권(1980)의 '高溫 對 低溫'과 양태식(1988)의 [±크다]에 해당하다. '덥다, 뜨겁다, 따뜻하다, 미지근하다'처럼 기준보다 높은 온도를 표현한 낱말은 [+온각(溫覺)], '춥다, 차다, 서늘하다'처럼 기준보다 낮은 온도를 표현한 낱말들은 [+냉각(冷覺)]의 의미소로 구별할 수 있다[2].

또 신체 전체에서 느낀 것이냐 일부분에서 느낀 것이냐를 가리기 위해 [±전체]의 의미소를 설정할 수 있다. '덥다, 춥다' 등은 주로 신체 전체에서 느낀 기온, 날씨를 표현하므로 [+전체]의 의미소를 지니고, '뜨겁다, 미지근하다' 등은 주로 피부에 닿은 물체의 온도를 표현하므로 [-전체]를 지닌다. '따뜻하다, 차다' 등은 신체 전체나 일부에서 느낀 온도감각을 모두 표현할 수 있기 때문에

---

1 천시권(1980)에서 [適度]와 [쾌감]의 연관성을 단정짓지 못한 원인도 여기에 있는 듯하다. '서늘하다, 미지근하다'를 [適度]에서 제외하면 나머지 '따뜻하다, 뜨뜻하다'는 쾌감이 수반한 알맞은 정도를 나타냄을 인정할 수 있다.

2 모든 감각형용사들이 명시적으로건 암시적으로건 어떤 기준(표준값)을 전제로 하고 있어야 할 것인데 그 기준은 화자나 환경에 따라 다르다. 가령 20℃의 기온에서 남쪽 사람들은 '춥다'고 할 것이고, 북쪽 사람들은 '따뜻하다'고 할 것이다.

[±전체] 의미에 비관여적이다. 한 가지 주의해야 할 점은 [+전체]와 [−전체]의 구별은 절대적인 것이 아니라 일상대화에서 서로 넘나들 경우가 많다[3]. 가령 '덥다'가 [+전체]라 하지만 '더운 물'[4]이라는 표현이 일상생활에서 자주 쓰이고 '화끈하다'가 [−전체]라 하지만 '날씨가 화끈하다'는 표현도 가끔 사용할 수 있다. 그러나 '더운 물'을 '물이 덥다'로 바꾸면 말이 어색해지고, '날씨가 화끈하다'보다 '얼굴/몸이 화끈하다'의 표현이 훨씬 더 자연스러운 것이 사실이다[5]. 그러므로 [±전체]는 낱말의 일반적인 용례에 근거하여 그들의 상대적 경향성을 판단한 것이다.

그리고 [+온각]과 [+냉각]을 나타내는 온도각형용사들은 다시 정도에 의해 아래와 같이 차등화할 수 있다. 천시권(1980)에서 '適度/過度'로 양분한 것과 달리, 본고는 [+온각] 영역에 대해 '낮은 정도', '알맞은 정도', '높은 정도'와 '아주 높은 정도' 크게 4단계로 나누고, [+냉각] 영역에 대해 '알맞은 정도', '높은 정도'와 '아주 높은 정도'의 3단계로 나누고, 거기에 숫자를 더 달아 각 단계 내부의 정도 차이를 더 세분하였다. 그중 '알맞은 정도'는 쾌적한 느낌이라 [+쾌감]의 의미가 수반하고, '높은 정도'나 '아주 높은 정도'는 적절한 수준을 넘은 것이라서 [−쾌감]의 의미가 수반한다.

---

3 천시권(1980:7)에서 "물리적인 온도 감각 부분적인 것임에 대하여 생리적인 온도 감각이 전체적인 것임을 알 수 있겠거니와 일상대화에서는 서로 넘나들게 표현되는 것이 있다"고 지적하였다.

4 이때 '덥다'는 '춥다'가 아닌 '차다'나 '차갑다'와 대립관계를 이룬다.

5 김준기(2001:150)에서 '화끈하다'를 [±전체성]으로 파악하고 있는데 본고는 "얼굴/몸이 화끈하다"가 더 일반적 용례라 해서 이를 [−전체]로 파악한다.

[표1.] 한국어 온각 형용사의 정도 등급

정도		[+온각]	
		[+전체]	[−전체]
아주 높은 정도 ([−쾌감])	6	무덥다,후덥다,후터분하다	
높은 정도 ([−쾌감])	5	훗훗하다	
			따갑/뜨겁−다,따/뜨−끔하다,화끈하다,홧홧하다
알맞은 정도 ([+쾌감])	4	푹하다	
	3	포근포근/푸근푸근−하다	
	2	따듯/따뜻/뜨듯/뜨뜻−하다,포/푸−근하다	
	1	다/따−사롭다,다사/다스/드스/따사/따스/뜨스−하다	다습/드습/따습/뜨습−다
낮은 정도 ([±쾌감])	−1		매작/미적−지근하다
	−2		맹근/밍근−하다

[표2.] 한국어 냉각 형용사의 정도 등급

정도		[+냉각]	
		[+전체]	[−전체]
아주 높은 정도 ([−쾌감])	6	차디차다	
높은 정도 ([−쾌감])	5		시리다
	4	스산하다	
		차끈하다,차끈차끈하다,아슬아슬/으슬으슬−하다	
	3	사늘/서늘/싸늘/써늘−하다,사느랗/서느렇/싸느랗/써느렇−다, 으스스하다,아슬하다	
	2	차다,차갑다	
알맞은 정도 ([+쾌감])	1	산산/선선−하다	
		시원하다, 시원스럽다	

위 [표1]과 [표2]에서 한가지 주의해야 할 점은 [+전체]와 [-전체]에 속한 낱말들의 정도 등급은 균형적이지 못한 사실이다. 가령 '낮은 정도'의 온각형용사에는 '매적/미적-지근하다'와 '맹근/밍근-하다'만 있고 그들은 모두 신체 일부분에서 느끼는 물체의 온도를 나타낸다. 반대로 '아주 높은 정도'의 '무덥다, 후덥다, 후터분하다'는 모두 신체 전체에서 느끼는 날씨 온도를 표현한다. 그러므로 온각형용사의 정도 등급을 모두 4단계 8개의 등급으로 세분하였지만 [+전체]와 [-전체]에 속한 낱말들의 정도 등급 분포는 균형적이지 않다.

(5)
[높은 정도5]:   덥다(《기온이 높거나 기타의 이유로 몸에 느끼는 기운이 <u>뜨겁다</u>》)
                뜨겁다(《손이나 몸에 상당한 자극을 느낄 정도로 <u>온도가 높다</u>》)
                뜨끔하다(《갑자기 불에 닿은 것처럼 <u>뜨겁다</u>》)
                화끈하다(《몸이나 쇠 따위가 <u>뜨거운</u> 기운을 받아 갑자기 달
                        아오르다》)
[알맞은 정도4]: 푹하다(《겨울 날씨가 퍽 <u>따뜻하다</u>》)
[알맞은 정도2]: 따뜻하다(《덥지 않을 정도로 온도가 <u>알맞게 높다</u>》)
[알맞은 정도1]: 다사하다(《<u>조금 따뜻하다</u>》)
[낮은 정도-1]: 미적지근하다(《더운 기운이 <u>약간 있는 듯하다</u>》)
[낮은 정도-2]: 밍근하다(《<u>약간 미지근하다</u>》)

(5)의 '덥다, 뜨겁다, 화끈하다, 푹하다, 따뜻하다, 미적지근하다, 밍근하다'는 형태적 연관성이 보이지 않아 어원이 다른 것으로 봐야 하므로 그들의 정도 등급은 사전 뜻풀이에 의존할 수밖에 없다. 가령 '미적지근하다'는 '더운 기운이 약간 있는 듯하다'로 해석되고 '밍근하다'는 '약간 미지근하다'로 해석되므로 두 단어가 모두 '낮은 정도'를 나타낸다고 판단할 수 있으며 거기에 다시 '-1, -2'의 숫자를 달아 전자가 후자보다 정도가 조금 높은 것을 표시한다.

(6)

    [아주 높은 정도6]: 무덥다(〈습도와 온도가 매우 높아 찌는 듯 견디기 어렵게
                    덥다〉)
    [아주 높은 정도6]: 차디차다(〈매우 차다〉)
    [알맞은 정도3]: 포근포근하다(〈도톰한 물건이나 자리 따위가 매우 보드랍고
                    따뜻하다〉)

(6)의 '무덥다'는 접두사 '무-'에 의해, '차디차다'는 연결어미 '-디-'에 의해 아주 높은 정도를 나타낸다. '포근포근하다'는 어근 중첩에 의해 '포근하다'보다 좀 더 따뜻한 느낌을 준다.

이상 형태소 복합에 의한 정도 의미 차이는 사전 해석을 참조하여 각각 등급을 매겨줄 수 있으나 '따듯/따뜻/뜨듯/뜨뜻-하다', '다사/다스/드스/따사/따스/뜨스-하다', '사/서/싸/써-늘하다', '사느랗/서느렇/싸느랗/써느렇-다'와 같은 음운교체가 가져온 의미변화는 명확히 밝히기가 어렵다.

(8)   따사하다: 조금 따뜻하다. '다사하다'보다 센 느낌을 준다.
     싸늘하다: 물체의 온도나 기온이 약간 찬 느낌이 있다. '사늘하다'보다
            센 느낌을 준다.

(9)   따사하다: 조금 따뜻하다.
     뜨스하다: 조금 뜨습다.

(10) 사늘하다: 물체의 온도나 기온이 약간 찬 느낌이 있다.
     서늘하다: 물체의 온도나 기온이 꽤 찬 느낌이 있다.

(8)의 경음형 '따사하다', '싸늘하다'는 평음형 '다사하다', '사늘하다'보다 좀 더 센 어감을 준다. (9)와 (10)의 모음대립도 온도각형용사의 정도 의미와 연관되어 있으나 온각과 냉각에서 각각 정반대의 양상을 보이고 있다. 온각형용사의 경우는 (9)처럼 양성 모음의 '따사하다'가 음성 모음의 '뜨스하다'보다 좀 더 따뜻한 느낌을 주는데, 냉각형용사의 경우는 (10)처럼 음성 모음의 '서늘하다'

가 양성 모음의 '사늘하다'보다 더 찬 느낌을 준다. 그러나 온도의 각도에서 고려하면 이런 반대 양상을 일관성 있게 잘 설명할 수 있다. 즉 양성 모음은 좀 더 따뜻한 온도를 나타내고 음성 모음은 좀 덜 따뜻한 온도를 나타낸다.

(11) 드스하다: [+온각][+전체][알맞은 정도1]
　　　다사하다: [+온각][+전체][알맞은 정도1$^+$]
　　　뜨스하다: [+온각][+전체][알맞은 정도1$^+$]
　　　따사하다: [+온각][+전체][알맞은 정도1^{++}]

(12) 사늘하다: [냉각][± 전체][높은 정도3]
　　　서늘하다: [냉각][± 전체][높은 정도3$^+$]
　　　싸늘하다: [냉각][± 전체][높은 정도3$^+$]
　　　써늘하다: [냉각][± 전체][높은 정도3^{++}]

위 (11)과 (12)처럼 음운교체로 인한 어감상의 정도 차이는 별도의 등급으로 매겨주기 어렵되 같은 등급의 오른쪽 상단에 '+' 기호를 달아서 그들의 미미한 정도 차이를 구별할 수 있다. 즉 '드스하다〈뜨스하다,다사하다〈따사하다'의 순서로 온도가 더 따뜻하게 느껴지고, '사늘하다〈싸늘하다,서늘하다〈써늘하다'의 순서로 온도가 더 차갑게 느껴진다.

앞에서 논의한 [+온각/냉각][±전체][+정도]는 온도감각이 지니고 있는 속성 의미라고 할 수 있다. 그외에 일부 온도각형용사는 다른 부가적 의미를 나타내기도 한다.

(13)
[+부드러움]: 포근하다(〈도톰한 물건이나 자리 따위가 <u>보드랍고</u> 따뜻하다〉)
[+갑갑함]: 훗훗하다(〈약간 <u>갑갑할</u> 정도로 훈훈하게 덥다〉)
[+순간성]: 화끈하다(〈몸이나 쇠 따위가 뜨거운 기운을 받아 <u>갑자기</u> 달아오르
　　　　　　다〉)
[+지속성]/[+여럿]: 차끈차끈하다(〈<u>여럿이</u> 다 또는 <u>잇따라</u> 매우 차가운 느낌
　　　　　　　　　이 있다〉)

(13)의 '포근하다'는 따뜻하다는 온도각 외에 부드러운 촉감을 나태내기도
한다[6]. '훗훗하다'는 숨이 막힌 듯한 갑갑한 느낌을 나타내기도 한다. '화끈하
다'는 갑자기 뜨거운 물체에 닿아 일어난 순간적인 감각을 나타내며 '차끈차끈
하다'는 잇따라 일어난 지속적인 감각을 나타낸다[7]. '차끈차끈하다'는 문맥에
따라 '여럿이 다' 즉 [+여럿]의 의미를 나타내기도 한다.

앞선 의미분석에 근거하여 한국어 온도각 형용사의 의미장 구조를 아래와
같이 제시할 수 있다.

[표3.] 한국어 온도각형용사 의미장

낱말	기본의미 ([속성 의미]/[부가적 의미]/{연어적 의미})
무덥다	[+온각][+전체][+아주 높은 정도6]/[-쾌감]
후덥다	[+온각][+전체][+아주 높은 정도6]/[-쾌감]
후터분하다	[+온각][+전체][+아주 높은 정도6]/[-쾌감]
덥다	[+온각][+전체]
훗훗하다	[+온각][+전체][+높은 정도5]/[-쾌감]
따갑다	[+온각][-전체][+높은 정도5^+]/[-쾌감]
뜨겁다	[+온각][-전체][+높은 정도5]/[-쾌감]
따끔하다	[+온각][-전체][+높은 정도5^+]/[-쾌감]
뜨끔하다	[+온각][-전체][+높은 정도5]/[-쾌감]
화끈하다	[+온각][-전체][+높은 정도5]/[-쾌감][+순간성]
홧홧하다	[+온각][-전체][+높은 정도5]/[-쾌감]
푹하다	[+온각][+전체][+알맞은 정도4]/[+쾌감]

---

6 '포근하다'의 [+부드러움]의 의미는 문맥과 관련있는 듯하다. '햇솜/이불/담요 포근하다'처럼 '햇솜/이불/
담요'와 결합할 때는 [+부드러움]을 나타내는데, '날씨가 포근하다'처럼 기온을 표현할 때는 [+부드러움]의
의미가 잘 드러나지 않는다.

7 김준기(2001)도 '따갑다/따끔하다/뜨끔하다'와 '화끈하다'에 대한 의미분석에서 [지속성/순간성]을 변별
자질로 설정하였고 '따갑다'는 [지속성], '따끔하다, 뜨끔하다, 화끈하다'는 [순간성]을 지닌다고 판단하고
있다.

낱말	기본의미 ([속성 의미]/[부가적 의미]/{연어적 의미}
포근포근하다	[+온각][+알맞은 정도3$^+$]/[+쾌감]
푸근푸근하다	[+온각][+알맞은 정도3]/[+쾌감]
따뜻하다	[+온각][+알맞은 정도2^{++}]/[+쾌감]
따듯하다	[+온각][+알맞은 정도2$^+$]/[+쾌감]
뜨뜻하다	[+온각][+알맞은 정도2$^+$]/[+쾌감]
뜨듯하다	[+온각][+알맞은 정도2]/[+쾌감]
포근하다	[+온각][+알맞은 정도2$^+$]/[+쾌감]
푸근하다	[+온각][+알맞은 정도2]/[+쾌감]
따사롭다	[+온각][+알맞은 정도1$^+$]/[+쾌감]
다사롭다	[+온각][+알맞은 정도1]/[+쾌감]
따사하다	[+온각][+알맞은 정도1^{++}]/[+쾌감]
따스하다	[+온각][+전체][+알맞은 정도1^{++}]/[+쾌감]
뜨스하다	[+온각][+전체][+알맞은 정도1$^+$]/[+쾌감]
다사하다	[+온각][+전체][+알맞은 정도1$^+$]/[+쾌감]
다스하다	[+온각][+전체][+알맞은 정도1$^+$]/[+쾌감]
드스하다	[+온각][+전체][+알맞은 정도1]/[+쾌감]
따습다	[+온각][-전체][+알맞은 정도1^{++}]/[+쾌감]
뜨습다	[+온각][-전체][+알맞은 정도1$^+$]/[+쾌감]
다습다	[+온각][-전체][+알맞은 정도1$^+$]/[+쾌감]
드습다	[+온각][-전체][+알맞은 정도1]/[+쾌감]
매작지근하다	[+온각][-전체][+낮은 정도-1$^+$]
미적지근하다	[온각][-전체][+낮은 정도-1]
맹근하다	[온각][-전체][+낮은 정도-2$^+$]
밍근하다	[온각][-전체][+낮은 정도-2]
차디차다	[+냉각][+아주 높은 정도6]/[-쾌감]
춥다	[+냉각][+전체]
시리다	[+냉각][-전체][+높은 정도5]/[-쾌감]

낱말	기본의미 ([속성 의미]/[부가적 의미]/{연어적 의미})
스산하다	[+냉각][+전체][+높은 정도4]/[−쾌감]
차끈하다	[+냉각][+높은 정도4]/[−쾌감]
차끈차끈하다	[+냉각][+높은 정도4]/[−쾌감][+지속성][+여럿]
아슬아슬하다	[+냉각][+높은 정도4]/[−쾌감]
으슬으슬하다	[+냉각][+높은 정도4^+]/[−쾌감]
사늘하다	[+냉각][+높은 정도3]/[−쾌감]
서늘하다	[+냉각][+높은 정도3^+]/[−쾌감]
싸늘하다	[+냉각][+높은 정도3^+]/[−쾌감]
써늘하다	[+냉각][+높은 정도3^{++}]/[−쾌감]
사느랗다	[+냉각][+높은 정도3]/[−쾌감]
서느렇다	[+냉각][+높은 정도3^+]/[−쾌감]
싸느랗다	[+냉각][+높은 정도3^+]/[−쾌감]
써느렇다	[+냉각][+높은 정도3^{++}]/[−쾌감]
으스스하다	[+냉각][+높은 정도3]/[−쾌감]
아슬하다	[+냉각][+높은 정도3]/[−쾌감]
차다	[+냉각]
차갑다	[+냉각][+높은 정도2]/[−쾌감]
산산하다	[+냉각][+전체][+알맞은 정도1]/[+쾌감]
선선하다	[+냉각][+전체][+알맞은 정도1^+]/[+쾌감]
시원하다	[+냉각][+알맞은 정도1]/[+쾌감]
시원스럽다	[+냉각][+알맞은 정도1]/[+쾌감]

중국어 온도각형용사는 단일어 '凉, 冷'과 '溫, 暖, 熱, 燙'[8]에 접사 파생과 어근 합성의 방법으로 많은 유의어 낱말들을 생성한다. 전자 '凉, 冷' 계열의 낱말들은 기준 온도보다 낮은 온도를, 후자 '溫, 暖, 熱, 燙'은 기준보다 높은 온도를

---

8 '寒, 暑, 燠' 등도 온도를 나타내지만 독자적으로 문장성분으로 쓰이지 못하고 꼭 다른 형태소와 결합하여 단어를 형성하므로 老化詞로 보는 것이 타당하겠다.

나타내므로 각각 [+냉각]과 [+온각]으로 양분할 수 있다.

　한국어 온도각형용사는 신체 전체에서 느낀 기온 온도인가 신체 일부분에서 느낀 물체 온도인가 즉 [±전체]란 의미소에 따라 구분할 수 있다. 그런데 [-전체]인 ‘溫’와 ‘燙’를 제외하고는 중국어의 단일어 온도각형용사는 모두 [±전체] 의미에 관여하지 않고 기온과 물체 온도를 두루 나타낼 수 있다. 그러므로 흔히 한국어의 ‘춥다’, ‘덥다’에 중국어의 ‘冷’, ‘熱’를 대응시키지만 [±전체]의 의미에서 완전히 똑같지는 않다.

　단일어 ‘冷’, ‘熱’이 [±전체]에 비관여적이라 하지만 그 계열에 속한 일부 낱말은 [+전체]나 [-전체]의 의미를 지니고 있다.

(14) [+전체]
　　炎熱(〈氣候極熱〉)¶炎熱的夏天。/天氣炎熱潮濕。
　　燠熱(郁熱)(〈炎熱,悶熱〉)¶在燠熱而沉悶的斗室裏。/又想起了那個
　　　　燠熱的夏夜。
　　干熱(〈干燥炎熱〉)¶熱帶也將變得更濕,干熱的亞熱帶變得更干旱。/
　　　　冬季溫濕,夏季干熱。
　　寒冷(〈發冷的感覺〉)¶寒冷的氣候。/初冬的北京已經非常寒冷。
　　冷峭(〈形容冷氣逼人〉)¶眩目的陽光、冷峭的高原風。/一陣冷峭的北
　　　　風吹來。
　　冷瑟瑟(〈形容冷得使人有些顫抖〉)¶山溝天黑得早,黃昏已經冷瑟瑟
　　　　地降臨了。
　　冷颼颼(冷嗖嗖)(〈形容風冷或寒氣逼人〉)¶我到鐵路上海南站售票處
　　　　買火車票,排隊時間不長即感到售票大廳內冷颼颼的。

(15) [-전체]
　　熱呼呼(〈熱乎乎,熱忽忽〉)¶熱呼呼的烤鴨就會飛到您的餐卓上。/委
　　　　屈的淚水滴落在楚阿姨熱呼呼的手上。
　　熱燙燙(〈形容熱得燙人〉)¶熱燙燙的米粥/伯母把那煨得熱燙燙的老
　　　　白幹斟滿一藍花磁碗。

冰冷(〈形容很冷〉)¶劉汝銀舍身跳進冰冷的河水中。/他一遍又一遍地
举起冰冷的杠鈴。

冷冰冰(〈形容像冰一樣凉〉)¶一堵冷冰冰的牆站在那裏！/手指捏上
去时,那粗硬、冷冰冰的觸感令我汗毛直竖。

(16) [± 전체]

熱烘烘(熱哄哄)(〈形容很熱的〉)¶爐火很旺,屋裏熱烘烘的。/熱辣辣
的太陽，熱烘烘的風。/大口大口地吃起熱烘烘香噴噴的燒
土豆。

冷絲絲(〈形容有点兒冷〉)¶冷絲絲的秋風夾着濛濛雨。/客廳裏冷絲絲
的。/他的手、他的臉,爲什麽總是潮粘粘的一几乎濕漉漉的
和冷絲絲的。

冷浸浸(〈透冷〉)¶马弟元猛吸了兩口冷浸浸的空气,精神一振,起動兩
條長腿向野外跑去。/蕭瑟的秋風從窗扈縫裏透進來,在屋
子裏到處亂躥,身上感到冷浸浸的。

위 (14)의 '炎熱, 寒冷' 등 낱말은 주로 신체 전체에서 느낀 기온을 표현하며 '*炎熱的石頭'나 '*寒冷的石頭'처럼 물체 '石頭(돌)'의 온도 촉감을 표현할 수 없다. 반면에 (15)의 '熱乎乎, 冷冰冰' 등은 주로 물체의 온도를 나타내며 '*熱乎乎/*冷冰冰的天氣'처럼 '天氣(날씨)'를 표현할 수 없다. 한편 (16)의 '熱烘烘, 冷絲絲' 등은 기온이나 물체 온도를 두루 나타낼 수 있다. 그러므로 중국어 온도각형용사의 [전체] 여부는 어근에 달려있지 않고 개개 낱말의 용례에 근거해야 한다.

중국어 온도각형용사는 한국어처럼 정도에 따라 분절할 수 있다. 아래와 같이 온각은 '낮은 정도', '알맞은 정도'와 '높은 정도' 3단계 모두 5등급으로, 냉각은 '알맞은 정도'와 '높은 정도' 2단계 모두 3등급으로 나눌 수 있다.

[표4.] 중국어 온각 형용사 정도 등급

정도		낱말
높은 정도 [-쾌감]	5	滾燙, 火燙, 熱燙燙, 熱辣辣(熱剌剌), 熱滾滾, 熾熱, 灼熱, 炎熱
	4	燙, 熱, 燠熱(郁熱), 干熱, 熱烘烘(熱哄哄)
	3	燠暖
알맞은 정도 [+쾌감]	2	暖, 暖和, 和暖, 暖呼呼, 溫暖, 煦暖, 暖煦煦, 暖融融, 暖烘烘, 暖洋洋, 暖絲絲, 熱騰騰, 熱呼呼(熱乎乎, 熱忽忽)
낮은 정도	1	溫, 溫乎, 溫乎乎, 溫吞, 溫吞吞

[표5.] 중국어 냉각 형용사 정도 등급

정도		낱말
높은 정도 [-쾌감]	3	冰寒, 冰冷, 冷冰冰, 冷冽, 冷峭, 寒冷 冰涼, 涼冰冰
	2	冷, 冷瑟瑟, 冷浸浸, 冷幽幽, 冷絲絲, 冷凄凄, 冷颼颼 涼, 涼滲滲, 涼森森, 涼絲絲
알맞은 정도 [+쾌감]	1	涼快, 淸涼, 沁涼, 阴涼, 涼津津, 涼不絲兒, 涼爽爽, 涼沁沁, 涼幽幽

위 [표4], [표5]와 같이 '알맞은 정도'는 [+쾌감], '높은 정도'는 [-쾌감]의 뜻을 내포하고 있다. '낮은 정도'는 화자와 환경에 따라 쾌감도 불쾌감도 수반할 수 있으므로 [쾌감] 의미에 별로 연관되지 않는다.

일부 온도각형용사는 아래와 같이 온도 의미 외에 다른 의미를 부가하기도 한다.

(17)

[+건조함] 干熱(《干燥炎熱》)¶干熱的亞熱帶變得更干旱。/干熱的風從西
北向京城吹來。

[+답답함] 燠熱(郁熱)(〈炎熱, 悶熱〉)¶在燠熱而沉悶的斗室裏。

[+그늘짐] 蔭涼(〈背蔭而涼爽的〉)¶排排高大的重陽樹,依然枝繁葉茂,煞
　　　　似撑開的一把把大雨傘,清靜蔭涼,是夏天讀書的好地方。

[+김이 무럭무럭] 熱騰騰(〈形容熱氣气蒸發的樣子〉)¶熱騰騰的湯面。/斟
　　　　上一碗熱騰騰的奶茶。

위 (17)처럼 '干熱, 燠熱, 蔭涼, 熱騰騰'은 합성 어근 '干, 燠, 蔭'과 접사 '騰騰'을 통해 각각 [+건조함][+답답함][+그늘짐]과 [+김이 무럭무럭]의 의미를 추가적으로 나타낸다.

(18)

{바람,한기} 冷峭(〈形容冷氣逼人〉)¶這天天色很蔭沉,初冬冷峭的風在空
　　　　中打着唿哨,好象要飄雪的樣子。

{빛} 冷凄凄(〈形容寒冷〉)¶這冷凄凄的光既不能使五谷生長,甚至不能曬
　　　　干衣裳。/ 宛如遠處的燈光,冷凄凄的。

{빛,한기} 冷幽幽 ¶亮著一盞立地的台燈,孤零零的放射著冷幽幽的光線。/
　　　　透着一股冷幽幽的寒氣。

{사물,기온,옷} 暖和¶三月中旬的广州,天氣已很暖和。/那是一件很暖和的
　　　　好衣服。

위 (18)처럼 일부 중국어 온도각형용사는 명사와의 공기관계에서 제약을 받는다. (18)의 '冷峭'는 주로 바람이나 한기의 쌀쌀함을 표현하고 '冷凄凄'와 '冷幽幽'는 주로 서늘한 불빛을 표현한다. '暖和'는 [±전체]의 의미를 가지므로 기온이나 물체 온도를 두루 나타낼 수 있을 뿐만 아니라 '暖呼呼, 暖煦煦, 暖融融, 暖烘烘, 暖洋洋, 暖絲絲' 등과 달리 옷이나 이불의 따뜻함을 나타내기도 한다.

이상의 논의에 근거하여 중국어 온도각형용사의 의미장을 아래와 같이 제시할 수 있다.

[표6.] 중국어 온도각형용사 의미장

낱말	기본의미 ([속성 의미]/[부가적 의미]/{연어적 의미})
熱	[+온각][+높은 정도4]/[-쾌감]
燙	[+온각][-전체][+높은 정도4]/[-쾌감]
暖	[+온각][+알맞은 정도2]/[+쾌감]
溫	[+온각][-전체][+낮은 정도1]
熱和	[+온각][-전체][+알맞은 정도2]/[+쾌감]
干熱	[+온각][+전체][+높은 정도4]/[-쾌감][+건조함]
炎熱	[+온각][+전체][+높은 정도5]/[-쾌감]
燠熱(郁熱)	[+온각][+전체][+높은 정도4]/[-쾌감][+답답함]
灼熱	[+온각][-전체][+높은 정도5]/[-쾌감]/{불,빛}
熾熱	[+온각][-전체][+높은 정도5]/[-쾌감]/{불,빛}
滾燙	[+온각][-전체][+높은 정도5]/[-쾌감]
火燙	[+온각][-전체][+높은 정도5]/[-쾌감]
燠暖	[+온각][+전체][+높은 정도3]/[-쾌감][+답답함]
暖和	[+온각][+알맞은 정도2]/[+쾌감]/{사물,기온,옷}
和暖	[+온각][+전체][+알맞은 정도2]/[+쾌감]
煦暖	[+온각][+전체][+알맞은 정도2]/[+쾌감]
暖煦煦	[+온각][+전체][+알맞은 정도2]/[+쾌감][+생동감]
熱燙燙	[+온각][-전체][+높은 정도5]/[-쾌감][+생동감]
熱辣辣(熱剌剌)	[+온각][+전체][+높은 정도5]/[-쾌감][+생동감]
熱滾滾	[+온각][-전체][+높은 정도5]/[-쾌감][+생동감]
熱騰騰	[+온각][+알맞은 정도2]/[+쾌감][+생동감][+김이 무럭무럭]
熱呼呼(熱乎乎、 熱忽忽)	[+온각][-전체][+알맞은 정도2]/[+쾌감][+생동감]
熱烘烘 (熱哄哄)	[+온각][-전체][+높은 정도4]/[-쾌감][+생동감]
暖呼呼	[+온각][+알맞은 정도2]/[+쾌감][+생동감]
暖融融	[+온각][+전체][+알맞은 정도2]/[+쾌감][+생동감]

낱말	기본의미 ([속성 의미]/[부가적 의미]/{연어적 의미})
暖烘烘	[+온각][+알맞은 정도2]/[+쾌감][+생동감]
暖洋洋	[+온각][+전체][+알맞은 정도2]/[+쾌감][+생동감]
暖絲絲	[+온각][+전체][+알맞은 정도2]/[+쾌감][+생동감]
溫暖	[+온각][+알맞은 정도2]/[+쾌감]
溫乎	[+온각][-전체][+낮은 정도1]
溫乎乎	[+온각][-전체][+낮은 정도1]/[+생동감]
溫吞	[+온각][+낮은 정도1]
溫吞吞	[+온각][+낮은 정도1]/[+생동감]
冷	[+냉각][+높은 정도2]/[-쾌감]
涼	[+냉각][+높은 정도2]/[-쾌감]
冰寒	[+냉각][-전체][+높은 정도3]/[-쾌감]
冰冷	[+냉각][-전체][+높은 정도3]/[-쾌감]
冷冽	[+냉각][+높은 정도3]/[-쾌감]/{바람,공기,물}
冷峭	[+냉각][+전체][+높은 정도3]/[-쾌감]/{바람}
寒冷	[+냉각][+전체][+높은 정도3]/[-쾌감]
冰涼	[+냉각][-전체][+높은 정도3]/[-쾌감]
涼快	[+냉각][+알맞은 정도1]/[+쾌감]
淸涼	[+냉각][+알맞은 정도1]/[+쾌감]
沁涼	[+냉각][+알맞은 정도1]/[+쾌감]
陰涼	[+냉각][+전체][+알맞은 정도1]/[+쾌감][+그늘짐]
冷冰冰	[+냉각][-전체][+높은 정도3]/[-쾌감][+생동감]
涼冰冰	[+냉각][-전체][+높은 정도3]/[-쾌감][+생동감]
冷瑟瑟	[+냉각][+전체][+높은 정도2]/[-쾌감][+생동감]
冷浸浸	[+냉각][+높은 정도2]/[-쾌감][+생동감]
冷幽幽	[+냉각][+전체][+높은 정도2]/[-쾌감][+생동감]/{빛,한기}
冷絲絲	[+냉각][+높은 정도2]/[-쾌감][+생동감]
冷凄凄	[+냉각][+전체][+높은 정도2]/[-쾌감][+생동감]/{빛}

낱말	기본의미 ([속성 의미]/[부가적 의미]/{연어적 의미})
冷颼颼	[+냉각][+전체][+높은 정도2]/[-쾌감][+생동감]/ {바람,한기}
凉渗渗	[+냉각][+전체][+높은 정도2]/[-쾌감][+생동감]
凉絲絲	[+냉각][+높은 정도2]/[-쾌감][+생동감]
凉森森	[+냉각][+높은 정도2]/[-쾌감][+생동감]
凉津津	[+냉각][+알맞은 정도1]/[+쾌감][+생동감]
凉爽爽	[+냉각][+알맞은 정도1]/[+쾌감][+생동감]
凉幽幽	[+냉각][+전체][+알맞은 정도1]/[+쾌감][+생동감]
凉沁沁	[+냉각][+알맞은 정도1]/[+쾌감][+생동감]
凉不絲兒	[+냉각][+알맞은 정도1]/[+쾌감][+생동감]

9.1.2 통각형용사 의미장

통각형용사는 [+아품]이란 공통 바탕에 의해 한 무리로 묶여진다. 본고에서 다루는 통각형용사의 기본어 '아프다, 쓰리다, 쓰라리다, 아리다' 중에서 '아프다'는 의미가 가장 포괄적이고 외부 자극에 의한 통각이나 신체 내부에서 느껴진 통증을 모두 표현할 수 있다. '아리다, 쓰리다, 쓰라리다'는 주로 외부의 자극에 의한 쑤시거나 찌르는 듯한 느낌을 표현하나 '쓰리다, 쓰라리다'는 고프거나 과음해서 속이 거북하는 통증을 표현하기도 한다.

(1) ㄱ. 가시에 찔린 손끝이 아프다/아리다/쓰리다/쓰라리다. (고체)

ㄴ. 비눗물이 들어가 눈이 아프다/아리다/쓰리다/쓰라리다. (액체)

ㄷ. 담배 연기에 눈이 아프다/아리다/쓰리다/쓰라리다. (기체)

ㄹ. 고추를 먹었더니 혀가 아프다/아리다/쓰라리다/*쓰리다. (고추,마늘)

(2) ㄱ. 몹시 배가 고파 속이 아프다/쓰리다/쓰라리다/ *아리다.

ㄴ. 많이 걸어서 다리가 아프다/*쓰리다/*쓰라리다/*아리다.

ㄷ. 뼈마디가 아프다/*쓰리다/*쓰라리다/*아리다.

위 (1)과 (2)는 각각 신체 외부와 내부의 자극으로 인한 통각이다. '아프다'는 외부나 내부의 각종 통각을 두루 표현할 수 있다. '아리다, 쓰리다, 쓰라리다'는 (1ㄱ.ㄴ.ㄷ)처럼 자극유발 대상으로서는 고체인 '가시', 액체인 '비눗물'과 기체인 '담배 연기'가 모두 가능하고, 자극 부위는 신체의 일부분인 '손'이나 '눈'이 모두 가능하다. 그런데 (1ㄹ)처럼 고추나 마늘에 의해 혀에서 느끼게 된 쏘는 듯한 통각을 표현할 때는 '아리다'와 '쓰라리다'만 가능하고 '쓰리다'는 좀 어색하다.

(2)와 같은 내부 통각의 경우를 보면 '아리다'는 내부 통각을 전혀 표현할 수 없는 반면 '쓰리다, 쓰라리다'는 (2ㄱ)처럼 위장(胃臟) 부위의 아픔을 표현할 수 있으나 (2ㄴ.ㄷ)처럼 근육, 관절 등 부위의 통증은 표현할 수 없다.

그러므로 '아프다, 아리다, 쓰리다, 쓰라리다'의 의미를 아래와 같이 분석할 수 있다.

> (3)　아프다: [+아픔]
> 　　　아리다: [+아픔][+외부]/{살갗,혀}
> 　　　쓰리다: [+아픔]/{살갗,속}
> 　　　쓰라리다: [+아픔]/{살갗,혀,속}

(3)처럼 [±외부]란 의미소에 의해 '아리다'를 구별해낼 수 있으나 '아프다, 쓰리다, 쓰라리다'는 여전히 구별하지 못한다. 그리하여 '살갗'(여기 '살갗'은 '손, 눈, 상처' 등을 통틀어 말한다), '혀', '속'과 같은 구체적 신체부위를 명시함으로써 이들 통각형용사를 구별할 필요가 있다. 이런 신체부위 명사와의 공기관계는 통각형용사의 연어적 의미로 볼 수 있다. '쓰라리다'는 {살갗}, {혀}, {속}의 아픔을 두루 나타낼 수 있기 때문에 '아리다'와 '쓰리다'의 의미 영역을 모두 포괄하여 두 낱말을 자유롭게 교체할 수 있다. 이는 '아프다, 아리다, 쓰리다, 쓰라리다'의 어원과 연관되어 있는 듯하다.

(4)　아프다: 앓-+-ㅂ- → 알프다(<석상>) → 아프다

　　　아리다: 앓-+-이- → 알히다(<석상>) → 아리다

　　　?쓰리다: 쁠-+-이- → 쓰리다

　　　쓰라리다: 쁠-+알히- → 쁠알히다(<박언>)→ 쓰라리다

위 (4)와 같이 공시적으로 각각 다른 낱말로 분화된 '아프다, 아리다, 쓰리다, 쓰라리다'는 통시적으로는 일정한 연관성을 보인다. '아프다'와 '아리다'는 모두 '앓다'에서 유래하고 '쓰리다'는 '쁠다'에서 유래되며[9] '쓰라리다'는 '쁠다'와 '앓다'의 결합 형식이므로 '아리다'와 '쓰리다'의 의미영역을 모두 포함한다.

'아프다, 쓰리다, 쓰라리다'는 유의어군을 형성하지 못하여 홀로 있는 것과 달리, '아리다'는 '아릿하다, 알짝지근하다, 알근하다, 알알하다, 아리아리하다' 등 복합어, 그리고 '아릿하다:어릿하다', '알근하다:알큰하다'와 같이 음운교체에 의해 생성된 낱말들을 거느리고 매우 발달한 낱말밭을 이룬다.

'아리다' 계열어군을 분절하는 데에 뭐보다 중요한 요소는 역시 정도 의미라 할 수 있다.

(5)

[높은 정도2]　아리아리하다(〈계속해서 아린 느낌이 있다〉)

　　　　　　　얼얼하다(〈맵거나 독하여 혀끝이 몹시 아리고 쏘는 느낌이 있다〉)

　　　　　　　아릿아릿하다(〈몹시 아린 느낌이 있다〉)

[높은 정도1]　알근알근하다(〈매워서 입 안이 매우 알알하다〉)

[낮은 정도-1]아릿하다(〈조금 아린 느낌이 있다〉)

　　　　　　　알알하다(〈상처 따위로 약간 아린 느낌이 있다〉)

　　　　　　　알싸하다(〈매운 맛이나 독한 냄새 따위로 콧속이나 혀끝이 알알
　　　　　　　　　　하다〉)

---

9 『표준국어대사전』에서 '쓰리다'의 어원 형태를 명확히 밝히지 않았으나 어근 '쁠'에 접미사 '-이-'가 붙어서 형성된 가능성이 높다.

[낮은 정도-2]아르르하다(〈조금 알알한 듯하다〉)

　　　　알근하다(〈매워서 입 안이 조금 알알하다〉)

　　　　알짝지근하다(〈살이 얼얼하게 아프다./음식의 맛이 약간 달면

　　　　　　　　서도 알알한 느낌이 있다〉)

　(5)와 같이 '아리다' 계열어군을 크게 [높은 정도]와 [낮은 정도] 2 단계로 나눌 수 있고 거기에 다시 아라비아 숫자로 모두 4 등급으로 구분할 수 있다. [높은 정도]를 나타낸 낱말들은 모두 어근 중첩에 의해 형성된 것이다. 다만 '아리아리하다'에 대해서는 『표준국어대사전』에서 '계속해서 아린 느낌이 있다'로 해석하고 있지만 '고추가 하도 매워 혀끝이 아리아리하다'는 예문을 살펴보면 '아리아리하다'는 '아릿아릿하다, 알근알근하다, 얼근얼근하다' 등 첩어처럼 [+지속성]보다는 [+높은 정도]를 더 먼저 나타내는 것으로 확인할 수 있다. 한편 어근 '앓-'의 중첩에 의해 형성된 가능성이 높은 '알알하다'는 '약간 아린 느낌이 있다'의 뜻풀이처럼 약한 정도를 나타내고 있다. 중첩에 의해 정도 의미를 나타내는 방법 외에, '아리다' 계열의 낱말들은 또 자음대립과 모음대립에 의해 정도 차이를 표현한다.

　(6)　[낮은 정도-2]: 알근하다(〈매워서 입 안이 조금 알알하다〉)

　　　　[낮은 정도-2⁺]: 알큰하다(매워서 입 안이 조금 알알하다. '알근하다'보다

　　　　　　　　거센 느낌을 준다〉)

　　　　[낮은 정도-2⁺]: 얼근하다(〈매워서 입 안이 조금 얼얼하다〉)

　(7)　[낮은 정도-1]: 알알하다(〈맵거나 독하여 혀끝이 약간 아리고 쏘는 느낌

　　　　　　　　이 있다〉)

　　　　[높은 정도2]: 얼얼하다(〈맵거나 독하여 혀끝이 몹시 아리고 쏘는 느낌이

　　　　　　　　있다〉)

　(6)처럼 격음형 '알큰하다'는 평음형 '알근하다'보다, 음성 모음 '얼근하다'는 양성 모음 '알근하다'보다 좀 더 센 느낌을 준다. 이런 자음대립이나 모음대립

이 가져온 정도 차이는 어디까지나 미미한 어감적 차이에 불과하고 다른 등급을 매겨주기가 어려우므로 같은 등급에 ‘+’ 부호를 더 달아 그 어감 차이를 표시하기로 한다. 그러나 모음대립짝 ‘알알하다:얼얼하다’는 각각 ‘약간 아린 느낌이 있다’와 ‘몹시 아린 느낌이 있다’로 해석되어 확연한 정도 차이를 보이므로 각각 다른 등급으로 매겨야 한다.

(8)　[+약간 달다]: 알짝지근하다(〈①살이 얼얼하게 아프다. ②음식의 맛이
　　　　　　　　　약간 달면서도 알알한 느낌이 있다〉)

일부 통각형용사는 통각 외에 다른 의미를 나타내기도 한다. 위 (8)의 ‘알짝지근하다’는 알알한 맛을 나타낼 때는 ‘약간 달면서’의 뜻을 더 나타낸다.

‘아리다’ 계열어군은 또한 문장에서의 공기관계를 통하여 서로 구별할 수 있다. 앞에서 밝혔듯이 ‘아리다’는 크게 두 가지 통각을 나타낼 수 있는데, 하나는 주로 손, 눈 등 살갗에서 느낀 통각이고 하나는 혀에서 느낀 매운 맛이다. 그러나 일부 ‘아리다’ 계열의 구성원들은 매운맛만 나타낼 수 있다.

(9)　{살갗,혀}: 아릿하다, 알알하다, 알짝지근하다, …
　　　{혀}: 알근/알큰/얼근/얼큰-하다, 알근알근/얼근얼근-하다
　　　{혀,코}: 알싸하다

(9)와 같이 어근 ‘알-’에 형태소 ‘-근/큰-’이 붙은 낱말들은 모두 혀에서 느낀 매운맛만 나타내고 합성어 ‘알싸하다’는 ‘싸하다’의 의미를 받아들여 혀 뿐만 아니라 코에서 느낀 통각을 나타낸다.

이상의 논의에 따라 한국어 통각형용사의 의미장을 아래와 같이 제시할 수 있다.

[표1.] 한국어 통각형용사 의미장

낱말	기본의미 ([속성 의미]/[부가적 의미]/{연어적 의미})
아프다	[+아품]
쓰리다	[+아품]/{살갗,속}
쓰라리다	[+아품]/{살갗,혀,속}
아리다	[+아품][+외부]/{살갗,혀}
아리아리하다	[+아품][+외부][+높은 정도2]/[+지속성]/{살갗,혀}
얼얼하다	[+아품][+외부][+높은 정도2]/{살갗,혀}
아릿아릿하다	[+아품][+외부][+높은 정도2]/[+지속성]/{살갗,혀}
어릿어릿하다	[+아품][+외부][+높은 정도2$^+$]/[+지속성]/{살갗,혀}
알근알근하다	[+아품][+외부][+높은 정도1]/[+지속성]/{혀}
얼근얼근하다	[+아품][+외부][+높은 정도1$^+$]/[+지속성]/{혀}
아릿하다	[+아품][+외부][+낮은 정도-1]/{살갗,혀}
어릿하다	[+아품][+외부][+낮은 정도-1$^+$]/{살갗,혀}
알알하다	[+아품][+외부][+낮은 정도-1]/{살갗,혀}
알싸하다	[+아품][+외부][+낮은 정도-1]/{혀,코}
아르르하다	[+아품][+외부][+낮은 정도-2]/{살갗,혀}
알근하다	[+아품][+외부][+낮은 정도-2]/{혀}
알큰하다	[+아품][+외부][+낮은 정도-2$^+$]/{혀}
얼근하다	[+아품][+외부][+낮은 정도-2$^+$]/{혀}
얼큰하다	[+아품][+외부][+낮은 정도-2^{++}]/{혀}
알짝지근하다	[+아품][+외부][+낮은 정도-2]/[+약간 달다]/{살갗,혀}
얼쩍지근하다	[+아품][+외부][+낮은 정도-2$^+$]/[+약간 달다]/{살갗,혀}

중국어 통각형용사는 수량이 별로 많지 않고 단일어 '疼, 痛'과 합성어 '疼

痛, 酸疼, 酸痛, 刺疼, 灼痛, 絞痛'만 확인할 수 있으며 파생어 구조를 발견하지
못했다.

> (10) {肌肉/關節/胸/背/手腕/肩膀/肚子/內臟(근육/관절/가슴/등/손목/어
>   깨/배/내장)}疼/痛/疼痛

> (11) {肌肉/關節/腰背(근육/관절/등)}酸疼/酸痛
>   {腹部/心臟/腸胃(복부/심장/창자(위장))}絞痛

위 (10)처럼 단일어 '疼', '痛'과 그들이 결합한 단어 '疼痛'은 피부, 근육, 관
절, 내장 등 신체 모든 부위에서 느낀 통증을 두루 표현할 수 있어 대체로 한국
어의 '아프다'와 대응할 수 있다. 그런데 (11)의 '酸疼, 酸痛'은 주로 근육이나 관
절에서, '絞痛'은 주로 내장에서 느낀 아픔을 표현한다.

> (12) [시큰하다] 酸疼(酸痛)(〈又酸又疼〉)¶我們跑步後有時感到腿部酸疼。
>   /每天渾身酸疼的感覺。
>   [쑤시는듯이] 刺痛(〈感到劇烈的燒灼樣的疼痛〉)¶胸部刺痛。/皮膚感
>   到刺痛 , 象被蝎子蜇了一樣。
>   [타는듯이] 灼痛(〈痛處有燒灼感〉)¶一接觸催淚彈散發的毒蒸氣後,
>   立即出現眼睛灼痛。/中毒者多數感到鼻腔和咽喉灼痛。

(12)의 '酸疼(酸痛)'은 어근 '酸(시다)'를 통해 시큰한 아픔을, '刺痛'은 어근
'刺(쑤시다)'를 통해 쑤시는듯한 아픔을, '灼痛'은 '灼(태우다)'를 통해 타는듯한
아픔을 나타낸다. 이처럼 중국어 통각형용사는 단일어 '疼, 痛'의 앞에 다른 어
근을 결합시켜 갖가지 아픔을 표현한다.

이렇듯 중국어 통각형용사는 수량이 적고 주로 통증의 유형을 구별하는 데
에 그치고 아픔의 정도나 다른 주관적 의미를 더 나타내지 않는다. 앞선 논의
에 근거하여 중국어 통각형용사의 의미구조를 아래와 같이 제시할 수 있다.

[표2.] 중국어 통각형용사 의미장

낱말	기본의미 (속성 의미/부가적 의미//연어적 의미)
疼	[+아픔]
痛	[+아픔]
疼痛	[+아픔]
酸疼/酸痛	[+아픔][+시큰함]/{근육,관절}
絞痛	[+아픔][+뒤틀리는듯]/{내장}
灼痛	[+아픔][+타는듯]

9.1.3 촉감각형용사 의미장

앞에서 지적했듯이 촉감각형용사에 대한 의미분석은 수량이 적을 뿐더러 의미장 규명에 미흡한 점이 많다. 정재윤(1989a:49~52)은 [±거침]과 [±단단함]에 의한 낱말 분류 작업에 그치고 면밀한 의미분석을 시도하지 않았다. 이지희(2007)는 음운, 형태적 분석을 통해 촉각형용사의 자음대립과 모음대립은 모두 단어의 근본적인 뜻은 바꾸지 않고 어감을 통해 의미의 정도 차이를 드러내고 있음을 밝히고 '숙-', '무-', '-지근-', '-앟/엏-', '-레-' 등 접사의 의미기능을 고찰하는 데에 그치고 촉감각 형용사의 전체 의미장 구조를 밝히지 못하였다.

'달-다, 달-곰/콤/금/큼-하다, 달-짝/착지근-하다, …', '붉-다, 발/볼/벌/불/빨/뻘/뽈/뿔-긋-하다, 발/볼/벌/불/빨/뻘/뽈/뿔-그스름-하다, …'처럼 속성 의미를 나타내는 단일어에 기초하여 형태소 복합법이나 음운교체법을 통하여 많은 유의어 낱말을 형성한 색채형용사나 미각형용사의 낱말밭과 달리, 촉감각형용사의 낱말밭은 단일어 하나가 여느 복합어 구성원들을 건느리는 체계 정연한 구조가 아니라 어원이 각기 다른 것들로 낱말밭을 구성한다. 예컨대

[-거침]을 나타낸 '부드럽다, 미끄럽다, 푹신하다, 야드르르하다'의 내원이 각각 다르다는 점은 분명하다. 그러므로 그들이 필연코 [-거침]이란 공통 의미바탕 외에 나름대로의 의미특성을 더 지니기 마련이다.

먼저 [+거침]을 공통 의미바탕으로 묶이게 된 형용사들의 의미를 어떻게 구별할 수 있는가를 살펴보자.

(1) {손/피부/나무}가/이 거칠다.
{손/옷감/수염}가/이 깔깔하다.
{손등/혀/옷/나무껍질}가/이 깔끄럽다.
{손등/옷}가/이 가슬가슬하다.

(2) {피부/얼굴/턱/머리결}가/이 거칠하다.

(1)의 '거칠다, 깔깔하다, 깔끄럽다, 가슬가슬하다'는 '손/피부/옷/옷감/수염/나무' 등과 두루 공기할 수 있는데, (2)의 '거칠하다'는 주로 '피부/얼굴/턱/머리결'과 같은 신체부위의 거친 촉감을 표현한다. 일상생활에서 '거칠다'와 '거칠하다'를 같은 단어처럼 혼용하는 경우가 많고 '옷/옷감이 거칠하다'는 표현도 쓰이는 것이 사실이지만 아래 『표준국어대사전』의 뜻풀이를 통해 두 단어의 의미 차이를 확인할 수 있다.

(3) 거칠다: 나무나 살결 따위가 결이 곱지 않고 험하다.
거칠하다: 여위거나 메말라 살갗이나 털이 윤기가 없고 거칠다.

(3)의 뜻풀이를 보면 '거칠하다'는 주로 살갗이나 털이 메말라서 윤기가 없는 상태를 나타낸다. 그러므로 '거칠하다' 계열어군에 부가적 의미 [-윤기]와 연어적 의미 {피부,털}을 설정할 수 있다.

[+거침]을 나타낸 낱말의 형태구조를 보면 '거칠하다:꺼칠하다'와 같은 자음대립, '거칠하다:가칠하다', '깔깔하다:껄껄하다'와 같은 모음대립, 그리고 '거칠하다:거칠거칠하다'와 같은 중첩 합성을 모두 확인할 수 있는데 유독 접사에

의한 파생은 찾지 못했다. 이런 자음, 모음 대립과 중첩 합성이 모두 정도성 의미와 관련되어 있다.

(4)

[높은 정도 3⁺]: 꺼칠꺼칠하다(〈여위거나 메말라 살갗이나 털의 여러 군데가 몹시 윤기가 없고 거칠다. '거칠거칠하다'보다 센 느낌을 준다〉)

[높은 정도 3]: 까칠까칠하다(〈야위거나 메말라 살갗이나 털 등의 여기저기가 매우 윤기가 없고 거칠다. '가칠가칠하다'보다 센 느낌을 준다〉)

[높은 정도 2⁺]: 거칠거칠하다(〈여위거나 메말라 살갗이나 털의 여러 군데가 몹시 윤기가 없고 거칠다〉)

[높은 정도 2]: 가칠가칠하다(〈야위거나 메말라 살갗이나 털 등의 여기저기가 매우 윤기가 없고 거칠다〉)

[높은 정도 1⁺]: 꺼칠하다(〈여위거나 메말라 살갗이나 털이 윤기가 없고 거칠다. '거칠하다'보다 센 느낌을 준다〉), 껄껄하다, 껄끄럽다, 꺼슬꺼슬하다, ,

[높은 정도 1]: 까칠하다(〈야위거나 메말라 살갗이나 털이 윤기가 없고 조금 거칠다. '가칠하다'보다 센 느낌을 준다〉), 깔깔하다, 깔끄럽다, 까슬까슬하다

[낮은 정도-1⁺]: 거칠하다(〈여위거나 메말라 살갗이나 털이 윤기가 없고 거칠다〉), 거슬거슬하다¹⁰

[낮은 정도-1]: 가칠하다(〈야위거나 메말라 살갗이나 털이 윤기가 없고 좀 거칠다〉), 가슬가슬하다

(4)와 같이 어근 중첩과 자음대립에 의한 정도 차이는 다른 등급으로 매겨주나 모음대립에 의한 정도 차이는 미미한 어감 차이로 보아 같은 등급에서 음성 모음 쪽에 '+' 표시를 더 달아 양성 모음 쪽보다 정도가 조금 높다는 어감 차이를 표시하기로 한다.

---

10 '거슬거슬하다'는 중첩어같이 보이지만 '거슬다'나 '거슬하다'와 같은 단어가 공시적으로 존재하지 않으므로 이에 대한 어원 연구가 더 필요하다.

[-거침]이란 의미바탕에 묶인 낱말들은 크게 '부드럽다' 계열과 '미끄럽다' 계열 두 갈래로 구분할 수 있다.

    (5) ㄱ. 이 비단옷을 눌러보니 부드럽구나.
           ㄴ. 이 비단옷을 만져보니 미끄럽구나.

    (6) ㄱ. {피부/살}가/이 부드럽다/미끄럽다.
           ㄴ. {바닥/길/얼음판}가/이 미끄럽다/*부드럽다.

(5)처럼 '부드럽다'는 누르거나 만져서 느낀 느낌이고 '미끄럽다'는 주로 만져서 얻은 느낌이다. 그리고 (6)처럼 '부드럽다'는 주로 물체가 빳빳하지 않은 느낌을 나타내는데 '미끄럽다'는 물체 표면이 거침없이 저절로 밀려 나가는 느낌을 나타내며 그 물체가 '피부, 살'처럼 유연한 것인지 '바닥, 길'처럼 딱딱한 것인지와는 별로 상관없다. 그러므로 '부드럽다'에 [-단단함]의 의미소를 더 설정하면 단단함과 무관한 '미끄럽다'와 구별할 수 있다.

정도 강약에 따라 '부드럽다' 계열어군을 아래와 같이 여러 등급으로 나눌 수 있다.

(7)
[높은 정도2]: 홀부드르르하다(〈피륙 따위가 가볍고 <u>매우 부드럽다</u>〉)
             숙부드럽다(〈물체가 노글노글 부드럽다〉)
             푹신푹신하다(〈여럿이 다 또는 매우 푸근하게 <u>부드럽고</u> 탄력이
                  있다〉)
             야들야들하다(〈반들반들 윤기가 돌고 보들보들하다〉)
[높은 정도1] 부드레하다(〈꽤 <u>부드러운</u> 느낌이 있다〉)
[낮은 정도-1] 푹신하다(〈<u>조금 푸근하게 부드럽고</u> 탄력이 있다〉)

위 (7)처럼 '부드럽다'계열은 접두사 '숙-'과 '홀-'에 의한 파생어와 '푹신푹신

하다, 야들야들하다'와 같은 중첩 합성어가 비교적 높은 정도를 나타낸다[11]. 한편 '푹신하다'는 '조금 부드럽다'는 뜻으로 낮은 정도를 나타낸다.

> (8) 반드럽다: 빤드럽다(〈깔깔하지 아니하고 윤기가 나도록 매끄럽다. '반드럽다'보다 센 느낌을 준다〉)

> (9) ㄱ. 부드럽다:보드랍다, 부드레:보드레-하다, 팍신:폭신:퍽신:푹신-하다
> ㄴ. 이드르르: 야드르르-하다, 번드럽다:반드럽다

(8)과 같은 자음대립은 '미끄럽다' 계열에서만 발견했고 사전 뜻풀이에서 명시한 것처럼 경음형 '빤드럽다'가 평음형 '반드럽다'보다 좀 더 센 느낌을 준다. 그런데 (9)와 같은 모음대립이 어떤 의미변화를 가져오는지는 그리 명확하지 않다. (9ㄱ)의 '부드럽다:보드랍다', '부드레하다:보드레하다'에서는 대체로 양성 모음 쪽이 음성 모음보다 좀 더 거센 어감을 준다. 그런데 윤기 나는 모양을 나타낸 (9ㄴ)의 '이드르르하다:야드르르하다'에서는 양성 모음 쪽이 음성 모음보다 더 밝은 어감을 준다. (9ㄱ)과 같은 어감상의 정도 차이는 정도 등급 오른쪽 상단에 기호 '+'를 더 달아 표시할 수 있고 (9ㄴ)의 밝음 차이는 의미소 [±밝음]을 더 설정하여 표시할 수 있다.

정도성 의미 외에 한국어 촉감각 형용사는 다른 의미를 나타내기도 한다.

> (10)
> [+윤기]　야드르르하다(〈반들반들 윤기가 돌고 보드랍다〉)
> 　　　　 함함하다(〈털이 보드랍고 반지르르하다〉)
> 　　　　 번드럽다(〈껄껄하지 않고 윤기가 나도록 미끄럽다〉)
> [+가벼움] 훌부드르르하다(〈피륙 따위가 가볍고 매우 부드럽다〉)
> [+탄력] 푹신하다(〈조금 푸근하게 부드럽고 탄력이 있다〉)
> [+여럿] 푹신푹신하다(〈여럿이 다 또는 매우 푸근하게 부드럽고 탄력이 있다〉)

---

11 이지희(2007:36)에서 '숙부드럽다'의 '숙-'을 접두사로 인정하고 강세의 뜻을 나타낸다고 지적하였다. '훌부드르르하다'의 '부드르르하다'가 공시적으로 존재하지 않지만 '부드럽다'와 형태적 관련성을 보이므로 형태소 '훌-'에 의해 강세의 뜻을 나타낸 것으로 짐작할 수 있다.

[+군데군데] 거칠거칠하다(〈여러 군데가 몹시 윤기가 없고 거칠다〉)

(10)의 '야드르르하다, 함함하다, 번드럽다'는 [+윤기], '훌부드르르하다'는 [+가벼움], '폭신하다'는 [+탄력], '푹신푹신하다'와 '거칠거칠하다'는 강세의 정도 의미 외에 [+군데군데]의 의미를 더 지니고 있다.

또한 일부 촉감각형용사는 문장 속의 공기관계에서 제약을 받는다.

(11) {피륙} 훌부드르르하다¶훌부드르르한 카펫
　　 {털} 함함하다¶털이 함함한 강아지
　　 {물체} 숙부드럽다¶숙부드러운 가죽 구두/짚을 숙부드럽게 해서 새끼를
　　　　　 꼬았다.

(11)처럼 '훌부드르르하다'와 '함함하다'는 각각 피륙과 털의 부드러운 촉감을 나타낸다. '숙부드럽다'는 구두나 짚과 같은 물체의 부드러움만 나타내고 피부나 살결과 공기하지 않는다.

이상의 의미분석에 근거하여 한국어 촉감각 형용사의 의미장 구조를 아래와 같이 제시할 수 있다.

[표1.] 한국어 촉감각 형용사의 의미장

낱말	기본의미 ([속성 의미]/[부가적 의미]/{연어적 의미})
거칠다	[+거침]
거칠하다	[+거침][+정도-1$^+$]/[-윤기]/{피부,털}
가칠하다	[+거침][+정도-1]/[-윤기]/{피부,털}
꺼칠하다	[+거침][+정도1$^+$]/[-윤기]/{피부,털}
까칠하다	[+거침][+정도1]/[-윤기]/{피부,털}
거칠거칠하다	[+거침][+정도2$^+$]/[-윤기][+군데군데]/{피부,털}
가칠가칠하다	[+거침][+정도2]/[-윤기][+군데군데]/{피부,털}
꺼칠꺼칠하다	[+거침][+정도3$^+$]/[-윤기][+군데군데]/{피부,털}

낱말	기본의미 ([속성 의미]/[부가적 의미]/{연어적 의미})
까칠까칠하다	[+거침][+정도3]/[−윤기][+군데군데]/{피부,털}
껄껄하다	[+거침][+정도1$^+$]
깔깔하다	[+거침][+정도1]
껄끄럽다	[+거침][+정도1$^+$]
깔끄럽다	[+거침][+정도1]
거슬거슬하다	[+거침][+단단함][+정도−1$^+$]
가슬가슬하다	[+거침][+단단함][+정도−1]
꺼슬꺼슬하다	[+거침][+단단함][+정도1$^+$]
까슬까슬하다	[+거침][+단단함][+정도1]
부드럽다	[−거침][−단단함]
보드랍다	[−거침][−단단함]
야드르르하다	[−거침][−단단함]/[+윤기][+밝음]
이드르르하다	[−거침][−단단함]/[+윤기][−밝음]
야들야들하다	[−거침][−단단함][+정도2$^+$]/[+윤기][+밝음]
이들이들하다	[−거침][−단단함][+정도2]/[+윤기][−밝음]
푹신하다	[−거침][−단단함][+정도−1]/[+탄력]
폭신하다	[−거침][−단단함][+정도−1$^+$]/[+탄력]
퍽신하다	[−거침][−단단함][+정도−1]/[+탄력]
팍신하다	[−거침][−단단함][+정도−1$^+$]/[+탄력]
푹신푹신하다	[−거침][−단단함][+정도2]/[+여럿][+탄력]
폭신폭신하다	[−거침][−단단함][+정도2$^+$]/[+여럿][+탄력]
퍽신퍽신하다	[−거침][−단단함][+정도2]/[+여럿][+탄력]
팍신팍신하다	[−거침][−단단함][+정도2$^+$]/[+여럿][+탄력]
부드레하다	[−거침][−단단함][+정도1]
보드레하다	[−거침][−단단함][+정도1$^+$]
숙부드럽다	[−거침][−단단함][+정도2]/{물체}
훌부드르르하다	[−거침][−단단함][+정도2]/[+가벼움]/{피륙}

낱말	기본의미 ([속성 의미]/[부가적 의미]/{연어적 의미})
홀부드르르하다	[−거침][−단단함][+정도2⁺]/[+가벼움]/{피륙}
함함하다	[−거침][−단단함]/[+윤기]/{털}
미끄럽다	[−거침]
매끄럽다	[−거침]
번드럽다	[−거침][−밝음]/[+윤기]
반드럽다	[−거침⁺][+밝음]/[+윤기]
빤드럽다	[−거침⁺⁺][+밝음]/[+윤기]
번드르르하다	[−거침]/[+윤기]
반드르르하다	[−거침⁺]/[+윤기]

중국어 촉감각형용사 중에서 [±거침]의 의미바탕으로 묶을 수 있는 낱말은 단일어 '粗, 糙', '柔, 軟, 滑'과 거기에 다른 형태소를 결합한 '粗糙, 柔軟, 滑膩, 軟綿綿, 滑溜溜, 滑不唧溜'와 같은 복합어들이 있다.

단일어 '粗'와 '糙'는 비슷한 말로 [+거침]이란 뜻을 나타내는데 두 단어가 '粗糙'로 결합하여 [+거침]의 의미를 더 명확하고 두드러지게 나타낸다. 부드러움을 나타낸 단일어 '柔'와 '軟'도 합성어 '柔軟'나 '軟柔'로 결합하여 의미를 더 분명하게 나타낸다.

그러므로 단일어 '粗', '糙'와 합성어 '粗糙'는 대체로 한국어의 '거칠다'와 대응되어 [+거침]이란 속성 의미 외에 정도 의미나 쾌감 의미에는 무표적이다. 단일어 '柔', '軟'과 합성어 '柔軟'이나 '軟柔'는 한국어의 '부드럽다'처럼 [−거침][−단단함]의 의미소로 표시하여 단단함에 무표적인 '滑'과 구별할 수 있다.

[±거침]을 나타낸 중국어 촉감형용사의 일부 낱말은 높고 낮은 정도 의미에 의해 서로 구별된다.

(12) [+높은 정도]

　　　軟柔柔(〈十分柔軟的樣子或感覺〉)¶踯在細砂泥灘上,軟柔柔的爽
　　　　　快。/這帶毛的羊皮鞋,軟柔柔的。
　　　軟綿綿(〈柔和的,柔軟的〉)¶軟綿綿的枕頭/麥苗毛茸茸的,軟綿綿的,
　　　　　象馬驃一樣。
　　　軟囊囊(〈形容很軟或松軟〉)¶老頭的禿頂腦袋一拐,垂着軟囊囊的眼
　　　　　皮,盯住歡喜稚氣的臉。/野草有半人深,脚底下滑溜溜軟囊
　　　　　囊的。

(13) [+낮은 정도]

　　　軟乎乎(〈形容軟和〉)¶鴨絨被盖在身上軟乎乎的。/食堂師傅却給他
　　　　　送來了一份熱騰騰、軟乎乎的病號飯菜。
　　　滑溜溜¶電線杆結了一層冰,滑溜溜的。/好像一條滑溜溜、冰凉的小蛇。

　(12)의 '軟綿綿'은 BA형 낱말 '綿軟'의 일부를 중첩하여, '軟囊囊'은 중첩접사 **'囊囊'**을 통해 높은 정도를 나타낸다. (13)의 '軟乎乎', '滑溜溜'는 중첩 접미사 '乎乎', '溜溜'에 의해 낮은 정도의 뜻을 나타낸다.

　[±거침]의 의미 외에 일부 낱말은 다른 부가적 의미를 나타내기도 한다.

(14)

　[+윤기] 滑潤(〈指物體表面滑溜、有光澤〉)¶有脂肪光澤,用手接觸時有滑
　　　潤的感覺。
　[+윤기] 柔潤(〈柔和潤澤〉)¶刀柄上鑲着一粒光澤柔潤的明珠。
　[+윤기] 光滑(〈平滑,不粗糙〉)¶光滑的小石頭。/光滑的不銹鋼板。
　[+부드러움] 滑膩(〈光滑滋潤〉)¶細嫩滑膩的口感。/我的手移到她的光潔
　　　滑膩的大腿上。
　[+따뜻함] 柔暖(〈柔軟温暖〉)¶柔暖的被窩。
　[+질김] 柔韌(〈柔軟而堅韌〉)¶細小柔韌的樺樹隨風摇曳。
　[+연함] 柔嫩(〈質柔和鮮嫩〉)¶柔嫩的幼芽。/肌膚柔嫩、鮮活、富有彈性。
　[-쾌감] 滑不唧溜(滑不唧唧)(〈形容很滑,含厭惡意〉)¶地下滑不唧溜的,不
　　　好走。

[-쾌감][-탄력] 軟塌塌(〈形容柔弱无力〉)¶毛筆軟塌塌地不聽使喚。/爬起
　　　　　　來用手一摸,鼻子軟塌塌地不是貼着而是挂在瞼上。
　　　　　　軟囊囊(〈形容很軟或松軟〉)¶老頭的禿頂腦袋一拐,垂着軟
　　　　　　囊囊的眼皮,盯住歡喜稚氣的臉。

(14)처럼 중국어 촉감각형용사는 합성 어근 '光, 潤'을 통해 반들반들 광택 나는 느낌을, '膩'를 통해 부드러운 느낌을, '暖'을 통해 따뜻한 느낌을, '靭'를 통해 질긴 느낌을, '嫩'을 통해 신선하고 연한 느낌을 나타낸다. 그리고 접사 '不喞溜(不喞喞)', '塌塌'와 '囊囊'을 통해 화자의 비위에 맞지 않는 불쾌감을 나타낸다.

또한 일부 중국어 촉감각형용사는 문장의 공기관계에서 제약을 받고 있다.

(14)
{몸} 軟洋洋¶身上又覺得酸軟起來,渾身軟洋洋的。/身子骨象條山藥蔓,
　　　軟洋洋地站不起來。
{몸} 軟酥酥¶勞累了一天,渾身軟酥酥的。/他的腿軟酥酥的,開頭走的几
　　　步,該多艱難啊。

(14)의 '軟洋洋, 軟酥酥'는 몸 전체나 신체 일부인 팔, 다리에서 맥이 푹 빠진 무기력감을 나타낸다.

앞선 논의에 근거하여 [±거침]의 의미바탕에 묶인 중국어 촉감각형용사의 의미장 구조를 아래와 같이 제시할 수 있다.

[표2.] 중국어 촉감각 형용사의 의미장

낱말	기본의미 ([속성 의미]/[부가적 의미]/{연어적 의미})
粗	[+거침]
糙	[+거침]
粗糙	[+거침]
毛糙	[+거침]
柔	[−거침][−단단함]
軟	[−거침][−단단함]
柔軟(軟柔)	[−거침][−단단함]
軟滑(柔滑)	[−거침][−단단함]/[+매끄러움]
柔韌	[−거침][−단단함]/[+질김]
柔嫩	[−거침][−단단함]/[+연함]
柔潤	[−거침][−단단함]/[+윤기]
柔暖	[−거침][−단단함]/[+따뜻함]
軟柔柔	[−거침][−단단함][+높은 정도]/[+쾌감][+생동감]
軟綿綿	[−거침][−단단함][+높은 정도]/[+생동감]
軟乎乎	[−거침][−단단함][+낮은 정도]/[+생동감]
軟洋洋	[−거침][−단단함]/[+생동감]/{신체}
軟酥酥	[−거침][−단단함]/[+생동감]/{신체}
軟囊囊	[−거침][−단단함]/[−쾌감][−탄력][+생동감]
滑	[−거침]
光滑	[−거침]/[+윤기]
滑潤	[−거침]/[+윤기]
滑溜	[−거침][+높은 정도]
滑膩	[−거침]/[+부드러움]
滑溜溜	[−거침][+낮은 정도]/[+생동감]
滑膩膩	[−거침]/[+부드러움][+생동감]
滑不唧溜(滑不唧唧)	[−거침][+낮은 정도]/[−쾌감][+생동감]

9.2 미각형용사 의미장

한국어 미각형용사에 대한 의미 분석으로는 주로 前田綱紀(1978), 김찬구 (1986), 이동길(1988), 정재윤(1989b), 황혜진(2002) 등 선행연구를 들 수 있다. 김찬구(1986), 정재윤(1989b)은 [농도(濃度)]란 의미소를 통해 미각형용사의 의 미장을 구축하였고, [농도] 외에 前田綱紀(1978)에서는 [기타 맛의 混入 여부] 와 [맛에 대한 평가], 이동길(1988)에서는 [±기호 적응][±순수성]과 [기분의 변 화], 황혜진(2002)에서는 [미각에 대한 感覺主의 評價]의 의미소를 더 설정하여 미각형용사의 분절구조를 구축하였다. 이들 선행연구를 비교해 보면 [농도]란 변별자질을 설정하는 것은 공통적이지만 그 외에 어떤 변별 의미소를 더 설정 해야 하는가에서 차이를 보인다.

미각형용사는 [+맛]이라는 공통 의미를 바탕으로 한 무리로 묶이게 된다. 제 3장에서 미각형용사의 기본범주를 6영역으로 나눈 바와 같이 우선 [단맛][쓴 맛][신맛][짠맛][매운맛][떫은맛]에 따라 미각형용사를 분절할 수 있다.

(1)

[+단맛]: 달다, 다달하다, 다디달다, 달콤하다, 달보드레하다, 달크무레, 달짝
지근하다…

[+신맛]: 시다, 시디시다, 시금하다, 시그무레하다, 시척지근하다, 시지근하다…

[+짠맛]: 짜다, 짜디짜다, 짭짤하다, 짭짜래하다, 짭짜름하다, 간간하다, 간간
짭짤하다…

[+쓴맛]: 쓰다, 검쓰다, 쓰디쓰다, 씁쓸하다, 씁쓰레하다, 씁쓰름하다…

[+매운맛]: 맵다, 맵디맵다, 매콤하다, 매옴하다, 맵싸하다…

[+떫은맛]: 떫다, 떫디떫다, 떠름하다, 떨떠름하다…

각 맛 유형에 있는 형용사들은 다시 맛의 정도 차이에 의해 분화된다. 미각 은 침에 녹아 있는 화학성분이 일으킨 자극이므로 미각형용사의 정도 의미를

[농도]란 의미소로 표시할 수 있다.

(2)
[높은 농도2]: 다디달다(〈매우 달다〉)
[알맞은 농도1⁺]: 달큼하다(〈감칠맛이 있게 꽤 달다〉), 달콤하다, 들큼하다, 다
　　　　　　 달하다
[알맞은 농도1]: 달금하다(〈감칠맛이 있게 꽤 달다. '달큼하다'보다 여린 느낌
　　　　　　 을 준다〉), 달곰하다
[낮은 농도-1⁺]: 달착지근하다(〈약간 달콤한 맛이 있다. '달짝지근하다'보다
　　　　　　 거센 느낌을 준다〉), 들척지근하다
[낮은 농도-1]: 달짝지근하다(〈약간 달콤한 맛이 있다〉), 들쩍지근하다
　　　　　　 달보드레하다(〈약간 달큼하다〉), 들부드레하다
　　　　　　 달크무레하다(〈약간 달큼하다〉)

　(2)는 [농도]에 의해 '달다' 계열어군의 분절구조를 구축한 것이다. 한국어 미각형용사의 농도 의미는 우선 '-곰/콤/금/큼-', '-짝지근/착지근/쩍지근/척지근-', '-크무레-' 등 접미사 파생과 '다디달다', '다달하다', '달보드레하다/들부드레하다'와 같은 어근 합성에 의해 결정된다. '달큼하다:달금하다', '달착지근하다:달짝지근하다'와 같이 접미사 첫음절에서 일어난 자음대립에 의해서도 미미한 농도 차이를 나타낼 수 있다. 그러므로 '달다' 계열어군은 우선 어근 '달-'에 결합된 형태소에 따라 [낮은 농도][알맞은 농도]와 [높은 농도] 3단계로 나눌 수 있고, 또한 정도 등급에 '+' 기호를 더 달아 경음형과 격음형이 평음형보다 농도가 좀 더 강한 어감을 표시할 수 있다.

　이상 논의한 [맛 유형], [농도]의 의미는 미각의 속성적 의미로 볼 수 있다. 그 외에 일부 미각형용사는 다른 부가적 의미를 지니기도 한다.

(3)

[+쾌감]: 달콤하다(〈감칠맛이 있게 달다〉),달큼하다,달곰하다,달금하다
　　　　달짝지근하다(〈약간 달콤한 맛이 있다〉),달착지근하다
　　　　달보드레하다(〈약간 달큼하다〉)

[-쾌감]: 들큼하다(〈맛깔스럽지 아니하게 조금 달다〉)
　　　　들쩍지근하다(〈약간 들큼한 맛이 있다〉), 들척지근하다
　　　　들부드레하다(〈약간 들큼하다〉)

위 (3)과 같이 '달콤하다, 달착지근하다, 달보드레하다'는 화자의 기호에 맞는 호감(好感)의 의미, '들큼하다, 들쩍지근하다, 들부드레하다'는 기호에 맞지 않는 비호감의 의미를 지니고 있으며 이를 [±쾌감]의 의미소로 표시할 수 있다. 이런 [±쾌감]의 의미는 주로 모음대립에 의해 결정된다. 즉 양성 모음을 취한 쪽은 [+쾌감]의 의미를, 음성 모음을 취한 쪽은 [-쾌감]의 의미를 나타낸다. '달콤하다:들큼하다'처럼 모음대립은 어근 '달:들'과 접미사 '콤:큼'의 자리에서 동시에 일어날 수 있는데 그중 어근 자리의 모음대립은 [±쾌감]의 의미에 결정적인 영향을 미친다. 가령 '달콤하다:달큼하다'처럼 접미사 자리에서 'ㅗ:ㅡ'의 모음대립이 일어나지만 어근 '달-'이 같으므로 모두 [+쾌감]의 의미를 나타낸다.

그러나 한국어 미각형용사의 모음대립으로 말미암은 어감, 의미 차이에 대하여 아직까지 일정한 정설이 없다. 김찬구(1986), 이동길(1988)은 이를 '농도' 차이로 보고, 황혜진(2002)은 '농도' 외에 '미각에 대한 감각주의 평가'도 나타난다고 여기며, 양호연(1978:7)은 '순수성'과 '농도'를 변별요소로 파악하고 있으며, 前田綱紀(1978)는 '농도', '평가'와 '순수성' 세 가지 어감 차이가 있다고 파악하고 있다.

이들 견해의 공통점은 다같이 '농도'를 모음대립이 가져온 의미차이로 보고 있는 것이다. 前田綱紀(1978)와 김찬구(1986)는 설문조사를 통하여 四原味 미각형용사의 모음대립과 '농도'의 관계를 아래와 같이 밝혔다.

[표1.] 四原味 미각형용사의 모음대립이 '농도'와의 관계

		양성 모음	음성 모음
'달다' 계열		농도 高	농도 低
'짜다' 계열	前田綱紀(1978)	농도 低	농도 高
	김찬구(1986)	농도 高	농도 低
'시다' 계열		농도 低	농도 高
'쓰다' 계열		농도 低	농도 高

이 설문조사 결과에 대하여 다음과 같은 두 문제를 제기할 수 있다. 첫째, 왜 '달다'계열과 '시다', '쓰다'계열의 모음대립이 서로 상반된 농도 느낌을 가져오는가? 둘째, 왜 '짜다'계열은 두 연구에서 정반대의 조사 결과가 나오는가?

곽일성(2005:14~5)에서 한국어 미각형용사의 모음대립이 일차적으로 '맛의 좋고 나쁨에 대한 체험자의 주관적 평가' 즉 [±쾌감]의 의미를 나타낸 것으로 파악하고 [농도] 의미는 [쾌감]에 기초해서 부차적으로 느껴진 느낌이라고 밝힌 바가 있다. 즉 한민족이 '단맛'을 선호하는 경향이 강하므로 [쾌감]과 [농도]가 정비례 관계를 이루는 반면에, '신맛'과 '쓴맛' 등 선호하지 않는 맛에 대해서는 [쾌감]과 [농도]가 역비례 관계를 이룬다. 가령 '달콤하다:들큼하다'의 '달콤하다'가 [+쾌감]을 나타내면서 부차적으로 농도가 좀 더 높은 것으로 느껴진다. 반대로 인간이 보통 덜 신 맛을 선호하므로 '새콤하다:시큼하다'의 '새콤하다'는 [+쾌감]의 뜻을 나타내면서 농도가 좀 낮은 것으로 느껴진다.

다만 '짠맛'을 선호하는 여부는 언중의 개인차가 많아 더 짠 맛을 선호하는 사람이 있는가 하면 덜 짠 맛을 선호하는 사람이 있기 때문에 前田綱紀(1978)와 김찬구(1986)의 설문조사 결과처럼 농도에 대한 부차적 반응이 엇갈릴 수밖에 없다. 그러므로 본고에서는 미각형용사의 모음대립이 나타내는 가장 근본적이고 일차적인 의미는 [±쾌감]의 의미라고 본다.

앞선 논의에 따라 한국어 '달다' 계열의 의미장 구조를 아래와 같이 제시할 수 있다.

[표2.] 한국어 '달다' 계열 의미장

낱말	기본의미 ([속성 의미]/[부가적 의미]/{연어적 의미})
달다	[+단맛]
다디달다	[+단맛][+높은 농도2]
다달하다	[+단맛][+높은 농도 1^+]/[+쾌감]
달곰하다	[+단맛][+알맞은 농도1]/[+쾌감]
달금하다	[+단맛][+알맞은 농도1]/[+쾌감]
달콤하다	[+단맛][+알맞은 농도1^+]/[+쾌감]
달큼하다	[+단맛][+알맞은1^+]/[+쾌감]
들큼하다	[+단맛][+높은 농도1^+]/[−쾌감]
달짝지근하다	[+단맛][+낮은 농도−1]/[+쾌감]
달착지근하다	[+단맛][+낮은 농도−1^+]/[+쾌감]
들쩍지근하다	[+단맛][+낮은 농도−1]/[−쾌감]
들척지근하다	[+단맛][+낮은 농도−1^+]/[−쾌감]
달보드레하다	[+단맛][+낮은 농도−1]/[+쾌감]
들부드레하다	[+단맛][+낮은 농도−1]/[−쾌감]

위 '달다' 계열어군에 대한 의미 분석을 보면 대부분의 구성원들이 [농도]와 [±쾌감]이라는 의미소로 서로 구별된다.

중국어 미각형용사도 한국어처럼 맛 유형에 따라 '단맛, 신맛, 쓴맛, 짠맛, 매운맛, 떫은맛' 6영역으로 나눌 수 있고 각 계열어군에 있는 구성원들은 [맛][농도]의 속성 의미와 [±쾌감]을 비롯한 부가적 의미로 서로 구별된다.

(4)　[+높은 농도]

蜜甜(〈甘美異常像蜜一樣〉)¶最後我請您嘗這秋牡丹的果子醬,牠的
味道幷不亞于最蜜甜的果子醬。

甜蜜蜜(〈味道同蜜一樣甜〉)¶賣水的,你傾些甜蜜蜜的糖水來。

蜜蜜甜(〈形容極甜〉)¶外婆好,寄來錢,換有糖,溜溜圓,蜜蜜甜。

甜迷迷(甜咪咪)(〈形容很甜〉)¶圓根長得碗大一根圓一根的,甜迷迷
的。

甜滋滋(〈同"甜絲絲"〉)¶隨口咬一塊,嘴裏脆生生,甜滋滋。

(5)　[낮은 농도]

甜絲絲(〈形容有甜味〉)¶当香噴噴金燦燦甜絲絲的面包出爐時,戰俘
們高興極了。

甜津津(〈甜絲絲的。形容味道甜美〉)¶沒有熟透的楊梅又酸又甜,熟
透了就甜津津的,叫人越吃越愛吃。

甜不唧(兒)(〈稍微帶点甜味〉)¶這點心甜不唧兒還挺好吃。

甜不絲(兒)(〈甜絲絲〉)¶黃蘿卜不抵糖蘿卜,放上糖蘿卜甜不絲絲的。

　　(4)(5)처럼 중국어 '단맛' 계열의 일부 낱말들은 정도 즉 농도 의미에 관련된
다. (4)는 어근 '蜜(꿀)', 중첩 접미사 '迷迷(咪咪), 滋滋'에 의해 높은 농도를 나타
내며 (5)는 중첩 접미사 '絲絲, 津津, 不唧(兒), 不絲(兒)'에 의해 농도가 좀 낮다
는 의미를 나타낸다.

(6)　[+쾌감]

甜美,甘甜,甜爽,甜蜜蜜, 甜迷迷,甜不唧(兒),甜不絲(兒),甜津津,甜絲
絲,甜滋滋,…

(7)　[+느끼함][-쾌감]

甜膩膩(〈形容味甜而含油多〉)¶不吃那些恶心、甜膩膩的糕饼。

(8)　[+상쾌함]

　　　甛爽(〈味道香甛适口〉)¶飽滿如卵石的中華獼猴桃和口感甛爽的脆

　　　　　香甛柚。

(9)　[+고소함]

　　　香甛(〈又香又甛〉)¶果肉充實,味道香甛。/用糖槭樹液熬出的糖漿,香

　　　　　甛如蜜。

(10) [+생동감]

　　　甛蜜蜜,甛津津,甛絲絲,甛膩膩,甛滋滋,…

　맛 유형과 농도의 속성적 의미 외에 중국어 미각형용사는 화자의 비위에 맞
느냐는 [±쾌감]이라는 주관적 평가와 다른 의미를 나타내기도 한다. (7)처럼
느끼한 단맛을 나타낸 '甛膩膩'만 제외하고는 '甛' 계열의 대부분 낱말들은 모
두 [+쾌감]을 나타낸다. 이는 단맛을 선호하는 인간의 경향성과 관련되기도 하
고 어근 '美, 甘'이나 접미사 '不唧(兒), 不絲(兒), 津津, 滋滋'에 결정되기도 한다.
(8)의 '甛爽'과 (9)의 '香甛'은 어근 '爽'과 '香'에 의해 각각 [+상쾌함]과 [+고소
함]의 의미를 나타낸다. 그리고 (10)의 중첩형태들은 모두 [+생동감]의 수사 기
능을 수행하고 있다.
　이상 논의에 따라 중국어 '甛'계열의 의미장 구조를 아래와 같이 제시할 수
있다.

[표3.] 중국어 '甛'계열 의미장

낱말	기본의미 ([속성 의미]/[부가적 의미]/{연어적 의미})
甛	[+단맛]
甛美	[+단맛]/[+쾌감]
甛爽	[+단맛]/[+상쾌함][+쾌감]
甘甛	[+단맛]/[+쾌감]
香甛	[+단맛]/[+고소함][+쾌감]
蜜甛	[+단맛][+높은 농도]/[+쾌감]
甛蜜蜜	[+단맛][+높은 농도]/[+쾌감][+생동감]
蜜蜜甛	[+단맛][+높은 농도]/[+쾌감][+생동감]
甛膩膩	[+단맛][+높은 농도]/[+느끼함][−쾌감][+생동감]
甛迷迷	[+단맛][+높은 농도]/[+쾌감][+생동감]
甛滋滋	[+단맛][+낮은 농도]/[+쾌감][+생동감]
甛絲絲	[+단맛][+낮은 농도]/[+쾌감][+생동감]
甛津津	[+단맛][+낮은 농도]/[+쾌감][+생동감]
甛不唧(兒)	[+단맛][+낮은 농도]/[+쾌감][+생동감]
甛不絲(兒)	[+단맛][+낮은 농도]/[+쾌감][+생동감]

9.3 후각형용사 의미장

앞선 3.5에서 논의한 바와 같이 한국어 후각형용사는 '향기로운내, 지린내, 구린내, 노린내, 구수한내, 비린내'의 6영역으로 나눌 수 있는데 여기서는 '구린내'를 나타내는 낱말에 집중하여 그 의미장 구조를 구축해 보겠다.

(1)
구리다(〈똥이나 방귀 냄새와 같다〉)¶<u>구린</u> 똥/<u>구린</u> 방귀
구리터분하다(〈냄새가 신선하지 못하고 역겹게 구리다〉)¶그가 옆자리에 앉
　　　　　자 <u>구리터분한</u> 냄새가 진동했다./지린내, 연탄내, 김치 냄새
　　　　　그런 것들이 뒤섞인 <u>고리타분한</u> 냄새…
퀴퀴하다(〈상하고 찌들어 비위에 거슬릴 정도로 냄새가 구리다〉)¶장마철에
　　　　　는 집 안 곳곳에서 <u>퀴퀴한</u> 냄새가 난다.

(1)의 '구리다, 구리터분하다, 퀴퀴하다'에 대한 『표준국어대사전』의 뜻풀이를 보면 '구리다'는 똥이나 방귀에서 나는 악취를, '구리터분하다'는 '구리-'에 결합된 어근 '터분-'에 의해 신선하지 못한 악취를, '퀴퀴하다'는 주로 곰팡이 냄사나 쓰레기 냄새와 같은 상하거나 썩어가는 냄새를 나타낸다. 그리하여 '구리터분하다'에는 의미소 [-신선함], '퀴퀴하다'에는 [+썩음]의 의미소를 설정할 수 있다. 한편, '구리다, 구리터분하다, 퀴퀴하다'의 차이를 악취 냄새의 정도 차이로 볼 수 있으며 '구리다'는 가장 지독한 악취, '구리터분하다'와 '퀴퀴하다'는 좀 덜 구린 냄새를 나타낸다.

(2)　구리텁텁하다:<u>몹시</u> 구리터분하다.
　　　구텁지근하다:냄새 따위가 <u>조금</u> 구리고 텁텁하다.

(2)의 '구텁지근하다'는 접미사 '-지근-'에 의해 '구리텁텁하다'보다 약한 정도

를 나타낸다[1].

   (3)
구리다: 똥이나 방귀 냄새와 같다.
쿠리다: =구리다
고리다: 썩은 풀이나 썩은 달걀 따위에서 나는 냄새와 같다.

(3)처럼 '구리다' 계열은 자음·모음교체에 의해 낱말이 분화된다. 양성 모음 '고리다'는 썩은 풀이나 달걀에서 나는 냄새나 발에서 나는 냄새를 나타내므로 음성 모음짝인 '구리다'보다 좀 덜 고약한 냄새로 느껴진다. 한편 『표준국어대사전』에서 '쿠리다'의 뜻을 '구리다'와 같은 것으로 해석하고 있으나 격음형 '쿠리다'가 평음형 '구리다'보다 어감상 좀 더 센 것으로 느껴진다. 모음교체에 의한 정도 차이는 다른 등급을 매겨줘야 하며 자음교체에 의한 정도 차이는 미미한 어감 차이에 지나지 않아 다른 등급을 매겨주지 않고 격음형 낱말의 정도 등급 오른쪽 상단에 '+' 기호를 더 달아 표시하기로 한다.

그리하여 '구리다' 계열의 낱말들은 아래와 같은 정도 등급으로 분절할 수 있다.

---

1 '구텁지근하다'의 '구텁'은 합성어근 '구리텁텁'의 첫음절 '구'와 '텁'을 따서 형성된 것으로 볼 수 있다.

[**표1.**] 한국어 '구리다' 계열어군의 정도 등급

정도 등급		낱말
높은 정도	8	구리다, 쿠리다
	7	고리다, 코리다
	6	구리터분하다, 쿠리터분하다, 구리텁텁하다, 쿠리텁텁하다
	5	고리타분하다, 코리타분하다, 고리탑탑하다, 코리탑탑하다
	4	쿠퀴하다
	3	쾨쾨하다
낮은 정도	2	구텁지근하다
	1	고탑지근하다

이상 논의에 근거하여 한국어 '구린내' 계열의 의미장 구조를 아래와 같이 제시할 수 있다.

[**표2.**] 한국어 '구리다' 계열 의미장

낱말	기본의미 ([속성 의미]/[부가적 의미]/{연어적 의미})
구리다	[+구린내][+높은 정도8]
쿠리다	[+구린내][+높은 정도8^+]
고리다	[+구린내][+높은 정도7]
코리다	[+구린내][+높은 정도7^+]
구리터분하다	[+구린내][+높은 정도6]/[−신선함]
쿠리터분하다	[+구린내][+높은 정도6^+]/[−신선함]
고리타분하다	[+구린내][+높은 정도5]/[−신선함]
코리타분하다	[+구린내][+높은 정도5^+]/[−신선함]
구리텁텁하다	[+구린내][+높은 정도6]/[−신선함]
쿠리텁텁하다	[+구린내][+높은 정도6^+]/[−신선함]
고리탑탑하다	[+구린내][+높은 정도5]/[−신선함]
코리탑탑하다	[+구린내][+높은 정도5^+]/[−신선함]

퀴퀴하다	[+구린내][+썩은내][+높은 정도4]
쾨쾨하다	[+구린내][+썩은내][+높은 정도3]
구텁지근하다	[+구린내][+낮은 정도2]/[-신선함]
고탑지근하다	[+구린내][+낮은 정도1]/[-신선함]

[+구린내]라는 의미 바탕에 묶인 중국어 후각형용사는 '臭, 腥臭, 騷臭, 腐臭, 臭烘烘(臭哄哄), 臭熏熏' 등이 있다. 그중 '臭烘烘(臭哄哄), 臭熏熏'는 좀 더 지독한 악취 냄새를 나타낸다.

(4) [+아주 높은 정도]

惡臭(⟨奇臭,不堪忍受的味道或氣味⟩)¶一只老鼠死在屋裏,惡臭无比。/硫化氫是一種无色而有惡臭的氣体。

(5) [+높은 정도]

臭烘烘(臭哄哄)(⟨形容物体發出的臭氣濃烈⟩)¶臭烘烘的泔脚。/擠在臭烘烘的攤檔裏,大着嗓門與小販討價還價。

臭熏熏(⟨形容臭甚,令人生厭⟩)¶臭熏熏的養豬場。/嘴裏老有一股臭熏熏的味道,呼出的氣也帶有這種臭味。

위 (4)의 '惡臭'는 어근 '惡'을 통해 더할 나위 없이 구린 냄새를 나타낸다. (5)의 '臭烘烘, 臭熏熏'는 중첩접사 '烘烘, 熏熏'에 의해 [높은 정도]의 의미를 나타내게 된다.

(6)

[+비린내] 腥臭(⟨蛋白質腐爛所發出的惡臭⟩)¶藻体死後,海水發出陣陣腥臭味,這就是赤潮。/揭開死者的白布盖,腥臭味扑鼻而來。

[+지린내] 騷臭(臊臭)¶一身騷臭的棕熊/鷄鴨身上發出的那種說不出的騷臭气…

[+썩음] 腐臭(⟨腐爛並有臭味⟩)¶1000多具散發着腐臭的尸体。

(6)의 '腥臭, 騷臭'는 어근 '腥(비리다)'과 '騷(지리다)'에 의해 비린내, 지린내가

섞인 구린내를 나타내며 '腐臭'는 어근 '腐(썩다)'에 의해 썩은 시체나 쓰레기 등에서 나는 고약한 구린내를 나타낸다.

앞선 논의에 따라 중국어 '臭'계열 후각형용사의 의미장 구조를 아래와 같이 제시할 수 있다.

[표3.] 중국어 '臭' 계열의 의미장

낱말	기본의미 ([속성 의미]/[부가적 의미]/{연어적 의미})
臭	[+구린내]
腥臭	[+구린내][+비린내]
騷臭	[+구린내][+지린내]
腐臭	[+구린내][+썩은내]
惡臭	[+구린내][+아주 높은 정도]
臭烘烘	[+구린내][+높은 정도]/[+생동감]
臭熏熏	[+구린내][+높은 정도]/[+생동감]

제10장

감각형용사의 의미전이

느낌이 어떠함을 나타내는 감각형용사가 본래의 감각영역으로부터 다른 감
각영역으로 혹은 더 추상적인 개념으로 의미가 전이되는 현상은 일상 언어생
활에서나 시를 비롯한 문학작품에서 흔히 관찰할 수 있다. '부드러운 목소리/
軟軟(柔軟)的嗓音'처럼 거칠거나 빳빳하지 않은 촉감을 나타내는 촉감각 형용
사 '부드럽다/軟軟(柔軟)'가 청각인상인 목소리를 나타내는 의미전이는 '공감각
전이(共感覺轉移, Synaesthetic Transfer)'로 볼 수 있으며, '부드러운 남자/溫柔
的男人'처럼 오관감각이 아닌 [+친절함]의 추상적 개념으로 확장하는 의미전이
는 '개념 전이(槪念轉移, Conceptual Transfer)'로 볼 수 있다.

이 장에서는 인지언어학의 시각에서 '공감각 전이'와 '개념 전이'의 인지기제
의 공통점과 차이점, 그리고 감각형용사의 의미가 어떻게 근원영역에서 목표영
역으로 사상(寫像, mapping)하는지를 고찰해 보겠다.

한중 감각형용사의 의미전이에 대한 선행연구는 주로 공감각 전이의 분포
양상, 즉 어떤 감각에서 출발하여 어떤 감각으로 도착하느냐는 방향성 문제,
그리고 감각 영역을 벗어나 어떠한 추상 개념으로 전이하느냐를 고찰하는 데
에 집중되어 많은 성과를 축적해 왔다. 그중 이승명(1993), 강보유(1990)는 한국
어 색채어, 김찬구(1986), 이동길(1988), 곽일성(2005), 황혜진(2002)은 한국어
미각어, 이지희(2007)는 한국어 촉각어의 의미전이를 고찰했고 김찬화(2005,
2014), 金容勛(2009)은 한중 감각형용사를 비교하면서 연구했다.

개념 전이에 비해 공감각 전이에 대한 연구가 더 활발히 진행되어 왔다. 한
국어 학계의 윤홍노(1970), 최창렬(1973)과 중국어 학계의 褚孝泉(1997), 汪少華
(2002), 楊波(2007), 王宇弘(2008) 등은 주로 이론적으로 접근하여 공감각의 생
리-심리학적 기제, '순수공감각(純粹共感覺)'과 '의사공감각(擬似共感覺)', 공
감각 현상의 규칙성, 언어와 신체기능의 상호 작용 등 문제를 고찰했다. 김중현
(2001)은 공감각의 개념과 언어화 양상 그리고 공감각 표현의 도식을 다루었고

김혜원(2006)은 중국어 감각형용사의 공감각 전이 양상을 살펴보고 도식화하여 김중현(2001)의 연구 결과와 대조하면서 한중 감각형용사의 공감각 의미전이 양상을 고찰했다.

감각형용사의 의미전이 연구에서 어떤 언어집단이 공동으로 사용하는 일상 언어와 시인, 작가 개인이 개별적으로 사용하는 용례를 구분할 필요가 있다. 본 장에서는 공감각 전이와 개념 전이의 인지기제를 고찰하는 것이 주요 취지이므로 주로 일상 언어, 즉 언중들에게 익숙한 언어 표현들을 연구대상으로 한다[1]. 다만 4절에서 개인에 의해 새로운 은유를 만들어내는 문제를 고찰할 때는 '꽃처럼 붉은 울음을 밤새 울었다(서정주 「문둥이」)'와 같은 시구를 고찰하기로 한다.

10.1 의미전이의 유형과 개념

어떤 감각에 속한 형용사로 다른 종류의 감각을 나타내는 공감각적 언어표현은 예로부터 우리의 일상 언어생활이나 문학작품에서 많이 사용해 왔다[2]. Ullmann(1957:266)에서는 "공감각은 하나의 감각에서 다른 감각으로 전이됨으로써 결과적으로 둘 이상의 감각이 한 이미지 단위 안에 공존하는 것이다"라고 정의하고 최창렬(1973:118)에서는 "공감각은 한 자극에 대응하여 감수되는 감각이 동시에 유기적으로 일어나는 다른 영역의 감각으로 이행하여, 마치

---

1 색채형용사 '검다'의 사전 뜻풀이 "①숯이나 먹의 빛깔과 같이 어둡고 짙다; ②속이 엉큼하고 흉측하거나 정체를 알기 어렵다; ③침울하고 암담하다"를 보면 ②③번 의미항은 일상 언어에서 자주 사용하는 추상적 의미이다. 그러나 대부분의 공감각 전이는 의미항으로 명시되지 않는다. 그러므로 언어직관과 말뭉치를 통해 그것이 일상 언어에서 자주 사용하는 공감각 표현인지를 판단할 수 밖에 없다.

2 인간의 思想과 文學에 있어서 共感覺現象에 關한 歷史를 더듬어 보면 紀元前 2,000年代 내지 3,000年代에까지 遡及된다. 古代 中國을 비롯하여 印度, 페르샤, 아라비아, 바비로니아 및 팔레스티아에 이미 나타나고 있다. … Aristoteles의 鈍重한 소리, 날카로운 소리 등 形容詞 用法의 分析을 보인 精神論(De Anima)에, 그리고 Homeros의 敍事詩에 百合의 목소리, 겨울 눈의 음성 … 각각 共感覺的 思索이나 感覺間의 轉移로 나타나는 優雅한 表現들이 보인다. 최창렬(1973:117~8)

소리를 듣고서 빛나는 광채를 보듯 달콤한 맛을 느끼듯, 혹은 부드럽고 따뜻한 감촉을 느끼듯… 이른바 부감각(副感覺)으로 느끼는 것을 말한다"고 인간의 공감각 심리에 대해 설명한 바가 있다.

여기서 주의해야 할 점은 어떤 자극이 다른 종류의 감각을 유발하고 결국 이들이 한 이미지에 공존한다는 것이다. 한국어에서 말하는 '공감각(共感覺)' 혹은 중국어에서 말하는 '통감(通感)'이라는 술어 자체에서 잘 드러나듯이 공감각은 여러 감각이 서로 어울려 함께 공존하는 심리 현상을 가리킨다[3]. 이런 인간의 공감각 심리를 언어로 표현해 내는 것은 공감각 표현이라고 한다. 즉 표현의 대상과 언어적 표현의 감각적 특성이 불일치할 때 공감각 표현이라고 할 수 있다.

[그림1.] 공감각 심리와 공감각 표현

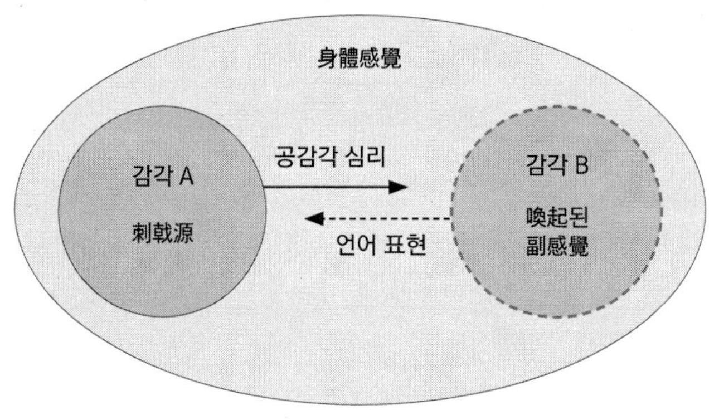

---

3 최창렬(1973:135)과 김중현(2001:28)에서 공감각을 '純粹 共感覺'과 '擬似共感覺'으로 구분한다. '純粹 共感覺'이란 언어의 도움 없이 공감각적 능력을 선천적으로 타고난 사람이 가지고 있는 독특한 능력을 말하며, '擬似共感覺(pseudo-synaesthesia)'은 우리가 언어를 습득하면서 후천적인 노력에 의해서 획득할 수 있는 능력을 말한다. 즉 전자는 손으로 만져서 색깔을 느끼거나 음악을 연주하면서 어떤 색깔이나 그림을 떠올리는 극소수 사람들이 지닌 능력을 가리키며 후자는 우리가 언어를 통해서 어떤 자극을 받을 때 다른 부감각(副感覺)을 느낀 듯한 심리를 말한다. 본 연구에서 말하는 공감각은 엄격한 의미에서는 '擬似共感覺'을 가리킨다. '純粹 共感覺'(또한 임상공감각(臨床共感覺, clinical synaesthesia))에 대한 생리-심리학적 연구는 아직 일정한 정설이 없다. X염색체(X染色體)의 유전에 의한다는 설과 대뇌의 전두전엽(前頭前葉, prefrontal lobe) 구역에서 일어난다는 설, 그리고 대뇌 좌측 변두리 구역에 위치한 해마회(Hippocampus)에서 공감각이 일어난다는 등 여러 가지 설이 있다.(汪少華, 2002:93)

위 [그림 1]처럼 공감각을 심리학적으로 해석하면 감각 A의 자극을 받아 부감각 B가 동시에 환기되어 결국 감각 A와 B가 한 이미지에 공존하는 심리작용으로 볼 수 있다.

(1) ㄱ. 찬 색/ <u>冷色</u>   <u>따뜻한</u> 색/ <u>暖色</u>
    ㄴ. <u>清脆的嗓音</u>

위 (1ㄱ)은 온도감각 '차다/冷'와 '따뜻하다/暖'가 시각의 일종인 색채 감각을 나타내는 예이다. 이때 노랑, 빨강 등 빛깔을 보면서 몸이 약간 따뜻해지는듯, 파란색과 흰색 등 빛깔을 보면서 몸이 약간 추워지는듯 느껴진 온도감각이 색채 감각과 함께 체험자의 심리에 공존한다. (1ㄴ)의 중국어 표현 '清脆的嗓音(해맑은 목소리)'를 보면 시각인상인 '清(맑다)'과 촉각인상인 '脆(바삭바삭하다)' 그리고 청각인상인 목소리, 이 3가지 감각인상이 한 이미지에 공존한다. 즉 청각자극(감각 A)을 받아 시각(부감각 B)와 촉각(부감각 C)를 동시에 불러일으킨 것이다. 이런 심리 작용을 언어로 표현할 때는 부감각 B와 C의 범주에 속한 낱말로 자극원인 감각 A를 나타낸다.

김혜원(2006:122)에서 중국어 '熱鬧'가 뜻하는 '떠들썩하고 북적대다'는 의미가 '熱(덥다)'에서 유래된 것인지 아니면 '鬧(시끄럽다)'에서 기인한 것인지가 모호하다는 이유로 이를 공감각적 표현으로 보는 것에 대하여 유보적인 입장을 취한다. 그러나 떠들썩한 소리를 듣고 몸이 약간 흥분되어 뜨거워지듯이 느껴진 것은 엄연히 인간의 공감각 심리가 작용한 것이고 이를 표현하는 형용사 '熱鬧'는 공감각적 언어표현으로 보지 않을 이유가 없다. 중국어는 어근이 쉽게 합성할 수 있는 조어법적 특징으로 '香甛(향기롭고 달다)', '清脆(맑고 바삭바삭하다)', '響亮(우렁차고 밝다)', '陰沉(흐리고 무겁다)'처럼 공감각적 구조를 가진 형용사들이 많다.

감각형용사가 감각의 범주를 벗어나 어떤 감정이나 개념을 나타낼 때는 '개

넘 전이'로 볼 수 있다.

(2) ㄱ. <u>뜨거운</u> 사랑/ <u>熱烈</u>的愛   <u>따뜻한</u> 세상/ <u>溫暖</u>的人世
    ㄴ. <u>차가운</u> 사람/ <u>冷冰冰</u>的人   <u>차가운</u> 현실/ <u>冰冷</u>的現實

위 (2)의 한중 온도감각 형용사는 감각의 범주를 벗어나 '사랑, 세상, 사람, 현실'이 어떠함을 나타낸다. (2ㄱ)의 '뜨겁다/熱烈', '따뜻하다/溫暖'은 긍정적 개념인 [+열정적], [+인정 많음]으로 전이되고 (2ㄴ)의 '차갑다/冷冰冰'는 부정적 개념인 [+매정함]으로 전이된다.

[그림2.] 개념 전이

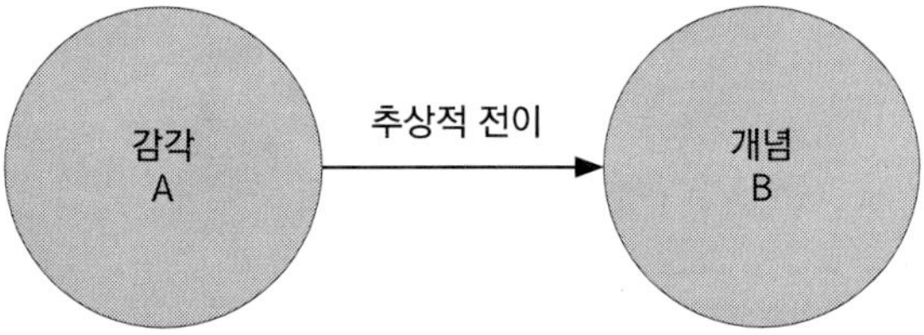

위 [그림 2]처럼 원래 감각 A를 나타낸 낱말이 보다 추상적인 개념 B를 나타낼 경우는 '개념 전이'라고 할 수 있다.

감각형용사의 의미전이에 대한 선행연구들은 보통 '공감각 전이'와 '개념 전이' 두 가지로 나누어 고찰했다. 그러나 때로는 감각형용사의 의미전이 유형을 명확히 구분하기 어려울 경우가 있다.

(3) ㄱ. <u>冷</u>色(찬색), <u>甛甛</u>的嗓音(달콤한 목소리), 腿<u>酸</u>(다리가 신큰하고 쑤시다)
    ㄴ. <u>冷</u>言<u>冷</u>語(흥을 깨는 말), <u>甛</u>言蜜語(달콤한 말), 心<u>酸</u>(마음이 쓰리다)

(3ㄱ)의 '冷色(찬색)', '甛甛的嗓音(달콤한 목소리)', '腿酸(다리가 시큰하고 쑤시다)'는 전형적인 공감각 전이의 용례들이다. 그런데 (3ㄴ)의 경우는 좀 다르다. 김혜원(2006:124~6)에서 (3ㄴ)의 중국어 단어 '冷言冷語(흥을 깨는 말)'와 '甛言蜜語

(달콤한 말)'을 각각 '온도감각→청각'과 '미각→청각'으로, 그리고 '心酸(마음이 쓰리다)'를 '미각→촉각'으로의 공감각 전이로 보고 있다. 그러나 '冷言冷語' 중의 온도감각 형용사 '冷(차갑다)'은 '남의 흥을 깨는 말이나 가시 돋는 말'을 들을 때 소리가 약간 싸늘하듯한 청각인상을 나타내는 동시에 들은 말의 내용이 소극적이라는 개념을 나타내기도 한다. '心酸(마음이 쓰리다)' 중의 미각형용사 '酸(시다)'은 마음이 쓰리듯 느껴진 감각과 마음이 슬프고 아프다는 의미를 동시에 나타낸다.

(4) ㄱ. **싸늘한** 색(冷色)　　　　**딱딱한** 발음(生硬的發音)
　　 ㄴ. **싸늘한** 눈초리(冷峻的目光)　**딱딱한** 말씨(生硬的口氣)

　권주예(1982:49)에서 (4ㄴ)의 '싸늘한 눈초리'를 '촉각→시각'으로, 김찬화(2014:39)에서 '딱딱한 말씨'를 '촉각→청각'으로 일어난 공감각 전이로 판단하고 있다. 그런데 (4ㄱ)의 '싸늘한 색', '딱딱한 발음'을 공감각 전이로 볼 수 있으나, '싸늘한 눈초리'와 '딱딱한 말씨'는 단순한 감각 외에 사람의 눈길이나 말투가 우호적이지 않고 불친절하다는 의미를 나타내기도 한다.

　정수진(2005:155)은 예문 '네 말은 우선 귀에 달다만 네 심기를 내가 어찌 믿겠니'를 들어 미각형용사 '달다'가 물리적인 소리뿐 아니라 그 소리가 담고 있는 내용에 대한 느낌 혹은 주체의 심리적 태도를 나타내기도 한다며, 이는 분위기 또는 느낌을 표현하는 의미확장 유형과 행위나 상황에 대한 주체의 심리적 태도인 '행복, 만족'을 전달하는 의미확장 유형의 가운데 경계에 있다고 판단하고 있다[4].

　이렇게 공감각 전이와 개념 전이가 복합적으로 동시에 일어난 것을 '복합적 전이(複合的轉移)'라고 부를 수 있다. 이를 공감각 전이와 개념 전이 중 어느 하

4　미각어의 의미확장을 연구한 정수진(2005)은 주로 사전 뜻풀이의 의미항에 따라 의미 분석을 하고 '공감각 전이'와 '개념 전이'로 구분하지 않지만, 다른 감각으로 전이하는 의미확장과 주체의 심리적 태도로 전이하는 의미확장이 서로 다르다는 점은 인식하고 있다.

나로 귀속시켜야 한다면 이미 더 추상적 개념을 나타내기 때문에 개념 전이에 더 가깝다고 보는 것이 타당할 것이다.

[그림3.] 복합적 전이

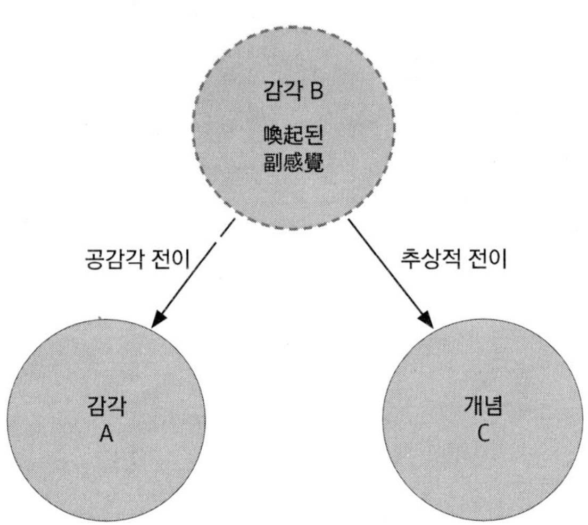

10.2 공감각 전이와 개념 전이의 인지기제 및 영상도식

10.2.1 인지언어학에서 본 의미전이

앞선 10.1에서 살펴보았듯이 한중 감각형용사는 '부드러운 목소리/軟軟的嗓音', '찬색/冷色'처럼 감각과 감각 사이에 의미전이가 일어나기도 하고 또한 '부드러운 남자/溫柔的男人', '찬 사람/冷冰冰的人'처럼 감각으로부터 더 추상적인 개념으로 의미가 전이되기도 한다. 수사학에서는 예로부터 이런 용법의 수사적 기능, 즉 말을 어떻게 신기하고 다채롭게 꾸미느냐는 데에 초점을 맞춰 연구해 왔다. 의미론에서는 이를 '의미전이'라고 부르고 낱말이 기본의미를 중심으로 용법이 확장, 전이되어 다양한 파생의미를 낳음으로써 다의관계가 성립된다고 한다. 자연언어의 다의성 원인에 대해서는 흔히 언어의 경제성, 즉 수량이 제한된 어휘로 무한한 사물과 개념을 표현하기 위한 필연적 언어 현상으로 설명하고 있다[5].

그런데 20세기 80년대부터 발전해온 인지언어학(cognitive linguistics)[6]은 이러한 의미전이를 단순한 수사법이나 낱말의 다의성 특징으로만 보지 않고 인간이 자신에게 익숙한 근원영역(source domain)으로써 낯선 목표영역(target domain)을 개념화하는 사상(寫像, mapping), 즉 '은유(隱喩, metaphor)'[7]라는

---

[5] 만약 한 어휘소가 하나의 의미만 지니고 있다면 오해의 여지가 없으므로 어느 면에서는 퍽 이상적일지도 모른다. 그러나 그렇게 될 때 우리가 경험하는 삼라만상에 대해서 거의 무한에 가까운 명칭이 필요하게 되므로 기억장치에 큰 부담이 되지 않을 수 없다. 그 결과 유한수의 어휘로 무한수의 경험을 처리하기 위해서 기존 어휘소의 의미범위를 확장하게 되는 것이다. 이것이 어휘소의 다의적인 용법이며, 그 가운데 대표적인 보기가 비유적 전이 곧 은유인 것이다. 임지룡(1993:63)

[6] 윤평현(2013:30)에서 인간의 인지능력과 언어의 관계에 대해 "인간이 언어를 이해하고 사용하는 데에는 지각, 개념 체계, 경험, 세상사에 대한 지식, 문화적 배경 등 일반적인 인지능력(cognitive competence)과 불가분의 관계에 있는데,…. 인지적 산물이면서 인지작용의 도구인 언어는 그 구조와 기능에서 필연적으로 인간의 인지능력이 반영된다"고 지적했다.

[7] 은유는 본래 희랍어로 meta(over)+phora(carring) 즉 〈위쪽으로 옮겨간다〉가 된다. 다시 말하면 전이(transference)라는 의미를 내포하고 있다. 즉 두 事物間의 比較 對比에 있어서 공통적 특징을 지니게 될 때 이에 의한 유사 관념으로 聯想作用이 성립된다. 윤홍노(1970:183)

사고방식으로 보고 있다. Lakoff & Johnson(1980:21)에서 은유는 단순한 언어 문제뿐만 아니라 우리의 사고와 행위에 널리 퍼져 있으며 우리가 생각하고 행동하는 관점이 되는 일상적 개념체계의 본성이 근본적으로 은유적이라고 한다.

인지언어학은 또한 체험주의(體驗主義, experientialism)에 이론 바탕을 두고 사람은 가장 익숙한 몸의 경험으로 다른 사물을 인식하는 것, 즉 '신체화(身體化,embodiment)'가 인간의 보편적 인지방식이며 우리의 사고 및 의미가 근본적으로 신체화된 경험에서 유래한 것이라고 주장하고 있다. 정수진(2012:272)에서는 신체화의 많은 부분이 일상 언어의 구조와 의미 속에 내재되어 있으며 인간 인식의 출발점인 신체화를 의미 확장의 진원지로 간주하고 있다.

다시 말하면 인지언어학에서는 인간이 신체적 경험으로부터 다른 사물을 은유적으로 인지하고 이해하는 것이라고 주장한다. 그리하여 우리 몸의 감각을 나타내는 감각형용사의 의미전이는 인지언어학의 기본 관점을 입증해 주는 중요한 증거로서 많은 관심을 이끌어 왔다.

(5) ㄱ. **따뜻한** 색/ **暖**色/ <u>warm</u> color
　　 ㄴ. **따뜻한** 환영/ **熱烈**的歡迎/ <u>warm</u> welcome

(6) ㄱ. **달콤한** 냄새/ **甛甛**的氣味/ <u>sweat</u> smell
　　 ㄴ. **달콤한** 사랑/ **甛蜜**的愛/ <u>sweat</u> love

위 (5)와 (6)은 한·중·영 세 언어의 감각형용사가 비슷한 의미전이를 실현한 예들이다. (5)처럼 온도와 색채 감각 사이에, 그리고 따뜻한 온도와 열정적으로 환영하는 태도 사이에 일정한 유사성이 존재한다는 것을 여러 민족이 보편적으로 인식하고 있다. (6ㄱ)과 (6ㄴ)은 단 맛을 나타낸 '달콤하다'가 냄새 감각인 후각과 추상적 개념인 [+행복함]을 나타낸다. 이는 인간의 구강(口腔)과 비강

(鼻腔)이 서로 인접하는 생리적 신체구조[8]와 단맛을 선호하는 인간의 공통 심리가 작용한 결과로 볼 수 있다. 이처럼 비슷한 신체구조와 사고방식을 가지고 있는 인간이 세상을 인지하는 방식에 공통점이 많다는 사실을 알 수 있다.

10.2.2 공감각 전이와 개념 전이의 인지기제

'달콤한 사랑/甛蜜的愛'은 단맛을 보고 느낀 쾌감이 추상적 개념인 사랑의 행복함으로 사상하는 은유적 표현임은 별로 의심할 여지가 없다. 그러나 '달콤한 향내/甛甛的香味', '달콤한 목소리/甛甛的嗓音'와 같이 감각 영역 간의 의미전이도 은유에 의한 것인지는 이견이 있다. 김혜원(2006:118)에서 "공감각 표현 역시 한 감각 영역에 속하는 개념을 다른 감각 영역에 투영하여 이해한다는 측면에서 일종의 은유라 할 수 있다"라고 주장하는데, 감각 영역에 속하는 '개념'이 무엇을 가리키는지 명확하지 않다. 楊波(2007:18)에서는 영어 'hot'의 기본의미 자체가 매운맛과 뜨거운 온도를 모두 나타낼 수 있으므로 공감각 표현을 이해하는 데에는 은유나 환유의 개입이 필요없다고 주장한다. 하지만 한국어와 중국어처럼 '뜨겁다/燙'과 '맵다/辣'가 서로 구분되는 경우에 '뜨거운 맛/滾燙的味道'이라는 표현을 온도감각 '뜨겁다/燙'의 기본의미로 쓰이는 것으로 보기 어렵다. 이 두 가지 견해와 달리, 윤홍노(1970), 김중현(2001:37), 汪少華(2002), 王宇弘(2008)을 비롯한 선행연구들은 공감각 의미전이를 은유에 의한 것으로 인정하되 그것을 일종의 특수한 은유 유형으로 보고 있다.

김중현(2001:37)에서 은유의 유형을 "a.일차적 은유: 감각운동 영역 b.이차적 은유: 감각.인지 운동 영역→주관적 체험 영역 c.삼차적 은유: 주관적 체험 영역→주관적 체험 영역"으로 삼분한 바가 있는데, 감각형용사의 공감각적 전이

---

8 Discovery에서 제작한 다큐 『신비한 몸(Body Atlas: The Human Design)』에 의하면 우리가 미각인 줄 아는 느낌 중의 90% 이상이 후각에서 유래된 것이다. 楊波(2007:16)

는 대체로 일차적 은유에, 추상적 전이는 이차적 은유에 해당한다.

  이렇게 근원영역과 목표영역의 성격에 따라 은유의 유형을 구분하는 것이 의미가 있다. Lakoff (1980:24)에서 은유의 본질은 한 종류의 사물을 다른 종류의 사물의 관점에서 이해하고 경험하는 인지방식이라고 한다. 이에 따르면 한 종류의 감각을 다른 종류의 감각으로 느끼고 경험하는 것도 은유의 한 가지로 볼 수 있다. 그러나 공감각 전이는 감각에 그치고 어떤 추상화된 개념을 이해하는 것이 아니다. 즉 신체 감각의 유사성에 의한 공감각 전이는 일종의 기초적 은유로 볼 수 있으며 은유의 추상화 정도에 있어서 이차적, 삼차적 은유와 다르다[9].

(7)
  달다: ①꿀이나 설탕의 맛과 같다. ②입맛이 당기도록 맛이 있다.③흡족하여
　　　기분이 좋다. ④마땅하여 기껍다.
  甛: ①像糖和蜜的味道(꿀이나 설탕의 맛과 같다) ②形容舒適、愉快(평안하
　　　고 유쾌함을 비유적으로 말한다)

  위 (7) 미각형용사 ‘달다’와 ‘甛’의 사전 뜻풀이를 보면 기본 의미항 ① 외에 [+맛있음]/[+흡족함]/[+유쾌함]/[+마땅함] 등 추상적 개념들은 사전에서 의미항으로 제시하지만, 공감각 전이에 관한 의미항은 없다. 이는 구체적 느낌 사이에 일어난 감각적 의미전이는 어떤 추상적 개념을 이루지 못하기 때문에 별도로 의미항을 설정하기가 어렵고 또 ‘차가운 색’, ‘밝은/맑은/높은 소리’와 같은 공감각적 용법은 너무나 익숙한 표현이므로 따로 해석하지 않아도 된다는 것이다.

  신체적 경험에서 직접 기인된 공감각 전이는 아래 예(8)처럼 서로 다른 언어 사이에 많은 공통점을 보인다. 褚孝泉(1997:88)에서 공감각 전이는 단순히 언어

9　공감각은 은유 현상과 비슷한 양상을 보이는데, 공감각은 인지과정 가운데 지각 차원에서 일어나므로 은유
　가운데 기본적인 단계로 설정할 수 있다. 김중현(2001:24)

문제가 아니라, 인간의 생물학적 신체구조와 보편적 인지심리에 근거를 두고 있기 때문에 빨강을 보고 반드시 '冷(차다)'가 아닌 '熱(뜨겁다)'로 표현해야 하고 알록달록 풍부한 빛깔을 반드시 '静(조용하다)'이 아닌 '鬧(요란하다)'로 표현한다고 지적했다.

(8) ㄱ. **높은** 소리/**高**音/**high** voice,
　　　낮은 소리/**低**音/**low** voice
　　ㄴ. **날카로운** 소리/**尖銳**的声音/**sharp** voice,
　　　둔한 소리/**沉鈍**的聲音/**blunt** voice
　　ㄷ. **맑은** 소리/**淸澈**的聲音/**clear** voice,
　　　탁한 소리/**渾濁**的聲音/**muddy** voice

　뿐만 아니라 공감각 전이의 방향성에도 여러 언어에서 비슷한 양상을 보인다. Ullmann은 19세기 불·영·미국의 12명의 시인들의 작품 중 약 2,000개의 공감각 전이 용례를 통계한 결과 약 80%가 촉각, 미각, 후각을 비롯한 하등감각(下等感覺)[10]으로부터 시각, 청각의 고등감각(高等感覺)으로 전이하고[11] 그 중 촉각으로부터의 전이가 가장 많고 전이된 목표 감각으로는 청각이 가장 많다고 밝혔다. 윤홍노(1970), 김중현(2001), 김혜원(2006), 이선희(2012), 王新玲(2010) 등 연구에서 한중 두 언어도 비슷한 공감각 전이 방향을 보인다고 확인한 바가 있다.

10　미분화된 상태의 감각으로 고도로 체제화(體制化)한 지각을 형성할 수 없으며, 가까이 있는 사물을 파악하거나 체내(體內)의 느낌에 국한되어 있다. 심리학 용어로, 시각·청각을 제외한 후각·미각·피부감각·운동감각·평형감각·유기감각 등이 이 하등감각에 속한다. (네이버 백과사전)

11　최창렬(1973:122)에서 "轉移는 감각 중 中樞腦의 下域에서 上域으로, 즉 한결 덜 분화된 감각에서 한층 더 분화된 것에로의 상승하는 경향이 있고, 그 逆으로 된 하강하는 경향은 미소할 뿐이다"라며 Ullmann과 비슷한 주장을 한다.

10.2.3 공감각 전이와 개념 전이의 영상도식

앞에서 공감각 전이와 개념 전이가 은유의 추상화 정도에 차이가 있다고 지적했다. 다음은 예문을 통해 그들이 각각 어떻게 근원영역에서 목표영역으로 사상하는지를 살펴보겠다.

(9) ㄱ. … 부드러우면서도 살살 녹는 갈비살점도 일품이지만 구기자에서 우러난 <u>달콤한</u> 향이 진하게 배인 육수는 진짜 별미.

ㄴ. 그래선지 그의 향수는 냉정하고 시원하다. <u>달착지근하거나</u> 끈적거림이 없다.

위 (9)를 보면 '달콤하다'가 '달착지근하다'보다 상대적으로 더 높은 정도의 향내를 나타낸다. 이는 근원영역인 단맛의 '정도성 의미'가 목표영역인 후각으로 사상함을 말해준다. 褚孝泉(1997:89~90)에서 소리, 빛, 냄새가 서로 다른 물리적 자극이지만 인간은 소리의 강약, 빛의 밝고 어두움, 냄새의 짙고 옅음, 즉 느낌의 정도 강약에 의해 감각 사이의 유사성을 찾을 수 있다고 지적한 바가 있다.

(10) ㄱ. …거대한 쓰레기 하치장이 있어 {시큼하고/*새콤하고} 쾨쾨한 냄새가 코를 찌른다.

ㄴ. 파인애플과 시트러스 등이 어울린 열대 과일의 향기는 {<u>새콤하면서도/*시큼하면서도</u>} 단내를 풍긴다.

(10ㄱ)의 '시큼하다'는 많이 시고 사람의 비위에 맞지 않는 냄새, (10ㄴ)의 '새콤하다'는 좀 덜 시고 비위에 맞는 냄새를 나타내고 있다. 이는 '시큼하다'와 '새콤하다'의 기본의미에 내포된 정도 의미와 선호 여부 의미가 후각영역에 그대로 사상함을 말해준다.

(11) ㄱ. 農家忙着碾米磨粉,蒸餻煎餅,白霧籠罩的廚房裏,飄出一股甛絲
　　　 絲的淸香。
　　 ㄴ. 工細的畵筆挑開花露香水的半个盖子,甛膩膩的濃香彌散開來。
　　 ㄷ. 一股甛兮兮的甲苯味道鑽進車內。

　(11)에서 보인 중국어의 공감각 전이는 모두 단맛으로 냄새를 나타낸 예들이다. '甛絲絲'보다 좀 강한 단맛을 나타내는 '甛膩膩'가 냄새를 나타낼 때도 좀 더 강한 냄새를 나타낸다. 약간 언짢은 단맛을 나타내는 '甛兮兮'는 역시 비위에 맞지 않는 화학 물질 '甲苯(톨루엔)'의 냄새를 나타낸다.

　이는 인간이 어떤 구체적 감각에 대해 그 느낌의 정도가 어떤가, 비위에 맞는가 등 주관적인 평가를 하려는 표현 욕구가 비슷하기 때문이다.

[그림4.] 공감각 의미전이 영상도식

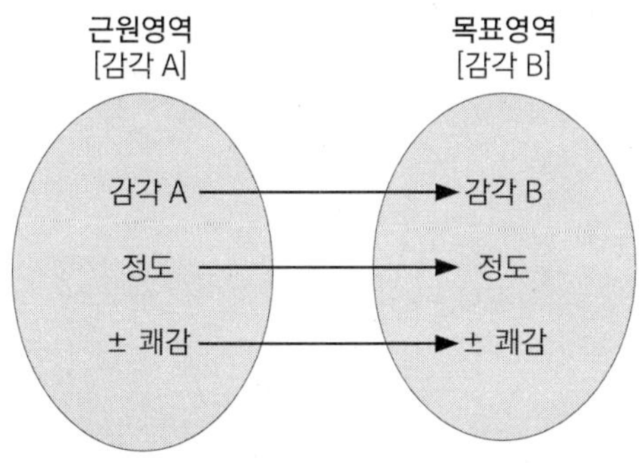

　위 [그림 4]처럼 공감각 전이가 이루어질 때 근원영역인 감각 A의 정도, 선호 여부 등 의미가 모두 목표영역으로 사상한다.

(12) ㄱ. **쓴/씁쓰름한/씁쓸한/쌉쌀한/쌉싸래한** 웃음/인생
　　 ㄴ. **달콤한/?달곰한/?달짝지근한/*들큼한/*들부드레한** 웃음
　　　 달콤한/?달곰한/?달짝지근한/*단/*들큼한/*들부드레한 사랑/인생
　　 ㄷ. **푸른/파란/*파르스름한/*파르족족한** 청춘/꿈

위 (12ㄱ)과 (12ㄴ)은 쓴맛과 단맛을 나타내는 미각형용사가 '웃음, 사랑, 인생'을 표현하는 예들이고 (12ㄷ)은 푸른색을 나타내는 색채형용사가 '청춘, 꿈'을 표현하는 예들이다. (12ㄱ)을 보면 접사 첨가, 어근 중첩, 모음교체에 의해 생성한 '씁쓸하다, 쌉쌀하다, 씁쓰름하다, 쌉싸래하다'는 그 기본의미에는 정도 강약의 차이가 있으나 추상적 개념으로 전이할 때는 거의 똑같이 부정적 의미 [+고통]으로 전이된다. (ㄴ)의 단맛 형용사들은 모두 [+좋음/+행복함/+흡족함]으로, (ㄷ)의 푸른색 형용사들은 [+희망참/+왕성함]의 의미로 전이된다. 이는 인간이 감각을 추상적 개념으로 사상할 때 그 맛의 정도가 어떠냐, 색깔의 채도와 명도가 어떠냐가 모두 은폐(隱蔽)되고, 오직 그 맛과 색깔에 대한 인간의 인식과 판단만을 부각(浮刻)시켜 목표영역으로 사상하는 것이다[12]. 즉 쓴맛은 사람을 언짢게 하는 맛이고 단맛은 사람을 즐겁게 만족시키는 맛이며 푸른색은 식물이 익기 전에 왕성하게 자랄 때의 색깔이라고 인지하는 인간의 인식이 은유의 근거가 된다.

(12)에서 또 한 가지 주의할 만한 점은 어떤 감각을 나타내는 계열어군의 많은 구성원들 가운데에 일부 낱말만이 추상적 의미로 전이될 수 있다. 물론 공감각 전이에도 이러한 제한성이 보이지만 개념 전이에서는 이러한 제한성이 더욱 뚜렷하다. 이는 단어의 사용빈도와 전형성으로 설명할 수도 있으나, 인지의 각도에서 보면 낱말의 기본의미에 내포된 구체적인 감각 의미가 많을수록 개념 전이에 방해가 되는 것으로 설명할 수 있다. 가령 '파르스름하다'가 지닌 [+낮은 채도], '파르족족하다'가 지닌 [+칙칙함]의 의미는 개념 전이에 방해가 되며, 맛깔스럽지 않은 단맛을 나타내는 '들큼하다, 들부드레하다'는 그 기본의미 속에 담긴 [-쾌감]의 의미가 단맛을 선호하는 사람의 보편적 인식과 의미 충돌이 생기므로 [+행복함]이라는 긍정적 개념으로 전이하기 어렵다.

---

12 우리에게 어떤 개념의 한 측면을 다른 개념의 관점에서 이해하도록 해주는 체계성은 필연적으로 그 개념의 다른 측면들을 은폐할 것이다. Lakoff(2006:31)

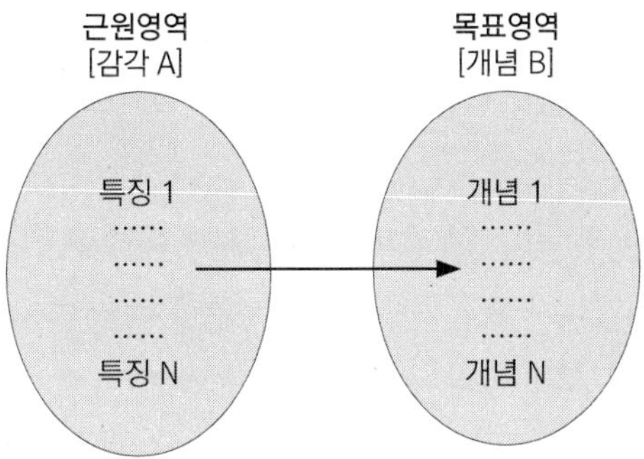

위 그림으로 '달콤한 사랑/인생'을 해석하면 단맛에 대한 인간의 인식이 1에서 N까지 여러 가지가 있을 수 있는데 '사랑/인생'을 표현할 때는 단맛의 다른 특징이 모두 은폐되고 단지 [+좋은 맛]이라는 인식이 두드러져 더 추상적 개념인 [+행복함]으로 사상한다. 또한 '새파란 총각'이라고 할 때는 푸른색이 왕성하면서도 좀 미숙한 젊음을 상징하는 점이 두드러지고, '푸른 꿈'이라고 할 때는 포부와 뜻이 크고 원대하다는 뜻이 두드러지게 부각된다.

[그림4]와 [그림5]를 비교해 보면 공감각 전이는 정도, 선호 여부 등 감각 사이의 유사성에 의해서 이루어지며, 개념 전이는 그 감각에 대한 보편적인 인식에 의해 이루어짐을 알 수 있다. 그러므로 공감각 전이는 구체적인 감각 의미가 다른 감각영역으로 그대로 사상하는 반면, 개념 전이는 그 감각의 여러 특징 중의 한 측면만을 부각시켜 목표영역으로 사상한다. 의미론의 시각에서 보면 공감각 전이는 의미의 확장이나 파생이 없이 거의 기본의미로 목표영역으로 전이하는 것이고 개념 전이는 기본의미가 보다 추상적 의미를 파행하여 목표영역으로 전이하는 것이다. 그런 이유로 공감각 전이는 사전 뜻풀이의 의미항으로 따로 제시하지 않아도 된다.

10.3 은유의 민족성과 개인성

앞 10.2.1과 10.2.2에서 인간이 비슷한 신체구조와 인지방식을 가지기 때문에 여러 언어의 감각형용사들이 비슷한 의미전이 양상을 보인다고 지적한 바가 있다. 이미 일상 언어로 굳어진 '따뜻한 색/暖色/warm color', '부드러운 목소리/柔軟的嗓音/soft voice', '달콤한 사랑/甛蜜的愛/sweat love' 등 표현들을 통해 여러 민족이 모두 온도와 색깔, 촉감과 소리, 단맛과 행복함 사이에서 어떤 유사성을 인식하고 그것을 언어로 표현하고 있음을 알 수 있다.

그러나 감각형용사의 의미전이가 민족, 개인에 따라 차이를 보이는 것도 사실이다. 신체 감각에서 출발하여 은유에 의해 다른 감각이나 개념을 인식하는 인지기제는 동일하지만 다른 민족과 개인이 감각의 여러 특징 중의 어느 것에 초점을 맞추느냐에 따라 서로 다른 은유 표현을 사용할 수 있기 때문이다.

> (13) **푸른** 목소리/***藍藍**的嗓音
>
> 　　　 서슬이 **푸르다**/***藍藍**的刀光
>
> 　　　 **매운** 겨울바람/***辣辣**的冬風
>
> (14) **脆生生**的嗓音/***바삭바삭한** 목소리
>
> 　　　 長得很**甛**/***달게** 생겼다
>
> 　　　 **甛絲絲**的霉味/***들쩍지근한** 곰팡내

위 (13)처럼 한국어에서는 찬 색의 일종인 파란색으로 서늘한 느낌을 주는 목소리와 날카로운 칼날을 표현한다. 한국인들은 '푸른색-서늘한 온도-냉랭한 목소리', 이런 느낌들을 서로 연결시키는 유사성을 인지하고 언어로 고정시켰지만 중국인들은 그런 유사성을 별로 못 느껴 '藍藍的嗓音', '藍藍的刀光'와 같은 표현을 일상 언어로 쓰지 않는다. 거꾸로 예(14)처럼 중국어에서는 바삭바삭한 촉감으로 사람의 짜랑한 목소리를, 단맛으로 사람의 얼굴 생김새를 표현하는

데 한국어에서는 그러지 못한다.

공감각에 비해, 추상적 개념으로 전이하는 양상은 좀 더 많은 차이를 보인다. 손경호(2007:251)에서 감각을 표현하는 본래의 의미에서 전이되어 비유적, 상징적 의미로 쓰일 때는 언어 간의 발상이나 표현방식의 차이로 인한 인간의 문화적 존재로서의 특징도 잘 반영하고 있다고 지적했다.

(15) ㄱ. <u>달게</u> 자다/睡得**很香**(**甛**/香甛)　푸른 청춘/**火熱**(**火紅**)的靑春
　　　ㄴ. 팁이 **짜다** (小費少得可憐)　　　짠돌이, 짠순이 (鐵公鷄)
　　　ㄷ. **靑澀**的靑春(미숙한 청춘)

(15ㄱ)을 보면 잠을 잘 자고 있는 모양을 한국어에서는 미각형용사 '달다'로, 중국어는 미각형용사 '甛(달다)'이나 후각형용사 '香(고소하다)' 그리고 후각과 미각의 합성어 '香甛(고소하고 달콤하다)'로 표현할 수 있다. 활력이 넘친 청춘을 한국어에서는 '푸르다', 중국어는 '火熱(불같이 뜨겁다)'나 '火紅(불같이 뻘겋다)'로 표현한다. (15ㄴ)에서 한국어는 짠맛으로 사람의 돈 씀씀이가 인색한 것을 비유적으로 표현하지만 중국어에서는 '鐵公鷄(쇠로 만든 수탉)'으로 인색함을 비유한다. (15ㄷ)에서 중국어는 색채형용사 '靑(푸르다)'과 미각형용사 '澀(떫다)'으로 아직 어설프고 덜 성숙한 청춘을 비유하는데 한국어는 '떫다'로 미숙함을 표현하지 않는다.

[표1.] 한중 색채형용사의 개념 전이 양상

	붉다	紅	예문
[공산주의/혁명]	○	○	붉은 사상/세력 紅軍,赤色分子,紅歌,紅色政權
[뻔함]	○	X	빨간/새빨간 거짓말
[속없음]	○	X	빨간 상놈 푸른 양반
[왕성함]	X	○	紅火
[성공/경사로움]	X	○	開門紅,滿堂紅
[인기 많음]	X	○	走紅,紅人,紅角

	푸르다	靑/藍/綠	예문
[젊음/왕성함]	○	○	한창 푸른 시절 靑年, 靑春
[미숙함]	○	○	새파란 총각 靑澀, 愣頭靑
[신선함]	○	X	푸른 공기
[원대함]	○	X	푸른 희망, 푸른 꿈
[세력이 당당함]	○	X	푸른 양반
	누르다	**黃**	**예문**
[에로]	X	○	黃書, 黃色電影
[실패]	X	○	事情黃了
	검다	**黑**	**예문**
[흉악함]	○	○	검은 속셈/손 黑心腸/黑手
[불법]	○	○	검은 돈 黑錢,黑金,黑道,黑帮,黑戶,黑話,黑市
[사람 많음]	○	○	사람이 까맣게 모이다 黑鴉鴉的人群
[희망 없음]	○	○	앞이 깜깜하다/캄캄하다 前途一片漆黑
[완전히 모름]	○	○	까맣게 모르다, 정치에 깜깜하다 對政治一抹黑
[완전히 잊음]	○	X	까맣게 잊어버리다
[아득하게 멂]	○	X	까만 옛날
	희다	**白**	**예문**
[사람 많음]	○	X	사람들이 하얗게 몰려들다

이상 한중 색채형용사의 개념 전이 양상을 비교해 보면 공통된 부분이 많은 동시에 두 민족이 다른 문화심리, 풍속습관, 역사전통 등으로 말미암아 서로 다른 은유 표현을 사용하고 있음을 알 수 있다. 예를 들어 한중 두 언어의 '붉다/紅'가 모두 공산주의를 비유하는 한편, 한국어에서는 '빨간 거짓말', '빨간

상놈'처럼 [+뻔함][+속없음]의 의미를 나타낼 수 있는데 중국어에서는 '紅火, 開門紅, 紅人'처럼 [+왕성함][+성공][+인기 많음] 등 긍정적 의미로 많이 전이한다. 이런 언어표현은 중국인들이 설날이나 결혼식같은 경삿날에 붉은 옷을 입고 붉은 봉투에 축의금을 넣는 습관과 붉은 색을 선호하는 민족 심리에서 유래되고 또 중국인의 이런 민족 문화와 심리를 잘 반영한다.

감각형용사의 의미전이는 또한 개인에 따라 달리 사용할 수 있다. 특히 시, 소설 등 문학작품을 쓰는 작가들은 개인의 섬세한 느낌과 참신한 발상으로 새로운 은유를 창조하여 색다른 표현 효과를 얻어낸다.

> (16) 푸른 휘파람 소리, 꽃처럼 붉은 울음을 밤새 울었다.(서정주 시,『문둥이』)
> 나는 향기로운 님의 말소리에 귀먹고 꽃다운 님의 얼굴에 눈멀었읍니다.(한룡운 시,『님의 침묵』)
> 붉은 향기(香氣)를 떨어버린/해당화(海棠花)의 섬에서는(金起林 시,『기상도』)
> 누른 향기 피우면서 내가 빌도다. (박영희 시,『꿈의 나라로』)
> 붉은 비는 쏟아져 꿈길을 막도다.(박영희 시,『꿈의 나라로』)
> 綠楊烟外曉寒輕 , 紅杏枝頭春意鬧。(붉은 살구꽃이 만발한 나무 가지에 봄기운이 시끄럽네) (宋祁,『玉楼春·春景』)
> 芳氣随風結,哀響馥若蘭(음악 소리가 난화 꽃처럼 향기롭네)(陸機,『擬西北有高樓』)

이상 시구에서 나온 표현들은 언중들이 많이 쓰는 일상 언어가 아니라 작가 본인의 개인 특색이 짙은 문학적인 표현이다. '붉은 향기', '누른 향기'가 도대체 어떤 향기인지, '붉은 비', '붉은 울음'의 '붉다'가 무엇을 의미하는지를 파악하기 어렵다. 박영순(2000:2)에서 '은유의 정도성(degree of metaphoricity)' 문제를 제기하며 "은유 중에 누구나 금방 그 의미나 화자의 의도를 쉽게 이해할 수 있는 것도 있고, 조금 난해한 것도 있으며, 매우 난해해서 그 말의 의미나 화자, 필자의 의도를 이해하기 어려운 것도 있다. 일상 언어에 쓰이는 많은 은유들은 대체로 은유성이 약하거나, 이미 관습적으로 사용되는 것이 많은 반면, 시에 사용된 은유들은 대체로 난해해서 독자마다 달리 해석할 가능성이 있다고 할 것이다"라고 지적했다. 그러므로 감각형용사 의미전이의 분포 양상을 조사할 때에 일상 언어와 개인 언어를 구분하는 것이 바람직하다.

이상 논의한 바와 같이 감각형용사의 공감각 전이와 개념 전이는 민족, 개인에 따라 다르게 나타날 수 있다. 그러나 이런 차이는 어디까지나 민족의 문화 차이나 사물을 보는 시각의 차이뿐이지 한 사물을 다른 사물의 관점에서 은유적으로 인식하는 인간의 근본적 인지방식이 다르다는 것은 아니다.

제 4 부

결론

제11장

결론

11.1 주요 내용 요약

본 연구는 한중 두 언어의 조어법과 의미 특징을 잘 보여준 감각형용사를 연구대상으로 하여 두 언어의 어휘체계, 조어방식, 기본의미와 의미전이 현상을 고찰하였다.

제1부 총론의 2장과 3장은 기초 작업으로서 감각형용사의 개념 및 유형 분류를 검토했다. 신체 외부기관인 눈, 귀, 코, 혀, 피부에 의해 느껴진 시각, 청각, 후각, 미각, 촉각의 오관감각과 공간감각 모두 6가지 감각을 가장 전형적인 감각유형으로 보고 거기에 속한 형용사들을 연구대상으로 삼는 한편, 유기감각, 평형감각, 근육감각 등 신체 내부의 감각은 연구대상에서 제외했다.

감각의 하위유형을 설정할 때 가급적으로 가장 명확하고 전형적인 유형을 설정하기로 했다. 미각은 '단맛, 신맛, 쓴맛, 짠맛, 매운맛, 떫은맛'의 6味로, 후각은 '향기로운내, 구수한내, 지린내, 구린내, 노린내, 비린내'의 6유형으로, 촉각은 온도각, 통각과 촉감각의 3유형으로, 공간감각은 1, 2, 3차원을 기본유형으로 설정했다. 시각과 촉감각은 그 테두리를 규정짓기 어려우므로 시각에서는 가장 전형적인 색채형용사와 광선형용사로 한정하고 촉감각에서는 [±거침]을 표현하는 형용사에 한정하기로 했다.

개별 낱말을 분류할 때는 대체로 사전의 첫째 의미항에 따라 낱말을 선정하고 분류하였는데 한 낱말을 가급적으로 한 감각유형에만 분류하기로 했다. 그리하여 통각형용사 '아리다'와 형태, 의미적 연관성을 보인 '알알하다'를 미각이 아닌 통각에, '뜨겁다'와 연관 있는 '따갑다'를 통각이 아닌 온도각에 포함시키고 '높다/낮다'를 공간감각과 청각에 모두 포함시키지 않고 공간감각형용사로만 삼는다.

중국어에서도 오관감각을 가장 전형적인 감각으로 인식하고 그 하위분류도 한국어와 대체로 비슷하다. 그것은 인간은 생물학적 존재로서의 공통성이 많으므로 감각에 대한 인식도 크게 다를 바가 없기 때문이다. 감각기관, 개념 형성 근원점 등 생리적.인지적 특징이 뚜렷하고 명확할수록 그 감각에 대한 인식은 범언어적 일치성이 높다. 반대로 일부 비전형적이고 주변적인 감각에 대해서는 민족마다 달리 인식할 여지가 크다. 가령 영어, 중국어, 한국어, 일본어에서 가장 전형적인 '단맛, 쓴맛, 신맛, 짠맛'의 네 맛을 기본 미각범주로 보는 것은 일치하나 중국어는 이 4原味에 '매운맛'을 더 추가한 5味 범주, 한국어는 '매운맛, 떫은맛'을 더 추가한 6味 범주를 설정한 것이다. 또 한국어의 '흰색, 검은색, 붉은색, 누른색, 푸른색' 5색 범주 외에 중국어는 '紫(보라), 灰(회색), 褐(갈색)' 등을 더 추가한 8색설과 10색설이 있다.

제2부 형태 연구에서는 감각형용사의 형태구조와 조어법을 고찰했다. 단일어는 수량이 적고 계열어군마다 하나만 존재하는 경우가 대부분이다. 수량이 매우 적지만 단일어는 각 계열어군에서 가장 핵심적인 기본어 역할을 하고 있으며 다른 파생어나 복합어를 생성하는 기초가 된다. 형태가 단순한 단일어는 의미도 매우 단순하고 주로 감각의 객관적인 성질을 나타낸다. 단일어 어근에 접사나 어근을 첨가한 복합어는 형태가 복잡해짐에 따라 느낌의 강약이나 선호 여부 등 다른 주관적 의미를 추가한다.

한국어 감각형용사 복합어의 형태구조가 아주 복잡한데 비해 중국어는 상대적으로 단순한 구조를 가진다. 먼저 접사에 의한 파생어를 비교해 보면, 한국어에서는 '시-, 새-, 검-' 등 접두사나 '-(으)스름, -짝지근, -다랗' 등 접미사, 또한 '-음-+-으레-→무레'처럼 접미사가 연이어 결합함으로써 파생어를 형성하는데, 중국어 접미사는 수량이 한국어보다 더 많지만 거의 다 접사화 과정을 걷고 있는 준접사에 속하고 'XX' 중첩형과 '不XY' 형의 접미사가 대부분을 차지하고 있다.

감각의 객관적인 성질을 나타내는 단일어에 첨가하여 감각의 구체적인 상태와 화자의 주관적인 판단을 나타내는 것은 파생 접사의 의미 기능으로 볼 수 있다. 한국어 감각형용사에서 분석된 접사들의 기본적인 의미 기능은 정도성 의미를 나타내는 것이다. '시(싯)-', '새(샛)-', '-앟-/-엏-', '-스름-', '-스레-' 등 대부분의 접사들은 일차적으로 정도성 의미를 나타내며, '곰/굼/금/콤/쿰/큼-', '-(으)댕댕/뎅뎅/당당/덩덩/딩딩-', '-(으)속속/숙숙-', '-(으)족족/죽죽-', '-잡잡/접접-' 등 일부 접사들은 [+쾌감], [-고름], [+칙칙함], [-밝음] 등 다른 의미를 첨가하면서 부차적으로 낮은 정도를 나타낸다. 중국어의 접미사는 우선 생동감 있게 표현하는 수사적 기능을 수행한다. '絲絲, 扑扑' 등 일부 'XX'형 접미사는 높거나 낮은 정도 의미를 나타내고 '森森, 厲厲', '燦燦' 등 일부 접미사는 의미의 추상화가 덜 되어 정도 의미 외에 [+무서움], [+빛남]의 다른 의미를 더 나타낸다. 중국어의 '不XY'형 접미사는 모두 낮은 정도를 나타낸다. 그리고 '不絲(兒)', '不唧(兒)'를 제외한 '不呲咧, 不溜秋, 不棱登' 등 대부분의 '不XY'형 접미사는 화자의 부정적인 태도 즉 [-쾌감]을 나타낸다. 접미사 '了呱嘰', '咕隆冬'의 파생능력은 '不XY'형보다 약하며 전자 '了呱嘰'는 낮은 정도와 비호감의 뜻을 나타내고 후자 '咕隆冬'는 주로 높은 정도의 의미를 나타낸다.

한중 합성어 감각형용사는 어근이 서로 같으냐 다르냐에 따라 '같은 어근에 의한 합성어'와 '다른 어근에 의한 합성어'로 나눌 수 있다. 같은 어근이 중첩되어 형성된 감각형용사를 살펴보면 한국어 낱말들의 형태구조가 중국어보다 훨씬 더 복잡하여 5가지 유형으로 나눌 수 있다. '달디달다, 붉디붉다'처럼 연결어미 '-디-'가 참여하거나 '거뭇거뭇하다, 파라파랗다, 떨더름하다'처럼 접미사 '-(으)ㅅ-', '-앟/엏-', '-(으)ㅁ', '-하-'가 참여한 합성어가 많다. 이와 달리, 중국어는 '眊眊, 紅紅'처럼 극히 단순한 'AA'형 중첩 구조만 취한다. 한국어의 첩어 감각형용사들은 모두 느낌의 정도가 어떠냐를 구체적으로 표현하고 있다.

중국어의 'AA'형 첩어는 우선 상태를 생동감 있게 표현하는 역할을 수행하고, 아울러 문장에서 부사어나 결과보어로 쓰일 때는 높은 정도를 나타내고 관형어나 서술어로 쓰일 때는 '조금 높은 정도' 즉 '꽤 ~'의 정도를 나타낸다.

다른 어근끼리의 합성어에 있어서도 중국어보다 한국어가 훨씬 더 복잡한 결합구조를 보이고 모두 11유형으로 세분할 수 있다. 중국어는 [어근1+어근2](AB/BA형)과 이 기초에서 부분 중첩이 된 'ABB'형과 'BBA'형, 그리고 전부 중첩이 된 'AABB', 'ABAB', 'BABA'형 모두 6유형으로 나눌 수 있다.

어근들의 통사.의미적 결합방식에 따라 합성어 구조를 크게 '병렬식'과 '주종식' 두 가지로 나눌 수 있다. 주종 관계로 결합된 합성어는 보통 뒤 어근이 중심 의미가 되고 앞 어근이 뒤 어근을 수식하는 통사구조로 되어 있으며 대부분 낱말들이 정도성 의미를 나타내고 있다. '深紅, 淺紅'과 '엷붉다, 짙붉다'처럼 앞에 있는 형용사 어근 '深/짙-', '淺/엷-'이 뒤에 있는 색채어 어근 '紅/붉다'를 수식하여 '짙게/엷게 붉다'의 통사구조로 해석할 수 있다. 또한 '雪白, 冰冷, 血紅' 등 중국어 합성어는 앞에 있는 명사 '雪(눈), 冰(얼음), 血(피)'로 뒤 어근의 상태를 수식하여 'N처럼 X다'의 통사구조로 결합되어 높은 정도를 나타낸다. 그리고 중국어에 특유한 '殷+紅', '甘+甛'와 같은 '老化詞+독립어'의 결합 구조에서는 앞에 있는 노화사가 뒤 어근의 뜻을 더욱 두드러지게 나타냄으로써 높은 정도의 의미를 나타낸다.

파생, 합성 등 형태소 복합법에 의한 낱말 형성 방법 외에 음운을 바꿔서 새로운 낱말을 형성하는 법법도 있다. 중국어는 이런 음운교체에 의한 낱말 분화가 없는 데에 반해, 한국어는 '감/검/깜/껌-다'처럼 자음이나 모음의 교체에 의해 낱말을 형성하는 조어방식이 아주 발달하다.

한국어 감각형용사의 자음교체에는 '평음-경음-격음'의 삼지적 대립과 '평음-경음', '평음-격음'이나 '경음-격음'의 이지적 대립이 있는데 그중 이지적 대립이 대부분이다. 이지적 대립 가운데서 '평음-경음'의 대립은 가장 생산적이며 'ㄱ:ㄲ', 'ㄷ:ㄸ', 'ㅂ:ㅃ', 'ㅈ:ㅉ'과 'ㅅ:ㅆ'의 유형들이 모두 존재하는 데에 비해, '평음-격음'의 대립은 'ㄱ:ㅋ' 한 유형만, '경음-격음'의 대립은 'ㅉ:ㅊ'과 'ㄲ:ㅋ' 두 유형만 존재한다. 평음→경음→격음의 순서로 청각인상이 점점 드세게 들리면서 어감도 더욱 강해지는데 감각형용사의 경우는 정도성 의미와 관련된다.

한국어 감각형용사의 모음교체는 '양성-음성', '양성-중성' 및 '양성-중성-음성' 3가지 유형으로 나눌 수 있고 그중 '양성-음성'의 대립은 가장 생산적이다. 양성 모음은 주로 작고 밝은 청각인상을 주고 음성 모음은 주로 크고 어두운 청각인상을 준다. 그러나 모음의 이런 청각인상 차이가 감각형용사의 어떤 의미 차이를 가져오는지는 명확하지 않다. 감각 영역에 따라 모음대립은 정도 의미나 선호 여부나 다른 의미를 나타내기도 한다. 가령 색채형용사의 경우에는 모음대립이 주로 밝고 어둡다는 명도 의미와 관련되고, 미각형용사의 경우는 주로 말할이의 선호 여부와 관련되며 온도각이나 통각 형용사의 경우는 주로 높고 낮은 정도와 관련되어 있다.

한중 감각형용사의 조어법을 비교해 보면, 중국어 감각형용사는 접미사 파생과 어근합성 두 방법으로 낱말을 생성하는데 그중 어근합성법이 가장 중요한 조어 수단이다. 중국어는 특히 'AA', 'AXX', 'ABB', 'AABB', 'BABA' 등과 같이 낱말 일부나 전체를 중첩하는 복합법이 매우 발달하다. 한편 한국어는 어근합성보다 주로 접사파생과 음운교체에 의해 풍부한 감각형용사를 생성한다. 중국어에 비해 한국어는 파생, 합성, 음운교체를 여러 차례 교차적으로 사용하는 경우가 많으므로 낱말의 형성 과정 특히 어느 조어법이 먼저 이루어지는지를 밝히기 어려울 때가 많다. 한중 감각형용사의 이러한 조어법 차이는 고립어와 교착어, 표의문자와 표음문자로 구별된 한중 두 언어의 전체적 언어 특징을 잘 반영한 것이다.

감각형용사의 형태구조를 분석하면서 많은 빈자리를 발견할 수 있다. 일부 빈자리는 음운, 의미론직 제약 조건으로 그 원인을 설명할 수 있지만, 일부 있을 법하지만 실제로는 존재하지 않는 빈자리는 그 원인을 명확하게 설명하기 어렵다.

파생 또는 합성을 통해 형태소를 결합시켜 낱말을 확장하는 조어 과정과 반대로, 언어 사용의 경제성 즉 노력 절감의 원리에서 이미 존재한 낱말의 형태를 축소하여 준말을 만들어 사용하는 경우도 있다. 한국어 감각형용사에서 보이는 준말은 두 음절의 일부를 취해 한 음절로 결합한 '축약'과 일부 음절이 빠진 '탈락'으로 나누어 볼 수 있다. 음절이 줄어서 말들어진 준말이 형태적으로 본말과는 다르지만 여전히 형태상의 연관성을 보이고, 또 준말과 본말은 같은 의미로 서로 교체할 수 있기 때문에 준말을 새 낱말로 보기 어렵고 말을 간편하게 하기 위한 본말의 줄임 형태로 보는 것이 타당하겠다.

제3부 감각형용사 의미장 연구에서는 의미성분분석법으로 수량이 많은 감각형용사 유의어들의 공동 의미바탕와 변별 의미자질을 고찰했다. 우선 제7장에서는 감각형용사의 의미 특징을 고찰했다. 형용사라는 품사 분류는 대상의 성질이나 상태 자체에 대한 객관적인 표현뿐만 아니라 대상에 대한 판단자의 주관적인 정서, 감각, 평가의 내용을 진술하기도 한다. 또한 대상의 어떤 구체적인 상태에는 높거나 낮다는 정도성 의미가 매우 중요한 의미 요소로 작용하고 있다. 그러므로 형용사 특히 감각형용사들이 지니고 있는 주관성, 정도성의 의미 특징은 여느 품사와 구별되는 중요한 의미 특징이라고 할 수 있다.

제8장과 제9장은 감각영역별로 유의어 계열어군이 지니는 공통 의미성분과 변별적 의미성분을 분석하여 의미장을 구축해 봤다. 제8장은 고등감각에 속한 시각, 청각과 공간감각 형용사, 제9장은 하등감각에 속한 촉각, 미각과 후각 형

용사의 기본의미를 분석하여 의미장을 구축해 봤다.

감각형용사의 기본의미를 분석할 때 크게 감각의 생리학, 물리학적 속성과 관련된 '속성적 의미', 본디 속성과 무관하지만 언어에서 더 부여한 '추가적 의미', 그리고 문장에서 주로 어떤 명사와 공기하느냐는 '연어적 의미' 3가지로 나눠 볼 수 있다. 가령 색채형용사의 경우 빛깔의 색채학 속성인 색상, 채도, 명도와 관련된 의미는 '속성적 의미', 이 외에 [±산뜻함][±천박함][±쾌감] 등 화자의 주관적 판단을 더 첨가한 것은 '추가적 의미', 그리고 '거무접접하다'와 '희멀쑥하다'처럼 주로 명사 {얼굴,피부}와 공기하는 특징은 '연어적 의미'로 볼 수 있다.

같은 감각영역에 속한 유의어들의 의미를 구별하는 데에는 높고 낮은 정도성 의미와 화자의 기호에 맞느냐는 선호 여부의 의미가 가장 중요한 변별자질로 작용하고 있다. 감각 속성만 나타낸 성질형용사를 제외하고 구체적인 상태를 나타내는 상태형용사들은 정도의 강약이나 선호 여부나 다른 주관적 판단 의미를 더 나타낸다. 그런데 한국어는 무표항인 단일어를 제외하고는 거의 모든 구성원 낱말들이 정도 의미를 나타내고 있으며 여러 등급으로 차등화할 수 있는 데에 비해 중국어 감각형용사는 정도 의미를 막연하게 표현하는 경우가 많으므로 정도 등급을 체계적으로 세분하기 어렵다.

화자의 선호 여부를 나타낸 [±쾌감]이라는 의미소는 일부 감각영역에서만 변별자질로 작용한다. 아픔을 나타낸 통각형용사나 구린내를 나타낸 후각형용사의 경우 인간이 아픔과 악취를 선호할 리가 없기에 [+쾌감]을 나타낸 낱말이 전혀 존재하지 않는다. 그러나 미각, 색채감각, 온도각 등 감각영역의 경우에는 인간이 보편적으로 선호하는 '단맛', '붉은색'이라도 '들큼하다, 들척지근하다, 들부드레하다, 불그데데하다'와 '甛膩膩, 紅兮兮, 紅不棱登'처럼 언어에서 [-쾌감]을 나타낸 예들이 있다. 공간감각형용사의 경우 인간의 선호 여부가 별로 관여하지 않는데도 한국어의 '갈쭉하다, 갸름하다'는 [+쾌감]을, 중국어의 '短撅撅, 窄巴巴'는 [-쾌감]을 나타낸다. 그러나 [±쾌감]을 분석할 때 그것이 인간의 보편적 선호 경향에 의한 것인가 아니면 언어에 의한 것인가를 구별하기 어려운 경우가 많다. 가령 [+쾌감]을 나타낸 '달콤하다, 달착지근하다'와 '紅扑扑, 紅嘟嘟'처럼 인간의 경향성과 같을 때는 그것이 순수 언어적 수단에 의한 것인가를 확인하기 어렵다. 그러나 [-쾌감]을 나타낸 '들큼하다, 들척지근하다', '紅兮兮, 紅不楞登'처럼 그 감각에 대한 인간의 보편적 선호 경향과 다를 때는 '달:들'의 모음대립, 또는 접미사 '兮兮, 不楞登'에 의해 선호 여부의 의미가 부여됨을 확인할 수 있다.

형태소 복합법과 음운교체법으로 조어방식이 풍부한 한국어는 형태와 의미의 연관성이 비교적 명확하다. 가령 색채형용사의 경우 자음대립과 대부분의 접사들은 주로 채도 의미에, 모음대립은 주로 명도 의미에 연관되어 있는데, 중국어는 형태소 복합법으로만 낱말을 형성할 수 있으므로 '紅艷艷:[빨강][+짙음][+밝음][+생동감][+쾌감]'처럼 중첩어근 '艷艷'에 의해 속성적 의미 [+짙음][+밝음]과 부가적 의미 [+생동감][+쾌감]을 복합적으로 나타내는 경우가 많다. 그리고 한국어의 음운교체와 접사파생은 상당히 규칙적으로 일어난 만큼 그 의미도 매우 추상화되는데 비해, 중국어는 어근합성은 물론이고 파생 접사도 추상화 과정 중인 것이 많으므로 각 형태소가 가져온 의미는 구체적일 수밖에 없다.

제10장은 한중 감각형용사 의미전이의 유형과 개념, 인지기제와 영상도식, 그리고 민족, 개인에 따른 차이성을 고찰해 봤다. 감각형용사의 의미전이는 감각 간에 전이하는 '공감각 전이'와 감각에서 추상적 개념으로 전이하는 '개념 전이' 크게 두 가지로 나눌 수 있다. 그리고 다른 감각과 추상적 개념으로 동시에 전이하는 중간 단계가 있는데 이를 '복합적 전이'라고 부를 수 있다.

공감각 전이와 개념 전이는 모두 한 종류의 사물을 다른 종류의 사물의 관점에서 이해하고 경험하는 인지방식 즉 '은유'의 인지방식으로 볼 수 있다. 그러나 공감각 전이와 개념 전이는 은유의 추상화 정도에 있어서 큰 차이가 보인다. 공감각 전이는 다른 감각을 느끼는 것이지 어떤 개념화된 개념을 이해하는 것이 아니다. 즉 신체 감각의 유사성에 의한 공감각 전이는 일종의 기초적 은유로 볼 수 있다.

추상화 정도의 차이로 인해 공감각 전이와 개념 전이의 영상도식이 다른 모습으로 보인다. 공감각 전이가 이루어질 때 근원영역인 감각 A의 정도, 선호 여부 등 의미가 모두 목표영역으로 사상하는 것과 달리, 개념 전이는 그 감각의 여러 특징 중의 한 측면만을 부각시켜 목표영역의 개념으로 사상한다.

어떤 감각을 나타내는 계열어군의 많은 구성원들 가운데에 일부 낱말만이 다른 의미로 전이할 수 있다. 특히 개념 전이에서는 이런 제한성이 더욱 뚜렷하게 보인다. 낱말의 기본의미가 구체적일수록 개념 전이에 방해가 된다.

인간이 비슷한 신체구조와 인지방식을 가지기 때문에 여러 언어의 감각형용사들이 비슷한 의미전이 양상을 보인다. 그러나 감각형용사의 의미전이가 민족, 개인에 따라 다르다는 것도 사실이다. 신체 감각에서 출발하여 은유에 의해 다른 감각이나 개념을 인식하는 인지기제는 같지만, 민족의 문화심리, 풍속 습관, 역사전통 또한 개인의 독특한 느낌과 발상으로 서로 다른 은유 표현을 만들어 사용할 수 있다.

11.2. 남는 과제

　본 연구는 감각형용사의 형태구조와 기본의미에 초점을 맞춰 한중 감각형용사의 전체적인 조어법 특징과 의미 특징을 고찰했다. 또한 감각형용사의 의미 전이의 인지기제와 영상도식을 고찰했다.

　그러나 한중 감각형용사의 형태와 의미를 고찰하면서 많은 어려운 난제에 봉착해 숙제로 남는 문제가 많다. 우선 형태 연구에서 한국어의 많은 낱말들이 통시적인 변화를 겪어 왔기 때문에 형태소 간의 경계가 모호해져서 일부 형태소를 공시적으로 분석해 내기 어려운 경우가 많다. 가령 '해끄스름하다, 해읍스름하다, 해유스름하다'에서 '끄, 읍, 유'의 형태를 발견할 수 있으나 그들이 어떠한 변화를 겪어 오고, 어떤 의미 기능을 하고 있는지가 명확하지 않다. 이런 공시적으로 분석하기 어려운 '불투명 형태'들의 정체를 밝히기에는 통시적 어원 고찰이 필요하다. 한편 중국어 단어의 형태 분석에는 단어와 통사구, 어근과 접사의 구별이 명확하지 않은 문제가 있다. 특히 접사의 개념에 대해 본고에서는 좀 느슨한 '준접사' 개념을 채택하고 의미의 추상화와 일정한 파생력을 기준으로 내세웠지만 일부 중첩 형태의 성격에 대해서는 재고할 여지가 있다.

　의미 연구 부분은 주로 앞선 형태 연구의 성과와 『표준국어대사전』의 뜻풀이에 근거하여 의미성분분석법으로 감각형용사의 의미를 객관적으로 밝히려고 시도했다. 그러나 언어의 모호성 특히 느낌을 나타내는 감각형용사의 주관성 특징 때문에 개별 낱말의 의미 파악과 의미소 설정은 여간 어려운 작업이 아니다. 경제적이고 명확한 변별 성분으로 같은 감각유형에 속한 계열어군의 의미 차이를 일일히 밝히고 전체 의미장을 구축하는 것이 목표이지만 그것은 언제나 한계가 있다. 가령 색채형용사의 짙고 옅은 채도 차이를 밝히기 위해 음수와 양수의 숫자로 채도 등급을 표시해 봤지만 그것은 어디까지나 인위적 수단이고 정확한 수치로 측정할 수 있는 것은 아니다.

또한 감각형용사의 낱말 수량이 아주 많기 때문에 본 연구는 각 감각유형마다 낱말밭이 정연한 하위유형 하나만을 대상으로 의미장 연구를 시도했다. 가령 시각형용사는 '붉다/紅' 계열어군, 미각형용사는 '달다/甛' 계열어군, 후각형용사는 '구리다/臭', 공간공각형용사는 한국어의 1차원 '길이' 계열어군만을 실제로 고찰했다. 속성적 의미, 추가적 의미와 연어적 의미로 감각형용사들의 기본의미를 분석하는 방법은 비슷하겠지만 감각유형마다 의미장 구조가 조금씩 다를 것이므로 구체적인 의미 분석이 필요하다.

본 연구는 주로 전통적인 형태론, 의미론의 방법으로 한중 감각형용사를 비교했지만 제10장에서는 인지언어학의 시각에서 감각형용사의 의미전이 기제와 영상도식을 고찰했다. 그러나 감각형용사의 문체적, 통사적 특징은 여전히 숙제로 남아 있다. 가령 중국어의 '溫暖'과 '暖和'가 [+온각][±전체][+쾌감]이라는 기본의미는 비슷하나 '溫暖'는 '這裏風景優美,氣候溫暖'처럼 주로 문학적이나 논리적인 문어체에서 쓰이고 '暖和'는 '今天天氣挺暖和的'처럼 일상생활 구어체에서 많이 사용되는 특징이 있다. '조용하다'와 '고요하다'도 정도 의미의 차이 외에 문체적 특징이나 '조용하십시오/*고요하십시오'와 같은 통사적 특징에서 차이를 더 보인다. 중국어의 감각형용사는 '溫暖/*溫/*暖的春天'처럼 관형어로 쓰일 때 '的(의)'과 공기해야 하느냐, '太陽灰暗海水却很暖'처럼 서술어나 결과보어로 쓰일 때 '很(매우)'과 공기해야 하느냐는 통사적 문제가 있다.

앞서 지적한 문제점과 한계를 보완하기 위해서는 앞으로 다양한 이론과 연구 방법으로 감각형용사에 접근하여 보다 깊이 있는 연구를 진행해야 하겠다.

부록

색인

참고 문헌

색인

ㄱ

가능형용사 38

가세의소(加勢意素) 147

가치평가 30, 51, 86

감각(sense) 16, 29, 36

감각기관 43, 69

감각어 16

감각영역 23, 27, 29, 34, 48, 134,
135, 300

감각유형 27, 29, 36, 41, 42, 43,
170

감각형용사 16, 21, 22, 26, 27, 29,
36, 38, 71, 167, 170, 197,
202

-갑-/-겁- 110

개념장(conceptual field) 197

개념 전이(槪念轉移, Conceptual
Transfer)
300, 304, 312, 315

개념형성 근원점 33, 49, 69, 70

개념화 60

개인성 316

객관적 16, 85, 86, 157

검- 89

격음(激音, aspirated) 89, 143,
147

격틀 22, 37

결과보어(結果補語) 130

결합가(結合價) 22

경성(輕聲) 129

경음(硬音, tense) 19, 89, 143,
147

경음화 92

경제성 173, 177, 307

경험주 22, 37

계열성 23

계열어군 26, 28, 58, 62, 67, 72,
84, 89, 172, 189, 209,
227

고대어 32

고등감각(高等感覺) 202, 311

고립어 19, 70, 123, 176

고모음(高母音) 149

고유어 29, 52

공간감각(空間感覺) 21, 29, 42, 48

공간감각형용사 21, 24, 222

공간 표시어(spatial terms) 49

공감각(共感覺) 302, 303

공감각 전이(共感覺轉移,
Synaesthetic Transfer)
34, 45, 67, 300, 310, 312,
315

공기관계 200, 209

공시적 79, 80, 91, 94, 99, 100,
        104, 110, 123, 168, 269
공통성 16, 69
공통요소(common feature) 34,
        199
공통적 성분(common component)
        199
-곰/굼/금/콤/쿰/큼- 106
과학적 분류(scientific classification)
        43
관형어(冠形語) 23, 130
광선형용사 51, 324
구문 22, 99
구조주의 197
굴절어미 77, 78
굴절언어 80
굴절접사(屈折接辭, inflectional affix)
        78
규칙 17, 164, 170
극대칭 체계(極對稱 體係) 24, 222
근원영역(source domain) 300,
        307, 312, 313
근육감각 21, 41
근육기관 29
긍정적 가치 93, 94
긍정적 의미 319
기관감각 21, 41
기능(function) 184
기본어 25, 50, 72, 84, 126

기본의미(基本意味) 21, 26, 28,
        33, 198, 307, 315
기저형(基底形) 115, 128
기하학 50, 222
-께- 109
-끼리- 109

ㄴ

날씨관련어 51
낱말(word) 16, 27, 100
낱말밭 25, 29, 36, 197
낱말 형성 17, 33, 140, 141, 164,
        165, 167, 173
내부감각 29
내부기관 29, 37
내적변화(內的變化, internal change)
        22, 141
냉각 21, 55, 252
노화사(老化詞) 71, 136, 137
농도 107, 147, 189, 285, 288

ㄷ

다대일 대응 26, 85
-다(따)랗- 93
다의관계 307
다의성(多義性) 307
다중모음교체(多重母音交替) 153
단모음(單母音, monothong) 149
단음절 71, 82, 126
단음절어(單音節語) 19, 80

단일어(simple word) 26, 76, 79,
        84, 85, 86, 99, 157, 194
대등(對等) 합성어 134
대립관계 24, 225, 226, 250
대립어 50
대립짝 94, 99, 116, 140, 143,
        148, 154
대응 20, 85, 155, 230
대조언어학(contrastive linguistics)
        17
동사 68, 110, 111, 126, 184,
        187, 189
동음이의어 157
동의어 137
두문자어 178
-디- 125

ㄹ

-롭- 111

ㅁ

마찰음 146
말뭉치 33, 218
머리글자말 178
머리음절말 178
명도(明度) 23, 189, 203, 205
명세화 198
명시적 정도성 189, 190
명암형용사 98
모국어 18

모음교체 19, 33, 99, 142, 153,
        157, 158
모음대립짝 164
모음조화(母音調和) 152, 153,
        157, 158
모호성(模糊性) 26, 333
목적어 23
목표영역(target domain) 300,
        307, 312, 313
무채색 52, 175
무표항(無標項,unmarked term)
        24, 87, 147, 157, 191,
        222
문법 기능 81
문법형태소 167
문장론 78
문장성분 23
문준말 178
문형 23
물리학 67, 204, 206, 330
미각 21, 42, 48, 60
미각형용사 21, 24, 62, 285
민간분류(folk taxonomy) 43
민족성 16, 19, 34, 316
민족어 16, 17, 43, 45, 60, 69
민족 의식 175

ㅂ

'-ㅂ'계 접미사 110, 111
-ㅂ-/브- 110
반의관계 24, 222, 226

반의어 94

방언 31, 121, 129

방향성 146, 158, 300, 311

배설기관 29, 37

범언어 69

범주 21, 52, 60, 69, 303

범주화 67

변별자질(distinctive feature) 34,
189, 198

변이형(變異形) 106, 113, 164

병렬식(併列式) 134, 135, 137

보어 23

보족어(補足語) 22

복합감각 43, 69

복합미각 22

복합법 33, 140, 142, 165

복합어(complex word) 76, 85, 86,
126, 194

복합어근 78, 100

복합적 전이(複合的 轉移) 305

본말 31, 177, 180

부가식(附加式) 134

부가적 의미 207

부각(浮刻) 314

부감각(副感覺) 302, 303

부분중첩(部分重疊) 114, 166

부사어(副詞語) 23, 130

부정문 192, 194

부정적 가치 93, 94

부차적 107, 195, 196, 288

북한어 31

분류 21, 22, 27, 33, 36

분절 25

분포 17, 22, 27, 88, 89, 115, 149

불완전 접사(imperfect affixes) 91

불투명 형태 80, 113

비교구문 187, 192, 194

비동작동사(Non-active verb) 184

비음 145

비정도적 형용사(non-gradable
adjective) 188

비통사적 복합형용사 132

빈자리(lexical gap) 170, 171, 172

빛깔어 52

빛깔형용사 23

ㅅ

사고방식 52, 308, 309

사상(寫像, mapping) 300, 307,
312, 314

사용빈도 314

사원미설(四原味說) 60

사전 23, 26, 31, 33, 36, 115, 203

삼원색 52

삼지적 대립(三肢的 對立) 143

삼지적 모음대립 157

삼지적 상관속(三枝的 相關束) 143

삼차적 은유 309

삼항적 상관속(三項的 相關束) 143

상위 개념 55

상징부사 68

상징어 19, 160

상태 17, 23, 30, 51, 85, 111

상태동사(stative verb) 184

상태형용사(狀態形容詞) 85, 193

상향성 223, 226

상황어(狀況語) 22

새(샛)-/시(싯)- 89

색상(色相, Hue) 23, 203

색채감각 49, 330

색채학 23, 176, 203

색채형용사 21, 23, 27, 89, 202

생동감 113, 129, 217

생동접사(生动后缀) 113

생동형식 129

생리학 33, 43, 60, 175

생물학 16, 69, 311

생산성 98

서술어(敍述語) 23, 130

선택 178

선험적 17

선호도 19

성리학 52

성분분석법(componential analysis)
        24, 28, 33, 197, 199

성상형용사 38

성절음(成節音) 149

성조(聲調) 129

성질형용사(性質形容詞) 26, 85,
        86, 192, 194

세계관 16

소극어 24, 222

소화기관 29, 37

속성 17, 23, 30, 67, 85, 112, 184,
        185, 193, 207, 217

속성적 의미 199

수사 기능 119, 129

수사법 119, 307

수사학 307

순수공감각(純粹共感覺) 300

-스럽- 112

-스레- 104

-스름- 104

시각 21, 42, 48, 51

시각형용사 23, 202

시간감각 48

시간·공간감각 21, 42, 48

시차성(示差性) 18, 202

시차적 성분(diagnostic component)
        199

신체구조 309, 311

신체화(身體化, embodiment) 308

심리학 300, 303

쌍음절(雙音節) 82, 126

ㅇ

알타이어 22

-압-/-업- 110

앞가지 90

-앟(/엏)- 102

-앟/엏- 98

약어 177

양성 모음 108, 149, 156, 159,
    206, 240
양수(陽數) 205, 333
어간(語幹, stem) 77, 78, 91
어감(語感) 18, 85, 90, 140, 147,
    159, 207
어근(語根, root) 27, 72, 77, 80,
    113, 124
어근형성요소 77
어기(語基, base) 75, 76, 78
어미 99, 127
어원 79, 80, 110, 168, 240, 268
어의(語義) 140
어형(語形) 90, 168, 169, 177
어휘 18, 32, 198
어휘력 18, 19
어휘의미 91, 190
어휘장 197
어휘체계 19, 28
어휘화(語彙化) 79, 94, 99, 112
언어유형론 22
언어직관 18
언어집단 301
언어 특징 175
엇- 89
-애/에- 98
연결모음 110, 132
연관성 18, 19, 26, 94, 102, 180
연어적 의미(連語的 意味,collocative
    meaning) 108, 160, 199,
    209
영변화(零변화, zero-modification)
    141
영상도식(Image Schema) 34, 198,
    312
오감 16, 21
오관감각(五官感覺) 29, 37, 48, 69
온각 21, 41, 55, 252
온도각 42, 55, 58
온도각형용사 21, 24, 58, 248
온도감각 45, 61, 249, 251, 303
완전 접사(perfect affixes) 91
외부기관 29
외피감각 55
용언 91
원순모음(圓脣母音) 149
위치가치 34, 197, 198
유기감각 21, 37, 41
유사성 310, 312, 315, 316
유연성 90
유의관계 34, 199, 202
유의어 16, 18, 25, 72, 189, 199
유채색 175
유추 17, 19, 80
유표항(有標項, marked term) 24,
    87, 147, 191, 222
유형화 67, 134
-(으)댕댕/뎅뎅- 107
-(으)레- 98
-(으)름- 98

-(으)ㅁ- 98

-(으)막- 92

-(으)ㅅ- 98

-(으)속속/숙숙- 108

-(으)잡잡/접접- 108

-(으)족족/죽죽- 107

은유(隱喩, metaphor) 25, 28, 34, 198, 301, 307, 308, 309, 310, 312, 314, 316, 320

은유의 정도성(degree of metaphoricity) 319

은폐(隱蔽) 314

음성 18

음성 모음 108, 149, 156, 159, 206, 240

음소 98, 141, 147, 159, 180

음수(陰數) 205, 333

음운 27, 170

음운교체 16, 18, 19, 27, 84, 140, 141, 157, 158, 169, 172

음운교체법 33, 140, 142, 165, 166, 194, 221

음운규칙 94

음운론 173

음운줄인말 178

음절 177, 178, 179

의문문 186

의미(meaning) 17, 18, 21, 170, 184

의미구조 16, 17, 19, 28

의미 기능 88

의미론 173, 307

의미바탕 197, 222, 225, 238

의미성분 20, 26, 206

의미소(sememe) 23, 25, 28, 199, 203, 222

의미역 22, 37, 62

의미영역 34, 199

의미자질(semantic feature) 194, 202

의미장(意味場, semantic field) 24, 25, 28, 33, 197, 202, 209, 229, 234, 241, 258, 264, 271, 279, 289, 291, 295

의미전이 25, 26, 198, 300, 307, 316

의미 충돌 314

의미폭 87, 244

의미항 26, 30, 33, 43, 199, 310

의미확장 305

의사공감각(擬似共感覺) 300

의성어 134

의성의태어 140, 240

의존형식 77

의존형태소(bound morpheme) 19, 76, 123

이중모음 (二重母音, diphthong) 149

이지적(二枝的) 대립 157

이지적 모음대립 157

이지적 자음대립 145

이차적 은유 309

이형태(異形態) 106, 115, 116

인구어 22

인위적 48, 205

인지 43, 67, 177

인지기제 34, 198, 300, 316

인지능력(cognitive competence)
         307

인지심리 311

인지언어학(cognitive linguistics)
         300, 307, 308

인칭제약 186

일관성 100

일대다 대응 26, 85

일대일 대응 26, 85

일상 언어 301

일중모음교체(一重母音交替) 153

일차적 195, 196

일차적 은유 309

일치성 69

임상공감각(臨床共感覺, clinical
         synaesthesia) 302

입력부 33

ㅈ

자른말 178

자립성 78, 81, 136

자립어 91, 120

자립형태소(free morpheme) 76

자연언어 307

자음교체 19, 33, 103, 142, 146,
         147, 158

자음대립 20

자음첩용형태소 80, 100

잠재적 정도성 189, 190

장이론(field theory) 197

저모음(低母音) 149

적극어 24, 222

전부중첩(全部重疊) 134, 166

전설모음(前舌母音) 149

전이의미(轉移意味) 26, 28

전형성 314

절단 178

접두사(prefix) 76, 81, 88

접미사(suffix) 76, 81, 88, 91, 125

접사(接辭, affix) 19, 27, 77, 78,
         80, 81, 88, 100, 113

접사화 81, 115, 120, 122

접요사(接腰辭) 121

정도 16

정도 부사 22, 187, 188, 189, 190,
         191

정도성(gradability) 19, 86, 102,
         119, 122, 137, 147, 184,
         187, 190, 194, 312

정도 의미 95

제약 17, 33, 93, 114, 164, 170,
         171, 173

조사 76, 152

조어력 114

조어방식 19, 22, 33

조어법(word formation) 16, 22,
    28, 129, 140, 142, 164,
    165, 195, 303

존재성 형용사 49

주관성 157, 184, 185, 186, 251

주관적 16, 51, 60, 85, 86, 111,
    113, 129, 221, 313

주어 22, 186

주종식(主從式) 134, 136, 137,
    195

준말 31, 177, 178, 180

준접사 81, 82, 113

중간단계 24, 222

중간세계 16

중모음(中母音) 149

중성 모음 149

중첩(重疊, reduplicatives) 22, 71,
    113, 124, 125

중첩어(重疊語) 82

중첩 어근 115

중첩접사(重疊接辭) 82, 115

지칭대상 23

-직(찍)- 92

-짝(/쩍/착/척)지근- 104

짝말 50

ㅊ

차원(dimension) 24, 50, 222

채도(彩度, chroma) 23, 189, 203,
    204

첩어 128, 195

청각 21, 42, 48, 67

청각인상(聽覺印象) 143, 146,
    159, 174

청각형용사(聽覺形容詞) 21, 25,
    68, 238

청탁형용사(淸濁形容詞) 51, 98

체험주의(體驗主義, experientialism)
    308

촉각 21, 42, 48, 55

촉각형용사(觸覺形容詞) 24, 26,
    248

촉감각 55

촉감각형용사 24, 248, 274

추가적 의미 199

추상적 314

추상화 19, 60, 81, 115, 120, 195,
    310, 312

축약 178

출력부 33

층차성 23

ㅌ

탈락 178

통각 21, 41, 42, 55, 57

통각형용사(痛覺形容詞) 24, 57,
    248, 267

통감(通感) 302

통사 21, 22, 23, 37, 132

통사구 31, 70, 71, 125, 129, 176

통사구조 136

통사적 80, 187, 190

통사적 복합형용사 132

통시적 79, 80, 94, 100, 110, 168,
      269

통합관계 22

퇴화사(退化詞) 71

투명도(透明度) 23, 208

ㅍ

파생 16, 18, 22, 80, 167

파생력 81, 89, 100, 110, 119

파생법 33, 165

파생어(derived word) 76, 79, 82,
      88, 115, 141

파생의미(派生意味) 21, 307

파생접사(派生接辭, derivational
      affix) 78

편향성(偏向性) 24, 28, 222

평가성 형용사 30, 51

평순모음(平脣母音) 149

평서문 186

평음(平音, unaspirated) 19, 89,
      102, 143, 147

평형감각 21, 41

표음문자(表音文字) 100, 177

표의문자(表意文字) 19, 177

표현력 18

품사 81, 113, 184

ㅎ

-하- 91

하등감각(下等感覺) 202, 311

하위 개념 55

하위부류 80

하위유형 21, 22, 27, 36, 39, 42,
      48, 51, 55, 67, 69, 248

하향성 223, 226

한자어 30, 111

합성 16, 18, 19, 22, 123, 167

합성법 33, 165

합성어(compounding word) 76,
      79, 83, 88, 115, 136, 195

허사(虛辭) 78

현대어 32

형성과정 164

형용사 68, 91, 184, 187

형태(form) 17, 21, 22, 170, 184

형태구조 17, 22, 27, 33, 76, 84,
      131, 164

형태론 18, 22, 77, 89, 173

형태소(形態素, morphene) 17, 27,
      70, 76,164

형태소 복합법 33, 142, 165, 166,
      194, 221

형태적 27

호흡기관 29, 37

혼용 현상 115

화용론 184

활음화 178

후각 21, 42, 48, 64

후각형용사(嗅覺形容詞) 21, 66, 89

후설모음(後舌母音) 149

1가 형용사 22
1차원 50, 223
2가 형용사 22
2차원 50, 223
3음절 134
3차원 50, 223
4음절 134, 177

참고문헌

강보유(1989), 「빛갈형용사의 형상적 의미구조에 대하여」, 『중국조선어문』 6호, pp4~11.

______(1990), 「빛갈형용사의 결합적 특성」, 『중국조선어문』 2, pp12~16.

______(1992), 「조선어 빛갈어의 기본범주와 그 구성」, 『중국조선족소장학자조선연구론문집』, 哈尔滨: 黑龍江朝鮮民族出版社, pp59~71.

______(1994), 「빛갈형용사의 색채학적 의미구조의 특성」, 『慶熙알타이어研究所』, pp40~58.

강석준(1989), 「현대 국어의 감각어 연구」, 대전: 충남대학교대학원학위논문.

강은국(1987), 『현대조선어』, 延吉:延邊大學出版社.

고명균(1991), 「의미자질에 의한 어휘의 성분분석」, 『우리어문학 연구』 6, pp5~22.

고은숙(2004), 「일,한 양국어 감각형용사의 의미, 용법에 관한 일고찰」, 한국일본언어문화학회: 『일본언어문화』 5, pp139~155.

______(2006), 「일,한 형용사의 전이 양상에 관한 고찰」, 한국일어일문학회: 『일어일문학연구』 57, pp85~101.

곽일성(2005), 「한국어 미각형용사의 유의구조와 다의구조 연구」, 上海: 復旦大學碩士學位論文.

______(2012), 「한중 감각형용사 파생법 연구」, 『Journal of Korean Culture』 19, pp5~39.

______(2015), 「한국어 감각형용사의 낱말 형성 과정 및 제약」, 『한국언어학연구와 한국어교육』, 서울: 하우, pp330~344.

______(2016), 「韓中 感覺形容詞의 程度性 意味와 그 實現 方式」, 한국어문교육연구회: 『어문연구』 169호, pp177~207.

______(2016), 「한중 감각형용사 의미전이의 인지기제와 영상도식」, 『한국(조선)어교육연구』 11호, pp109-136.

구본관(1993), 「국어파생접미사의 통사적 성격에 대하여」, 서울대학교 국어국문학과: 『관악어문연구』 18, pp117~140.

______(1998),『15세기 국어 파생법에 대한 연구』, 서울: 태학사.

______(2002),「파생어 형성과 의미」, 국어학회:『국어학』 39, pp105~135.

국립국어연구원(1999),『표준국어대사전』, 시울: 두산동아.

권주예(1982),「국어의 감각 동사연구」, 국어국문학회:『국어국문학』 13, pp1~62.

김계곤(1996),『현대국어의 조어법 연구』, 서울: 박이정.

김광해(1982),「자음교체에 의한 어휘분화현상에 대하여」, 한국어교육학회:『국어교육』 42(0), pp137~160.

______(1993),『국어 어휘론 개설』, 서울: 집문당.

______(1998),「유의어의 의미 비교를 통한 뜻풀이 정교화 방안에 대한 연구」, 서울대학교 국어교육과:『선청어문』 26, pp5~40.

김민수(1964),『新國語學』, 서울: 一潮閣.

______(1997),『國語意味論』, 서울: 一潮閣.

______(1997),『우리말 語源辭典』, 서울: 태학사.

김복년(1996),「현대 중국어의 색채어 연구」, 서울: 한국외국어대학교학위논문.

김상대(1990),「형용사의 의미 특성」, 서울대학교 국어교육과:『선청어문』 16,17, pp239~253.

김성대(1979),「우리말 색채어 낱말밭–조선시대를 중심으로」, 한글학회:『한글』 164, pp655~687.

김성화(2001),「형용사 유의어 연구(3): ‘조용하다/고요하다’」,『어문학교육』 23, pp205~235.

김인화(1987),「현대 한국어의 색채어 연구」, 서울: 이화여대학위논문.

김정남(2001),「국어 형용사의 의미 구조」, 한국어의미학회:『한국어 의미학』 8, pp171~199.

______(2005),『국어 형용사의 연구』, 서울: 역락.

김준기(1995),「국어 미각어 고찰」, 한국어의미학회:『한국어 의미학』 5, pp249~269.

______(2000),「유의어의 의미 변별법에 대한 고찰」,『인천어문연구』 16, pp227~244.

______(2001), 「촉각성 형용사의 의미 고찰」, 한국국어교육학회: 『새국어교육』 62, pp135~155.

김중현(2001), 「국어 공감각 표현의 인지 언어학적 연구」, 담화인지언어학회: 『담화와 인지』 8(2), pp23~46.

김차균(1989), 「현대 국어의 감각어 연구」, 대전: 충남대학교.

김찬구(1986), 「국어의 미각표현 어휘에 대한 연구」, 서울: 단국대학교 석사학위논문.

김찬화(2005), 「한중 감각형용사 의미 연구」, 인천대학교 박사학위논문.

______(2014), 「한·중 표면 촉각 형용사 의미 대조연구」, 『열린정신인문학연구』 15(1), pp29~54.

김창섭(1985), 「시각형용사 어휘론」, 서울대학교 국어국문학과: 『관악어문연구』 10, pp149~176.

______(1996), 『국어의 단어형성과 단어구조 연구』, 서울: 태학사.

김향숙(2005), 「감정 표현으로서의 감각어」, 국어국문학회: 『국어국문학』 140, pp163~195.

김혜원(2006), 「중국어 감각 형용사의 공감각적 의미전이 특징」, 숙명여자대학교 중국연구소: 『중국학연구』 38, pp115~135.

노대규(1988), 「맛의 의미분석」, 『국어의미론연구』, pp22~27.

______(1988), 「공간표시어 의미론」, 『국어의미론연구』, pp1~58.

문금현(2013), 「색채어 관련 관용표현에 나타난 인지의미 양상」, 국어국문학회: 『국어국문학』 163, pp73~102.

문혜란(2009), 「한국어 청색계 색채어의 역사적 연구」, 서울:서울대학교학위논문.

민현식(1992), 「중세국어 성상부사 연구」, 국어국문학회: 『국어국문학』 107, pp224~252.

朴景賢(1987), 『現代國語의 空間槪念語 硏究』, 서울: 한샘.

박문섭(1986), 「우리말 形容詞의 感覺語 硏究」, 민족어문학회: 『語文論集』 20, pp125~146.

박선우(1985), 「현대 국어의 색채어에 대한 연구—색채형용사를 중심으로」, 고려대학교학위논문, 1985.

박영순(1996), 『한국어 의미론』, 서울: 고려대학교출판부.

______(2000), 『한국어은유 연구』, 서울: 고려대학교 출판부.

박봉수(1992), 『겨레말 갈래 큰사전』, 서울: 한글문화연구회 출판부.

배해수(1982), 「맛 그림씨 낱말밭」, 한글학회: 『한글』 176, pp44~50.

______(1992), 『국어내용연구(2)』, 서울: 국학자료원.

백정희(2005), 「한국어와 일본어 미각형용사의 연구-단어결합론의 관점에서-」, 서울: 한국
　　　　외국어대학교학위논문.

사회과학원 언어학연구소(1992), 『조선말대사전』, 평양: 사회과학원출판사.

서정범(2000), 『國語語源辭典』, 서울: 보고사.

서정욱(1985), 「우리말 첩어류의 유형 연구」, 『어문학』 46, pp57~72.

손경호(2007), 「韓日 兩言語의 味覺語 考察-基本 味覺形容詞를 중심으로 - 」, 한국일
　　　　어일문학회: 『日語日文學研究』 62, pp251~275.

손용주(1992), 「감각형용사의 분류 체계」, 『대구어문논총』 10, pp127~154.

______(1997), 「우리말 색상어 접두사 〈새/샛/시/싯〉에 대하여」, 계명어문학회: 『계명어
　　　　문학』 10, pp61~72.

______(1998), 「현대 국어 색상어의 겹침에 대하여」, 우리말글학회: 『우리말글』 16호,
　　　　pp93~108.

______(1999), 『국어어휘론 연구방법』, 서울: 문창사.

______(1999), 「색상어 어휘화의 구조형태와 의미특성」, 『어문학』 66, pp101~129.

송정근(2007), 「현대국어 감각형용사의 형태론적 연구」, 서울대학교박사학위논문.

송철의(1988), 「파생어 형성에 있어서의 제약 현상에 대하여」, 국어국문학회: 『국어국문
　　　　학』 99, pp309~333.

______(1992), 『국어의 파생어 형성연구』, 서울: 태학사.

______(1993), 「준말에 대한 형태 음운론적 고찰」, 단국대학교 동양학연구원: 『동양학』 23
　　　　권1호, pp25~49.

신기철 외(1980), 『새 우리말 큰 사전』, 서울: 삼성출판사.

신순자(1996), 「형용사의 분류」, 민족어문학회: 『어문논집』 6, pp19~40.

______(1997), 「형용사의 형태구조적 특성」, 민족어문학회: 『어문논집』 7, pp27~56.

신현숙(1986), 『의미 분석의 방법과 실제』, 서울: 한국문화사.

심재기(1987), 『意味論序說』, 서울: 집문당.

______(1990), 『국어어휘론』, 서울: 집문당.

안상철(1998), 『형태론』, 서울: 민음사.

양태식(1984), 『국어구조의미론』, 부산: 태화출판사.

______(1985), 「국어 차원 낱말의 의미구조」, 부산: 부산대학교학위논문.

______(1988), 「우리말 온도 어휘소 무리의 의미구조」, 한글학회: 『한글』 201·202, pp119~196.

양호연(1978), 「한국 감각어고」, 『조선학보』 86, pp1~17.

우형식 외(2009), 『한국어 어휘의 이해』, 부산: 부산외국어대학교출판부.

유현경(1998), 『국어 형용사 연구』, 서울:한국문화사.

______(2000), 「국어 형용사의 유형에 대한 연구」, 국어학회: 『국어학』 36, pp221~258.

윤홍노(1970), 「공감각 은유의 구조성–현대 한국시를 중심으로」, 국어국문학회: 『국어국문학』 49·50, pp183~200.

이경우(1981), 「파생어 형성에 있어서의 의미변화」, 한국어교육학회: 『국어교육』 39, pp215~256.

이광정(2001), 「국어 어휘의 품사별 의미 구조」, 한국어의미학회: 『한국어 의미학』 8, pp1~81.

이덕영(1994), 「한국어의 모음조화에 대한 새로운 해석」, 한글학회: 『한글』 223, pp157~199.

이동길(1988), 「현대국어 미각어의 어장분석」, 대구: 경북대학교박사학위논문.

이문규(1996), 「음운교체와 상징어의 어감 분화」, 『어문학』 57, pp173~198.

이상복(1992), 「국어 조어법 연구」, 한글학회: 『한글』 215, pp51~80.

이석봉(1987), 「感覺言語의 意味와 表現」, 서울: 경희대학교학위논문.

이석주 외(1997), 『국어학개론』, 서울: 보고사.

이선희(2012), 「한·중 감각 형용사의 공감각적 전이 대조 분석」, 영남중국어문학회:『중국어문학』제61집, pp777~789.

이승명(1975), 「감정이입과 의미전이에 대하여」, 국어국문학회:『국어국문학』68·69, pp276~278.

______(1988), 「국어 미각표시어군 구조에 대한 연구」, 국어국문학회:『국어국문학』100, pp335~358.

______(1992a), 「국어 색상어의 연구–의미 기술을 위한 이론적 선단 작업」,『홍익어문』10·11, pp305~322.

______(1992b), 「국어 색상 표시어군」, 한국문학언어학회:『어문론총』26, pp133~149.

______(1993), 「국어 색상 표시어군의 구조에 대한 연구」,『어문학』제54호, pp287~326.

이승애(1997), 「국어 색채어의 의미 구조 연구」, 서울: 경희대학교학위논문.

이익섭(2005),『한국어 문법』, 서울: 서울대학교출판부.

이재인(1998), 「국어 반복 합성어의 구조」, 배달말학회:『배달말』23, pp.99~119.

이재현(2010),『현대 국어 축소어형의 사용 양상 연구』, 서울: 역락.

이지희(2007), 「국어 촉각 형용사 연구」, 청주: 충북대학교박사학위논문.

이진호(2005),『국어음운론 강의』, 서울:삼경문화사.

이희승(1998),『국어대사전』, 파주:민중서림.

임두학(1997), 「한국어 후각.미각형용사 연구」,『경기대대학원논문집』, pp307 ~320.

임지룡(1980), 「국어에 있어서 시간과 공간의 개념」, 서울대학교 국어교육연구소:『국어교육연구』12, pp111~126.

______(1984), 「공간감각어의 의미특성」, 배달말학회:『배달말』9, pp119~137.

______(1985), 「대등합성어의 의미분석」, 배달말학회:『배달말』10권 0호, pp87~114.

______(1990), 「의미의 성분분석에 대한 종합적 검토」, 서울대학교 국어교육연구소:『국어교육연구』22, pp101~128.

______(1993),『국어 의미론』, 서울: 탑출판사.

______(1995), 「인지의미론」,『의미론 연구의 새방향』, 서울: 박이정, pp35~64.

임혜원(2005), 「한국어 [빛]과 [색]의 은유적 확장」, 담화인지언어학회: 『담화와 인지』 12(3), pp101~119.

정동환(1993), 『국어 복합어의 의미 연구』, 서울: 서광학술자료사.

정수진(2005), 「미각어의 의미 확장 양상」, 한국어의미학회: 『한국어의미학』 18, pp149~174.

______(2012), 「국어 감각명사의 의미 확장에 대한 인지언어학적 접근」, 『한민족어문학』 제60호, pp271~290.

정인수(1994), 「國語 形容詞의 意味資質 研究」, 대구: 영남대학교박사학위논문.

______(1999), 「국어 청각 형용사의 의미 연구」, 『語文學』 67, pp107~124.

정재윤(1989a), 『우리말 감각어 연구』, 서울:한신문화사.

______(1989b), 「미각동사의 어휘고찰」, 민족어문학회: 『어문논집』 28, pp351~376.

______(1990), 「우리말 시각어휘의 의미분석」, 한국언어문학회: 『한국언어문학』 28, pp537~549.

조남호(2002), 「국어 어휘의 분야별 분포 양상」, 서울대학교 국어국문학과: 『관악어문연구』 27, pp473~496.

진애려(2007), 「중국어권 학습자를 위한 한국어 감각 형용사 고찰」, 광주: 전남대학교석사학위논문.

천시권 외(1977), 『국어의미론』, 서울: 형설출판사.

______(1977), 「다의어의 의미분석」, 서울대학교 국어교육연구소: 『국어교육연구』 9, pp1~9.

______(1980), 「온도어휘의 상관체계」, 서울대학교 국어교육연구소: 『국어교육연구』 12, pp1~15.

______(1982), 「國語 味覺語의 構造」, 『어문연구』 7, pp1~6.

최길용(1991), 「현대 한국어 형용사의 형태구조 분석」, 『京畿語文學』 9, pp433~468.

최남희(1993), 「고대 국어의 조어법 연구」, 한글학회: 『한글』 220, pp109~152.

최창렬(1973), 「共感覺的 意味의 轉移」, 한국언어문학회: 『한국언어문학』 11, pp107~138.

최현배(1937), 『우리 말본』, 서울: 정음사.

편집부(1982), 『동아세계대백과사전』, 서울: 동아프라임.

하치근(1988), 「국어 파생접미사의 유형 분류」, 한글학회: 『한글』 188, pp25~46.

______(1989), 「국어 파생접미사의 통합양상에 관한 연구」, 한글학회: 『한글』 204, pp5~38.

______(2009), 『우리말의 형태와 의미』, 광명: 경진.

허발(1979), 『낱말밭의 이론』, 서울: 고려대출판부.

홍사만(1977), 「국어 접미사 목록에 대한 재고(Ⅰ)-N類 파생접미사와 조사의 動搖」, 『어문학』 36, pp201~234.

______(1994), 『국어의미론 연구』, 서울: 영설출판사.

황혜진(2002), 「미각 형용사에 관한 의미론적 연구」, 서울: 서울여자대학교석사학위논문.

安玉奎 외(2001), 『조선어접사사전』, 延吉: 연변교육출판사.

蔡永强(2010), 『漢語方位詞及其槪念隱喩系統』, 北京: 中國社會科學出版社.

陳光磊(2001), 『漢語詞法論』, 上海: 学林出版社.

陳建國 외(1998), 「味覺生理與味覺行爲」, 『中國行爲醫學科學』 7(3), pp238~240.

褚孝泉(1997), 「通感攷」, 『復旦學報(社會科學版)』 4, pp87~91.

丁慧(2010), 「味覺形容詞的句法特徵和語義屬性硏究」, 上海: 上海師範大學學位論文.

東方瀛(2005), 『中華現代漢語雙序大辭典』, 長春: 吉林文史出版社.

高名凱(1957), 『普通言語學』, 北京: 商務印書館.

______(1986), 『漢語語法論』, 北京: 商務印書館.

郭紹虞(1934), 「中國詩歌中的雙聲疊韻」, 見: 『照隅室語言文字論集』, 上海: 上海古籍出版社, 1985:29~64.

韓玲(2011), 「從構詞方式看中韓顔色詞的構成」, 『延邊敎育學院學報』 25(2), pp22~26.

胡婷(2009), 「認知視覺下漢英基本味覺詞的多義化對比研究」, 武漢: 華中科技大學 碩士學位論文.

黃貞姬(2008), 「中韓顏色詞的文化內涵對比」, 『東疆學刊』 25(4), pp41~44.

蔣宗許(2009), 『漢語詞綴研究』, 成都: 四川出版集團巴蜀書社.

金容勛(2009), 「中韓色彩語比較研究」, 濟南: 山東大學碩士學位論文.

黎錦熙(1957), 『漢語語法教材』, 北京: 商務印書館.

李金蘭(2005), 「味覺隱喻化的認知結構及語義特徵」, 『修辭學習』 129, pp56~58.

李宇明(1996), 「論詞語重疊的意義」, 『世界漢語教學』 1, pp11~20.

______(2000), 『漢語量範疇研究』, 武漢: 華中師範大學出版社.

劉丹青(1986), 「蘇州方言重疊式研究」, 『語言研究』 10, pp7~28.

______(1990), 「現代漢語基本顏色詞的數量及序列」, 『南京師大學報(社會科學版)』 3, pp77~80.

劉鈞杰(1985), 「顏色詞的構成」, 『語言教學與研究』 2, pp71~76.

呂叔湘(1979), 『漢語語法分析問題』, 北京: 商務印書館.

______(1999), 『現代漢語八百詞』, 北京: 商務印書館.

馬 赫(2009), 『感覺的分析』, 北京: 商务印书馆.

馬會霞 외(2000), 「從符號學的角度看韓國語顏色詞的文化信息」, 『解放軍外國語學院學報』 23(4), pp56~60.

潘文國 외(2004), 『漢語的構詞法研究』, 上海: 華東師範大學出版社.

朴寶蘭(2009), 「漢語基本顏色詞的概念隱喻研究」, 上海: 復旦大學學位論文.

朴鎮秀(2009), 「現代漢語形容詞的量研究」, 上海: 復旦大學博士學位論文.

瞿秋白(1957), 「新中國文草案」, 見: 『瞿秋白文集第二卷』, pp705~851.

任學良(1981), 『漢語造詞法』, 北京: 中國社會科學出版社.

田皓(2006), 「從認知和文化的角度比較日韓英語味覺詞的語義轉移」, 天津: 天津理工大學學位論文.

王銀平(2008), 「英漢味覺範疇對比研究」, 桂林: 广西師範大學碩士學位論文.

王軍(2005), 『漢語詞義系統研究』, 濟南: 山東人民出版社.

王力(1936),『中國文法學初探』, 上海: 商務印書館.

　　(1985),『中國現代語法』, 北京: 商務印書館.

王明(2009),「現代漢語基本味覺詞語義研究」, 南京: 南京師範大學碩士學位論文.

汪少華 외(2002),「通感與概念隱喩」,『外語學刊』110, pp91~94.

王新玲(2010),「現代漢語觸覺形容詞研究」, 桂林: 广西師範大學博士學位論文.

王永美(2007),「基於語料庫的中英常規味覺隱喩研究」, 武漢: 華中科技大學碩士學位論文.

王宇弘(2008),「通感隱喩的認知基礎和哲學意義」,『外語與外語教學』229, pp13~16.

伍鐵平(1989),「不同語言的味覺詞和溫度詞對客觀現實的不同切分」,『語言敎學與研究』1, pp120~137.

徐銀春(2005),「朝漢顔色詞對比研究」, 延吉: 延邊大學碩士學位論文.

楊 波(2007),「跨感官感知與通感形容詞研究」,『外語敎學』28(1), pp16~21.

楊錫彭(2003),『漢語語素論』, 南京: 南京大學出版社.

楊洋 외(2006),「對漢語基本味覺詞"苦"的認知語用分析」,『語言理論研究』11, pp60~62.

兪紅秀(2008),「漢語基本顔色詞修辭義研究」, 福州: 福建師範大學學位論文.

兪敏(1984),『中國語文學論文選』, 東京: 光生館.

元傳軍(2002),『現代漢語形容詞重疊式研究』, 南京: 南京師範大學出版社.

杰弗里·N·利奇(2000),『語義學』, 上海: 上海外語教育出版社.

張拱貴(1997),『漢語疊音詞辭典』, 南京: 南京大學出版社.

張國憲(2000),「現代漢語形容詞的典型特征」,『中國語文』278 , pp447~458.

　　　(2006).『現代漢語形容詞功能與認知研究』, 北京: 商務印書館.

張靖華(2005),「漢語味覺詞的文化審視」, 呼和浩特: 內蒙古師範大學碩士學位論文.

張軍(2008),「漢語飮食味覺詞及其文化義探析」, 呼和浩特: 內蒙古師範大學碩士學位論文.

張韶巖(1999),「日漢語基本味覺詞引申義味之比較」,『解放軍外國語學院學報』22(6), pp35~38.

鄭鳳然(2000),「漢韓顔色詞的異同」,『畢節師範高等專科學校學報』18(3), pp26~28.

鄭貴友(1999),「"味覺感知"類句子中的動賓雙系形容詞狀語」,『東方論壇』4, pp74~76.

鄭懷德(2003),『漢語形容詞用法辭典』, 北京: 商務印書館.

鄭奇夫(2007),『漢語前綴後綴匯纂』, 杭州: 浙江大學出版社.

周薦(2004),『漢語詞彙結構論』, 上海: 學林出版社.

朱德熙(1956),「現代漢語形容詞研究」,『語言研究』1, 見:『朱德熙文集(第2卷)』, 北京: 商務印書館, 1999:pp1~37.

______(1982),『語法講義』, 北京: 商務印書館.

朱志平(2005),『漢語雙音複合詞屬性研究』, 北京: 北京大學出版社.

中國社會科學院言語研究所(2012),『現代漢語辭典(第五版)』, 北京: 商務印書館.

前田紀綱(1978),「조선어의 미각표현 형용사」,『조선학보』86, pp31~39.

靑木浩之(2001),「한일 미각어 대조연구」, 부산: 부산대학교학위논문.

Bauer.L(1983), *English Word-formation*, Cambridge University Press.

Brent, Berlin & Paul, Kay(1969), *Basic Color Terms-Their University and Evolutionary*, Berkerly: University of California Press.

Ferdinand De Saussure.高名凱 역(2002),『普通語言學敎程』, 北京: 商務印書館.

Ullmann(1957:266), *Principles of Semantics*, Glasgow, Jackson, Oxford Blackwell.

Saussure, F(1916), *de. Cours de Linguistique Générale*, Paris: Payot.

Stephen Ullmann, 南星祐 역(1995),『意味論―意味科學入門』, 서울:塔出版社.